Orbis

Sybil Gräfin Schönfeldt

1 x 1 des guten Tons

Orbis Verlag

Illustrationen: Rolf Rettich
Typographie: Hanne Koblischka

Sonderausgabe 1991 Orbis Verlag
für Publizistik GmbH, München
Satz: Fotosatz Stummer, München
Druck und Bindung: Mohndruck
Graphische Betriebe GmbH, Gütersloh
Printed in Germany
ISBN 3-572-01096-9

INHALT

Die Tischsitten

Das Leben in der Öffentlichkeit

Im Straßenverkehr und auf Reisen

Vorwort

Man kann mit dem Handkuß die Welt nicht retten. Aber wenn man über Höflichkeit nachdenkt und erkennt, daß sie die bewußte Überwindung der Rücksichtslosigkeit und des Egoismus, aber auch der Einsamkeit sein kann, sieht die Sache anders aus.

Im Gewande der Höflichkeit wird jedoch auch gut und gern gelogen und betrogen, und das ist das Problem. Aber: wessen Problem? Das der Höflichkeit?

In Zeitungsanzeigen empfehlen sich junge, erfolgreiche Manager als »aggressiv«. In Stellenanzeigen werden Leute mit Durchsetzungsvermögen gesucht.

Genau diese Tatsache ist einer der Gründe, warum das sogenannte gute Benehmen heute problematisch geworden ist – und warum unbewußt danach verlangt wird.

Denn wenn nicht einmal Solidarität als anerkannter Wert noch gilt, sondern der freie Markt den Menschen zum Wolf unter Wölfen macht, stehen wölfische Eigenschaften obenan, und Mann und Frau sind Zerrissene: tagsüber Raubtier und Bisse nach allen Seiten, am Wochenende antiautoritäre Erzieher und abends Handkuß und Kratzfuß für die, denen sie gerade den Boden unter den Füßen weggezogen haben.

Das ist nicht leicht unter einen Hut zu bekommen, und wenn und wie man es ohne Magengeschwür schafft, das ist das Geheimnis eines Lebens. Der gute Ton kann dabei nur eine schöne Oberstimme abgeben. Das Leitmotiv muß von anderen und stärkeren Instrumenten erklingen.

Früher war man mit der Form als Drill zufrieden.

Heute gerät man bei Überlegungen über das korrekte Benehmen

sehr schnell an die Grenze der Moral. Auf jeden Fall betrachtet man die Formen des Umgangs nicht mehr als unumstößlich. Deshalb ist dieses Buch auch keine Benimm-Fibel, sondern ein Protokoll. Es hält fest, auf was man sich heute privat und in der Öffentlichkeit als gute Umgangsformen geeinigt hat, was man noch und gerade erst als der Überlieferung wert empfindet.

Regeln haben nicht von sich aus Geltung. Wir sind es, die ihnen Geltung verschaffen. Und wir haben in mehr Situationen die freie Wahl als immer behauptet wird.

Wer nun nicht lang über Menschen und Manieren nachdenken, sondern sofort wissen will, wie man sich in welcher Situation benehmen sollte, der findet ab Kapitel 2 die betreffenden Auskünfte.

Und er kann das Register auf Seite 315 aufschlagen, findet beim betreffenden Schlagwort die Seitenzahl angegeben und dort die gewünschte Auskunft.

VON MENSCHEN UND MANIEREN

Formen und Konventionen

Form ist etwas Vorgegebenes. Form umschließt Formloses, Ungeformtes. Form verlangt Passivität: Anpassung, Unterordnen und Sichfügen. Dann ist es nur noch ein Gedankenschritt und man sagt (oder denkt): Form ist Zwang. Form vergewaltigt die Natur, das Ursprüngliche und Menschliche. Form verführt zur Lüge und zur Heuchelei.

Diese Ansicht hat Tradition, der keiner besser als Adolph von Knigge Ausdruck gegeben hat. Er lebte in einer Zeit, in der es historisch gerechtfertigt war, gegen den Zwang der Könige, Fürsten und anderer Herrschaften zu rebellieren, deren es in Deutschland über 1200 gab, die alle so taten, als seien sie der Sonnenkönig, und Form und Förmlichkeit über alles andere stellten.

Der Freiherr von Knigge pries dagegen den Hausvater nach altdeutscher Art. Er hat nicht Form, sondern Herz, er ist unverdorben und ungeschliffen, und das wurde damals höher als die »Höflichkeit« und die »Förmlichkeit« geschätzt, weil die Tugenden des treusorgenden Hausvaters besser zu dem paßten, wovon man damals träumte: von der Natur, von der Nation, von den sozialen Reformen und der »inneren Wiedergeburt Deutschlands«.

So zeichnete der Freiherr von Knigge folgendermaßen die Gegensätze: »Man sehe nur einen ehrlichen Landedelmann aus treuer Lehenspflicht einmal nach langen Jahren wieder am Hofe seines Landesherrn erscheinen! Er hat sich schon frühmorgens aufs Beste ausgeschmückt und sich die sonst gewöhnte liebe Pfeife Tabak versagt, um nicht nach Rauch zu riechen. Sein gekräuseltes und gepudertes Haar hat er der freien Luft preisgegeben und leidet nun höllische Kopfschmerzen; die seidenen Strümpfe ersetzen bei weitem nicht, was die heute beiseite gelegten Stiefel sonst gewähren; ihn friert gewaltig an den ihm nackend erscheinenden Beinen. Der besetzte Rock ist in den Schultern nicht so bequem wie sein alter warmer Überrock; der Degen gerät jeden Augenblick zwischen die Beine; er weiß nicht, was er mit dem kleinen Hütchen in der Hand anfangen soll; das Stehen wird ihm unerträglich sauer. In dieser grausamen Verfassung erscheint er im Vorzimmer. Um ihn her wimmelt ein Haufen Hofschranzen herum, die, obgleich sie wahrlich sämtlich vielleicht so viel wert wie dieser ehrliche, nützliche Mann, dennoch mit der Nase rümpfen und ihn mit Verachtung hier, wo sie in ihrem Elemente zu sein scheinen, ansehen... Und nun, den Fall umgekehrt, lasse man einen sonst edlen Hofmann einmal hinaus auf das Land in die Gesellschaft biederer Beamter und Provinzedelleute geraten. Hier herrschen ungezwungene Fröhlichkeit, Offenheit, Freiheit; man redet von dem, was am nächsten den Landmann interessiert; man wiegt die Worte nicht ab; der Scherz ist naiv, gewürzt, aber nicht zugespitzt, nicht gekünstelt. Unser Hofmann versucht es, sich in diese Manier hineinzuarbeiten; er mischt sich in die Gespräche. Aber der Ausdruck der Offenheit und der Treuherzigkeit fehlt. Was bei ihnen naiv war, wird bei ihm beleidigend. Er fühlt dies und will die Leute in seinen Ton stimmen; in der Stadt gilt er für einen angenehmen Gesellschafter. Hier aber findet man ihn medisant, seine Komplimente, die er wahrlich gut meint, hält man für Falschheit... So groß ist die Verschiedenheit des Tons und der zweierlei Klassen von Menschen.«

Und so wenig hat sich in den 150 Jahren, die uns von Knigge trennen, an unserer Wertschätzung von Menschen mit »ungezwungener Fröhlichkeit« im Gegensatz zu jenen geändert, denen »der Ausdruck von Offenheit und Treuherzigkeit« fehlt. Freilich: Knigge sagte selbst, daß das »Formlose«, also der ausgebeutelte Hausrock, bequemer ist.

Umgang mit Menschen

Andererseits hat gerade Knigge seinen »Umgang mit Menschen«

geschrieben, weil es so viele »Schwierigkeiten« gibt unter »Personen von verschiedenen Ständen und Erziehungen«, und er wollte nicht »jenem groben Zyniker« nach dem Munde reden, »der alle Regeln verachtet, welche Convenienz und gegenseitige Gefälligkeit den Menschen im bürgerlichen Leben vorgeschrieben haben, noch dem Kraft-Genie, das sich über Sitte, Anstand und Vernunft hinauszusetzen einen besonderen Freibrief zu haben glaubt«.

Der Freiherr von Knigge ist der wohl am meisten falsch zitierte und verkannte deutsche Autor gewesen, den es je gegeben hat und gibt.

Er hat nicht im geringsten noch ein Komplimentierbüchlein schreiben wollen, von denen damals der Buchmarkt nur so wimmelte. Er, der die Französische Revolution und die ihr zugrunde liegenden Ideen begeistert aufgenommen hatte und dafür von den Engländern in Hannover ins Gefängnis geworfen worden war, er wollte dem deutschen Bürger vielmehr eine Morallehre in die Hand geben, damit dieser auf dem Wege der Emanzipation lernte, seine Rechte und Ansprüche in einer Form zu artikulieren, die die anderen – und vor allem die höheren Stände – leicht begriffen. Das sollte verhindern, daß die glatten Höflinge den Bürgern schon alleine durch ihr zierliches Parlieren die Luft aus den Segeln nahmen, und es sollte den Bürgern helfen, schneller ans Ziel ihrer politischen Reform und ihrer privaten Wünsche zu kommen.

Form als notwendiges Übel

Form also als Mittel der Politik, Form als notwendiges Übel, Form auch als Täuschung und Tarnmittel bestimmter Absichten. Und da diese Absichten gerecht und gerechtfertigt waren, hat die Form diese weitere Belastung auf sich nehmen müssen, die ihrem Ruf schadete.

Was ist Protokoll

Das schien etwas später geradezu festgeschrieben worden zu sein: Während des Wiener Kongresses, im Schatten des neuen Modetanzes, des Walzers, entwarfen Europas Diplomaten auf Anregung und Vorschlag des österreichischen Staatskanzlers Fürst Metternich ein Zeremoniell, das den offiziellen gesellschaftlichen Verkehr regelte und in großen Zügen heute noch als Protokoll in allen Staaten dafür sorgt, daß öffentliches Auftreten und Agieren reibungslos und ohne Zeitverlust, vor allem ohne große Debatten über besondere Rechte des einzelnen, von statten gehen kann.

Auch dieses internationale Protokoll ist nie mit der sachlichen Selbstverständlichkeit wie zum Beispiel die Allgemeine Straßenverkehrsordnung in Deutschland aufgenommen worden. Es hat sich immer mehr der Anspruch und nicht die Zweckmäßigkeit einer solchen Regelung eingeprägt, die freilich leicht der Lächerlichkeit anheimfallen kann, wenn sie unbedacht im privaten Kreise nachgeahmt wird, um damit fein zu wirken.

Ist es also vollkommen unangebracht, die Regeln des Protokolls aufs private Partyleben anzuwenden, so zeugt es auch nur von Ahnungslosigkeit, wenn man in der Tagesschau ein Bild von Politikern und Diplomaten im Frack sieht und empört fragt: »Ist der Frack denn heute noch zeitgemäß?« Denn ein Frack ist im offiziellen Protokoll ebenso eine Berufskleidung wie ein Klempnerkittel beim Installateur oder eine Schwesternschürze bei der Krankenschwester.

Frack noch zeitgemäß?

Im privaten Bereich sollte man eher einmal wieder über die tiefsten Quellen der »gegenseitigen Gefälligkeit im bürgerlichen Leben« nachdenken. Alle Spielarten der Höflichkeit und der Formen gehen auch darauf zurück, daß manche Menschen sich nicht besser oder als höherstehend vorkamen, sondern hilfsbedürftiger und benachteiligter waren als andere. Die »milte« des Mittelalters war nämlich nicht nur Mildtätigkeit, sie war auch Rücksichtnahme, gleichgültig um welchen Stand und welches Alter es sich handelte.

Daß die Jungen die Alten nicht mehr ehren und grob mit ihnen sprechen, darüber hat schon ein Schriftkundiger im alten Ägypten geklagt. Formen gehören ganz sicher zu den schwierigen Kulturgütern. Formen müssen erfahren und erlernt werden, und kein Junger kann sie wirklich beurteilen, der nicht die Chance erhält, zwischen ihnen zu leben. Kinder sagen nicht von selbst bitte und danke, wenn man sie anschreit und es ihnen befiehlt. Sie sagen es, wenn sie es um sich herum hören, und sie sagen es mit der Kniggeschen »Offenheit und Aufrichtigkeit«, wenn sie täglich und immer verfolgen, daß bitte und danke nicht automatisch geäußert werden, sondern tatsächlich das ausdrücken, was empfunden wird.

Danke und Bitte

Gerade Kinder lieben Formen, weil sie ihnen inmitten von so vielem noch Unbekanntem Signale zeigen und zu verstehen geben, um was es geht. Kinder lieben erst recht und in der Unbefangenheit von Menschen, die ihr Leben noch genießen, die festlichen Formen. Mehr noch: sie brauchen zuverlässige Formen auch aus einem anderen Grunde. Auf einer Ärztetagung wurde festgestellt, daß die Gemütskrankheiten bei uns zunehmen – auch als Folge der allgemeinen Orientierungslosigkeit und der Unfähigkeit der Gesellschaft, mit Orientierungshilfen einzuspringen. Einsamkeit, Mangel an Tradition und fehlende religiöse Bindungen wurden als weitere Ursachen genannt.

Nun wäre es frivol und zynisch, die Frage nach dem Sinn des Lebens mit Knicks und Handkuß zu beantworten, aber wenn Sie die Geduld aufbringen werden, sich den Seiten dieses Buches anzuvertrauen, so werden Sie immer wieder feststellen, daß schon in der Geste der Höflichkeit ein Stück wahre Empfindung steckt. Und daß es bei uns liegt, diese Gesten nur als Mittel zum Zweck zu verwenden oder sie mit Freundlichkeit, mit Zuneigung zu füllen. Das aber verleiht ihnen zumindest einen Sinn.

Benehmen wieder aktuell?

Benimmt man sich wieder? Die Frage, die jetzt alle naslang gestellt wird, ist ziemlich dumm. Der Mensch benimmt sich ständig. Schon die Neandertaler, von den alten Römern ganz zu schweigen, haben sich benommen. Nur halt ganz anders.

Wer diese Frage stellt, hält nur sich und sein Benehmen (oder das seiner Gruppe) für erwähnenswert, und als »Benehmen« oder »gutes Benehmen« bezeichnet er ergo nur das, was ihm vertraut ist, weil's ihm seine werten Altvorderen eingeübt oder eingedrillt haben. Das ist ein statisches Verhalten, das Entwicklungen nicht sieht oder Angst vor Veränderungen hat. Es kann auch Denkfaulheit sein oder ein Hang zur Besserwisserei.

Großeltern in Mode

Wir ändern uns ständig, und dabei ändern sich auch die Formen unseres Benehmens und Verhaltens. Diese Änderungen erfolgen jedoch nach einem merkwürdigen Gesetz: In der Kunst, in der Mode, im Kulturellen werden immer wieder die Großeltern neu entdeckt und neu modern. Das ist eigentlich ganz selbstverständlich. Mit der Vatergeneration, gegen die man sich entfalten muß, will man zuerst einmal nichts zu tun haben. Großeltern aber werden mit milderen Augen und aus der Distanz fast eines halben Jahrhunderts betrachtet und beurteilt.

So kommt der Wiener Handkuß, über den schon die Reisenden der napoleonischen Zeit gespottet haben, immer wieder zu Ehren, woraufhin die einen selbstgefällig behaupten, man »benähme sich wieder«, während die anderen von »reaktionärer Haltung« sprechen. Das muß man wirklich locker sehen, oder man sollte auch dies berücksichtigen: Die menschlichen Ausdrucksweisen sind gar nicht so reichlich bemessen, als daß man nicht doch immer wieder auf bestimmte Einzelheiten zurückkommen müßte. Es bleibt uns gar nichts anderes übrig, als in unserer körperlichen Beschränktheit zum Beispiel Ergebenheit und Dankbarkeit, Abscheu oder Liebe mit stereotypen Gesten auszudrücken.

Eins aber hat sich tatsächlich von Grund auf geändert. Die Zeit des Nationalsozialismus hat im gesamten Deutschland für eine radikale Klassenlosigkeit gesorgt, wie man sie vorher in diesem Lande nie gekannt hat. 1945 brach das sogenannte Tausendjährige Reich zusammen. Es brachen damit Überzeugungen zusammen, die fast alle damaligen Erwachsenen seit 1933 vertreten hatten. Mit ihnen brachen wiederum Prinzipien, Gesellschafts- und Standesschranken zusammen. Tabula rasa. Aus Volksgenossen wurden Bundesbürger, klassenlose Bundesbürger. Demokraten.

Klassenlosigkeit

Standesschranken

Und genau hier liegt das Problem. Die Demokratie wird als Gesellschaftsform betrachtet, in der alle gleich sind und in der natürlich keiner das Recht besitzt, anders oder besser oder was weiß ich wie behandelt zu werden.

Wir sind gleich vor Gott und dem Gesetz, heißt es, aber schon George Orwell hat in seiner berühmten Fabel von der »Farm der Tiere« die Schweine sagen lassen, daß zwar alle gleich seien, sie aber gleicher als alle anderen. Wie sehr der Mensch in diesem Orwellschen Sinne den Schweinen ähnelt, kann jeder tagtäglich sehen. Automarken, Pelzmäntel, Handtaschen mit Designerbuchstaben, Whisky- und Weinsorten, Villen und Zweithäuser, die Jagd, Freundinnen und Pferde, alles muß herhalten, um in einer demokratischen Gesellschaftsordnung ohne Klassenunterschiede Unterschiede zu schaffen.

Gibt es keine normenbildende Gesellschaft mit Ständen und Privilegien mehr, so gibt es doch das Geld; und die Affären um das Geld, um Bestechungen, um das flotte Ausnützen von Gesetzeslücken und Währungsgefälle, um Unterschlagungen und Geldwaschanlagen. Sie alle zeigen deutlich, daß das Geld ganz allgemein und im wahrsten Sinne als oberster Wertmaßstab begriffen und ergriffen worden ist.

Doch schon in der Bibel, im Alten Testament, wird der Mammon als gefährlicher Götze geschildert, dem man nicht trauen sollte. Nach dem Ersten Weltkrieg konnte sich die sogenannte alte oder gute Gesellschaft des Adels und des Bildungsbürgertums noch gegen die »Kriegsgewinnler« mit dem Hochmut der sich besser Dünkenden zur Wehr setzen. Neureiche, sagten sie von ihnen, und Raffkes, und sie mokierten sich darüber, daß sich diese Protzen nicht zu benehmen wußten.

In der Zeit nach dem Zweiten Weltkrieg hatten die Überlebenden zuerst andere Sorgen. Es gab keine Hauptstadt, kein geistig-kulturelles Zentrum und keine Personen, die vorbildlich gewirkt hätten; und die Angehörigen des Adels- und des Akademikerstandes konnten die alte Rolle als brave Demokraten nicht nur nicht übernehmen, sie wollten es auch nicht. Sie machten das Prinzip der Raffkes zu ihrem und sich mit denen gemein, die »zum Golde drängten«. Der Illustriertenadel entstand, die Showsociety der Stars, und das Gesehenwerden, das Dabeisein wurde schon als Wert erstrebt. Insgesamt formierte sich die Nachkriegsgesellschaft zu vielen einzelnen Gruppen, die seitdem immer weiter emsig Unterschiede herausarbeiten, damit sie um Himmels willen nicht mit denen aus X verwechselt werden. So trägt man in Hamburg den Schmuck anders als in München, in Köln trägt man die Pelze anders als in Wien, und in Banker-Kreisen feiert man anders, als es die Werbefachleute oder die Bibliothekare tun. Und so weiter, und so weiter.

Neue Normen: Geld und …

Das einzige, was normativ, international wirkt, ist das Fernsehen. Das hat früh begonnen, so früh, wie Fernsehen etwas Allgemeines wurde. Ich habe es zufällig miterlebt. In einer der ersten Familienserien umwickelte eine Schauspielerin einen halben Kohlkopf mit Stanniolpapier und steckte von allen Seiten auf Zahnstocher gespießte Cocktailhäppchen in diese silberne Halbkugel. Das Gebilde hieß daraufhin Cocktail-Igel und war plötzlich überall. In Frauenzeitschriften, bei Bekannten, in Bars, auf Werbefotos. So ist es dann weitergegangen.

… das Fernsehen

Und heute? Immer wieder wird auf die schlimme Wirkung der Serien, der Totschläge, Vergewaltigungen und Gewalt in anderen Fernsehstükken hingewiesen, die vor allem die Gleichgültigkeit gegen menschliche Gefühle und menschlichen Schmerz verursachen sollen. Das stumpft unser Gewissen ab, übt also eine moralische Wirkung aus.

So hoch braucht in unserem Zusammenhang aber gar nicht gegriffen zu werden. Beim Benehmen spielt immer noch die Echowirkung des Cocktail-Igels eine Rolle. Normbildend sind die ständigen und alltäglichen Bilder von Leuten, die dieses und jenes Kleid bei der und jener Gelegenheit tragen, die sich so und so verneigen, lächeln, die Hand geben oder nicht die Hand geben. Es ist das miserable Deutsch der Nachrichtenredakteure. Es ist das verlogene Bild vom Leben der Reichen in Denver und Dallas. Es sind die ebenso verlogenen Bilder von Müttern und Frauen in Werbespots. Es sind die fragwürdigen

Frauen in Werbespots

Verhaltensmuster der alten Unterhaltungsfilme aus der Nazizeit. Und es ist tagtäglich das Benehmen der Politiker, die sich im Bundestag anschreien, beleidigen, nicht ausreden lassen und so weiter. Aber auch das Bild von ganz friedfertigen Politikern, das auf andere Art und Weise wirkt. Zum Beispiel so wie in der Tagesschau vom 1. Mai 1985. Was wird gezeigt?

Gäste am Tisch

Herr Kohl führt Herrn Nakasone ins Besprechungszimmer im Kanzleramt, wendet sich dabei den Nachkommenden zu, zeigt also dem Gast den Rücken, zieht sich den Stuhl vom Tisch und schaut sich dabei nicht nach seinem Gast um, so daß er Nakasone in die Ecke drängt. Dann setzt sich Kohl selber, immer noch ohne sich dem Gast zuzuwenden oder sich um ihn zu kümmern, zuerst an den Tisch.

Das wirkt auf den Zuschauer rücksichtslos und ichbezogen, weil wir im allgemeinen einen Gast hochschätzen – lüden wir ihn denn sonst in unsere vier Wände ein? – und deshalb zuvorkommend behandeln.

Zuvorkommend ist wörtlich zu nehmen. Man versucht, den Wünschen des Gastes zuvorzukommen. Wer dem anderen jedoch den Rücken zeigt, sagt ihm mit seiner Abseite: Du bist mir schnuppe. Manchmal wirken kleine Gesten dieser Art sogar noch stärker, und der Beobachter fragt sich: Ist das Absicht? Oder verrät da jemand unwillkürlich das, was er eigentlich denkt?

Diplomatie und Höflichkeit

Höflichkeit hat, könnte man aus diesen zehn oder zwölf Sekunden Fernsehnachrichten folgern, viel mit Diplomatie zu tun. Aber noch mehr mit Alltag. Viele sekundenlange Bilder dieser Art setzen sich im Unbewußten fest. Es ist eben nicht nur Lady Di's Matrosenkragen, der Folgen hat.

Takt, Höflichkeit und Krawattenzwang

Der Mangel an Takt wird in manchen Situationen gern beklagt. Also muß man sich fragen: Gibt es Herzenstakt?
Der Brockhaus von 1898 definiert das so: »Takt bedeutet eine besondere Sicherheit des Gefühls für das Richtige und Angemessene, sowohl in theoretischer wie praktischer Hinsicht. So spricht man von einem pädagogischen, künstlerischen, wissenschaftlichen, gesellschaftlichen Takt und so weiter. Besonders im geselligen Verkehr zeigt sich der Takt in der Vermeidung alles Anstößigen, also in der Wahl der richtigen Form.«

Der Brockhaus aus der Nazizeit ist zurückhaltender und knapper: »Takt (von lat. tactus ›Schlag‹) ... 3. Zartgefühl, Gefühl für das Richtige, besonders Vermeidung von allem, was verletzen könnte ... Taktvoll, voll zarter Rücksichtnahme; Gegensatz: taktlos.«

Takt und Höflichkeit

Beide Lexikon-Autoren sprechen von Gefühl. Das hat man, oder man hat es nicht. Und dieser Schluß hat den Takt einem Instinkt gleichgesetzt. Angeboren. Nicht zu erlernen. Das ist freilich ein Trugschluß, denn wenn der alte Brockhaus von »Vermeidung des Anstößigen und Wahl der richtigen Form« schreibt, so kann man das gerade ganz leicht erlernen. Man muß nur die Augen aufsperren (und sich so ein Buch wie dieses kaufen). Dasselbe gilt für »taktvoll« gleich »voll zarter Rücksichtnahme« im jüngeren Brockhaus. Rücksichtnahme ist fürwahr keine Geheimwissenschaft, sondern ein Entschluß.

Wie Günther Anders, der Philosoph, Anti-Atomkämpfer und Adorno-Preisträger, in einem Interview sagte: die Gruppe habe »die Moral deshalb nötig, weil sie von der Natur nicht die notwendigen Benehmensregeln mitbekommen hat«. Deshalb gehöre zum Wesen des Menschen »der Zwang, sich entscheiden zu müssen«. Eben auch entscheiden, ob man Rücksicht übt oder sich selber weiterhin für die wichtigste Person auf dem ganzen weiten Erdenrund hält.

So einfach ist die ganze Sache? Eigentlich ja. Denn es ist seit einigen zehntausend Jahren bekannt, daß der Mensch der Wolf unter Wölfen ist und anderen immer lieber den Schädel eingeschlagen als ihnen die Hände geschüttelt hat. Also geht es bei den Manieren, dem guten Ton, dem feinen Benehmen um Gesittung. Natürlich auch um sublimierte Macht. Menuett statt Tanz der Schwerter. Aber auch um Spielfreude, um Lust an Formen, an ihrer Schönheit. Sogar um Sicherheit: Erleichterung über etwas Verläßliches im Chaos. Und wie steht es mit den Pressionen? Den Strafen und so weiter?

Ich glaube, das wird stark überschätzt. Sicher, es gibt Tanten, die die Stirne runzeln, wenn ein Kind von Kacke spricht. Es gibt auch Lokale und Betriebe, die jungen Männern mit kahlgeschorenem und grün gefärbtem Schädel den Zutritt verweigern.

Der weibliche Gast ohne Herrenbegleitung

Es gab auch Lokale, die weiblichen Gästen ohne Herrenbegleitung den Zutritt verweigerten. Ihre Zahl war klein, und sie sind längst vergessen.

Es gibt noch heute Lokale, die keine Männer ohne Krawatte an die Eßtische lassen. Diese Männer sind trotzdem nie verhungert, denn ein paar Meter weiter hat man sie beköstigt, beköstigt man sie und wird sie weiter beköstigen.

Nein: Unsere Gesellschaft ist permissiv, das heißt, sie gestattet (fast) alles, und über die wenigen Tabus, die noch geblieben sind, vergießen Dichter und Theaterschreiber Tränen der Dankbarkeit und des Glücks, denn wie kämen sie sonst in der allgemeinen Gleichgültigkeit zu Krach, Dramatik und Erregung, die die Leute von den Sitzen reißen und die Kritiker zum Schreiben verlocken?

Warum Manieren?

Wenn das aber so ist, wenn jeder alles tun kann, ohne andere zu verletzen, warum überhaupt Manieren?

Diese Frage wird auch seit Jahrhunderten immer wieder gestellt. Und sie wird eigentlich immer wieder auf die gleiche Art und Weise beantwortet. Denn die Zustände wechseln sich immer wieder ab: strenge und verkniffene Förmlichkeit mit Freiheit ohne Grenzen. Wie oft sind schon die Schnürmieder und Krinolinen verbrannt, die alten Zöpfe abgeschnitten worden. Und wie oft haben sich die Kinder dieser Zügellosen wieder angeekelt von den Schwärmenden und grenzenlos Schweifenden abgewandt und eine strenge, eine neue Form verlangt.

Die natürlich immer wieder die alte ist, aber wer will das schon zugeben?

Manieren also als Rettung vor der grenzenlosen Freiheit, die sich als gleichzeitig anstrengend und verwirrend herausstellt. Manieren natürlich auch, um sich und der Welt beweisen zu können, daß man Lebensart besitzt. Manieren als Club- oder Rangabzeichen: ich führe die Gabel richtig, also gehöre ich dazu.

Das wären ein paar Gründe für die Unausrottbarkeit der Formen, die man die guten nennt; und damit man Bescheid weiß, haben unsere Vorfahren in allen Epochen schriftlich hinterlassen, was sie unter diesen Formen verstanden haben.

»Vor einem grauen Haupte sollst du aufstehen und die Alten ehren; denn Ich bin der Herr«, heißt es im 3. Buch Mose, und Hans Sachs hat geschrieben: »Hör Mensch! Wenn du zu Tisch willst gahn / dein Händ sollt du gewaschen han / Denn Ältesten anfangen laß! / Nach dem iß züchtiglicher Maß! / Greif auch nach keiner Speise mehr, / bis dir dein Mund sein worden leer! / Red nicht mit vollem Mund! Sei mäßig!«

Tischzuchten hat man diese gereimten Verhaltensregeln genannt. Später Complimentierbüchlein oder Anstandslehren.

Was ist ein Anstandsbuch?

In der Philosophie lernt man, daß jeder Wert sein positives und sein negatives Extrem besitzt, zwischen denen er die Mitte hält. Mut steht zum Beispiel zwischen Tollkühnheit und Heldenmut, und mit dem guten Ton in allen Lebenslagen ist es nicht anders.

Er stellt einen Wert dar, einen Wert der Mitte. Verzerrt (und negativ) zeigt er sich als drillfreudiger Formalismus. Ins Positive verzerrt als Hoffnung, die Schrecken und Unvereinbarkeiten der Welt durch Höflichkeit bezähmen zu können.

Ein Anstandsbuch sammelt und beschreibt nur. Es kann nicht diktieren und vorschreiben, denn dann würde sein Text verhöhnt und verspottet. Die Regeln eines Anstandsbuches werden nur befolgt, wenn sie bestätigen, was sich seine Benutzer so ungefähr gedacht haben (weil sie es nämlich so und nicht anders schon einmal erlebt haben), und wenn es zuverlässige Informationen von Fachleuten über das Fragliche, Strittige oder selten Verwendete enthält.

In einer großen Frauenzeitschrift ging in den 50er Jahren die für den sogenannten Benimm-Briefkasten verantwortliche Redakteurin mit den meisten Leseranfragen von Kollege zu Kollege, sammelte Erfahrungen und Auskünfte und entschied sich dann für die Antwort, die ihr am besten erschien. Damals kamen in die junge Bundesrepublik Menschen aus Pommern, Oberschlesien oder Siebenbürgen. Sie wollten wissen: Bei uns war das so und so. Wie macht man es hier?

Diese Menschen waren anderer Herkunft, sie wollten sich aber anpassen. Sie wollten die Spielregeln der neuen Gesellschaft kennenlernen, um nicht anzuecken, um Freunde zu gewinnen, um Anschluß zu finden. Benehmen also als Verbindendes. Als Sprache ohne Worte. Diese verschiedenen Sitten und Benehmensarten mußten damals einander angeglichen werden, und das geschah wie ein Kartenspiel ohne Trümpfe. Man wußte niemals vorher, welche Karte stach, aber das Spiel mußte weitergehen. Unterdessen hat der Schmelztiegel »Bundesrepublik« eliminiert und egalisiert, und dieses Buch versucht, in der Mitte zwischen den Extremen festzuhalten.

Dabei gilt zu berücksichtigen: Niemand muß sich »gut« benehmen. In einer Demokratie hofft man und reicht es aus, daß und wenn sich der einzelne demokratisch verhält.

Manchmal decken sich gutes und demokratisches Benehmen. Manchmal erkennt der Demokrat den Nutzen des guten Benehmens, und wenn er (und wir) Glück hat, auch den Sinn des guten Benehmens. Denn einer der Grundvorwürfe lautet: Der sogenannte gute Ton verleitet zum Lügen. »Ich bin dafür«, sagen die Nachfahren des ehrlichen Hausvaters, »überall und immer die Wahrheit zu sprechen.«

Lügen oder guter Ton?

Bei den Vertretern einer Nation, die so groß im Verdrängen ist und war, machen Sätze dieser Art mißtrauisch, aber wir wollen sehen, was damit gemeint sein kann.

Das klassische Beispiel, das immer wieder zitiert wird: Ich besuche Frau Sowieso. Frau Sowieso sieht aus wie Buttermilch und Spucke. »Soll ich nun sagen«, fragt der Ehrliche, »Frau Sowieso, was sehen Sie fabelhaft aus!?«

Das heißt: Der aufrichtige Gast schaut Frau Sowieso also lieber erschrocken an und sagt statt dessen: »Mein Gott, Sie Arme, was ist denn mit Ihnen los? Sie sehen ja zum Gotterbarmen aus!«

Was geschieht nun? Frau Sowieso wird wirklich so blaß wie ein Leichentuch. Hat sie nichts, so denkt sie – zumindest an diesem Nachmittag oder Abend – darüber nach, ob sie nicht doch etwas hätte, und wenn ja, was? Hat sie wirklich etwas, so ist der Tag ebenfalls im Eimer. Warum, braucht sicher nicht erklärt zu werden. Oder doch? Sind die Ehrlichen und Wahrheitsliebenden vielleicht noch niemals krank, elend, unglücklich und erbarmungswürdig gewesen? Haben sie keine Ahnung, wie gut einem gerade in einer solchen Situation ein aufmunterndes Wort tut?

Diese Art der Wahrheitsliebe ist also ziemlich sinnlos, weil sie der Wahrheit nichts nutzt. Und mit Aufrichtigkeit hat diese verheerende Wahrheitsliebe schon gar nichts zu tun, dazu steckt zuviel Schadenfreude, Skandallust hinter der scheinheiligen Fassade. Die Wahrheit und nichts als die nackte Wahrheit hat also ihre Grenze: am negativen Pol ihres Wertes. Wahrheitsfanatiker müssen erst lernen, daß der gute Ton mit Menschlichkeit zusammenhängt und mit Höflichkeit.

Was ist Höflichkeit?

Eine Art Kompromiß mit unserer Einsamkeit. Jeder Mensch schwankt wahrscheinlich zwischen dem Verlangen, in Ruhe gelassen zu werden und allein zu sein, und dem Wunsch, in der Gesellschaft anderer Vergnügen, Anregung, Selbstbestätigung etc. zu finden.

Höflichkeit ermöglicht den Übergang. Höflichkeit schafft Distanz und fördert gleichzeitig Freundschaft. Höflichkeit zeigt auch an, wie ich gerne möchte, daß mit mir umgegangen wird. Höflichkeit zeigt die Chance zur Freiheit und zur Individualität der Manieren. Denn wie höflich ich bin, hängt von mir selber ab.

Höflichkeit lehrt schließlich begreifen, daß es nicht reicht, wenn man sich nur richtig verhält. Nicht nur aufs Tun kommt es an, sondern auch auf das Lassen: Was man unterläßt, kann unhöflicher sein als eine so läppische Sache wie eine falsche Briefanrede. Der vergessene Geburtstag zum Beispiel. Oder der immer wieder aufgeschobene Besuch bei einem nicht so »wichtigen« Menschen.

Höflich, wenn keiner zuschaut

An diesem Beispiel zeigt sich auch, daß es bei den guten Manieren nicht auf die Öffentlichkeit ankommt. Wer höflich ist, hilft auch einer alten Frau beim Tragen, wenn keiner zuschaut. Wer manierlich lebt, ißt die Leberwurst auch zu Hause nicht aus dem Einwickelpapier.

Sich benehmen, sich anständig oder gut oder wohlerzogen oder gesittet benehmen, das ist eine Stilisierung des Lebens wie der Tanz oder wie jede andere Kunst. Man hat eine Idee für sich selbst, eine Vorstellung vom eigenen Ich. Man läßt sich nicht leben, man lebt bewußt. Man nimmt Haltung an und entwickelt Stil.

Sich anständig benehmen, hat freilich nicht unbedingt mit Anstand zu tun. Manieren sind keine Garantie für Moral. Wie jemand aus der Denverfamilie so richtig sagte: »Du mußt nicht glauben, daß du jedem trauen kannst, der einen Smoking trägt!«

Ist das Richtige auch schön?

Die Vorstellung, daß das Richtige auch schön, das Schöne auch edel und der Adel ein unerschütterliches Vorbild sei, haben die Menschen immer wieder geliebt und gehegt und immer wieder als Traum erkennen müssen. Nur im Märchen ist die schöne Königstochter auch freundlich, gut und klug.

Sein und Schein: Die Denverdame sagte es schon: Auf Smokingjakken kann man sich nicht verlassen. Auf Klempnerkittel aber auch nicht. Das ist ein weiteres Problem, für das die alten Anstandsbücher der Ständegesellschaft keine Ratschläge haben, weil es diesen Fall nicht gab. Ein Graf war ein Graf und ein Handwerker ein Handwerker. Für den einen war die Hochachtung reserviert und für den anderen die Leutseligkeit. Daß Grafen Handwerker werden, war nicht vorgesehen.

Deshalb entfallen heute, wo jeder alles werden kann und auch tatsächlich wird – Bauernkinder Professoren und Flüchtlingsmädchen Filmschauspielerinnen und Filmstars Fürstinnen und Fürstenkinder Schlagersängerinnen und Gärtner – die verschiedenen Tonarten der Anrede und der Behandlung. Nuancen wird es immer geben, aber Hochachtung gilt jedem Verdienst und jeder Leistung. Herablassung ist jedoch in keinem Fall mehr angebracht.

Worüber man nicht sprach

Gefallen ist auch eine weitere Beschränkung. Der strenge Satz: »Darüber spricht man nicht!« schied früher Geld, Politik, körperliche Zustände und Klatschgeschichten als Themen für Tischgespräche oder Konversation in der Gesellschaft aus.

Das gehört freilich zu den altmodischen Sitten, die man noch einmal auf ihre Verwendbarkeit überprüfen sollte. Ist es etwa höflich, in aller Öffentlichkeit über das Geld zu prahlen, das man der Steuer – ganz legal natürlich – vorenthält? Über das Geld, das ein neues Auto gekostet hat? Während vielleicht jemand am Tisch sitzt, der damit ein ganzes Jahr auskommen muß? Und Politik – ganz abgesehen davon, daß die meisten Gespräche über dieses Thema nur das wiederholen, was der/die Betreffende in seiner Tageszeitung gelesen oder im Fernsehen gehört hat: wenn »Welt«- und »Frankfurter Rundschau«-Meinungen aufeinanderprallen, werden die Stimmen schriller. Wie findet das die Gastgeberin?

Was früher erlaubt war

Die körperlichen Zustände sind ein Kapitel für sich. Im Mittelalter und im Barock hat man deftig gegessen, hat gerülpst und gefurzt, auch anderweitig gestunken und hat in den höchsten Kreisen das Sexuelle beim Namen genannt und öffentlich betrieben. Wir wohnen nun nicht mehr in Hütten und Burgen mit Hallen ohne Klo und Badezimmer, wir schlafen nicht mehr in voller Sippenstärke im allen zugänglichen Stroh, sondern wir leben ein Privatleben und sind so zimperlich geworden, daß es manchen sogar vor seinem eigenen Badewasser ekelt.

Aus der Deftigkeit ist also etwas hygienisch Ausgewähltes geworden. Das soll keine Wertung sein, sondern eine Feststellung. Die zweite Feststellung: Sehr groß kann diese Mehrheit für die gewählte Ausdrucksweise allerdings nicht sein, denn solange es Anstandsbücher gibt (und sie gehörten zu dem, was gleich nach den Bibeln gedruckt wurde), solange findet man Ermahnungen, nicht zu spucken und zu schneuzen, bei Tisch nicht in den Zähnen zu stochern, auch keine anderen Kleckereien und Schweinereien zu betreiben, nicht die Nägel beim Essen und die Hände am Tischtuch zu putzen, nicht im Nastuch nachzuschauen, was man in dasselbe geschnaubt hat, und nicht zu sagen, daß man jetzt aufs Klo gehen und Pipi machen müsse.

Benehmen bei Tisch

In diesen Verboten sind sich alle zu allen Zeiten einig gewesen, und im Laufe der Zeit sind nur noch weitere Verbote dazugekommen. Im gleichen Maße hat aber auch die andere Gruppe an Boden gewonnen. Die Fäkalsprache ist im Alltag und in der Literatur gang und gäbe geworden. Ich finde trotzdem, unsere Sprache ist reich genug, um für jedes Gefühl Worte liefern zu können. Wer zu jedem Pech und Ärger immer und nichts als »Scheiße« sagt, ist einfach denk- und sprechfaul und läßt seine Sprache verarmen. Zum zweiten finde ich Tätigkeiten und Geräusche der menschlichen Eingeweide nicht so interessant, daß ich ihnen Tischgespräche widmen müßte. Und drittens weiß ich, daß es zwei von drei oder drei von fünf Gästen den Appetit verschlägt und auch nach dem Essen graust, wenn man von den Säften und Schleimen, den Ausscheidungen und Bresthaftigkeiten der menschlichen Körper spricht. Meine Gäste sollen sich jedoch bei mir wohlfühlen. Wie einfach ist es also, höflich zu sein.

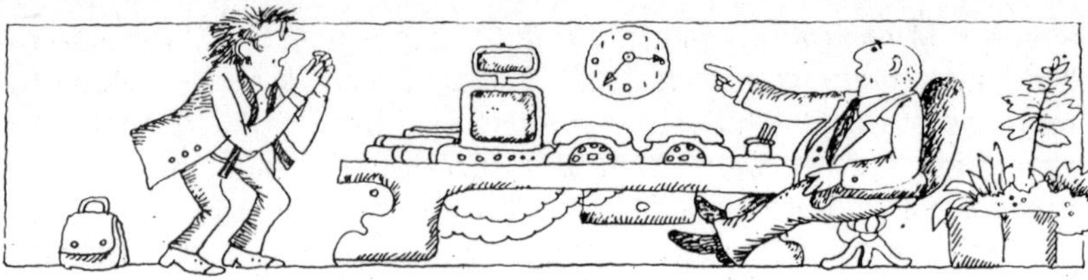

Fluchen, Entschuldigen und Wertmaßstäbe

Sollen derbe Worte den Menschen also im Halse stecken bleiben? Soll man sein Bedürfnis, sich verbal zu erleichtern, anderer Leute wegen unterdrücken? Wird da nicht Zwang ausgeübt, und ist das nicht erst recht unhöflich?

Fluchen macht Luft

Aber warum denn unterdrücken? Eine alte Frau erzählte, daß sich ihre Schwester, wenn sie sich sehr über sie geärgert hatte, ins Klo einschloß und dort etwa fünf Minuten laut und kräftig fluchte. Dann zog sie, daß das Wasser nur so rauschte, und kam heiter und erleichtert wieder ans Tageslicht.

Fluchen macht Spaß

Sicher: Manchen machen die Flüche nur Spaß, wenn sie andere damit schockieren können. Das ist eigentlich ein bißchen infantil, aber natürlich sehr verständlich. Doch da man durch die Alltagsflüche gezwungen wird, für echte Schocker zu ziemlich eindeutigen Redensarten zu greifen, muß auch der Fluch-Fan einsehen, daß er an Grenzen der Zumutbarkeit stößt. In England hat man daraus Konsequenzen gezogen: SAD London meldete im Februar '86, daß in Englands Fordwerken nicht mehr geflucht werden darf. Der Grund: Zum ersten Mal werden neben den dreitausend Arbeitern im Londoner Werk auch zehn Frauen am Fließband beschäftigt. Auf sie soll Rücksicht genommen werden.

Das ist britische Höflichkeit. Ob dieses Fluchverbot befolgt wird, ist freilich die Frage. Denn wenn der Mensch bei Tisch oder im Salon flucht, heißt es gern: »Das kannst du auf dem Schulhof / in der Kneipe / in deinem Betrieb tun, aber nicht hier!« Wenn's nun im Betrieb auch nicht mehr geht, dann bleibt der Straßenverkehr und das Auto. ADAC hat eine Statistik der Flüche und ihrer Beleidigungskosten veröffentlicht. Danach mußten 1985 für einmal »Vogel zeigen« 720 Mark gezahlt werden. »Drecksack« kostete nur 250 Mark Strafe, der »Stinkstiefel« 200, und am teuersten war es, Polizisten zu beschimpfen. Ein »Raubritter« kostete 2000 Mark, ein »damischer Bulle« 3000, während die Beleidigung einer weiblichen Beamtin relativ billig war: Wer sie »dienstgeil« nannte, brauchte nur 200 Mark zu zahlen.

Geld regiert die Welt

Wieder ist das Geld das Prinzip, nach dem die Schicklichkeit gemessen und geordnet wird. Der gute alte Götze Mammon hat sich offenbar so fest etabliert, daß wir ihn als unseresgleichen betrachten und ihm ein unbegrenztes Recht über unser Verhalten und Benehmen eingeräumt haben. Sollte das nicht bedenklicher stimmen als alle Trottel, Pimpfe und Hornochsen?

Wer reich ist, kann auf jeden Fall theoretisch so viel öffentlich und unflätig fluchen wie er will. Der Arbeitslose muß das Maul halten. Kein Wunder, daß die alte Frau auf dem Klo fluchte. Witwenrenten reichen nicht sehr weit.

Wenn Geld der eine Regulator des guten Tones ist, so ist die klassische Nummer zwei die Meinung der Nachbarn.

Die Meinung der Leute

»Das tut man nicht, was würden die Leute sagen?« Das ist ein schrecklicher Satz. Man kann ihn nämlich im wahrsten Sinn des Wortes beliebig aus der Luft greifen und alles und jeden damit abschmettern. Man braucht nichts zu begründen, muß nur empört sein. Denn man bezieht sich ja – scheinbar – auf die besten Zeugen: auf die Leute. Noch schlimmer: auf die Meinung der Leute.

Ich glaube, die Nazijahre sollten uns ein für alle Mal bewiesen haben, wohin man – nicht nur mit Anstand und Sitte – gerät, wenn man sich blindlings der Meinung aller anschließt.

Darüber hinaus: Man lebt nicht für die Meinung der Leute, und »vielen gefallen ist schlimm« hat schon Friedrich Schiller gedichtet. Wer sich also voll Bedacht für eine Handlung und eine Haltung entschieden hat, braucht sich um keinen zu kümmern. Wenn ich mich irre, so ist es mein Fehler gewesen, und wenn ich dadurch andere verletzt haben sollte, so werde ich um Entschuldigung bitten.

Sich zu entschuldigen gehört zum guten Ton, aber erst recht zu einem menschlichen, aufrechten Verhalten. Jeder macht Fehler. Jeder irrt sich über dieses oder jenes. Man vergibt sich nichts, wenn man es eingesteht. Man ist dagegen verlogen und heuchlerisch, wenn man so tut, als ob man ohne Fehl wäre. Trotzdem geht die Bitte um Verzeihung aber den meisten Menschen besonders schwer über die Lippen, und in neun von zehn Fällen wird sie deshalb unterlassen. Das ist schlimm. Wir haben freilich große Vorbilder, die uns auch gleich zeigen, wie man sich vom Gewissensdruck befreit. Irren sich Politiker oder machen sie etwas falsch, so wird die Situation mit geübter Hand so verdreht, daß die anderen schuld waren. Oder daß er gar nicht gewußt hat, daß ... oder daß er nur ausgeführt hat, was ... Pfui Teufel!

Vielleicht ist das sogar der Kern des guten Benehmens: für das einstehen, was man getan und unterlassen hat. Mutig.

Paßt das nicht mehr in unsere Leistungsgesellschaft, in der Menschen fehlerlos wie Maschinen schnurren müssen? Widerspricht die Bitte um Vergebung unserem Anspruchsdenken? Unserem emanzipierten Hochmut? Stört der Begriff der Demut, die zu dieser Bitte um Vergebung gehört? Darüber muß man ebenso nachdenken wie über die eigenen Taten, die zu Verletzungen anderer führen können.

Ausreden made in USA

Leicht scheint es den Leuten nur zu fallen, sich fürs Zuspätkommen zu entschuldigen. AP meldet aus New York, was für Ausreden eine Umfrage bei leitenden Angestellten amerikanischer Unternehmen zutage brachte:

»Jemand hat im Bus einen meiner Schuhe gestohlen.«

»Mein Mann hat vergessen, wo er sein Auto geparkt hatte.«

»Der Hund hat sich mein Toupet geschnappt und irgendwo im Keller versteckt.«

Wer setzt die Wertmaßstäbe?

Die Sache mit den unterlassenen Entschuldigungen und der Bereitwilligkeit, diese Unterlassungen auch bei anderen zu dulden, zeigt abermals, in welcher Klemme der Demokrat steckt.

Wer setzt die Wertmaßstäbe? Wer sagt dem einzelnen, wie man sitzt und steht, redet und raucht? Die glücklichen Engländer haben ihre Königin. Diktatorische Gesellschaften lassen die Untertanen erst recht nicht darüber im unklaren, was von ihnen erwartet wird, und in sozialistischen Gesellschaften hat der Staat die Rolle des Vaters übernommen, der der Familie Vorschriften macht. Die Amerikaner ziehen sich auf dem Umweg über den Wiener Opernball und ihrer eigenen Hollywood-Filme die Verhaltensnormen des 19. Jahrhunderts an Land – und wir? Wo sind unsere Vorbilder? Unsere Vor-Benehmer?

Ich sagte es schon: Wir haben keine Gesellschaft, nur das Fernsehen, das unsere kollektiven Wünsche und unsere Erwartungen voneinander formt. Aber wir haben auch gesehen: Unabhängig von allem anderen gibt es diese Wünsche nach Formen. Also muß man sich eigentlich nur überlegen: Wie bringt man das unter einen Hut? Ist das überhaupt möglich ohne Nivellierung und Ungerechtigkeit?

Nun, man kann diesen Versuch auch genau anders herum als Krone des demokratischen Lebens betrachten. Demokratie nicht nur als politisches Konzept (mit Gewaltenteilung, prinzipieller Offenheit, Rücksicht auf Randgruppen, Achtung vor Andersdenkenden), sondern als gesellschaftliches Konzept. Als Prinzip der Verhaltensformen.

Das führt zuerst zu der Frage nach den Konventionen. Dieses Wort leitet sich von dem lateinischen Verb convenire ab, übereinkommen, sich anpassen, sich schicken. Die Konvenienz ist also die Übereinkunft oder die Rücksicht auf Umstände. Um die Jahrhundertwende verstand man auch die Schicklichkeit, den Wohlanstand darunter, das ist »Anständigkeit des Betragens im geselligen Leben« (Fremdwörterbuch von J. Ch. A. Heyse, 1910).

Und die Konvention ist nach demselben Autor »die Versammlung, besonders des Parlaments in England, wenn kein König vorhanden ist; die Übereinkunft, das Übereinkommen, der Vertrag, der Vergleich«.

Genau das ist unsere Situation. »Kein König« und auch kein anderes Vorbild. Also müssen wir übereinkommen und miteinander einen Vertrag schließen.

Mancher hat in dieser »kaiserlosen, der schrecklichen Zeit« (auch von Friedrich Schiller) bereits mit sich selbst einen Vertrag geschlossen und einfach behauptet: »Wo ich bin, ist oben. Was ich mache, ist richtig!«

Viele von diesen Manchen sind damit auch erstaunlich weit gekommen, aber Erfolg allein macht aus einer Anmaßung noch kein Recht.

Ebenso viele benehmen sich im allgemeinen Sinn korrekt, tragen ordentliche, unauffällige Kleidung, verhalten sich höflich, zumindest im Beruf, denn das macht einen guten Eindruck und hilft verkaufen. An ihnen orientieren sich viele andere und halten das Abendland für gerettet, wenn ihnen Männer im sauberen grauen Anzug mit dezentem Gesäusel das Geld (oder die Wählerstimmen oder was auch immer) aus der Nase ziehen.

Nun ist zwar jede Höflichkeit für jemanden gedacht, besitzt also Ziel und Zweck. Wer aber ihren einzigen »Lebenszweck in Borstenvieh und Schweinespeck« sieht, also im plattesten Gewinnstreben, der hat das Ziel der Klasse noch lange nicht erreicht. Nicht einmal erkannt.

Andererseits: Die zehn Gebote und andere ethische Normen reichen auch nicht aus. Der Mensch muß außerdem wissen, wie man seinen Chef grüßt, wie man sein Taschentuch faltet und wie man einen Kondolenzbrief schreibt. Nichtigkeiten, aber auch für den besten Christen in bestimmten Momenten (und wenn auch nur für die Dauer dieser Momente!) wichtiger als alles andere.

DER EINZELNE UND SEINE FAMILIE

Ehepartner und Eltern

Schon das letzte Wort der Überschrift zeigt, daß uns heute vieles nicht mehr paßt. Ehe man von Benehmensregeln spricht, die neu zu erfinden wären, müßte man neue Wörter erfinden, die jene Gruppe von Menschen bezeichnet, in der ein Kind aufwächst.

Familie? Das ist längst nicht mehr die Regel. Selbst wenn es Verwandte sind, müssen weder Mutter noch Vater dazugehören.

Ehe uns die Umgangssprache ein besseres Wort bietet, benutze ich weiter das alte Wort, aber nicht im Sinne der verhängnisvollen Kleinfamilie oder Schrumpffamilie oder Scheidungsfamilie, sondern als Menschenfamilie. Family of man. Das greift über die Verwandtschafts- und Ehebande hinaus. Und das macht gleichzeitig ganz einfach und bildhaft klar, daß ein Kind im Schoße seiner Familie für die Menschheitsfamilie erzogen wird.

Man spricht von guter Kinderstube, der oder jener hätte keine gehabt. Man sagt: Was Hänschen nicht lernt, lernt Hans nimmermehr, und beides stimmt. Der Mensch nimmt in der Kindheit mit allen Sinnen auf, was um ihn herum geschieht. Er ahmt nach, instinktiv, um sich seiner Gruppe anzupassen, um zum Rudel dazuzugehören, um zu lernen, um zu überleben, um Zustimmung und Liebe zu gewinnen. In dieser Sehnsucht liegt der Ursprung des guten Benehmens.

Familie als Vorbild

Das Kind sieht also und hört, ehe es reden kann, wie die anderen reden, wie sie gestikulieren, wie sie sich durch rituelle Bewegungen stumm verständigen, wie sie ein Lächeln bewirken oder ein Stirnrunzeln. Das Kind sieht, wie der Eßtisch gedeckt wird, wie sich die Menschen zu welchen Gelegenheiten kleiden, es schmeckt Alltagsfutter und Festgerichte.

Das Kind lernt, und am Ende dieser zigtausend Eindrücke wird es entweder genauso wie die Leute um es herum oder genau anders. Doch auch wenn es sich in den Jahren der Pubertät voll Haß und Verachtung gegen seine Familie stellt, so kann es sich niemals gänzlich lösen. Die Familie hat nicht nur erzogen, sondern auch geprägt.

Das war früher, in der alten Standesgesellschaft, für den Aufsteiger ebenso problematisch bis tragisch wie für den Absteiger. Sie wußten: Es gab etwas, das sie in jedem Augenblick verraten konnte.

Wie wichtig sind Rüschen?

Wenn heute ein Mann aus einer Familie, in der es üblich war, graue Halbschuhe mit Luftlöchern im Leder zu tragen und auch schön zu finden, in eine Gesellschaft der Wüstenschuh-Träger hineingerät, oder wenn ein Mädchen aus einer Rüschenkleid-Familie in eine Schulklasse kommt, die bei Rüschen aufkreischt, so kann im ersten Fall einfach ein neues Paar Schuhe gekauft werden, und im zweiten wird hoffentlich eine kluge Mutter wissen, daß ihrem kleinen Mädchen das Wohlwollen der Freundinnen wichtiger ist als ein Rüschenkleid.

Die andere Möglichkeit: Der Mann mit dem durchlöcherten Grau bewegt seine großen Füße friedlich und selbstsicher zwischen den Wüstenschuhen. Vielleicht macht er Mode. Auf jeden Fall ist er – in unserem Beispiel – ein ausgewachsener Mann, der weiß, wer er ist und was er will und was er sich leisten kann.

Das kleine Mädchen aber ist noch verletzlich und ungeformt. Es wächst erst in sein eigenes Leben hinein, es ist noch nicht selbstsicher. Es kann sich noch nicht wirklich durchsetzen. Es ist auf die Freundlichkeit der anderen angewiesen, und es sucht Freundschaft und keinen Klassenkampf um Rüschen. Jede Mutter und jede andere Bezugsperson muß in diesem Fall nur wissen: Ein Kind, das mir anvertraut ist, ist nicht mein verlängertes Ich. Es ist keine Fortsetzung meiner eigenen Kindheit. Es muß nie und niemals ein Rüschenkleid tragen, weil es sich halt schickt oder ich selber nie eins haben durfte. Ein Kind, das mir anvertraut wird, besitzt eigene Rechte. Ich muß abwarten und unterstützen. Ich bin das Beispiel.

Prägende Eindrücke

Bilder von Situationen, die sich zur Erinnerung verdichten, sinken dem Kind ins Unbewußte. Bilder wirken stärker als Worte. Nie vergißt ein kleines Mädchen die Maiglöckchen, die ihm ein Nachbarsjunge über den Zaun reichte, und ebensowenig die ersten Blumen, die ihm ein Freund der Eltern mitbrachte. Aber auch nie die Ringelstrümpfe, die es für irgendein Familienfest anziehen mußte und die sich als Rutschestrümpfe entpuppten, zum Spott der ganzen Familie. Nie vergißt ein kleiner Junge den winzigen Schlips, den ihm der Vater um den Hals knüpfte, aber auch nie das mißbilligende Schweigen, als er sich beim 70. Geburtstag seines Großvaters vor lauter Aufregung in die himmelblauen Staatshosen pinkelte. »So ein großer Junge und macht sich noch in die Hosen!« und: »So ein kleiner Junge und trägt schon einen Schlips wie ein Mann!«

Das sitzt, das formt und das sagt dem Kind, wie Benehmen beurteilt wird. Das illustriert auch, daß die Erwachsenen der Familie einfach durch ihre ständige Gegenwart die ersten und mächtigsten Vorbilder sind und die Schlüsselfiguren des Lebens. Wenn, dann sind sie diejenigen, die dem Kind beweisen können, daß Höflichkeit und die damit verbundene Selbstbeherrschung das Leben erträglich macht, das eigene und das der anderen.

Höflichkeit unter Ehepartnern

Höflichkeit unter Ehepartnern: Was bedeutet das in bezug auf die Rechte der Frau? Wie kann man besser den Begriff Frieden klar machen?

Es ist wie mit der Leberwurst: Wer sie bei sich zu Hause aus dem Fettpapier ißt, aber im Lokal oder bei Bekannten so tut, als äße er täglich von goldenen Tellern, der steht auf derselben Stufe wie die Männer, die ihrer Frau noch nie die Türe aufgehalten haben, in der Öffentlichkeit aber allen (anderen) Damen die Hände küssen. Und ein Vater dieser Art darf nicht hoffen, daß sein Kind jemals ein sicheres Benehmen entwickeln kann, vom wirklich guten ganz zu schweigen.

Denn wer die Familienangehörigen anders behandelt als zum Beispiel geschäftlich wichtige Leute, der steht vor seinem Kind als Heuchler da oder als einer, dem der Zweck die Mittel heiligt.

So tun als ob

Jeder Erwachsene muß wissen, wie scharf Kinder beobachten, und ich glaube, diese winzigen Verlogenheiten, dieses So-tun-als-Ob verletzt sie am tiefsten. Sie sehen nämlich in einer Zeit, in der ihnen die Konsequenzen dieser Beobachtung noch gar nicht klar sein können, daß man sich nicht einmal auf seine eigenen Eltern verlassen kann.

Vor zwei, drei Generationen war das nicht ganz so schlimm. Wenn es ein allgemein anerkanntes Wertsystem gibt und wenn die Menschen ein empfindsames Gewissen besitzen, dann kann der einzelne schon einmal fehlen. Er kann sich sozusagen unter dem ruhig strahlenden Firmament dieser Werte durchmogeln. Die Sterne strahlen weiter, ihr Wert bleibt von der Mogelei des armen Sünders unberührt.

Heute ruht alles auf den Schultern der Individuen. Jeder einzelne muß sich seinen Wertehimmel errichten, und wenn er in die Munkelei gerät, stürzt ihm alles ein. Gewiß, der politische Filz zeigt, daß man offenbar ohne große Qualen ein mattes Unrechtsbewußtsein aufbauen kann. Man wälzt einfach die Last ab, und man schreit: »Was habt ihr gegen mich und meine Spendengelder? Schaut doch die andern an! Die machen es auch nicht besser!« So im Großen, so im Kleinen.

Das sind natürlich allgemeine und, wie man früher sagte, sittliche Probleme, aber sie zeigen erstens, wie schwer heute das Erziehen ist, nicht nur das Erziehen zu guten Manieren, und sie zeigen zweitens, daß es gerade wegen dieser fehlenden Konvention keine Grenze zwischen Draußen und Drinnen gibt, zwischen Familie und der Welt jenseits des Gartenzauns. Alles wirkt auf Kinder ein und gibt ihnen ein Beispiel, und sie sehen tagtäglich

Sinn der Manieren

- daß gutes Benehmen das ganze Leben erleichtert. Höfliches Benehmen zeigt sich an dieser Erscheinung, hat immer etwas mit Freundlichkeit zu tun. Zur Höflichkeit gehört das abwartende, auffordernde, bestätigende, entgegenkommende, herzliche Lächeln. Und schon eine Mutter lächelt instinktiv zurück, wenn ihr das winzige Neugeborene sein erstes Lächeln schenkt;

Manieren wichtig im Alltag

- daß Manieren besonders wichtig im Alltag sind, wenn sich zum Beispiel jemand dafür entschuldigt, daß er einen anderen angerempelt, umgerannt, beim Einstieg in die Tram versehentlich abgedrängt hat: es verhindert die Feindseligkeit im Entstehen;
- daß Manieren eine Echowirkung haben. Wenn Familienmitglieder oder Leute auf der Straße oder im Büro höflich und freundlich behandelt werden, so reagieren auch sie selber – meistens – freundlich und höflich. Benehmen kann also die Menschen ändern und den Stil oder die Stimmung einer Gruppe beeinflussen;

Sicherheit lockert

- daß Sicherheit im Benehmen die Menschen locker macht, weil sie genau wissen, daß sie sich korrekt verhalten. So können sie lässig und unverkrampft handeln und sprechen.

Benehmen muß also nicht identisch sein mit Steifheit und Drill. Ganz im Gegenteil. Wer so denkt, in dem nagt in Wirklichkeit eine ewige Ungewißheit: Was werden die Leute sagen? Er weiß also gar nicht so gut Bescheid, wie er tut, oder er kennt sich nur punktuell gut aus und muß ständig zittern, daß er auf unbekanntes Terrain gerät und sich seine ganze Besserwisserei enthüllt. Peinlich, peinlich, nicht wahr? Das findet zumindest er und rettet sich in Förmlichkeiten;

- daß Sicherheit im Benehmen außerdem eine ganz pragmatische Wirkung besitzt. Die anderen honorieren diese Sicherheit mit Wohlwollen und Anerkennung. Der Sichere tritt ergo ganz anders auf und nimmt andere für sich ein;
- daß Benehmen, Haltung, Manieren nicht nur beschränkt sind auf die Umgangsformen, sondern daß sie die Kraft besitzen, dem ganzen Dasein Stil zu verleihen. Dazu gehört auch die Erkenntnis, daß dieser Stil alle anderen Lebensäußerungen – von der Kleidung bis zur moralischen Entscheidung – zusammenfaßt. Eine Person entsteht, und sie formt sich auch mittels ihrer Manieren ganz bewußt ihren eigenen Stil;

Der eigene Stil

- daß dieses sogenannte gute Benehmen schließlich etwas mit Ästhetik zu tun hat. Es ist ästhetisch, wenn man sich korrekt benimmt, bewegt, kleidet, den Tisch deckt und Feste feiert. Das hängt überhaupt nicht vom Geldwert des Tischtuchs oder der Kleider ab.

Wunsch nach Schönheit

Das wären ein paar positive Erkenntnisse, zu denen Kinder im Lauf ihrer ersten zwei Lebensjahrzehnte kommen. Natürlich sehen sie genauso klar, wo Benehmen kalt und berechnend genutzt wird:

- Manieren helfen im weitesten Sinn, besser zu verkaufen.
- Manieren helfen den Anfängern, den Erfolgssüchtigen beim Erfolg, beim Aufstieg, beim Weg in das, was heute immer noch als »bessere Kreise« bezeichnet wird.

Manieren können also übertrieben werden und zur Aufdringlichkeit oder zur Förmlichkeit verkommen. Manieren können auch als reines Mittel benutzt werden. Beide Extreme sind verwerflich. Auch das lernen Kinder im Umgang mit ihren Erwachsenen, vor allem mit Geschwistern und Spielkameraden.

Geschwister und Spielkameraden

Geschwister: das sind die Mitmenschen, die man sich nicht aussuchen kann, die man noch genauer kennt als die Eltern, an die man aber nicht durch abhängige Liebe gefesselt ist. Geschwister müssen die ersten, noch ungehemmten Gefühle ertragen, und sie müssen sich wie aus einem Wolfsrudel zu Wesen entwickeln, denen ein Wort wie Bruderliebe etwas bedeutet. Das bezeichnen wir als Erziehung.

Soll man also mit der Erziehung zu gesitteten Formen warten, bis der junge Mensch selbstbewußt geworden ist?

Das ist kaum möglich, denn die Gesellschaftsgruppe, in die das Kind hineingeboren wird, stellt von Anfang an Beispiele und erwartet ihrerseits vom Kind, daß es »sich benimmt«. Wenn dazu gehört, daß Kinder mit Spielkameraden höflich umgehen, so wird diese Höflichkeit von anderen gefördert und gefordert werden. Erwartet die Gesellschaft, daß ein Steppke brav die Hand der Mäditant küßt, so bekommen alle Mäditanten nasse, dicke Kinderküsse auf ihren Händen.

Spielkameraden und Klassenkameraden zeigen Kindern, daß sich andere genauso benehmen wie man selber oder daß es nette Menschen geben kann, die einem die besten Freunde werden können und sich trotzdem vollkommen anders verhalten. Die zum Beispiel Handküsse abgrundalbern finden und als Hofschranzenmanieren.

Das Kind erlebt also, daß das Benehmen der eigenen Gruppe zwar eine Vertrautheit hervorruft, die noch nach Jahrzehnten wirksam sein wird. Daß diese Vertrautheit jedoch trügerisch sein kann, erfährt es ebenfalls meist schon im Sandkasten. Aber wenn einem ein Kindergartenfreund die Schippe aus der Hand reißt, statt brav bitte zu sagen, fällt die Versöhnung mit ihm leichter. Man kennt sich. Man spricht die gleiche Sprache. Das hilft bei der richtigen Wortwahl.

Das Kind erlebt ebenfalls, daß anderes Benehmen tatsächlich nur anders ist, weder besser noch schlechter. Es hat weder etwas mit dem Charakter zu tun noch mit der Moral. Ein Fremder kann also besser, gerechter und zuverlässiger sein als einer, dessen Benehmen einem vertraut ist.

Setzen also die Erwachsenen der Familie die Regeln, rauft sich das Kind mit den anderen Kindern seiner Familie oder Gruppe nach diesen Regeln zusammen, so machen ihm fremde Kinder und Erwachsene zum ersten Mal klar, daß es verschiedene Lebensformen und Manieren gibt. Und in dem Augenblick, in dem das Kind begreift, daß es wählen kann, beginnt es, seinen eigenen Lebensstil zu formen, natürlich noch unbewußt, aber für die Eltern unübersehbar.

Wie auch immer sie reagieren – ihre Rolle als Behüter und Regelsetzer läuft nun aus. Sie haben gesagt und getan, was zu sagen und zu tun war – ihrer Meinung nach. Jetzt hat das Kind den ersten Zipfel seiner eigenen Meinungen zu packen gekriegt, und es läßt nicht locker. Eltern werden dadurch zu den Repräsentanten der Vergangenheit. Zu Prüfsteinen. An ihrer Haltung, an ihrem Benehmen orientiert sich das Kind. Gegen sie kämpft es an. Mit der Erinnerung an tausend Situationen, in denen sich die Eltern so und so benommen haben, baut sich das Kind seinen eigenen Benehmenskodex.

Standesgenossen

Früher kannte jeder Stand der Gesellschaft »seine Grenzen«. Heute kann man das nur noch in englischen Fernsehserien aus der viktorianischen Zeit verfolgen. Unsere Gesellschaft ist heute so grenzenlos, daß besonders die Rebellen große Schwierigkeiten haben, sich so zu benehmen, daß man gleich sieht: hier bedient Sie der Rebell!

Deshalb wählten die modernen Bürgerschrecks zuerst einmal eine Kleidung und eine Frisur, die allen sofort ins Auge fiel. Verpackung also als Fanal, das Äußere als Programm. Auch das sind Manieren, eine Art und Weise, sich zu benehmen. Da alle ihre Ausdrucksformen auf laut und schrill eingestellt sind, verfügen diese Manieren über wenige Nuancen, und das macht sie zu Übergangsformen, zu Entwicklungsphasen. Deshalb wirkt auch ein alter Punker ebenso jämmerlich wie eine Alte im Flügelkleide. Menschen, die infantil geblieben sind und sich gegen ihre eigene Entwicklung sträubten.

Die eigenen vier Wände sind in der Vorstellung der meisten immer noch »My home is my castle! Mein Heim ist meine Burg, da kann ich tun, was ich will, und mich benehmen, wie's mir paßt.«

Kinder merken am ehesten, wie wenig das heute noch stimmt. Es gibt kluge historische Theorien über den Rückzug der bürgerlichen und akademischen Gesellschaft aus der politischen Verantwortung in »die eigenen vier Wände«, aber selbst wenn sich der Bildungsbürger nach dem Vorbild des alten Adels sein castle aufgebaut hat, in dem er gegen die ganze Welt zu stehen meint – das Wohnstuben-castle unserer sogenannten Kleinfamilien hat ein gar nicht so großes Loch, durch das viel mehr Welt einströmt, als selbst ein Patriarch von altem Schrot und Korn abwehren könnte: die Mattscheibe. Trotzdem gibt es im Rahmen dieser Abgeschlossenheit deutlich umrissene Regionen des Privaten.

TV: Tor zur Welt

In Österreich wurden Psychotests für Führerscheinkandidaten eingeführt. Eine Fahrschülerin aus Salzburg schrieb einen Brief an ihre Tageszeitung und fragte: »Als ich beim Psychotest die Frage, ob ich je meinen Mann betrogen hätte, verneinte, meinte die Ärztin, ich sei nicht normal. Wen geht mein Geschlechtsleben etwas an?«

Tabu: Badezimmer, Klo

Es geht in der Tat niemanden etwas an. Und deshalb sind auch in den meisten Familien Badezimmer und Klos tabu, wenn besetzt. Das lernen Kinder wahrscheinlich sehr bald kennen und nachahmen.

Privat sind auch das Schlafzimmer und der Schreibtisch. Wenn eine Tür oder eine Schublade geschlossen sind, so gilt das als Bitte oder als Befehl: Hier möchte ich nicht gestört werden.

Anklopfen?

An die Tür klopfen? Das tut man nur in fremden Wohnungen und Häusern. Zu Hause oder bei Freunden klopft man nicht an. Wenn man unsicher ist, ob man ein Zimmer betreten kann oder nicht, so fragt man: »Frau Norden, darf ich hereinkommen?«

Angelehnte Tür

Eine angelehnte Tür gilt als offen. Ob zu Hause, bei Freunden, in öffentlichen Gebäuden, im Büro, im Restaurant: an eine offene oder angelehnte Tür wird nicht geklopft. Sie wird geöffnet, wobei man sich auch nicht wortreich entschuldigen muß.

In manchen Familien in England und auch in Deutschland ist es sogar üblich, die Klotür leicht angelehnt zu lassen, um dem Gast zu bedeuten: »Nicht besetzt!« Das erspart ihm und demjenigen, der an diesem Orte weilt, die Türrüttelei.

Angelehnte Schlafzimmertüren oder Badezimmertüren kann man freilich taktvollerweise als geschlossen betrachten und sich mit einer Frage vergewissern, ob man niemanden stört.

Sowenig man bei anderen Leuten ins Schlafzimmer platzt, sowenig stöbert man in fremden Sachen.

Schreibtische, Kommodenschubladen, Tagebücher, die anderen gehören, läßt man in Ruhe. Dabei spielt es eigentlich keine Rolle, ob abgeschlossen ist oder nicht. Man achtet die Privatsphäre des anderen. Das sollte stählerner gelten als es Schlösser sind. ***Tagebücher***

Es zeugt auch von schlechten Manieren, wenn man fremden Hausfrauen an Herd, Tiefkühlgerät und Kühlschrank geht, ohne vorher um Erlaubnis gefragt zu haben. Erstens leben wir in einem Land, in dem Eigentum sehr hoch geachtet wird, und zweitens rechnet jede Hausfrau und jeder Hausmann mit dem, was sie/er in Vorrat hat. Unangekündigte Zugriffe können also das Kochprogramm von – meistens Berufstätigen – aufs ärgerlichste durcheinanderbringen.

Freizeitkleidung und ähnliche praktische und bequeme Kleidungsstücke haben in den letzten Jahren eine immer breitere Zone zwischen den Sachen klaffen lassen, die man zu Hause und im Betrieb/Büro trägt. Zu Hause kann man tragen, was man will. Puschen und Kittel. ***Freizeit***

Kinder sehen ziemlich genau den Unterschied zwischen bequem und schlampig und rechnen diese Eindrücke zu den anderen vom Benehmen der Erwachsenen (wenn keiner guckt).

Du und Sie: Dem Kind sagen alle du. Wenn das Kind größer wird, gehen viele Erwachsene zum Sie über, denn als Regel gilt: Erwachsene reden Erwachsene mit Sie an. Du und Sie hat in den verschiedenen Landschaften, Alters- und Gesellschaftsklassen eine verschiedene Gewichtung. Gerät man als Fremder in undurchsichtige Du-Sie-Verhältnisse, so muß man einen Kundigen fragen, erstens nach der allgemeinen Regel, und zweitens, wie man sich als Außenstehender verhält. ***Siezen***

In Österreich sagen sich zum Beispiel die jeweils gleichgeschlechtlichen Angehörigen der Aristokratie du.

In Hamburg sagt man sich am liebsten nur unter wirklichen Freunden du, redet aber befreundete Kollegen mit Sie und Vornamen an. ***Hamburger Sie***

In der deutschsprachigen Schweiz redet man im Hochdeutschen andere in der 2. Person Plural an: »Seid Ihr gut gereist?«

Wenn Männer geschäftlich zusammenarbeiten, lang und gut, gehen sie gern zum Du über. ***Duzen***

Wenn Frauen mit Frauen oder Frauen mit Männern ebenso lange zusammenarbeiten, bleiben sie lieber beim Sie und wählen am liebsten die Hamburger Form: Sie und Vorname.

Und jeder kennt einen, der sagt zu jedem du, »und wenn du der

Du-Regeln König wärst!« Spielarten. Sie illustrieren, wie gut man mit diesen Möglichkeiten und ihren Variationen allen möglichen Nähen und Fernen gerecht werden kann.

Ganz korrekt geht es beim Siezen und Duzen so zu:

- Wenn sich Erwachsene das Du anbieten, so geht das stets vom Würdigen, Älteren, Vorgesetzten aus.
- Wenn Mann und Frau an das Du denken, so ist es der Regel nach die Frau, die dem Mann das Du anbietet.
- Wenn mehrere Erwachsene miteinander Brüderschaft trinken, so ist das oft ein spontaner Gruppenentschluß, bei dem alle Regeln über den Haufen purzeln und in der Masse (der sich Verbrüdernden) oder in der Ausgelassenheit der Situation verloren gehen. In diesem Fall und auch in dem der fortgeschrittenen Weinseligkeit muß man das Ganze nicht ernst nehmen. Man braucht sich also nicht an das so entstandene Du zu halten, ja man sollte es oft auch gar nicht, weil es der (die) Partner(in) meistens mit dem Kater vergessen hat und ganz verlegen werden kann, wenn man ihn wieder daran erinnert. Wer nicht gleich wieder siezen will, kann am Tage danach die Probe machen und den Weinbruder mit Sie anreden. Sagt er dann: »Aber ich bitte dich, wir haben doch gestern ...« so ist das Du gerettet. Im anderen Fall muß man, wenn einem viel am Du liegt und man nicht der Ältere oder das weibliche Wesen ist, auf die nächste Gelegenheit warten.

Wenn jemand beleidigt ist Beleidigtsein: Zu den Lehrjahren des Benehmens gehört auch dieses. Jeder kennt jemanden in der Familie oder im Büro, der permanent übelnimmt. Tanten, die nur darauf warten, daß ihnen ein Großneffe nicht »das schöne Händchen« gibt und deshalb schon im voraus beleidigt sind; Schwiegerleute, die sofort nachrechnen, daß das Weihnachtsgeschenk, das sie bekommen haben, mindestens 3 Mark 75 billiger ist als ihre eigene Gabe und die deshalb bis über Neujahr schmollen; Kollegen, die schon einschnappen, ehe man sie wirklich nicht zu irgendwas einlädt, auffordert, mitnimmt.

Die Konsequenz für das Verhalten der anderen, die ja keine Heiltherapie sein kann: unerschütterliche Höflichkeit. Gerade in kritischen und schwierigen Situationen zeigt sich ihr Wert. Sie ist dann tatsächlich das einzige Mittel für den einigermaßen friedlichen Umgang miteinander. Immer wieder also freundlich einladen, erklären, nicht auf die Vorwürfe eingehen, weil es sinnlos ist und den Beleidigten nur neues Material liefert. Registrieren, daß einem jeder Satz im Munde umgedreht wird, aber nicht mit Empörung reagieren. Denn von Menschen, die eine echte oder eine eingebildete Verzweiflung quält, die keinem Vertrauen zu schenken in der Lage sind, kann man nicht die Höflichkeit erwarten, die den Glücklicheren nicht schwer fällt.

Schafft man das nicht, in ihnen den leidenden Bruder zu sehen, den zu ertragen es gilt, und ist die beleidigte Person jemand, bei dem ein kräftiger Krach nichts nützen würde oder nicht angebracht wäre, so muß man sich entfernen, trennen, lösen und auch dabei auf äußerste Höflichkeit achten.

Gerade in diesen Fällen – bei Beleidigung, auch bei Tratsch und Klatsch, in denen Emotionen das Verhalten bestimmen – sollte man selber nicht die Haltung und die Freundlichkeit aufgeben, weil man nur mit Hilfe der Höflichkeit die Distanz erreichen kann, die zur Beruhigung der Affäre nötig ist.

Wenn man wen beleidigt hat

Beleidigen: Und wenn jemand Grund hat, die beleidigte Nudel zu spielen? Wenn jemand jemandem unabsichtlich oder mit unverhohlenem Vergnügen eins ausgewischt hat, auf den Schlips getreten ist oder jemanden mitten ins Herz getroffen hat? Wenn man im Büro ein älteres Recht nicht geachtet hat? So entschuldigt man sich. Sofort und herzlich. Das ist unendlich wichtig, deshalb werden Sie in diesem Buch sicher an vielen Stellen lesen: Seien Sie klüger und menschlicher als die Politiker und Machthaber um Sie herum. Sagen Sie bereitwillig, daß Sie sich geirrt haben, daß Sie falsch reagiert haben. Schicken Sie dem anderen einen Brief, wenn Sie die nötigen Worte (noch) nicht über die Lippen bringen. Stellen Sie ihm einen Veilchenstrauß auf den Schreibtisch oder eine verrückte Collage auf den Küchentisch. Aber »versöhnen Sie sich mit Ihrem Bruder«, wie es im Neuen Testament heißt. Nur so fängt Frieden an.

sich entschuldigen

Aufs Recht pochen

Rechthaben: Eine Journalistin, die nach ein paar Jahren Auslandsaufenthalt mit ihrem Kind wieder nach Deutschland kam, sah ihr altes Zuhause als »eine Nation von Oberlehrern«. Sie schrieb in der »Süddeutschen Zeitung«: »Hier scheint es ein Volkssport zu sein, sich ungefragt einzumischen – wertend und bewertend, dazu stets finster und unfreundlich.« Und sie berichtete, wie sie ihren Platz in einer Schlange an der Supermarktkasse für Sekunden verließ, um sich noch einen Kasten Eier zu holen: »Als ich zurückkomme, ist mein Wagen aus der Reihe geschoben. ›Warum?‹ frage ich. Kommt die klassische Antwort: ›Na ja, wenn das jeder machen würde!‹ Was würde dann passieren?«

Recht ist eine juristische Kategorie. Wer auf seinem Recht besteht, kann in der Sache recht haben und dennoch Unrecht tun: wenn er nämlich nicht vor Gericht steht, sondern im Alltag. Zu den guten Manieren gehört keineswegs die Selbstgerechtigkeit. Wer höflich ist, verzichtet im Gegenteil – nicht immer, aber im rechten Moment – aus Rücksicht auf einen anderen auf sein sogenanntes Recht. Denn was bedeutet Rechthaben im gesellschaftlichen Sinn? Da kommt sich jemand übergangen vor – nicht übervorteilt –, denn Manieren sind keine Kategorien von Kommerz und Handel. Es geht also darum, daß sich jemand falsch bewertet und beachtet vorkommt. Übersehen. Das Ichgefühl leidet.

Statt jedoch »auf sein Recht zu pochen«, sollte der höfliche Mensch demjenigen, über den er sich beklagen zu müssen meint, klipp und klar, aber höflich und sachlich sagen, was ihn gestört hat. In neun von zehn Fällen wird sich herausstellen: Alles hat auf einem Mißverständnis beruht, auf Unkenntnis und so weiter, und wieder hat die Höflichkeit geholfen, den Frieden zu wahren.

Der einzige Haken dabei ist: Das sogenannte offene Gespräch erfordert von demjenigen, der sich im Unrecht glaubt, eine ziemliche Haltung, ein ruhiges, humorvolles Selbstbewußtsein, aber zugleich die Einsicht, daß sich die Welt nicht nur um seine kostbare Person dreht. Erst dann kann er seine Worte so setzen, daß sie nun selber nicht beleidigen und das Ganze in Gekeife endet.

Doch gerade das läßt sich üben. Manche schreiben sich auf, was sie am anderen stört, lesen die Notizen am anderen Tag laut und stellen sich dabei vor, sie müßten sich selber so etwas anhören. Das lehrt am besten, die Aggressivitäten zwischen den Zeilen zu löschen.

Randfiguren der Gesellschaft

In den letzten Jahren sind die Randfiguren der Gesellschaft stärker denn je in den Blickpunkt geraten: Behinderte, Ausländer, Alte, Nichtverheiratete, Alleinerziehende und so weiter.

In einem Buch über das Benehmen dreht es sich nicht um das Für und Wider der Achtung, die jedem Menschen zu zollen ist. Es muß nur erwähnt werden, daß Kinder diese Achtung nicht nur haben, sondern auch ausüben lernen, wenn die Erwachsenen um sie herum zum Beispiel einen Körperbehinderten genau so höflich und zuvorkommend behandeln wie einen Menschen mit gesunden Gliedern; wenn sie nicht voller Behagen widerwärtige Witze über Menschen anderer Nationen und Glaubensbekenntnisse erzählen; wenn sie es nicht

»peinlich« finden, daß Frau Sowieso einen jüngeren Mann geheiratet hat und sie und auch Frau X. einladen, obwohl sie doch geschieden ist / in wilder Ehe lebt / mit einer Kollegin zusammenlebt / eine alte einsame Witwe ist oder sonstwie gesellschaftlich »uninteressant«.

Ein Haus führen

Ein Haus führen und Gesellschaften geben – das war früher nur der etablierten Familie mit Ausziehtisch, Geld verdienendem Vater und Personal vorbehalten. Man »empfing« in bürgerlicher Nachahmung des Adelszeremoniells, man lud ein und wurde zurückgeladen, wie man es in der Unterhaltungsliteratur des ausgehenden 19. Jahrhunderts nachlesen kann.

Heute ist jeder seine eigene Familie. Heute ist jeder sein eigener Haushaltungsvorstand, und wenn es auch noch das pseudogesellschaftliche Spiel von Einladung/Gegeneinladung und Pflichteinladung gibt, so können es alle spielen, auch diejenigen, die früher gesellschaftlich gesehen gar keine Personen waren: Junggesellen, Besitzer von weniger als 24 Champagnerkelchen, Rentner und so weiter.

Wenn im folgenden Kapitel die Familienfeste behandelt werden, so ist das kein Widerspruch, sondern nur typisch für unsere Zeit und ihre Manieren. Viele alte Regeln gelten noch. Ob und in welchem Maße man sich danach richtet, liegt beim einzelnen. Neue Regeln lassen sich ohnehin am besten bei diesen Feiern und Festveranstaltungen entwikkeln und einbauen, denn gerade bei Taufe, Hochzeit und ähnlichen Festen hat es immer schon liebevoll gehütete Familientraditionen gegeben, die etwas ganz Besonderes waren. Je weniger Vaterhäuser es heute noch gibt, um so teurer ist der Familie das, was sie zusammenhält, was sie von den anderen unterscheidet, was ihr die einzige noch mögliche Identität gibt.

Also – Rahmen-Regeln für Familienfeste.

Familienfeste

Die Taufe

Die Taufe ist das erste Fest im Leben eines Kindes und oft ein Familienfest, bei dem sich die in alle Welt zerstreute Verwandtschaft wieder einmal trifft.

Zeitpunkt Der Termin richtet sich nach dem Taufakt selbst. Meist findet die Taufe mit Rücksicht auf Mutter und Kind am späten Vormittag und mit Rücksicht auf die übrige Verwandtschaft am Wochenende statt. Man *Einladung* lädt alle Gäste schriftlich oder mündlich vierzehn Tage vorher ein.

Paten Das Taufkind braucht mindestens zwei Paten, man muß also Verwandte oder Freunde bitten, diese Patenschaft zu übernehmen. Der erste Pate muß der gleichen Konfession wie das künftige Patenkind angehören, der zweite kann frei gewählt werden. Die Paten müssen sich vorher erkundigen, welche Formalitäten sie zu erledigen haben, und diese richten sich nach der betreffenden Konfession. Man sollte die Paten deshalb ruhig etwas eher von ihrer Ehre benachrichtigen, als man die übrigen Gäste einlädt.

Als Paten wählt man gute Freunde oder nahe Verwandte, denn von ihnen wird nicht nur erwartet, daß sie den Eltern helfen, das Kind im christlichen Sinne zu erziehen, sie sollen ihm auch später im Leben mit Rat und Tat zur Seite stehen können. Deshalb bittet man nicht nur Freunde oder Verwandte mit hohem Lebensalter, sondern jüngere Geschwister und Freunde, die das Kind ins Erwachsenenleben hineinbegleiten können und die nicht schon sechs oder sieben Patenkinder außerdem zu betreuen haben.

Anmeldung in der Kirche Die Taufe sollte zwei bis drei Wochen vorher in der Kirche angemeldet werden. Beim ersten Gespräch mit dem Pastor erfahren die Eltern, wie die Taufe verläuft und welche Urkunden und Bescheinigungen sie mitbringen müssen. Falls eine Haustaufe erwünscht ist, werden die Vorbereitungen dafür ebenfalls besprochen.

Art der Einladung

Ist der Zeitpunkt der Taufe festgelegt worden, so kann man Gäste einladen, unter ihnen auf jeden Fall den Pastor und die Paten, meist auch die Großeltern. Man lädt gern zum Mittagessen ein, wenn die Taufe vormittags stattfindet. Oder zum Mittagessen im Restaurant oder Hotel, falls sich die Mutter noch nicht kräftig genug fühlt, um selber Gäste bewirten zu können, oder wenn sie niemanden hat, der ihr diese Arbeit abnehmen könnte.

Man kann auch zum festlichen Kaffeebüffet oder zum kalten oder warmen Büffet einladen, das mittags oder abends stattfindet. Das ist besonders günstig, wenn man über die engste Familie hinaus Schwestern, Brüder und andere Verwandte mit einladen möchte.

Tischdekoration

Gleichgültig, ob zum Mittagessen, zum Kaffee oder zum Abendessen eingeladen wird oder ob man ein Büffet dekoriert: die traditionellen Farben der Taufe sind Rosa und Hellblau. Wem das zu süßlich ist, der deckt den Tisch offiziell mit Weiß, Silber und Pastellfarben. Abgesehen davon kann man den Tisch so kunterbunt und kitschig oder fröhlich dekorieren, wie es einem gefällt; mit Störchen aus Marzipan, mit hölzernem Kinderspielzeug, mit Rüschen und Schleifen, Badetieren, bäuerlichem Strohschmuck oder Illustrationen aus Bilderbüchern.

Vorbereitungen

Die Vorbereitungen in Wohnung und Küche richten sich nach der Festform, die man für die Taufe auswählt. Der Platz neben der Mutter

Tischordnung

ist bei der Taufe der Ehrenplatz, und er steht dem Pastor oder dem Paten zu, was davon abhängt, wer kommt. Der Pastor hat auf jeden Fall den Vorrang.

Kleidung

Lesen Sie bitte auf Seite 90, was zur Kleidung zu sagen ist. Im Prinzip ziehen Herren den dunklen Anzug an, Damen festliche Tageskleidung.

Die wichtigste Person ist der Täufling, und für ihn gelten noch Kleidervorschriften: er bekommt ein extra Taufkittelchen, das man in vielen Familien mit der Hand näht und bestickt, aufhebt und von Kind zu Kind, auch von Generation zu Generation, vererbt.

Taufgeschenke

Die Paten bringen Geschenke mit; in manchen Familien und Landschaften ist es auch üblich, daß die Großeltern dem Kind etwas schenken. Die übrigen Gäste können nach Belieben ebenfalls eine Kleinigkeit mitbringen, müssen aber nichts schenken. Blumen für die Mutter reichen als Zeichen der Höflichkeit aus. Taufgeschenke sind entweder für die Zukunft gedacht (Silberbecher, Silberbesteck, Sparbuch, Schmuck) oder für die nächsten Monate (ein Staatsjäckchen oder besonders hübsche Anzüge, die ersten Spieltiere).

Geschenkliste

Sehr empfehlenswert ist – wie bei allen anderen großen Familienfesten und Jubiläen – die Geschenkliste. Es wird eine Liste der Dinge zusammengestellt, die sich die Eltern des Täuflings wünschen. Diese Liste sollte rechtzeitig entstehen, da sie eventuell die Reise durch die Familien, von Stadt zu Stadt, antreten muß. Wer ein passendes Geschenk findet, streicht es dick in der Liste durch und schreibt es sich selber auf einen Besorgungszettel. Taufkinder und junge Ehepaare brauchen vielerlei Dinge. Für kostspielige Gegenstände dieser Art können sich dann mehrere Verwandte oder Freunde zusammentun, bei der Taufe zum Beispiel alle Geschwister oder alle Patentanten.

Die Geschenkliste hilft den Gästen, das Schenken nicht nur als höfliche Pflichtübung zu betrachten, sondern ihm einen Sinn zu geben. Die Beschenkten müssen nicht umzutauschen versuchen oder ihr ganzes Leben mit Schauerstücken verbringen.

In den USA ist es Sitte, sogenannte Showers zu veranstalten, Tee- oder Kaffeeinladungen, bei denen jeder sein Geschenk – auch Schecks! – anonym in einen großen Korb legt.

Dauer des Festes

In welcher Form das Fest auch stattfindet, es ist wichtig, daß die Gäste mit Rücksicht auf die Mutter und das Baby nicht endlos sitzen bleiben, sondern sich eine halbe oder eine Stunde nach dem Essen empfehlen. Wenn die Familie noch zusammenbleiben möchte, so sollte ein anderer Verwandter, der am gleichen Ort lebt, alle zum Kaffee oder zum Drink zu sich einladen. Dann kann sich die Mutter ausruhen – falls es noch ein abendliches Familienfest geben sollte – und nach ein paar Stunden wieder zu ihnen stoßen.

Wie bei allen Festen, zu denen tatsächlich Familienmitglieder aus allen Gegenden Deutschlands oder der Welt zusammenströmen, sollte man versuchen, aus der Taufe ein richtiges Familientreffen zu machen. Vielleicht kann man Verwandte und Freunde bei den ortsansässigen Familienangehörigen für zwei, drei Tage oder für ein Wochenende unterbringen, vielleicht findet man ein preiswertes Gasthaus, in das man diejenigen Familienangehörigen einlädt, denen die Übernachtungskosten zu hoch wären. Wenn man gern organisiert, kann man ein richtiges Festprogramm machen, aber die meisten sind wohl daran interessiert, sich ausgiebig unterhalten zu können.

Die Mutter bedankt sich bei allen, die dem Kind oder ihr etwas geschenkt haben. Die Gäste bedanken sich schriftlich bei der Mutter, oder sie schicken Blumen mit einer Karte, die möglichst vorher oder nachher ankommen sollten, damit die Mutter nicht während des Tauffestes auch noch Blumensträuße versorgen muß. *Der Dank*

Zum Brauchtum rund um die Taufe gehört das Einsteckgeld fürs Patenkind: eine Goldmünze, die dem Säugling in die Windel gesteckt wurde, damit ihm das Geld niemals ausgehe. In manchen Gegenden wurde dieser Tauftaler in ein extra hübsch gesticktes Täschchen gesteckt. *Brauchtum*

Taufgeschenk für Mädchen: eine bauchige Kaffeetasse, auf der der Name steht. (Bayerisches) Taufgeschenk für Buben: ein Maßkrug.

Die Taufkerze wurde von der Familie aufgehoben und in Krankheits- oder anderen schweren Tagen angezündet. *Taufkerze*

Das Erinnerungsgeschenk zur Taufe, eine Münze, wurde mindestens den Paten, manchmal aber auch allen Gästen mitgegeben.

Der Geburtsbaum: Nicht nur bei uns, auch in Afrika und Asien war es Sitte, zur Geburt eines Kindes einen Baum zu pflanzen. In den Märchen kann man noch verfolgen, wie der Mensch sein Leben lang mit diesem Baum auf magische Weise verbunden blieb. Eine Erinnerung daran, daß der Mensch ein Stück Natur ist und bleibt und sich ihr auch sein ganzes Leben lang verpflichtet fühlen sollte. *Geburtsbaum*

Geburtstag und Namenstag

Geburtstage sind die Familienfeste, die auf die verschiedenste Art und Weise gefeiert werden und gefeiert werden können. In den meisten Familien bilden sich bestimmte traditionelle Formen aus und werden immer weiter gepflegt. Dabei spielen allgemeine Lebenshaltung, Alter und Beruf genauso eine Rolle wie die Herkunft.

Zu den Geburtstagsbräuchen gehört es selbstverständlich auch, daß jeder das Recht besitzt, seinen Geburtstag vollkommen zu ignorieren oder ihn nur im allerengsten Familienkreise zu feiern.

Freunde, Verwandte und Bekannte lädt man mündlich oder telefonisch ein. Wenn es sich um ein festliches Jubiläum handelt, so lädt man schriftlich ein. Im ersten Fall reicht es, wenn man vierzehn Tage vorher einlädt; macht man jedoch aus dem Jubiläum ein Ereignis, so sollte man mindestens einen Monat vorher einladen. *Einladung*

Das offene Haus

Junggesellen und Unverheiratete, Berufstätige und junge Ehepaare lassen gerne diese alte Sitte wieder aufleben, sagen also den Freunden und Bekannten, daß sie an ihrem Geburtstagsabend ab 18 Uhr (also zum Essen) oder ab 20 Uhr (nach dem Abendessen, es wird also nur Häppchen geben) zu Haus sein werden. Dann harren sie der Gäste, die sich einstellen. Wenn Gastgeber ein- oder zweimal am Geburtstag ein offenes Haus gehabt haben und in diesem Jahr aus irgendeinem Grunde anders oder gar nicht feiern wollen, sollten sie den Freunden rechtzeitig und unmißverständlich die Änderung der Festform bekanntmachen, sonst kommen die armen Gäste wie alle Jahre mit den Armen voller Geschenke und Blumen und stehen vor der verschlossenen Tür.

Geburtstags-cocktail

Der Geburtstagscocktail beginnt um 18 Uhr; in der festlichen Form werden nur Champagner- und Sektgetränke serviert; er erstreckt sich meist bis in etwas spätere Stunden, als für Cocktails eigentlich korrekt ist, sollte aber trotzdem nicht länger als zwei Stunden dauern. Der Geburtstagscocktail kann mit einem kalten Büffet für alle Gäste enden. Das Geburtstagskind kann nach dem Cocktail aber auch mit Freunden essen gehen oder selber zum Geburtstagsessen bei Eltern oder Verwandten eingeladen sein.

Festlicher Geburtstags-kaffee

Wenn es sich zeitlich einrichten läßt oder wenn der Geburtstag aufs Wochenende fällt, so bietet sich die klassische Form der Geburtstagsfeier an: der festliche Geburtstagskaffee (oder -tee). Dazu kommen die schönste Tischdecke und das beste Porzellangeschirr auf den Tisch, es gibt den besten Bäcker- oder selbstgebackenen Kuchen, die Gäste erscheinen zwischen 16 und 17 Uhr, sie werden ohne strenge Tischordnung plaziert, nachdem sie gratuliert und ihre Geschenke überreicht haben. Nach dem Tee oder Kaffee kann es Sherry, Likör oder Cognac geben.

Empfang am Vormittag

Ältere Geburtstagskinder, Jubilare und solche, die gerade das Vergnügen haben, an einem Wochenende zu feiern, können auch einen Empfang am Vormittag geben. Zum Empfang ergeht keine offizielle Einladung, es kann kommen, wer mag, und er kann innerhalb der Empfangszeit (siehe Seite 106) entweder eine Viertelstunde bleiben oder länger. Es werden lange Getränke gereicht, auch Mineralwasser und Orangensaft, aber auf jeden Fall Sekt oder Champagner zum Anstoßen. Dazu gibt es ein Stück Geburtstagstorte und besonders schönes und luxuriöses süßes und salziges Kleingebäck.

Verlauf des Geburtstages

In vielen Familien verläuft der Geburtstag wohl so, daß dem Geburtstagskind morgens beim Frühstück gratuliert wird. Wenn die Zeit ausreicht, wird in Ruhe gefrühstückt und der Geburtstagskuchen angeschnitten. Die eigentliche Feier findet erst abends statt, als festliches Essen im Kreis der Familie mit anschließendem Besuch von Freunden oder als festliches Abendessen mit Gästen. Man kann auch die Familie und die Gäste zusammen mit einem Büffet (siehe Seite 115) bewirten.

Geburtstagsfeiern sind Familienfeste, bei denen die Frage der Rangfolge oder Sitzordnung entfällt und auch in förmlich eingestellten Familien nicht ernst genommen werden sollte.

Geburtstagsfeier mit Kollegen

In manchen Gegenden oder Betrieben wird geradezu erwartet, daß man seinen Geburtstag auch im Büro feiert. Meist richtet man sich nach den Regeln des betreffenden Arbeitsplatzes. In manchen Unternehmen gibt es eine Tasse Kaffee oder ein Stück Torte am Nachmittag während der Arbeitszeit, was in kleineren Betrieben kaum jemanden stört. In großen Betrieben ist es dagegen oft nicht gestattet, die Arbeitszeit für Geburtstagsfeiern zu vergeuden. Dann kann man aber trotzdem direkt nach Arbeitsschluß zu einer Knackwurst und einem Glas Bier einladen: in die Kantine, wenn der Betrieb so etwas gestattet, oder in eine benachbarte nette Wirtschaft.

Der einzelne muß selbst entscheiden, ob man sich solchen Sitten anschließt oder ob man neue Sitten einführt. Kaffee-und-Kuchen-Büros finden es manchmal sehr angenehm, wenn ein Geburtstagskind mit einer großen Pizza kommt.

Je kleiner der Betrieb, desto besser läßt sich meist Geburtstag feiern. Dann gibt es auch die Möglichkeit, zwei Geburtstage auf einmal zu feiern, wenn sie sehr dicht zusammenliegen. In diesem Fall zahlen beide Geburtstagskinder in eine gemeinsame Kasse und können dann mit dieser Summe das Fest besonders gut gestalten.

Geburtstagsgeschenk

Ein Geburtstagsgeschenk sollte vor allem pünktlich zur Stelle sein. Es gibt Familien, in denen man nur Gutscheine austauscht, aber im Prinzip macht es auch einem Erwachsenen Spaß, Päckchen oder Pakete öffnen zu können.

Geburtstagsgeschenke werden in jedem Fall hübsch eingewickelt und nach Belieben dekoriert. Ist man zu einem großen Geburtstag eingeladen, so versieht man das Geschenk mit einer kleinen Karte, damit das Geburtstagskind später noch weiß, was von wem stammt. Im allgemeinen werden Geschenke ohne große Worte überreicht, nur bei Jubiläen oder bei einem großen, von allen Freunden gemeinsam gemachten Geschenk sind eine Rede oder ein paar (humorvolle) Worte der Erklärung am Platz.

Geschenke werden sofort ausgewickelt, außer bei großen Jubiläen, und man bedankt sich gleich beim Spender.

Der Dank Das Geburtstagskind bedankt sich schriftlich oder telefonisch bei allen, von denen es ein Geschenk geschickt bekommen hat. Die Gäste bedanken sich beim Geburtstagskind mündlich oder schriftlich, je nach Art der Einladung und nach der Enge der Freundschaft.

Brauchtum Der Blumenkranz, den man Geburtstagskindern aufsetzt, die grüne Ranke, die man um den Teller des Geburtstagskindes legt, die grünumwundene Geburtstagstorte oder der bekränzte Stuhl erinnern an die magische Segenswirkung, die man früher den grünen Maien, den grünen Zweigen, zugeschrieben hat.

Die Geburtstagsgesellschaft, der Kreis der Freunde, der Ringelreihen sind ebenfalls der letzte Abglanz magischer Zeichen. Man meinte früher, der Mensch zwischen den Jahren sei ungeschützt und dunklen Dämonen ausgeliefert. Deshalb entzündet man Geburtstagskerzen, deshalb scharen sich die Freunde um das Geburtstagskind, erstens um es zu schützen und zweitens, um die Dämonen irrezuführen, und deshalb haben sich diese Freunde an den Händen gefaßt und einen Kreis gebildet: den Zauberkreis unverletzlicher Freundschaft.

Namenstage In katholischen Gegenden feiert man den Namenstag entweder genauso festlich wie den Geburtstag oder anstelle des Geburtstages.

Konfirmation, Kommunion und Firmung

Diese religiösen Feste der Kindheit und Jugend haben bei allen konfessionellen Unterschieden eins gemeinsam: Es sind stille, nachdenkliche Feste, die nach dem Kirchgang im Kreise der Familie begangen werden. Der besinnliche und ernste Anlaß soll den Verlauf des Tages prägen. Aufwand und Trubel sind fehl am Platz, und gerade deshalb können diese Tage in jedem Haushalt auch im bescheidenen Rahmen angemessen gefeiert werden.

Zeitpunkt der Feier Zu welcher Uhrzeit gefeiert wird, ergibt sich aus dem Zeitpunkt der kirchlichen Feier, die meistens am Vormittag liegt. Man bereitet danach bei sich zu Hause einen Empfang für alle Freunde vor, an den sich je nach Situation ein warmes Mittagessen anschließen kann.

Einladung

Eine Einladung wird meist mündlich erfolgen, da der Termin der kirchlichen Feier lange vorher feststeht. Es muß nur deutlich ausgedrückt werden, zu welcher Tageszeit und Mahlzeit man die Gäste bittet. Schriftliche Einladungen bekommen Freunde und Verwandte, die außerhalb wohnen. Man muß mit ihnen besprechen, wer die Kosten für Reise und Unterkunft in einem Hotel übernimmt.

Die Zusage erfolgt ebenso wie die Einladung mündlich oder schriftlich. Absagen im letzten Moment sind in diesem Falle nicht statthaft.

In manchen Gegenden ist es üblich, der Familie nach der Kirche einen kurzen Besuch abzustatten. Dazu kann mündlich aufgefordert werden, doch dürfen Freunde und Nachbarn, Schulkameraden und Lehrer auch ohne Anmeldung kommen.

Taufpaten

Eingeladen werden der Geistliche, die Taufpaten und die engere Familie. Will oder kann man mehr Personen einladen, so sind es vor allem die besten Freunde der Kinder und jene Erwachsenen, die zwar nicht zur Familie gehören, die jedoch den Lebensweg des jungen Menschen bisher mit liebevollem Interesse begleitet haben.

Die Gratulanten nach der Kirche, die zwar nicht eingeladen, jedoch willkommen sind, bewirtet man nach Sitte und Brauch der Gegend und der Familien. Es reicht auf jeden Fall, wenn man ihnen einen Schluck zu trinken und etwas Gebäck anbietet.

Vorbereitungen

Über die Vorbereitungen zum Empfang, Mittagessen oder Abendessen lesen Sie auf den Seiten 105, 111 und 122.

Alle Vorbereitungen sind möglichst schon an den Vortagen zu treffen. Das Menü sollte so geplant werden, daß die Hausfrau am Festtag selbst ohne Hetze den Platz einnehmen kann, der ihr als Mutter zusteht. Sie sollte diesen Festtag ihres Kindes nicht am Herd verbringen und deshalb Gerichte planen und servieren, die zumindest am Festtag selber kaum mehr Arbeit machen.

Bei den Einkäufen alkoholfreie Getränke nicht vergessen.

Ein Tisch für Geschenke und Blumen muß hergerichtet werden.

Fotos vom Fest sind eine schöne Erinnerung, deshalb versichere man sich, wer von den Gästen einen Fotoapparat mitbringen kann, und erkundige sich vorher, ob in der Kirche fotografiert werden darf.

Kleidung

Wie man sich kleidet, wird vom Kirchenbesuch bestimmt. Die Kleidung ist festlich, ohne auffallend zu sein. Die Damen wählen meist

Kostüm oder festliche Tageskleidung mit einem Mantel oder einer Jacke, die Herren tragen den dunklen Anzug.

Die Kinder sind je nach landschaftlicher Sitte gekleidet. In manchen Gegenden sind die langen, weißen Kommunionskleider mit Schleier immer noch gebräuchlich, während es sich in manchen Großstädten durchgesetzt hat, den Kindern keine Extraanzüge mehr zu kaufen, sondern sie normal und festlich gekleidet zur Kirche zu führen.

Kerze

Die Paten schenken dem Kind meistens die Kommunionskerze, die besonders dick, lang und prachtvoll ist. Mädchen bekommen dazu von der Patin oder von der Großmutter ein Spitzentaschentuch geschenkt, in dem sie die Kerze tragen. Diese Kommunionskerze bekommt später einen Ehrenplatz auf der Festtafel, brennt in manchen Gegenden den ganzen Kommunionstag hindurch oder wird in anderen wie die Osterkerze dann angezündet, wenn das Kind krank ist und Hilfe braucht.

Verlauf des Festes

Der Ablauf des Tages wird von der Kirchzeit und dem Logierbesuch bestimmt. Wer Freunde oder Verwandte im Haus beherbergt, wird mit allen schon festlich frühstücken.

Wenn man von der Kirche heimkehrt, ist es auf jeden Fall ratsam, die festliche Stimmung etwas ausklingen zu lassen und sich nicht sofort mit der Küchenschürze in die Arbeit zu stürzen.

Geschenke und Blumen

Präsente und Blumen werden in das Festhaus geschickt, wenn der Betreffende dem Kind bereits nach der Feier in der Kirche gratuliert hat und keinen Gratulationsbesuch mehr macht. Geschenke und Blumen werden persönlich überreicht, wenn man zum Empfang kommt. Wer nicht vorher die Eltern gefragt hat, welches Geschenk erwünscht oder willkommen ist, der sollte bei der Auswahl bedenken, daß Geschenke zu einem solchen Anlaß Erinnerungsstücke fürs Leben sein können, andererseits aber auch ausdrücken dürfen, daß der junge Mensch zum Kreise der Erwachsenen zählt.

Der Gabentisch sollte jedoch niemals dem eigentlichen christlichen Anlaß widersprechen und ein Altar des Mammons sein. Erwachsene sollten vielmehr bedenken, daß jungen Menschen der geistliche Sinn dieses Festes besonders tief bewußt ist und daß es viele junge Leute gibt, die sich der aufwendigen Geschenke wegen gar nicht mehr konfirmieren lassen wollen.

Empfang nach der Kirche

Er dauert etwa zwei Stunden, wenn er auch etwas später beginnt als der klassische Empfang. Die Gäste bekommen Sherry, Fruchtsaft, Mineralwasser oder ein Glas Sekt mit den üblichen kleinen Happen.

Das anschließende Mittagessen mit Paten, eventuell dem Geistlichen, und der engsten Familie wird dem Anlaß entsprechend und festlich begangen. *Festessen*

Kommunion und Konfirmation sind die ersten großen öffentlichen Feste, bei denen die Kinder bewußt im Mittelpunkt stehen. Auch wenn das Kind noch jung und die Tischrunde klein ist, so sitzt das Kind auf dem Ehrenplatz. Ihm zuliebe ist auch das Mittagessen so geplant, daß ihm alles schmeckt. Jede Mutter wird sicher versuchen, zumindest eine Lieblingsspeise ins Menü einzubauen, und mit Firmlingen und Konfirmanden wird sie die ganze Eßfolge vorher besprochen haben.

Kommunionskinder sind dagegen sehr jung. Bei ihrem Fest ist es besonders wichtig, daß es kein Feinschmeckergelage wird, sondern ein Kinderessen bleibt.

Ruhe beim Essen

Ob groß oder klein, Kinder sind an diesem Tag aufgeregt. Die Mahlzeit sollte also Seelenruhe ausstrahlen. Das heißt: Die Mutter hat nichts Scharfes und Exotisches gekocht, aber auch keine Gerichte zubereitet, bei denen sie selber auf Kohlen sitzen müßte, die den Kindern Schwierigkeiten beim Essen machen würden oder die sie – der unbekannten Besteckteile wegen – unsicher und unbehaglich machen könnten.

Das Menü soll nicht aus allzu vielen Gängen bestehen. Erstens hat das Kind einen anstrengenden Tag und soll nicht vom vielen Essen noch müder werden. Außerdem soll es nicht so lange geduldig am Tisch sitzen müssen. Je jünger das Kind ist, desto geringer ist noch seine Konzentrationsfähigkeit. Kommunionskinder sollten also ruhig zwischen den Gängen aufstehen und herumlaufen dürfen.

Essen und Getränke sollten insgesamt den festlichen Tag unterstreichen, jedoch nicht zur Hauptsache werden. Ein allzu üppiges Übermaß würde wie bei den Geschenken dem Sinn des Tages widersprechen.

Wieviel Wein?

Das Kommunionskind darf einen Schluck Wein oder Champagner aus dem Glas der Mutter oder des Paten nippen, nachdem ihm der Pate die Rede gehalten hat. Konfirmanden und Firmlingen wird ein eigenes Glas zugestanden, doch mehr als ein Glas Wein stört nicht nur den Magen, sondern auch die Atmosphäre.

Tischreden

In den meisten Familien sind Tischreden üblich. Sie werden beim Essen gehalten und beginnen nach dem Fleischgang. Gibt es kein warmes Essen, so wird irgendwann während des Empfangs oder am Büffet eine Flasche Sekt oder Champagner geöffnet, die das Startzeichen für die erste Rede ist, die von einem Paten oder vom Vater gehalten wird. Nach ihnen sprechen noch andere, die im Leben des Kindes oder des jungen Menschen eine Rolle gespielt haben: der Geistliche, Lehrer, Geschwister, Freunde, Spielkameraden.

Dankrede

Es wirkt sehr höflich und nett, wenn sich das Festkind zum Schluß bei den Rednern mit ein paar Worten bedankt. Wahrscheinlich ist es noch kein großer Redner, und deshalb genügt schon ein herzlicher Satz.

Wie der weitere Tag verläuft, hängt ganz von der Entscheidung der Familie ab. Nach dem Mittagessen ziehen sich ältere Gäste genauso wie das Kommunionskind zu einem Ruhestündchen zurück. Wohnen die Gäste nicht im Hause, so fährt sie jemand von der Familie schnell ins Hotel.

Meist trifft man sich gegen 16 Uhr wieder zu Kaffee und Kuchen im Festhaus. Das ist dann die Mahlzeit, zu der nicht nur die engste Familie, sondern viele Gäste eingeladen werden können.

Nur wenn – was heute ebenfalls üblich ist – die Gäste erst zum Abendessen gebeten werden, wird die Kaffeemahlzeit noch im kleineren Familienkreis eingenommen.

Besonders die Kommunionskinder beginnen sich am Nachmittag zwischen all den Erwachsenen, die nur von früher und von ihren Erlebnissen und Problemen sprechen, allmählich zu langweilen.

Gut ist es deshalb, wenn zum Beispiel die Eltern und Paten die älteren Familienangehörigen ruhig daheim sitzen lassen und mit ihrem Festkind allein etwas unternehmen. Ob das ein Spaziergang ist, ob Spiele gespielt werden oder ob jemand dem Kind und seinen Geschwistern und Freunden einfach etwas erzählt oder vorliest, liegt im Belieben der Familie.

Ende der Feier

Feste zur Kommunion dauern nicht zu lange. Gewöhnlich findet am Spätnachmittag noch eine Dankandacht statt, und danach ist das Festkind sicher müde. Man schließe also keine Abendparty an, sondern gebe den Gästen und dem Festkind höchstens einen kleinen Imbiß, wonach es sich von den Gästen verabschiedet.

Konfirmation und Firmung

Anders als bei der Kommunion verlaufen Feiern zur Konfirmation und Firmung meist in einem anderen, schon den Erwachsenen angemessenen Stil. Die 14- und 15jährigen können abends länger aufbleiben. Also verlegt man oft das kalte Büffet vom Mittag auf den Abend und serviert mittags der engsten Familie nur einen leichten Imbiß.

Trotzdem klingt auch die Feier des Konfirmanden und Firmlings nicht mit Tanz und Trubel aus. Die Gäste wissen, daß der Tag für das Festkind und seine Eltern früh begonnen hat, und verabschieden sich zwischen 22 und 23 Uhr.

Der Dank

Das Mädchen oder der Junge bedankt sich innerhalb der nächsten zwei Wochen für die Geschenke und für die Gratulationen. In manchen Gegenden ist es noch üblich, daß man sich für Geschenke in Form eines persönlichen Besuches bedankt. Die Gäste bedanken sich ebenfalls mit Brief oder Briefkarte, auch mit Blumen bei der Hausfrau. Gute Freunde können sich telefonisch oder mündlich bedanken.

Die Verlobung

Die Verlobung ist heute nicht mehr üblicherweise der erste Schritt zur Hochzeit, wird aber in manchen Familien noch sehr ernst genommen. Sie wird als Symbol dafür betrachtet, daß man sich entschieden hat, die Verantwortung für einen anderen Menschen auf sich zu nehmen. Wer so denkt, der wird auch verstehen, daß die Eltern der Braut wissen möchten, wem sie ihre Tochter anvertrauen; er wird also das machen, was man früher einen Antrag nannte.

Der Antrag

Ob ein Antrag ausgesprochen wird und wie formell das vonstatten geht, richtet sich nach der Familie der Braut und nach der Einstellung des Bräutigams. Jeder muß für sich entscheiden, ob er dieser Sitte folgen will oder nicht. Ist die Braut noch sehr jung, steht sie noch nicht selbständig im Beruf und verläuft bei ihr daheim das Leben in sehr korrekten und konventionellen Formen, so sollte diese erste offizielle Begegnung mit dem künftigen Schwiegersohn höflicherweise der Neigung zur Förmlichkeit angepaßt werden. Also: feierlicher Besuch zur sonntäglichen Empfangsstunde zwischen 11 Uhr 30 und 12 Uhr 30, ordentlicher Anzug, keine Blumen, seelische Einstellung auf Ausgefragtwerden. Dabei spielt es keine Rolle, daß Jugendliche über 18 Jahren heiraten können, ohne jemanden um Erlaubnis zu fragen. Dieser erste Besuch ist nichts als ein familiärer Akt der Höflichkeit.

Ohne Antrag

Geht es bei den Eltern der Braut weniger zeremoniell zu oder lebt die Braut so selbständig, daß sie ihre Eltern nur von einer bereits getroffenen Entscheidung unterrichtet, so wird der erste Besuch ihres künftigen Mannes wahrscheinlich zum ersten herzlichen Familienereignis, zu dem sich das Brautpaar selbst an einem passenden Abend oder Wochenende ansagt. Beide Generationen besprechen dann, wann das öffentliche Verlöbnis stattfinden soll, wer eingeladen wird, ob man Karten verschicken oder eine Anzeige aufgeben will.

Kennenlernen der Familien

Kennen die Eltern des Bräutigams ihre künftige Schwiegertochter noch nicht, so sollte dort ebenfalls ein Besuch stattfinden, möglichst kurz nach dem Besuch bei den Brauteltern.

Im allgemeinen ist es üblich, daß sich die Familien der Braut und des Bräutigams nicht erst bei und nach der offiziellen Verlobungsfeier, sondern schon nach dem effektiven Verlöbnis kennenlernen. Leben die Eltern des Bräutigams am gleichen Ort wie die der Braut, so wird sich der Bräutigam relativ bald mit ihnen bei den Schwiegereltern ankündigen, um diese mit seinen Eltern bekannt zu machen.

Praktischerweise lädt man beide Familien lieber zwanglos gemeinsam ein, damit jeder jeden kennenlernen kann.

Wer lädt ein?

Ob diese Einladungen von der Familie des Bräutigams oder von der Familie der Braut ausgehen oder ob die jungen Leute selber einladen, wird sich stets nach den privaten Umständen der jeweiligen Familie richten, also danach, wer am meisten Platz hat.

Verlobungsanzeigen

Anzeigen können, aber sie müssen nicht verschickt werden. Man läßt es, wenn die Hochzeit ohnehin relativ bald folgt; wenn die Verlobung nicht groß gefeiert wird; wenn die Verlobten so wenige Verwandte und Freunde besitzen, daß sie ihnen auch schreiben können.

Man verschickt dagegen Anzeigen, wenn die Verlobung wichtig genommen wird; wenn man viele Freunde auch außerhalb der Stadt hat, in der man lebt; wenn man auf gesellschaftliche Formen Wert legt.

Wer zeigt die Verlobung an?

Eltern und Kinder können die Verlobung gemeinsam auf einer Faltkarte anzeigen. Diese Form wird gewählt, wenn die Tochter noch bei ihren Eltern lebt und wenn diese Eltern, zumindest hauptsächlich, die Verlobung ausrichten.

Die Eltern und die Kinder können die Verlobung jeweils allein anzeigen, jeder auf seiner eigenen Karte. Das geschieht, wenn die beiden Verlobten im Beruf stehen und deshalb einen vollkommen anderen Bekanntenkreis als die Eltern haben.

Die Kinder zeigen ihre Verlobung allein an, wenn sie schon erwachsen und selbständig sind, wenn sie keine Eltern mehr haben oder auf jeden Fall selbständig handeln und auch diese Entscheidung alleine anzeigen wollen.

Auf eine Verlobungsanzeige antwortet man mit einer schriftlichen Gratulation.

Wenn die Verlobung nicht nur im kleinsten Familienkreis mit einem gemütlichen Essen bei den Eltern oder bei dem Brautpaar oder in einem Restaurant gefeiert wird, so wählt man meistens die Form des Verlobungsempfangs oder des Verlobungsessens. *Verlobungsfeier*

Diese Art der offiziellen Feier bietet viele Vorteile. Das Brautpaar kann alle seine Freunde und Kollegen, bekannte und noch unbekannte Verwandte dazu einladen und muß nicht lange hin und her überlegen, ob für einen Gast mehr die Stühle reichen. *Verlobungsempfang*

Ein Empfang braucht längst nicht so viel zu kosten, wie man im allgemeinen denkt, und da er üblicherweise von den Brauteltern ausgerichtet wird, ist es höflicher, ihnen diese Form der Gastlichkeit vorzuschlagen, als ein eindrucksvolles, aber teures, großes Verlobungsessen.

Der Verlobungsempfang findet möglichst am Wochenende statt, so daß alle Verwandten, Kollegen und Freunde Zeit haben. Die Stunde: zwischen 11 und 13 Uhr. *Zeitpunkt*

Die Gäste werden zum Empfang durch gedruckte Verlobungskarten gebeten, auf denen Zeit und Ort des Empfangs notiert sind. Wer eine solche Karte erhält, gilt als eingeladen, braucht jedoch nicht ausdrücklich zuzusagen. *Einladung*

Selbstverständlich kann die Braut auch ihre besten Freundinnen und Kollegen mündlich einladen und überhaupt statt gedruckter Karten handgeschriebene Einladungen verschicken.

Auf jeden Fall verschickt man die Einladungen ungefähr zwei Wochen vor dem Empfang.

Bei der Verlobung sind die Vorbereitungen nicht anders als für einen Vormittagsempfang, und sie richten sich nach der ungefähren Zahl der Gäste (siehe Seite 105). An diesem Empfang nehmen auch Kinder und jüngere Geschwister teil, so daß man in der Getränkeauswahl Rücksicht auf sie nehmen muß. *Vorbereitungen*

In diesem Fall braucht man keinen gedeckten Tisch, wohl aber einen für Geschenke.

Die Herren kommen im dunklen Anzug oder einer Kleidung, die dem dunklen Anzug entspricht, die Damen festlich oder im Kostüm. *Kleidung*

Da es sich um einen Stehempfang handelt, muß also für das Hin- und Hergehen genug Platz freigeräumt werden. Ein paar gemütliche *Verlauf des Festes*

Sessel sind jedoch auf jeden Fall für die älteren Gäste vorhanden, möglichst in einer friedlichen Ecke oder in einem angrenzenden Zimmer, so daß sie sich in Ruhe unterhalten können.

Ist die Feier klein, so öffnet das Brautpaar selbst den Gästen. Ist deren Kreis größer, so bittet man einen jungen Verwandten, dieses Amt zu übernehmen. Er fragt die ihm Unbekannten nach ihrem Namen, damit er sie mit den anderen Gästen bekannt machen kann.

Auf jeden Fall wird zuerst das Brautpaar begrüßt, das stehend Glückwünsche, Geschenke und Blumen entgegennimmt. Dann kommen die Brauteltern an die Reihe, danach die Eltern des Bräutigams. Darauf wird dem Gast ein Glas vom Tablett kredenzt und dazu ein Häppchen zum Essen angeboten. Nett und praktisch ist es, wenn die Geschwister oder Freunde des Brautpaares bedienen.

Die Gäste bleiben etwa eine halbe Stunde, verabschieden sich auf jeden Fall kurz vor der auf der Einladung angegebenen Zeit.

Geschenke

Wenn das Brautpaar genügend lange vor dem Fest eine Geschenkliste (siehe Seite 44) zusammengestellt und bei den Gästen hat kreisen lassen, so kann es sicher sein, daß es das bekommt, was in dem künftigen Hausstand noch fehlt. Die Gäste können ebenso sicher sein, daß ihre Gabe tatsächlich Freude bereitet und nicht in einer Schrankecke traurig verstaubt. Auf jeden Fall sollte jeder Gast sein Geschenk mit einem Kärtchen versehen, damit das Brautpaar weiß, welches Geschenk von wem gekommen ist, denn üblicherweise werden die Geschenke in ihrer Verpackung auf den dafür vorgesehenen Tisch gestellt, und das Brautpaar packt sie erst später aus.

Verlobungsessen

Das Essen kann mittags oder abends stattfinden, jeweils nach dem Empfang, und es gelten die gleichen Regeln wie für ein Mittagessen oder für ein festliches Abendessen (siehe Seite 111 und 122).

Tischdecken und Dekoration

Traditionellerweise wird der Tisch weiß gedeckt, dazu gibt es die passenden Servietten, das schönste weiße Porzellan oder Steingut, farblose Gläser und Tischschmuck aus Blumen mit zarter Farbe und schwachem Duft. Wem das zu konventionell und langweilig erscheint, der kann dem Tisch auch ein Thema geben, das auf besondere Vorlieben der Brautleute anspielt, auf ihren Beruf, auf etwas Familiäres.

Sitzordnung

Das junge Paar hat den Ehrenplatz in der Mitte der Tafel. Beide Elternpaare umrahmen es, wobei der Vater des Bräutigams neben seiner künftigen Schwiegertochter und die Brautmutter neben dem Bräutigam sitzt.

Das Essen umfaßt drei bis vier Gänge, und nach dem Braten erhebt sich der Brautvater und heißt den Schwiegersohn und dessen Eltern im Kreise der neuen Familie willkommen. Nach diesem ersten Toast bedankt sich der Bräutigam, und falls er es noch nicht gemacht hat, steckt er jetzt der Braut den Ring an den linken Ringfinger.

Toast

Nach dem Dessert bei Champagner oder Sekt hat der Rest der Familie Gelegenheit, sich das Du anzubieten, wobei nach den allgemeinen Regeln die Dame dem Herrn, der Ältere dem Jüngeren, der Würdige dem nicht so Würdigen dieses Recht anbietet, ihn beim Vornamen zu nennen. Es gibt jedoch keine Verpflichtung, einen ja noch ziemlich fremden Menschen zu duzen, nur weil jemand aus der eigenen Familie in seine Familie hineingeheiratet hat. Es ist also weder taktlos noch unhöflich, wenn sich die Mitglieder der beiden Familien weiter mit Sie ansprechen.

Der Dank

Für alle Einladungen zur Verlobung bedanken sich die Gäste beim Gastgeber mündlich oder schriftlich oder mit Blumen.

Das Brautpaar bedankt sich innerhalb von vier Wochen nach der Verlobung für Geschenke, Blumen und Glückwünsche. Man kann sich Karten mit einem Dankestext drucken lassen, freundlicher und persönlicher wirkt es jedoch, wenn man sich schriftlich bedankt. Man kann auch beides kombinieren: gedruckte Karten, auf die man für vertraute Freunde und Familienangehörige ein paar persönliche Worte mit der Hand schreibt. Alle Verlobungsmahlzeiten kann man selbstverständlich auch in einem Hotel oder in einem Restaurant geben.

Der Polterabend

Der Polterabend ist ein Fest der Freunde und der Nachbarn, das unter Aufwand aller verfügbaren Phantasie gefeiert wird. Der Polterabend ist außerdem älter als unsere christlichen Hochzeitszeremonien: Schon vor der Zeitwende glaubte man, mit Geklirr zerschellender Töpfe und Krüge die bösen Geister vom Hochzeitshaus fortzuscheuchen.

Wie heute gepoltert wird, richtet sich nach den Sitten und Gebräuchen der betreffenden Familie und Gegend. Manchmal ist es noch üblich, daß die Kinder der Nachbarschaft am Vorabend der Hochzeit unter großem Geschrei Tassen und Teller vor der Haustür zerschmettern und dann von den jungen Leuten ein Stück Kuchen oder Süßigkeiten angeboten bekommen. Meistens sind es jedoch Geschwister, Kollegen und Freunde, die zum Polterabend eingeladen worden sind und die ein fröhliches Scherbengeklirr veranstalten, bevor sie das Haus oder die Wohnung betreten.

Die Scherben müssen auf jeden Fall aus Porzellan oder Steingut sein, denn Scherben von Glas, dem Symbol des vollkommenen, aber so zerbrechlichen Glücks, würden Unglück bringen.

Selbstverständlich hängen mit den Scherben allerlei Aberglauben zusammen: Wenn das Brautpaar die Scherben gemeinsam aufkehrt, wird es in der Ehe gut zusammenarbeiten. In anderen Gegenden erwartet man dagegen vom Bräutigam, daß er allein Kehrbesen und Schaufel ergreift und damit anzeigt, daß er das Eheruder ergreift.

Einladung

Der Polterabend wird meistens im Hause der Braut gefeiert. Sie lädt ihre und seine Freunde und Kollegen ein, Geschwister und andere Verwandte, auch Bekannte und Nachbarn, die nicht zur Hochzeit selber eingeladen werden, weil man im kleinen Kreise feiern möchte oder weil der zur Verfügung stehende Raum für die große Hochzeitsfeier nicht ausreicht.

Es genügt die mündliche Einladung. Die Braut sollte sich jedoch auf jeden Fall auf Überraschungsgäste gefaßt machen, denn wenn man zum Polterabend auch zum Essen oder nach dem Essen einlädt, so wird er in vielen Gegenden als offenes Fest betrachtet, zu dem man schnell mal auf einen Becher Wein oder einen Schnaps hereinschaut, ohne daß man durch enge Familien- oder Freundschaftsbande dazu verpflichtet wäre.

Kleidung

Für diesen Anlaß kleidet man sich einfach und bequem. Sollte der Polterabend in einem bestimmten Rahmen gefeiert werden, besonders ländlich, besonders festlich, so gibt die Braut mit der Einladung einen diesbezüglichen Hinweis. Die einzige Regel betrifft Damen: sie sollten kein Weiß tragen.

Vorbereitungen

Vorzubereiten ist nicht viel, denn die Bewirtung entspricht einem schlichten Büffet. Es wird nicht viel gegessen, weil es am nächsten Tag ein Festessen gibt. Es wird auch nicht viel getrunken, weil das Brautpaar am kommenden Tag ausgeschlafen und munter aussehen soll. Ein Geschenketisch sollte auf jeden Fall vorbereitet werden, denn sehr oft bringen die Gäste schon am Polterabend die Hochzeitsgeschenke mit.

Verlauf des Festes

Es kann ein normales geselliges Beisammensein werden. Meistens haben jedoch die Geschwister und die besten Freunde der Braut und des Bräutigams etwas vorbereitet, eine klassische Hochzeitszeitung gedichtet oder ein Singspiel oder Moritatenverse gereimt, in denen heitere und wichtige Ereignisse aus dem bisherigen Leben des jungen Paares dargestellt werden. Zum Schluß dieser Darbietungen, die eine Stunde insgesamt nicht überschreiten sollten, werden der Braut vielerorts der Brautschleier und der Myrtenkranz von den besten Freundinnen überreicht, und der Bräutigam erhält ebenso feierlich den Myrtenzweig. Danach wird meist getanzt, und gegen 23 Uhr sollte das Fest zu Ende sein. An diesem Tage hat die Braut, die Gastgeberin, das einzige Mal im Leben das Recht, die Gäste aus dem Haus zu werfen.

Der Dank

Wenn man nur zum Polterabend eingeladen wurde, bedankt man sich mündlich. Falls man auch zu Empfang und Hochzeitsessen eingeladen wurde, bedankt man sich schriftlich mit oder ohne Blumen für alle Einladungen zusammen.

Die Hochzeit

Viele halten im Prinzip nichts von einer Hochzeit. Andere halten nichts von dem ganzen Aufwand. So kann man also entweder überhaupt nicht heiraten und friedlich mit jemandem zusammenleben, und man kann ohne Fest und Feier heiraten: Man geht mit seinem Partner zum Standesamt, unterschreibt, und damit hat es sich.

Die dritte Möglichkeit: Man heiratet und feiert ein Familienfest. In welchem Maße man feiert, ist wieder die persönliche Entscheidung. Die Grundform der Hochzeitsfeier ist bei der kleinen und der großen Hochzeit gleich. Sie hängt von der jeweiligen kirchlichen Feier ab. Das Drumherum ist persönlicher und gesellschaftlicher Art. Man heiratet so, wie es in der betreffenden Gruppe üblich ist; wie man es sich immer erträumt hat; wie man es sich leisten kann und so weiter. Weil eine Hochzeitsfeier gewisse Probleme mit sich bringt, mehr als man im Vorhinein denkt, ist es gut, wenn sich beide Familien schon vorher kennengelernt haben; wenn man Probleme offen besprochen und nicht verdrängt hat; wenn beide Generationen bereit sind, Kompromisse zu schließen.

Die Erwachsenen sollten auch berücksichtigen, daß sie in den meisten Fällen die Hochzeit zwar noch finanzieren, daß sie aber trotzdem ein Fest der Kinder ist. Sie sollen mit den Erinnerungen an diesen Tag eine Ehe anfangen, und deshalb ist es den Kindern gegenüber höflich, sich nach ihren Wünschen zu richten. Auf jeden Fall ist es leichter, sich zu entscheiden, wenn man über alle Fakten zum betreffenden Thema genau informiert ist.

Standesamtliche Eheschließung

Wer standesamtlich heiraten möchte, muß sich auf sehr viel Papier, Ausweise und Bescheinigungen gefaßt machen. Liegt dieser Papierkrieg hinter dem jungen Paar, sind die Trauzeugen ernannt, haben die Trauzeugen daran gedacht, daß nicht nur das Brautpaar, sondern auch sie die Personalausweise auf dem Standesamt vorlegen müssen und daß einer von ihnen der Braut einen kleinen Strauß oder ein Blumengesteck besorgen muß, so kann man beruhigt zum Standesamt fahren.

Zeitpunkt der standesamtlichen Trauung

Der Zeitpunkt hängt in der Hauptsache vom Standesamt und den übrigen Anmeldungen zur Trauung ab, so daß man keine Vorschriften machen, sondern nur Wünsche äußern kann. Auf jeden Fall richtet sich die übrige Festfolge des Tages nach der Zeit der Trauung.

Einladungen

An der standesamtlichen Trauung nehmen nur die Trauzeugen und die engste Familie teil. So muß man nicht schriftlich oder mit einer Einladungskarte einladen, sondern man sollte die Beteiligten nur rechtzeitig benachrichtigen.

Vorbereitungen

Sie beziehen sich auf die anschließende Festfolge. Es müssen jedoch die Papiere griffbereit sein, Trauzeugen und Familie müssen wissen, wo das Standesamt liegt und wo man dort parken kann.

Kleidung

Die meisten Bräute tragen ein Kostüm, und wenn es ihnen Spaß macht, setzen sie sich einen Hut auf. Der Bräutigam trägt einen dunklen Anzug mit weißem Hemd. Das ist der Standard, an den man sich ungefähr angleichen sollte. Wenn es sich um eine formelle Hochzeit handelt, trägt der Bräutigam Stresemann oder Cut.

Die Trauzeugen passen sich der Kleidung des Brautpaares an, versuchen jedoch auf jeden Fall, sich nicht festlicher als die Hauptpersonen zu kleiden. Deshalb sollte man auch über die Kleidung zur standesamtlichen Trauung miteinander sprechen.

Der Familienname

Darüber sollte rechtzeitig gesprochen werden, denn die Ehefrau übernimmt heute nicht automatisch den Nachnamen ihres Mannes. Man muß also vor dem Besuch beim Standesamt wissen, wer nach der Hochzeit wie heißen soll.

Bei einer Eheschließung wird ein Familienname festgelegt, den alle Kinder tragen werden, die aus dieser Ehe hervorgehen.

Einer der Ehepartner muß also seinen altvertrauten Namen aufgeben. Wer das tut, hängt vom Entschluß der beiden Partner ab.

Will nun derjenige, der seinen Familiennamen aufgegeben hat, diesen nicht für alle Ewigkeit in Vergessenheit geraten lassen, so besitzt er die Möglichkeit, ihn vor den neuen Familiennamen zu setzen. Heiratet also Otto Lehmann Lieschen Müller, so ergeben sich folgende Möglichkeiten:

- Lieschen Lehmann und Otto Lehmann
- Lieschen Müller und Otto Müller
- Lieschen Müller-Lehmann und Otto Lehmann
- Lieschen Müller und Otto Lehmann-Müller

Klar? Wie wenig klar Namensangelegenheiten werden können, wenn der Gesetzgeber den Sachverhalt formuliert, möge Ihnen der Beschluß des Bundesrates zur »Allgemeinen Verwaltungsvorschrift zur Änderung der Allgemeinen Verwaltungsvorschrift zum Gesetz über die Änderung von Familiennamen und Vornamen« verdeutlichen. Da heißt es: »Mit der Änderung des Ehenamens kann auf Antrag des Ehegatten, dessen Geburtsname Ehename ist, auch die gleiche Änderung seines Geburtsnamens verbunden werden. Dies gilt nicht, wenn der Ehename in den Geburtsnamen des Ehegatten geändert wird, dessen Name nicht Ehename ist.«

Verlauf der Trauung

Wenn sich ein Paar nur standesamtlich trauen läßt, wird es meist nicht nur von Trauzeugen, sondern auch von Eltern und Geschwistern zum Standesamt begleitet. Jedes Standesamt hat einen sogenannten Festsaal, der auf solche Hochzeitsgesellschaften vorbereitet ist und mit Blumen geschmückt werden kann, wenn man darauf Wert legt. Die Standesbeamten freuen sich jedenfalls, wenn die Familie in Aussehen und Haltung etwas für die Feierlichkeit der Amtshandlung sorgt.

Der Standesbeamte fordert das Paar und die Hochzeitsgäste zum Sitzen auf, er vergleicht die Personalien noch einmal, dann spricht er den Trautext. Ob diese kleine Ansprache kurz oder lang ist, richtet sich danach, ob es die einzige Traurede ist oder ob noch eine kirchliche folgt. Es ist gut, den Standesbeamten vorher zu unterrichten.

Nach dieser Ansprache erhebt sich das Brautpaar, antwortet zum ersten Mal das entscheidende Ja auf die Frage des Standesbeamten und ist damit von einem Brautpaar zum Ehepaar geworden. Dann werden die Ringe gewechselt, der Kuß getauscht, das Protokoll noch einmal verlesen, und schließlich bittet der Beamte die jungen Eheleute, es zu unterzeichnen. Nach ihnen setzen die Trauzeugen ihren

Namen unter das Protokoll, der Standesbeamte gratuliert und die Amtshandlung ist erledigt.

Festessen Die Hochzeitsgesellschaft begibt sich nun entweder zum Haus der Braut zum festlichen Mittag- oder Abendessen mit der Familie, Trauzeugen und Freunden oder, wenn die kirchliche Hochzeit an einem der nächsten Tage folgt, das Ehepaar lädt die Trauzeugen zu einem kleinen Mittagessen ein. Dieses Essen kann im Brauthaus stattfinden oder in einem Lokal.

Dieses Essen wird mit Rücksicht auf das junge Paar nicht allzulange ausgedehnt, falls die kirchliche Trauung am gleichen Tag stattfindet. Die Trauzeugen verabschieden sich dann bald nach dem Dessert, damit das frischgebackene Ehepaar vor der kirchlichen Trauung noch ein oder zwei Stunden Ruhe hat und sich umziehen kann.

Falls keine kirchliche Trauung folgt, wird der Tag der standesamtlichen Trauung mit Empfang und Festessen am Abend ebenso feierlich gestaltet, wie es für die Trauung beschrieben wird.

Kirchliche Trauung Die kirchliche Trauung muß ebenso gründlich wie die standesamtliche Trauung vorbereitet werden. Auch hier sind Papiere erforderlich, der Schmuck der Kirche muß besprochen werden: Übersteigt er das Übliche, kommen Musik und Gesang des Kirchenchors hinzu, so wird der dafür festgesetzte Betrag samt einem Trinkgeld für die Künstler in einen Umschlag gesteckt und vor der Trauung im Pfarrhaus oder beim Küster abgegeben.

Die Fahrmöglichkeiten für das Paar und die Gäste sind festzulegen, und vor allem muß von den Eltern und Brauteltern entschieden worden sein: große oder stille Hochzeit.

Gültig ist die Ehe schon dann, wenn sie vor dem Pfarrer und zwei Zeugen geschlossen wird, doch je festlicher die Kirche mit Blumen und Kerzen strahlt, desto mehr gefällt es der Hochzeitsgesellschaft, und desto tiefer prägt sich das Ereignis in die Erinnerung ein. Deshalb wählen die meisten einen Rahmen, der das weiße Brautkleid und den schwarzen Anzug rechtfertigt: die Trauung oder die Brautmesse im Hauptschiff der Kirche, wo auch alle Gäste Platz finden.

Stille Trauung Wer die Stille liebt oder zum zweiten Mal heiratet, also verwitwet oder geschieden ist, kann sich in der Sakristei oder zu Hause trauen lassen.

Zeitpunkt der Trauung Der Zeitpunkt richtet sich vornehmlich nach den übrigen Terminen. Im Prinzip kann man sowohl vormittags wie nachmittags heiraten, und wenn man Glück hat, kann man die Trauung auf einen Samstag oder Sonntag legen.

Anzeige

Mit der Vermählungsanzeige gibt man die bevorstehende oder die vollzogene Heirat bekannt. Wie bei der Verlobung kann das Paar allein bekanntgeben, daß seine Vermählung stattgefunden hat. Das tun die beiden, wenn sie keine Eltern mehr haben; wenn sie nicht mehr ganz jung und bereits zu Amt und Würden gekommen sind; das tun sie auch, wenn sie die Hochzeit ohne Aufwand, Gesellschaft und Gäste feiern wollen.

Die Eltern der Braut zeigen die Hochzeit der Tochter an, wenn die Braut bisher bei den Eltern gewohnt hat; die Familie auf gesellschaftliche Formen großen Wert legt; die Braut noch sehr jung ist.

Normalerweise zeigen Eltern und Kinder gemeinsam auf den Innenseiten eines Faltblattes das bevorstehende Ereignis an.

Schließlich können auch die Eltern oder die Kinder für sich allein anzeigen, was man bei sehr verschiedenen und sich nicht überschneidenden Bekannten- und Kollegenkreisen machen kann.

Wer eine Anzeige bekommt, der gratuliert demjenigen, der die Heirat anzeigt. Und wenn man will, kann man an die angegebene Adresse am Hochzeitstag Blumen oder ein Geschenk senden lassen.

Einladung

Mit der Anzeige kann schon eine Einladung ausgesprochen werden. Ist unter dem Anzeigentext Zeit und Ort der kirchlichen Trauung angegeben, so bedeutet das: Jeder, der die Anzeige bekommen hat, ist auch gern in der Kirche als Gast gesehen. Dieser Gast braucht nicht zu antworten, bringt weder Blumen noch Geschenke in die Kirche mit, und in manchen Gegenden ist es üblich, daß er dem Brautpaar nach der Trauung auf dem Vorplatz der Kirche gratuliert.

Steht unter diesen Angaben außerdem: »Empfang...« mit Zeitpunkt, Dauer und Ort, so bedeutet das eine Einladung zum Hochzeitsempfang, für den die Regeln eines normalen Empfanges gelten.

Für das Hochzeitsessen wird schriftlich eingeladen.

Der allgemeinen Regel nach sind es die Eltern der Braut, die die Hochzeit ausrichten und auch zum Festessen einladen. In Wirklichkeit teilen sich heute die Familien meist die Kosten für Essen, Getränke und unter Umständen für die Musik, also für die Kapelle.

Wenn das Essen im Hause der Brauteltern stattfindet, laden auf jeden Fall die Brauteltern ein. Zum Essen im Restaurant können Eltern und Kinder gemeinsam einladen. Wenn das junge Paar selbst das

Hochzeitsfest veranstaltet, so lädt es auch ein. Standesamtliche Trauzeugen werden übrigens auch wieder zur kirchlichen Hochzeitsfeier eingeladen.

Lädt man Verwandte ein, die von außerhalb kommen, so sollte man vorher genau die Frage der Unterkunft regeln.

Kleidung

Es gibt keine kirchlichen Kleidervorschriften für Trauungen. Man erwartet lediglich eine angemessene und würdige Kleidung. Doch wenn auch die Neigung zum Heiraten zurückgeht, bleibt bei den Frauen, die es tun, der Wunsch bestehen, das weiße Kleid zu tragen. Dem muß sich der Bräutigam wohl oder übel mit dunklem Anzug oder Cut (siehe Seite 90) oder Frack (nur nachmittags! – Einzelheiten darüber auch auf Seite 87) anpassen. Sein Schmuck: ein Myrtensträußchen oder eine weiße Nelke im Knopfloch.

Was die Brautjungfern und die Gäste tragen, wird vorher besprochen. Dabei sollte nur beachtet werden, daß die Farbe Weiß allein der Braut zusteht; daß nach alter Sitte die Brautjungfern jedoch eine ähnliche Kleidung wie die Braut tragen, weil die bösen Geister über die wahre Braut im Ungewissen bleiben sollten; daß Damen Hüte tragen können; daß man in der Kirche kein dekolletiertes oder ärmelloses Kleid trägt und daß immer die Regel gilt: Kein Gast sollte eleganter und auffallender als das Brautpaar gekleidet sein.

Brautjungfern sind nicht nötig, ihre Anwesenheit geht auf den besagten alten Aberglauben zurück, und ihre ursprüngliche Schutzfunktion erklärt, warum der Brautvater bis zum heutigen Tage in manchen Gegenden noch ihre Kleider bezahlt. Dieser Punkt sollte auf jeden Fall auch vorher besprochen werden.

Die Kinder, die Blumen streuen oder zum Brautzug gehören, haben an diesem Tag natürlich auch das Allerbeste an, aber da Hochzeiten eine Geduldsprobe für Kinder sind, sollte ihnen gestattet werden, trotz des Prachtstaates zu spielen und nicht an Dreck und Kleckse zu denken. Auch sie sollen das Fest genießen und sich gerne daran erinnern: So pflegt man die Tradition der festlichen Hochzeit.

Verlauf der kirchlichen Trauung

Der Ablauf dieser Zeremonie ist landschaftlich und je nach Gewohnheit sehr verschieden. In manchen Gegenden ist es üblich, daß die Braut nicht von ihrem Bräutigam, sondern vom Vater oder vom Brautführer daheim abgeholt und zur Kirche gefahren wird. Der Bräutigam erwartet sie dann am Portal.

In anderen Gegenden wird es heute wieder üblich, vor dem Kirchgang die sogenannte »Morgensuppe« im Hause der Braut oder in einem Wirtshaus zu essen. Der Sinn: Bei diesem kräftigen Frühstück sollten sich erstens alle Festgäste stärken, und zweitens sollten sich alle Familienmitglieder, neue Nachbarn und Bekannte schon vor dem eigentlichen Fest kennenlernen, falls sie bisher noch nicht die Gelegenheit dazu hatten. *Frühstück*

Meist versammeln sich die Gäste schon vorher in der Kirche, doch können sich Eltern, Trauzeugen und Geschwister in der Sakristei oder vor der Kirche zum feierlichen Brautzug ordnen.

Für die Reihenfolge des Brautzuges gilt nur die Regel: Der Vater des Bräutigams bildet mit der Mutter der Braut das erste Paar, dann folgen Brautvater mit der Mutter des Bräutigams, und an sie schließt sich der Rest der Familie so an, wie es sich ergibt. *Der Brautzug*

Wenn blumenstreuende Kinder den Zug begleiten, machen sie selbstverständlich den Anfang, denn auf ihren Blumen soll das Brautpaar dem Brauchtum nach ins Glück schreiten.

Ob ihnen das Brautpaar direkt folgt oder ob zuerst die Brautjungfern mit ihren Herren in die Kirche gehen, vom Brautpaar gefolgt, ist eine Frage der Tradition und des Geschmacks.

In manchen Gegenden erwartet der Pfarrer das Brautpaar an der Kirchentür und geleitet es zum Altar, oder der Vater führt die Braut dem am Altar wartenden Bräutigam zu und »gibt sie fort«.

Dem evangelischen Pfarrer gibt der Bräutigam die Ringe vor der Trauung, der Pfarrer bewahrt sie in der sogenannten Ringschale auf und steckt sie dem Paar bei der Trauung leicht an den Finger. Das Überstreifen erledigen sie dann selbst. *Ringe*

Bei der katholischen Trauung steht auf der Kniebank die Schale für die Ringe. Der Priester segnet sie im Lauf der Zeremonie, und die Brautleute stecken sie sich gegenseitig auf.

Beim Einzug in die Kirche geht der evangelische Bräutigam links von der Braut, während der Bräutigam bei der katholischen Trauung meist rechts von der Braut geht, so daß er nicht wechseln muß, wenn er die Kirche wieder verläßt.

Trägt die Braut einen Schleier, der das Gesicht verdeckt, so schlägt sie ihn nach der Trauungszeremonie zurück und läßt ihn zurückgeschlagen. Auch diese Geste geht auf eine alte Sitte zurück. Der Schleier war schon bei Römern und Juden Brauch, er sollte vor Geistern schützen, unter ihm hielt sich die Braut versteckt. Der kirchliche Segen der Trauung übernimmt einen höheren Schutz, also kann man den Schleier zurückschlagen.

Nach der Trauung gratuliert der Geistliche direkt am Altar. Dann verläßt der Zug in der gleichen Reihenfolge wie beim Einzug die Kirche, und das Ehepaar fährt als erstes fort. Sie nehmen alle anderen Gratulationen beim Empfang oder im Brauthaus entgegen.

Hochzeitsempfang Er verläuft ebenso wie der Verlobungsempfang (siehe Seite 55 und 105), und er hat auch den gleichen Sinn. Bei einem Vormittagsempfang reicht man meist Sekt und Champagner, andere leichte alkoholische Getränke, selbstverständlich auch alkoholfreie Getränke für Kinder und Autofahrer, dazu Kleinigkeiten zum Knabbern.

Ein großer, bei der Hochzeit meist weiß gedeckter Tisch mit vorbereiteten Vasen wartet auf die Geschenke, und das Brautpaar steht dort bereit, um Glückwünsche, Blumen und Gaben in Empfang zu nehmen.

Geschenke Es ist vernünftig, eine Geschenkliste anzulegen (siehe Seite 44). Gibt es keine, so erkundigen sich die Gäste rechtzeitig vorher nach Wünschen, und in der Familie ordnet man diese Wünsche vernünftigerweise so, daß mehrere Familienmitglieder zu einem oder zwei großen Geschenken zusammenlegen.

Geschenke kann man schicken oder zum Empfang mitnehmen. Ein Mitglied der Familie wird bestimmt, nach dem Fest dafür zu sorgen, daß die Geschenke ins neue Heim des jungen Paares gebracht werden, falls der Empfang nicht im Elternhaus der Braut stattgefunden hat.

Gäste, die nicht zum Empfang kommen, aber zum Essen eingeladen sind, bringen die Geschenke dann mit.

Das Brautpaar darf im Prinzip die Geschenke gleich auspacken, bewundern und sich bedanken. Ist der Empfang jedoch sehr groß, entfällt das aus Zeitgründen. Um so wichtiger ist es, daß jemand aus der Familie die Aufgabe des Geschenkempfanges übernimmt und daß er wie bei allen Festen mit Geschenken gleich auf den Begleitkarton notiert, was von wem stammt. Steckt das Kärtchen in einem Blumenstrauß, notiert er auch die Art der Blumen. Dann kann sich das Brautpaar in zwei bis drei Wochen richtig und schriftlich bedanken.

Nachmittagsempfang Ein Nachmittagsempfang ist üblich, wenn die Hochzeit mittags oder am frühen Nachmittag stattgefunden hat. Gibt es also kein abendliches Festessen, sondern einen Empfang am Büffet, so ist der dafür vorgesehene Tisch besonders festlich in den Zutaten, und die Dekoration wird in Weiß und Grün und Silber gehalten.

Nach einer Nachmittagstrauung kann man für einen kleineren Familienkreis eine lange Kaffeetafel decken, an der alle Gäste Platz finden. *Hochzeitskaffee*

Oder man bereitet ein Kaffeebüffet vor (siehe Seite 117), was wiederum gestattet, daß man mehr Gäste einladen kann, als man Sitzgelegenheiten hat. Beim festlichen Hochzeitskaffee sollte eine mit schneeweißem Zuckerguß überzogene Brauttorte nicht fehlen.

Die festlichste Art und Weise, eine Hochzeit zu feiern, ist ein Hochzeitsdiner mit oder ohne Tanz danach. Auch dieser Feststil kann je nach finanzieller und familiärer Situation variiert werden. *Hochzeitsdiner*

Wer das Hochzeitsessen nicht daheim geben will, kann die Gäste ins Hotel einladen. In diesem Fall legt der Brautvater vorher mit dem Hotelier Speisenfolge, Tischdekoration, Musik und Getränke fest. Selbstverständlich muß man die genaue Gästezahl angeben können.

Wer zu Hause feiern und dennoch der Brautmutter nicht die ganze Last der Arbeit aufbürden will, kann sich vom Gasthof oder Delikatessengeschäft, von Stadtküche oder Hotel das ganze Essen samt Koch und Geschirr, Gläsern und Bedienung ins Haus liefern lassen.

Wer genug Zeit, Freunde und andere kochende Hilfskräfte besitzt, wird es sich nicht nehmen lassen, das große feierliche Mittag- oder Abendessen daheim zu geben. Man braucht dazu einen Raum, in dem man die Gäste vor dem Essen sich versammeln und ein Glas Sherry trinken lassen kann, und man braucht ein Eßzimmer mit einem ausreichend langen Tisch. Alles muß bis zum letzten Zuckerwürfel zum Kaffee nach dem Essen bedacht, aufgeschrieben, rechtzeitig gekauft und vorbereitet werden.

Die Mahlzeit umfaßt meist drei bis fünf Gänge: Suppe, Vorspeise, Fisch, Fleisch, Dessert; bei drei Gängen läßt man den Fisch ganz ausfallen und entscheidet sich entweder für die Suppe oder für die Vorspeise. Alle Speisen sollten nicht nur gut und ohne viel Säbelei zu verzehren, sondern auch festlich angerichtet sein. *Hochzeitsessen*

Als Tischgedeck bietet sich nur bestes Geschirr, kostbarste Tischwäsche, klassisch weiß gedeckter Tisch mit weißem Porzellan und farblosen Gläsern an. Jeder Platz kann durch eine Tischkarte bestimmt sein. *Tischdecken und Dekoration*

Die Farben der Hochzeit sind Weiß und Grün, und sie werden neben Silber und Gold auch gern zur Tischdekoration benutzt: Leuchter mit weißen oder grünen Kerzen, pastellfarbene Blumen, Silberschalen und das Grün von Buchsbaum oder Myrte. Auch die Stühle des Brautpaares und sein Gedeck werden gern mit Blumengirlanden und Buchsbaumkränzen umwunden, und eine sehr schöne Sitte ist es, den Brautstrauß – falls es sich nicht um sehr langstielige Blumen handelt – als Mittelpunkt der Blumendekoration vorzusehen.

Wem diese Farben zu langweilig sind oder wer eine ländliche Hochzeit feiert, vielleicht an einem strahlenden Tag im Garten unter Bäumen, im Dirndl und an Holztischen, der deckt nach seinem eigenen Geschmack oder so,wie es zum Stil des Rahmens paßt.

Tischordnung

Wer wo zu sitzen hat, wird vom Brautpaar bestimmt, dem der Ehrenplatz in der Mitte der langen Tafel zukommt. Rechts neben der Braut sitzt der Vater des Bräutigams, seine Tischdame ist die Brautmutter. Links vom Bräutigam sitzt dessen Mutter, und ihr Tischherr ist der Brautvater. Der Geistliche sitzt dem Brautpaar gegenüber oder neben der Brautmutter. Ist er zum Brautessen gekommen, so spricht er das Tischgebet und hält meist noch vor dem Brautvater die erste Rede.

Eine andere Möglichkeit der Tischordnung: Neben dem Bräutigam sitzt die Brautmutter, neben der Braut der Vater des Bräutigams. Gegenüber dem Brautpaar haben dann der Vater der Braut und die Mutter des Bräutigams ihren Platz. Links vor der Brautmutter würde dann der nächste Ehrenplatz sein, den der Geistliche erhielte, rechts vom Brautvater hat die würdigste Dame ihren Platz.

Die übrigen Verwandten des Brautpaares werden in jedem Fall möglichst bunt gemischt plaziert, denn für sie ist dieses Fest die beste Gelegenheit, sich gegenseitig kennenzulernen.

Tischreden

Der Brautvater wartet nach dem Fleischgang, daß der Geistliche an sein Glas schlägt. Nach seiner Rede ist die Reihe am Brautvater, und wer danach noch reden will: je kürzer und launiger, desto besser.

Der Bräutigam braucht in diesem Fall nichts zu erwidern, nicht einmal zu danken. Er braucht nur höflich zu lächeln, denn er hat an diesem Tag so viel zu erleben gehabt, daß niemand mehr eine wohlgesetzte Rede von ihm erwartet.

Nach dem letzten Toast ist es Sitte, daß alle mit dem Brautpaar anstoßen; daß sich die Familienmitglieder gegenseitig das Du anbieten oder nicht (siehe Verlobung), sich jedenfalls miteinander bekannt machen. Die Tischordnung ist aufgehoben, man kann zum Dessert schon die Plätze wechseln und gleich danach zum Kaffee in einen anderen Raum gehen und sich mit anderen Gästen neu gruppieren.

Hochzeitsball

Schließt sich an das Essen der Tanz an, so verläuft der Hochzeitsball nach den allgemeinen Regeln für einen Ball (siehe Seite 128). Das

Brautpaar tanzt den Ehren- und Eröffnungstanz miteinander und dann vielleicht noch mit den Eltern. Danach kann es sich zurückziehen, muß sich nicht von den Gästen verabschieden, zieht sich um und beginnt die Hochzeitsreise.

Viele Brautpaare lassen es sich jedoch nicht nehmen, die Nacht zu durchtanzen. Die Braut bleibt in ihrem weißen Kleid, und es gibt viele Spiele und abergläubische Bräuche, die sich um Kranz und Schleier drehen und von denen sicher einige aufgegriffen werden. Das bleibt der Familientradition und den landschaftlichen Usancen überlassen.

Das Ende des Festes liegt im Belieben der Hochzeitsgäste. Die Jungen wollen sicher tanzen, die älteren Familienmitglieder ziehen sich gern zu einem gemütlichen Gespräch zurück.

Der Dank

Das Brautpaar kann seine Hochzeitsreise genießen, denn es hat drei bis vier Wochen Spielraum, um seinen Dank abzustatten. Man kann sich in der Zwischenzeit Karten mit einem Dankestext drucken lassen, netter ist jedoch eine handgeschriebene Briefkarte oder eine gedruckte Karte mit einem zusätzlichen handschriftlichen Gruß.

Die Gäste bedanken sich innerhalb einer Woche nach dem Fest schriftlich oder mündlich bei demjenigen, der sie eingeladen hat, also bei den Brauteltern oder dem Brautpaar.

Hochzeitsbräuche

Die Bräuche reichen vom Kranzraub über den Kronentanz, dem selbstgezogenen Myrtenbäumchen, der feierlichen Kranzübergabe mit Lied und Gedicht, vom Ehrenbogen, Hochzeitsbaum, Brautholen und Brautstehlen, Brautzoll und Brautfang bis zu den bestimmten landschaftsgebundenen Hochzeitsgerichten und festlichen Tänzen, unter denen der Lichtertanz zu erwähnen wäre: Das ist der erste Tanz nach dem Essen oder nach dem Kaffee. Drei Brautjungfern tanzen zuerst allein, jede mit einer großen Kerze, dann fordert eine einen Partner auf und tanzt mit ihm die Runde, dann gesellt sich die nächste und schließlich die dritte dazu, und danach dürfen alle tanzen. Der Kesseltanz soll noch einmal mit einem Höllenlärm die Geister vertreiben. Er findet meist um Mitternacht des Hochzeitstages statt, die Frauen verstecken die Braut, der der Kranz abgenommen wird – und der früher gegen die Frauenhaube vertauscht wurde.

Bis zum heutigen Tage ist es üblich, daß die Braut am Schluß des Hochzeitstages von den Freundinnen Schleier und Kranz oder Brautkrone abgenommen bekommt, und wenn der Brautschleier nicht für die nächste Hochzeit in der Familie aufbewahrt, sondern in Stücke geschnitten und an die Brautjungfern und Freundinnen verteilt wird, so erhalten sie damit nicht nur ein Erinnerungszeichen an dieses Fest, sondern sie bekommen auch etwas von dem reichen Segen ab, den das Brautpaar an diesem Tag empfangen hat.

Scheidung

Die Scheidung eines Ehepaares war früher – auch – ein Bruch in ihrem gesellschaftlichen Leben. Der geschiedene Lehrer, der geschiedene Richter: tragische Figuren, die mit der Scheidung ihren Anspruch auf Beispielhaftigkeit verloren hatten. Und wie es mit den Frauen stand, kann man in »Effie Briest« nachlesen.

Heute verlaufen Scheidungen mehr oder weniger sachlich, und die Geschiedenen können weiterleben wie zuvor, nur wieder einzeln, sofern die Gesellschaft, in der sie leben, es zuläßt.

So gibt es keine speziellen Manieren für Geschiedene, sondern nur für die Mitmenschen der Geschiedenen.

Geschiedene einladen?

Das ist die wichtigste Frage: Kann man sie weiterhin gemeinsam einladen? Die alte Regel, auf die sich heute noch viele zurückziehen, lautete: Geschiedene lädt man nicht gemeinsam ein.

Unsere Antwort lautet jedoch heute wie von Radio Eriwan: Im Prinzip ja. Lädt man sie zum Essen ein, so plaziert man die beiden wie zwei Einzelpersonen an den Tisch.

In Wirklichkeit wird diese Frage jedoch von Fall zu Fall entschieden. Wer trotz Scheidung weiter streitet, daß die Fetzen fliegen, sprengt jede Gesellschaft. Wer zwar behauptet, er/sie habe die Scheidung tatsächlich und vollkommen verarbeitet, trotzdem aber jedes Treffen mit dem Ex-Partner zum Sticheln und Höhnen benutzt, erzeugt Spannung und Feindseligkeit, die ansteckt.

Bleiben die Betreffenden trotz Scheidung in derselben Stadt und im selben Gesellschaftskreis, so tun die Freunde klüger daran, dem Ex-Paar erst einmal Ruhe zu gönnen, und laden sie und ihn nur einzeln ein.

Die Erfahrung der geschiedenen Frauen: Nach einer Weile werden nur noch die Ex-Ehemänner eingeladen. Ein neuer Junggeselle ist attraktiver und reizvoller. Eine einzelne Frau ist ein Anhängsel oder eine Konkurrentin. Eine solche Einstellung ist nicht nur herzlos, sondern zutiefst unhöflich.

Die einzige eherne Regel lautet also: Gastgeber, ladet die geschiedenen Frauen weiter ein. Und zwar zu ganz normalen Geselligkeiten, nicht nur so am Rande zum Tee, was die Frauen tiefer kränkt als ehrliches Abgeschobenwerden.

Geschiedene bei Familienfesten

Sofern Geschiedene überhaupt noch Kontakt mit der betreffenden Familie haben, werden sie im Prinzip eingeladen. Sowohl der geschiedene Vater der Braut wie die geschiedene Großmutter des Täuflings und so weiter. Es liegt bei ihnen, abzusagen, wenn sie die Begegnung mit der Vergangenheit unerträglich finden oder wenn sie befürchten müssen, daß die Begegnung alte Wunden wieder aufreißt oder alten Haß wieder aufkochen läßt.

Auch von dieser Regel gibt es selbstverständlich Ausnahmen für die Einladenden, die sich aus so tiefer Verfeindung und Verletzung ergeben, daß Höflichkeit Hohn wäre.

Am schwierigsten kann die Situation werden, wenn die Tochter aus einer geschiedenen Ehe heiratet, die bei ihrem Vater und seiner jetzigen Frau gelebt hat. Diese ist dann die Brautstiefmutter und müßte eigentlich der echten Brautmutter den Platz für dieses Fest einräumen, das in ihrem eigenen Hause, an ihren eigenen Tischen und Tellern gefeiert wird. Die Brautstiefmutter müßte dann wie ein normaler Gast behandelt und plaziert werden. Wenn die familiäre Situation so ist, daß diese Möglichkeit ganz und gar ausscheidet, so gibt es theoretisch drei Auswege:

1. Die geschiedene Mutter richtet die Hochzeit ihrer Tochter aus.
2. Der Vater richtet mit der Mutter seiner Tochter die Hochzeit im Restaurant oder im Hotel, also an einem neutralen Ort, aus und lädt seine jetzige Frau nicht ein.
3. Die Brautleute richten ihre Hochzeit selber aus, feiern bei sich zu Hause und ohne Formalitäten, Sitzordnungen und so weiter. Wer dieses Fest in Wirklichkeit finanziert, spielt keine Rolle. Das Paar besitzt jedoch das Recht, zu seinem Fest einzuladen, wen es mag.

Außer dem Fall Null finde ich diese dritte Möglichkeit am besten, denn wer sich hat scheiden lassen, sollte nicht ausgerechnet bei der Hochzeit seines Kindes zum Heuchler werden und plötzlich so tun, als ob ihm gesellschaftliche Formalitäten über allem stünden.

Geschiedene in der Öffentlichkeit

Treffen Geschiedene bei Dritten oder beruflich oder unter welchen Umständen auch immer zufällig, also unabsichtlich, zusammen, so sind sie ja bereits als Einzelpersonen behandelt worden. Sie müssen sich dementsprechend verhalten. Es interessiert weder die Gast- noch die Arbeitgeber, »wie's da drinnen aussieht«.

Bringen die Geschiedenen diese Selbstbeherrschung nicht auf, die von ihnen erwartet wird, so sollten sie – nach kurzer Entschuldigung beim Gastgeber – die Gesellschaft verlassen und auch eher die Stellung wechseln, als einen ganzen Betrieb mit ihren Auseinandersetzungen in ein Wespennest zu verwandeln.

Krankheit, Tod und Beerdigung

Wer krank ist, nimmt nicht am gesellschaftlichen Leben teil. Deshalb ist er wie der Unverheiratete im alten Benehmenskodex eine Nicht-Person gewesen.

Heute werden alle Menschen älter als ihre Eltern geworden sind, die jüngeren öfters krank und die Krankenhäuser zu wahren Stätten, in denen man Verhaltensnormen braucht, da Ärzte und Schwestern, vom Verwaltungspersonal ganz zu schweigen, nur selten daran denken, daß Patienten und Besucher auch Menschen mit Gefühlen sind.

Der Kranke zu Hause

Wer eine ganz normale, kurzfristige Krankheit hat, Grippe oder Röteln, der bleibt im Bett, bis er gesund ist, und er bekommt eh keinen Besuch, weil er ansteckt. Wer sich dagegen das Bein bricht oder eine andere Krankheit mit langer Genesungszeit hat, ist meistens froh, wenn er Besuch bekommt, sowie er das Ärgste hinter sich hat.

Regeln für diese Krankenbesucher: keine zu langen Besuche machen. Auch Genesende brauchen Ruhe, und wenn sie schon nach kurzer Zeit Müdigkeit zeigen, so gilt für den Gast: aufbrechen und dafür vielleicht bald wiederkommen.

Blumen

Bücher

Während des Besuches nicht rauchen! Dem Genesenden vernünftige Sache mitbringen: Blumen sind gut, sollten aber nicht zu stark duften. Lektüre paßt immer, sollte aber weder zu aufregend, blutrünstig oder angsteinflößend sein.

Süßigkeiten sind eigentlich nicht gut. Wer's mit den Innereien hat, darf sie nicht essen. Wer das Bein gebrochen (und keine Bewegung) hat, sollte sie nicht essen, weil Schokolade stopft und alles Kalorienreiche bei gleichzeitiger Körperruhe geradezu explosiv anschlägt. Bei allen Eß- und Trinkwaren: vorher den Ehepartner oder die Pflegeperson fragen, ob es sinnvoll oder erlaubt ist, so etwas mitzubringen.

Der Kranke im Spital

Wer jemanden im Krankenhaus besuchen will, muß eigentlich nur daran denken, daß Kranke noch mehr Rücksicht als andere Menschen brauchen. Daraus ergeben sich die Regeln von selbst:

Vorgeschriebene Besuchszeiten einhalten.

Auf den Gängen und in den Krankenzimmern sich leise verhalten, nicht lärmen, rufen oder anderen Krach machen. Nicht rauchen.

Bei dem, was man den Kranken mitbringt, gilt das gleiche wie oben, in bezug auf Nahrungsmittel und Getränke nur noch strenger.

Ärzte und Schwestern nicht um Auskünfte bitten, denn sie sind gehalten, entweder gar keine Auskunft zu geben oder nur Verwandten.

Der Leidende zu Hause

Alte Menschen sind oft nicht krank, sondern schwach, körperlich nicht mehr leistungsfähig, bettlägrig, und manchmal leiden sie an bestimmten Dingen, die sie nicht richtig krank machen, aber doch zum Beispiel an den Rollstuhl fesseln.

In diesem Fall lautet die einfache Regel: gerade diese alten Verwandten, Freunde oder Kollegen besuchen. Lieber kurz besuchen, dafür aber öfters. Sie freuen sich ganz besonders über Kleinigkeiten, die man ihnen mitbringt, und der häufige Umgang mit ihnen sollte dem Besucher sagen, womit er eine Freude macht: mit einer Leselupe, einem dicken Rätselheft, der Tageszeitung, die der Leidende nicht selber abonniert hat, ein Taschenbuch mit Großdruckbuchstaben, eine Literaturkassette, ein Packen Stofftaschentücher, denn Papiertaschentücher sind nicht jedermanns Sache.

Schwestern und Pfleger

Wer sich im Krankenhaus aufhalten muß, sollte nicht nur Fürsorge und Höflichkeit erwarten, sondern bereit sein, mit anderen Patienten und mit dem Pflegepersonal so freundlich und höflich umzugehen, wie es ihm in seiner Lage nur möglich ist.

Die Mitbewohner des Krankenzimmers werden dem Kranken dankbar sein, wenn er nicht

- raucht (heimlich);
- seinen Fernsehapparat nur anstellt, wenn es allen recht ist;
- den anderen so weit hilft, wie es in seinen Kräften steht;
- erst fragt, bevor er das Fenster oder die Klappe öffnen läßt und – falls er sehr viel Besuch bekommt und schon aufstehen kann – mit diesen Personen ins Besuchszimmer geht.

Die Schwestern und Pfleger werden ihm dankbar sein, wenn er sie nicht grundlos durch die Gegend scheucht (weil's die Kasse ja bezahlt!) und sie nicht als persönliches Dienstpersonal behandelt.

An beides sollte jeder denken, der das Spital hoffentlich gesund wieder verlassen kann. Der Dank wird mündlich beim Abschied abgestattet. *Dank und Trinkgeld?*

Es gibt außerdem meist eine Kasse, in die man für die Schwesternschaft eine beliebige Summe stiften kann. Damit können die Schwestern nach eigenem Wunsch etwas Vernünftiges anfangen.

Wer sicher gehen will, daß er es richtig macht, fragt die Oberschwester oder die Oberin, wie es in ihrer Station oder Abteilung üblich ist.

Sterben und Beerdigung

Das Leben beginnt mit der Anmeldung auf dem Standesamt und es endet dort mit der Abmeldung. So wie sich die Hinterbliebenen diesen Weg von einem Beauftragten der Familie abnehmen lassen können, so stehen auch für alles, was mit der Beerdigung und der Trauerfeier zusammenhängt, die Angestellten der Beerdigungsunternehmen und der Friedhöfe zur Verfügung, ob es sich nun um den Blumenschmuck oder um die Besorgung der Grabstätte handelt.

Nach jedem Todesfall wird zuerst der Totenschein vom Arzt ausgefüllt, dann folgt der Weg zu Ämtern und Versicherungen, zum Beerdigungsinstitut und zum Pfarrer, wenn es eine kirchliche Beerdigung werden wird. Hat er den Verstorbenen nicht gekannt, so ist er einem Familienmitglied dankbar, das ihm in ein paar Worten so viel von Herkunft und Leben, Wesen und Verdiensten des Toten erzählt, wie man für einen Nachruf braucht.

Wenn der/die Verstorbene in einem Verein oder Club gewesen ist, wird auch dieser benachrichtigt, denn in vielen Vereinen ist es üblich, und manchen Clubkameraden liegt es am Herzen, ein paar persönliche Worte des Nachrufs in der Friedhofskapelle oder am Grab zu sprechen.

Todesanzeige

Eine Anzeige in der Tageszeitung benachrichtigt die Leser einer Stadt und darüber hinaus die Öffentlichkeit aller Leser. Sie sollte sachlich formuliert werden und folgende Punkte erwähnen: Namen und Alter des/der Verstorbenen; bei Frauen mit Mädchennamen und eventuell mit Witwennamen; in beiden Fällen und nach Wunsch von Familie und Verstorbenen Titel und Ehrenzeichen; Datum des Todes; Datum, Uhrzeit und Ort (mit Angabe der Kapelle) der Bestattung; Anschrift des Trauerhauses und Namen der nächsten Familienmitglieder.

In einer großen Familie zeigt nur der nächste Angehörige »im Namen aller anderen Angehörigen« an. Man zeigt entweder an, daß die Beerdigung stattgefunden hat oder daß sie noch stattfinden wird.

Sind Ort und Zeit der Beerdigung in der Zeitung angegeben, so kann jeder zur Beerdigung kommen, der dem Verstorbenen nahegestanden hat. Es reicht jedoch auch, wenn er einen Beleidsbrief schreibt oder ein Blumengeschäft beauftragt, Blumen oder Kranz zur Beerdigung zu schicken. Beides wird immer mit einer Karte begleitet, damit die Hinterbliebenen wissen, von wem der Gruß stammt.

Kränze werden nicht ins Trauerhaus, sondern an die genaue Adresse der Friedhofskapelle geschickt. Auf dem Umschlag der Karte müssen auf jeden Fall Name der Verstorbenen und Zeit seiner Beerdigung angegeben werden, damit keine Verwechslung erfolgt.

Gedruckte Todesanzeige Eine Todesanzeige, die Parte, wie man in Österreich sagt, mit schwarzem Rand und schwarzgerändertem Briefumschlag, zeigt Familienangehörigen und Freunden, Kollegen und Bekannten den Todesfall an. Auch diese Anzeige kann die Beerdigung im nachhinein anzeigen. Das geschieht immer dann, wenn der Verstorbene oder die Familie eine stille Beerdigung gewünscht haben.

Sind auf der gedruckten Anzeige Datum, Uhrzeit und Ort der Beerdigung angegeben, so kann der Empfänger dieser Anzeige selbst zur Beerdigung gehen oder wie oben Blumen oder einen Kranz schicken lassen oder nur einen Kondolenzbrief schreiben.

In der Zeitungsanzeige und auf der Parte wird oft gebeten, auf Kranzspenden zugunsten einer caritativen Organisation zu verzichten. Dann kann man ein paar Blumen mit zur Beerdigung nehmen, die man mit der Handvoll Erde auf den Sarg wirft.

Wer eine gedruckte Todesanzeige erhält, braucht darauf nicht zu antworten, ob er zusagt oder absagt. Beerdigungen sind offizielle Veranstaltungen.

Beileidsbesuche Da die meisten Leute berufstätig sind, ist heute ein Beileidsbesuch kaum mehr üblich. In Familien oder Gegenden, in denen man damit rechnen muß, sollte man auf jeden Fall in der Anzeige darauf hinweisen, wenn man keine Beileidsbesuche wünscht.

Es tut den Hinterbliebenen, besonders der Witwe, ohnehin viel mehr gut, wenn man sie öfter als sonst besucht und ihr dadurch zeigt, daß man an sie denkt und sie in ihrer Trauer nicht allein lassen will.

Kleidung Trauergäste erscheinen in möglichst dunkler Kleidung; Männer tragen eine schwarze Krawatte; Verwandte tragen nach örtlicher Sitte den Trauerflor am linken Arm des Mantels oder der Jacke, Männer im Knopfloch des Jacketts, falls nicht Schwarz getragen wird.

Die nächsten Angehörigen tragen möglichst Volltrauer: schwarz vom Hut (bei Frauen mit dem Witwenschleier) bis zum Schuh. Früher gestattete man keinen Schmuck außer schwarzem und keine Perlen.

Trauerkleidung wird heute entweder gar nicht mehr oder nur kurze Zeit getragen. Früher war es üblich, daß Witwen oder Witwer mindestens ein halbes Jahr in Volltrauer blieben und das Schwarz in der Zeit der Halbtrauer nur zögernd mit weißen Manschetten und Kragen, mit Grau, die Männer mit dunklen Anzügen und gedeckten Krawattenfarben etwas aufhellten. Bei offiziellen Beerdigungen, Staatsbegräbnissen und feierlichen Beisetzungen offizieller Persönlichkeiten tragen die betreffenden offiziellen Trauergäste den Cut mit schwarzer Hose oder den Stresemann mit schwarzer Hose. Dazu wird der Zylinder getragen, den man zur Trauerfeier mit einem Trauerflor umschlingt.

Feuerbestattung

Zur Feuerbestattung gehört das Urnenbegräbnis, beides findet oft in zwei Etappen statt, weil die Urne manchmal aus der Stadt, in der der Verstorbene gelebt hat, zum Familiengrab in eine andere Stadt überführt werden muß. So bittet man Verwandte und Freunde meist zur Feuerbestattung, nicht nur weil es ein würdigerer Vorgang ist, sondern weil die Feuerbestattung an dem Ort stattfindet, an dem die meisten Freunde und Verwandten leben. Gute Freunde und nahe Verwandte werden mündlich eingeladen, sonst gilt die Anzeige als Einladung.

Beerdigung

Bei einer Beerdigung versammeln sich die Trauergäste meist in einem Vorraum der Kirche oder der Friedhofskapelle, wo ein Buch oder ein Block ausliegen sollte, in oder auf dem sich jeder Gast einträgt. Das gibt den Angehörigen später einen Überblick über die Menschen, die an der Beerdigung teilgenommen haben und bei denen sie sich für ihre Anteilnahme bedanken müssen.

Leichenschmaus

Mit einem Essen schloß früher auf dem Lande eine Beerdigung ab. Heute geht es nicht mehr so üppig zu, doch versammeln sich die Gäste meistens im Trauerhaus, wo ein Imbiß vorbereitet sein sollte. Ob man etwas zu trinken anbietet, liegt im Ermessen des Gastgebers. Und es hängt von der Jahreszeit ab, in der die Beerdigung stattfindet.

Der Dank

Die Angehörigen bedanken sich bei den Trauergästen für Kränze und Blumen und für Briefe und Beileidstelegramme. Niemand rechnet damit, daß dieser Dank umgehend eintrifft.

Nach einer großen Beerdigung können sich die Angehörigen Dankeskarten drucken lassen oder den Dank per Anzeige in der Zeitung aussprechen. Persönliche und herzliche Beleidsbriefe sollte man jedoch mit der Hand beantworten.

Beileidsbriefe Ein Beileidsbrief wird sofort geschrieben, wenn man eine Todesanzeige erhält oder wenn man eine Anzeige in der Zeitung liest. Beileidsbriefe werden stets mit der Hand geschrieben. Man wählt dazu einen *Trauerrand* normalen Briefbogen. Die schwarzgeränderten Papiere werden nur von den Familienangehörigen des Verstorbenen benutzt.

Es wird vielen schwer, Gefühle auszudrücken, deshalb unterbleibt oft der Beileidsbrief. Das ist sehr bedauerlich, denn Beileidsbriefe trösten den Empfänger mehr, als man sich vorstellen kann. Sie brauchen nur aus ein paar Worten der Anteilnahme zu bestehen, können jedoch ebensogut ausführlich sein und vielleicht von Erinnerungen berichten, die man den Hinterbliebenen mitteilen möchte.

Ist man mit dem Verstorbenen nur lose oder geschäftlich bekannt gewesen, so reicht es, wenn man eine Visitenkarte schickt, auf die man schreibt: »Mit aufrichtigem Beileid.«

Friedhof Der Friedhof ist ein Ort der Stille, geweihter Boden. Diese Ruhe sollte man achten, nicht der Toten wegen, deren Seele nach christlichem Glauben ohnehin die sterbliche Hülle verlassen hat, aber aus Rücksicht auf die Trauernden, die dort beten und an ihre Toten denken.

Gedenkblätter In katholischen Gegenden ist es üblich, ein kleines Blatt oder Faltblatt zum Gedenken des Toten drucken zu lassen. Es zeigt ein Foto des Verstorbenen mit Namen und Lebensdaten, und auf der Rückseite stehen Bibelzitate, kurze Gebete, die der Verstorbene besonders liebte, und die Bitte, für den Verstorbenen zu beten. Man schickt die Gedenkblätter mit dem Dank für die Anteilnahme an die Verwandten und Freunde, von denen man vermuten kann, daß sie es in ihr Gesangbuch legen und wirklich manchmal eine Fürbitte sprechen.

KLEIDUNG ZWISCHEN MODE UND UNIFORM

Probleme der Alltagskleidung

Kann man heute noch Kleidervorschriften machen? Eleganz definieren? In unserer Zeit, in der alles möglich – und vor allem: auch gestattet – ist, weil die Verfechter aller neuesten Kleidersitten oft so aggressiv auftreten, daß ältere oder schüchterne Zeitgenossen schon gar nichts mehr zu sagen wagen?

Ich glaube, zwischen Mode, Manieren und Moral besteht in einem Punkt kein Unterschied. Für alle drei gab es einmal zuverlässige Diktate. Alle drei funktionieren heute nur, wenn man selber für Maßstäbe und Vorbilder sorgt.

Dazu braucht man nur zweierlei. Einen mannshohen Spiegel und den festen Entschluß, keine zu engen Kleidungsstücke zu tragen. Der Spiegel sollte so angebracht sein, daß man sich darin auch von Kopf bis Fuß erkennen kann. Keine schummerige Beleuchtung, die dies oder jenes vermuschelt, sondern klares Licht auf alles, damit man sich so sieht, wie es die anderen tun. Dann kann man nämlich entscheiden, ob ein ärmelloses Sommerkleid nicht doch nur wabbeliges Fleisch an den Oberarmen enthüllt, wie es mit den Falten um den Busenansatz herum steht und ob sich die Hose so wenig auf der Halbkugel des Schmerbauches hält, daß man lieber zu Hosenträgern greifen sollte.

Kein Mensch ist perfekt. Ein großer Spiegel hilft dem Individuum, diese unperfekten Stellen zu entdecken und dann auszuprobieren, wie man das Unvollkommene am besten überspielt oder verhüllt.

Übrigens: nicht nur von vorn im Spiegel prüfen! Man sollte sich auch von hinten zu betrachten wagen. Wenn das mehr Menschen täten, gäbe es weniger schlecht sitzende Röcke und ausgebeulte Hosen.

Modefehler Da sind wir schon beim zweiten Punkt. Ein englischer Herrenschneider, der zum ersten Mal in Deutschland war, stellte sofort fest, daß es hier einen offensichtlich besonders weit verbreiteten Modefehler gibt: Die meisten Leute tragen zu enge Jacketts, Kostümjacken, Mäntel, Hosen und Röcke. Sie stecken wie schlecht gestopfte Leberwürste in ihrer Pelle, und alles rutscht nach oben oder unten und kneift und schiebt das Fett an verblüffende Stellen. Hemden spannen sich über Bäuche, Röcke reißen in der Gehfalte aus, und jeder kann die Einschnürungen der Slipsäume unter den Jeanshosen erkennen. Dadurch sehen alle viel dicker und praller aus, als sie eigentlich sind.

Gewiß: Ein Gürtel hat die Taille schön fest zu umschließen, und eine Abendkleidkorsage muß so stramm sitzen wie ein Dirndlmieder, aber das sind die typischen Ausnahmen, die jede Regel bestätigen, und die Moderegel lautet: Alles soll ein wenig Spiel haben, den Körper wie eine lockere Haut umhüllen und nicht wie ein enger Schlauch am Leibe kleben.

Wenn man nun mit dem Spiegel und den Kleidern ausgerüstet ist, in denen man sich sehen lassen kann: was dann? Was darf man sich leisten? Was muß man tunlichst beachten und lassen? Wie lernt man, »immer richtig angezogen« zu sein? Wie weit darf man dem eigenen Geschmack folgen? Wie weit muß die Anpassung gehen?

Mode-Stil Eine Hamburger Tageszeitung hat einmal Väter und Söhne über ihr Verhältnis zur Kleidung befragt. Während ein Vater, ein Schulrat, im Dienst den Anzug (mit Krawatte) oder ein Sakko zur grauen Hose trägt, sagte der Sohn, ein junger Arzt, ein Anzug käme für ihn nie in Frage, nicht einmal zur eigenen Hochzeit. Zu dieser Gelegenheit trug er ein weißes Hemd zur dunklen Hose und schmückte sich mit einem besonders schönen Schlips. Abends nach dem Dienst waren sich Vater und Sohn freilich einig: Cordhose, Sporthemd oder Pulli.

Der Richter-Vater war dagegen immer korrekt gekleidet. Im Amt trug er den grauen Anzug (ohne Weste) mit Clubkrawatte, abends, je nach Anlaß, Blazer, dunklen Anzug, Smoking oder Frack. Der Sohn, Student, sammelte dagegen die abgelegten Jacketts, Westen oder Hemden des

Vaters und kombinierte sie mit dem, was er gerade bunt, amüsant und modern genug fand.

Diese Liste der Gegensätze könnte man verlängern, und kluge Erwachsene verstehen, daß diese schrillen Extremlösungen, ob aus Protest, Phantasie oder Nachholepein, heutzutage so augenfällig ausfallen, weil den Kindern und Jugendlichen erstens viel mehr Material, Schminke und Klamotten zur Verfügung stehen als früheren Generationen; weil sie zweitens trotz dieses Konsum-Überflusses viel weniger Möglichkeiten haben, sich insgesamt auszutoben und darzustellen; und weil drittens die Pop-Vorbilder und die Konkurrenz der Gleichaltrigen viel größer ist. Wer wirklich auffallen will, muß sich schon was einfallen lassen. Denn unter diesen ungeschriebenen Regeln stehen alle, die Leuteschrecks ebenso wie die Nerzmamis, die Kindergartenzwerge ebenso wie die Väter in Grau: Sie sind abhängig von der Gruppe, in der sie leben. Von deren Beschränktheit oder Toleranz. *Modediktat*

Von dieser Gruppe hängt es auch oft ab, ob man sich vor der Wahl sieht: anpassen oder fortgehen.

Das ist wieder eine Frage, die über bloße Anstandsregeln hinausgeht. Ich will deshalb nur ein paar Tatsachen aufzählen, deren Gegensätzlichkeiten klar machen, was Männer und Frauen unter der Freiheit der Mode zu verstehen haben.

In Österreich mußte eine Politikerin der ÖVP den Platz in der Landesleitung der Parteifrauen wegen eines Schlitzes im Kleid räumen. Die Kolleginnen waren der Ansicht, der Schlitz sei zu lang und errege Anstoß.

Der weiße Kittel der Ärzte ist Berufskleidung, die nicht gewechselt werden kann, weil sie sachlich notwendig ist. Ärzteromane, -filme und -fernsehserien haben die Männer in Weiß zusätzlich mit einer Glorie versehen, die vor allem zeigt, was in unserer uniformfeindlichen Zeit eine Uniform bedeutet.

Die weiße oder schwarze Kutte der Ordensbrüder hängt jedoch im wahrsten Sinne des Wortes ungenutzt im Schrank. Ob Jesuit, Gemeindepfarrer oder Dominikaner – sie tragen ihr geistliches Gewand nur noch zu Gottesdiensten, wichtigen Empfängen, Vorträgen et cetera.

Büromode

Berufstätige Frauen kommen jedoch nicht um eine Uniform herum. Ob in den USA oder bei uns: Modische Kleidung, die man vielleicht sogar als sexy bezeichnen könnte, schädigt das Geschäft, die Kreditwürdigkeit. Fördernd wirkt dagegen ein graues oder taubenblaues

Kostüm, Zuverlässigkeit signalisiert die weiße, nicht die bunte Bluse. Wer sich also um eine interessante Position in der Männergesellschaft bewirbt, muß tiefstapeln, muß sich verleugnen, muß gedeckte Farben, strenge Schnitte, bedeckte Blößen und solide Stoffe wählen, alles in allem: teure Langeweile. Erst wenn man in leitenden Positionen ist, Managerin, Geschäftsführerin, kann man sich modische Gags leisten (so die durch zahlreiche Geschäftsessen verformte Figur noch viele Gags gestattet). Selbständige Unternehmerinnen sollten allerdings den Kunden und den Kreditgebern weiter durch Kostüme zu erkennen geben, daß Korrektheit das oberste Prinzip ist.

Männern dagegen, deutschen Managern, die wegen Bildungslücken berufliche Nachteile befürchten, brauchen sich, laut niedersächsischer Industrie- und Handelskammer, nur flott zu verpacken. Schicke Kleidung soll in ihrem Fall die Mängel der Allgemeinbildung wettmachen.

Grüne Mode

Beim Amtsantritt des hessischen Umweltministers Joschka Fischer konnte man lesen, daß er einen »schweren Schlappmantel, blaue Jeans und weiße Turnschuhe« trug. Und als er kurz davor als Leiter seiner Delegation nach China reiste, stand auch überall zu lesen, daß er seiner Delegation ein korrektes Äußeres anempfohlen habe, so daß einer der Grünen beim Chinabesuch zum ersten Mal einen Schlips trug.

Hohe Mode

Wer daraus freilich den Schluß zieht, das Ende der alternativen Mode sei da, bekommt rasch seinen Irrtum bewiesen. Als ein CSU-Abgeordneter schriftlich den Parlamentspräsidenten Philipp Jenninger bat, den Erlaß einer Kleiderordnung in Erwägung zu ziehen, der »negativen Veränderungen im äußeren Erscheinungsbild des Deutschen Bundestages wegen« und weil es sich dabei »offensichtlich um eine bewußte Verhöhnung unserer parlamentarischen Demokratie« handle, reagierte Philipp Jenninger anders als erwartet. Er sagte, die Würde und das Ansehen des Parlaments zu wahren, sei Sache des Präsidenten. Im übrigen stelle die »Unabhängigkeit des Abgeordneten ein hohes Gut« dar, keiner Reglementierung unterworfen.

Die Würde des Hohen Hauses, die Würde von Museen, Kirchen, Klöstern, Friedhöfen und anderen Weihestätten – Tourismus und Freizeitkleidung führen zu ganz anderen Verletzungen. Wer im Unterhemd in den Kölner Dom geht, in Boxershorts durch den Bazar, mit nackten Armen durch das Orthodoxenviertel in Jerusalem, der beleidigt das Empfinden anderer und ist deshalb falsch gekleidet.

Abendkleidung vom Frack bis zum Smoking

In das, was man als Alltagskleidung im weitesten Sinne bezeichnet, wächst man hinein. Man sieht, was die anderen in der Familie, in der Schule, in der Ortschaft tragen, und man übernimmt dieses und verwirft jenes. So bildet sich der eigene Stil.

Aber wie weit gilt er? Unsere Frage stellt sich also, wenn man die vertrauten Kreise verläßt, wenn man in die Fremde kommt, wenn man bei neuen Berufskollegen eingeladen wird etc., wenn man den Schritt vom Privaten ins Öffentliche, in die Gesellschaft macht.

Doch gerade für diese Situation gelten noch ziemlich zuverlässige Regeln – auf irgendetwas muß man sich ja schließlich gerade im öffentlichen Leben einigen. Außerdem gibt es zu bestimmten Anlässen schriftliche Einladungen, auf denen ganz genau angegeben ist, wie einen der Gastgeber erwartet.

Was zieht man an?

Wie weiß man, was man anziehen soll? Wenn man mündlich eingeladen wird, bedeutet das immer, »im Straßenanzug« zu erscheinen, also zwanglos.

Männer sind meist bequem und wollen am liebsten so bleiben, wie sie sind. Diesem Wunsch können sie selbstverständlich nachgeben, wenn sie zu Freunden eingeladen sind, die nicht nur genauso denken, sondern auch genauso handeln. Das aber muß man ganz genau wissen, sonst steht man als einziger im Rollkragen zwischen lauter Männern im Schlips.

Mädchen und Frauen neigen dagegen eher zu Glanz und Gloria. Da gilt schon die erste Regel: Wenn man als Paar auftritt, sollte man in etwa zusammenpassen. Es wirkt immer sonderbar, wenn Damen aufs köstlichste zurechtgemacht und gekleidet sind und Herren im schlichten T-Shirt mit sich führen.

Umgekehrt, wenn der Herr im Smoking erscheint, weil das zum Beispiel eine gedruckte Einladung erbat, sollte die Dame aus den Jeans steigen, selbst wenn sie dazu eine Spitzenbluse trägt.

Insgesamt: Als Gast erscheint man nicht extrem overdressed. Man zieht sich der Gelegenheit entsprechend so an, wie es in Ihrer Umgebung üblich ist. Und da von Ort zu Ort überraschend große Unterschiede im Kleiderstil herrschen, muß man bei dieser etwas pauschalen Formulierung bleiben.

Kleidervorschrift

Anders ist es, wenn Sie eine schriftliche oder gedruckte Einladung erhalten, auf der links unten das Gewand des Herrn angegeben ist: dunkler Anzug, Smoking, Frack oder Trachtenanzug, wenn es sich zum Beispiel um ein süddeutsches oder österreichisches Sommerfest handelt. Das ist präzise und läßt doch alle Freiheiten im Rahmen der Mode, die gerade bei Ihnen herrscht. Sie finden unter den einzelnen Stichwörtern, was mit diesen Kleiderangaben gemeint ist.

Im übrigen: Wenn Sie unsicher sind und nicht gern auch nur aus Versehen aus der Rolle fallen, so lautet der beste Rat immer noch: Fragen Sie den oder die Gastgeber: »Was soll ich anziehen?« – dann kann gar nichts schiefgehen.

Großes Abendkleid

Das große Abendkleid ist korrekt genommen, eine festliche, dekolletierte lange Robe, zu der die Dame Schmuck trägt, den schönsten oder echtesten, den sie besitzt, und in dessen Glanz sie zu einem Herrn gehört, der in den Frack gestiegen ist. Denn nach der patriarchalischen Gesellschaftsordnung, die noch den meisten unserer Benehmensregeln zugrunde liegt, gibt der Herr mit seinem Gewand den Ton an. Muß er laut Einladung den Frack tragen, so bedeutet das für die Dame: großes Abendkleid.

Nun tragen die Herren den Frack so ungern, daß sie lieber auf den Smoking ausweichen oder auf den dunklen Anzug. Parallel dazu hat das sogenannte große Abendkleid etwas lässigere Formen angenommen. Das ist in dem Maße beliebt geworden, in dem Frauen berufstätig sind und weder Zeit noch Lust zu Festverkleidung haben.

Das heißt: Das große Abendkleid meint nicht mehr unbedingt Straß, Tüll und Korsagen, es besteht oft aus einem langen Rock, kostbarer Bluse und Abendblazer, es muß im Fluggepäck mitreisen können, ohne daß Bügelprobleme entstehen, man muß darin selbst Auto fahren oder unter Umständen in Straßenbahn oder Bus steigen können.

Die Mode bezeichnet unterdessen auch ein Kleid mit einem siebenachtellangen Rock als Abendkleid, einem Rock also, der gerade das untere Drittel der Damenwade umspielt.

Andererseits ist es in manchen Gegenden und Gesellschaftsklassen üblich geworden, ein langes Kleid zu tragen, wenn der Partner nur einen dunklen Anzug trägt. So kann man sich nur noch fest darauf verlassen, daß zum Frack das allerfestlichste lange Abendkleid gehört. In den anderen Fällen können Damen der momentanen Mode folgen.

Abendkleid-Regeln

Es gibt jedoch ein paar Regeln für den Umgang mit Abendkleidern, die man beherzigen sollte.

Zum langen Kleid gehört kein normaler halblanger Mantel, auch nicht, wenn er aus Nerz besteht. Man hat die Wahl zwischen einer kurzen Jacke – Pelz oder Stoff – oder einem bodenlangen Mantel. Im übrigen tut auch ein großes, schönes Wolltuch beste Manteldienste. Ältere Damen tragen immer noch gern eine Pelzstola.

Dekolleté

Dekolleté trägt man streng genommen nie am hellichten Tag und jedenfalls niemals in der Kirche. Wird man also zu einer Hochzeit eingeladen, die ja niemals abends stattfindet, so braucht man eine Abendjacke oder eine Jacke aus dem gleichen Stoff wie das Abendkleid, die man später ausziehen kann.

Abendjacken, Stolen oder Capes gehören zum Kleid, werden also nicht in der Garderobe abgelegt, sondern nur lässig über die Stuhllehne drapiert.

Ballkleid

Das Ballkleid war früher eine Abart des großen Abendkleides, wurde zu Einladungen getragen, bei denen nicht nur herumgesessen und gegessen und vielleicht Bridge gespielt, sondern getanzt wurde.

So ergab sich die Besonderheit, durch die man das Ballkleid heute noch definieren kann: ein langes Abendkleid mit einem weiten, schönen, schwingenden Rock, in dem man gut tanzen kann. Ursprünglich ist das Ballkleid für den Walzer gedacht; da man heute anders tanzt, könnte man auch einen Abendpyjama als Ballkleid bezeichnen.

Kleines Abendkleid

Zum kleinen Abendkleid kann man auch Gesellschaftskleid oder Cocktailkleid sagen. Die Grenzen sind ohnehin fließend geworden, so daß man nur bestätigen kann: Wer zu einer Gesellschaft oder zu einem Abendessen oder zu einem Empfang oder Cocktail – alles nach 18 Uhr – eingeladen ist, der kann als weibliches Wesen kommen, wie es gefällt. Die Männer tun es auch.

Da trotz dieser Freiheit – die für Frauen je nach Mode erheblicher als für Männer ist – gerade Frauen darunter leiden, bei einer Gesellschaft falsch angezogen aufzutauchen, (in diesem Fall: vollkommen anders als der Durchschnitt der anderen weiblichen Gäste), so empfiehlt es sich, bei den Gastgebern vorher zu fragen, wie man erscheinen soll.

Das ist besonders ratsam, wenn man als Gast fremd in eine Freundesgruppe kommt oder wenn man in eine andere Stadt eingeladen worden ist. Wenn man zum Beispiel gewohnt ist, zu allen Einladungen nach 18 Uhr in Lang zu kommen, kann man sich in einer Gesellschaft deplaziert vorkommen, in der sich abends keiner umzieht, also in Jeans und T-Shirt oder in der Bürokleidung bleibt.

Im übrigen: Dies gilt alles für Normalverbraucherinnen mit nur durchschnittlich ausgeprägtem Selbstgefühl. Wer sich mit seiner Abendhülle nicht schmücken oder bekleiden, sondern wer dem Rest der Gäste eine Selbstdarstellung geben will, hat stets dazu Gelegenheit und braucht nichts als eine lebhafte Phantasie.

Abendfrisuren

Ob man sitzt, ißt oder tanzt, Oberkörper und Kopf einer Person werden am meisten gesehen. Deshalb gehört zum kleinen oder großen Abendkleid eine entsprechend gepflegte Frisur. Besondere Aufmerksamkeit muß man ihr widmen, wenn sie besonderen Strapazen ausgesetzt wird: Die Ballfrisur muß nicht nur zum Ballkleid passen, sondern vor allem bewegungssicher sein, zumindest die Ballnacht überdauern und der Trägerin stehen. Das heißt, eine Ballfrisur muß man vorher ausprobieren, sonst leidet man darunter, daß sie nicht so ausgefallen ist, wie man es sich erträumt hat, oder man zittert die ganze Zeit, daß sich das Prachtgebäude bei der nächsten Bewegung auflöst.

In vielen Fällen wesentlich besser: gar keine Extrafrisur, sondern nur frisch gewaschene Haare, die durch eine Blume, Spange oder Schleife geschmückt und gleichzeitig gehalten wird.

Ballhandschuhe

Eine leider altmodische, aber segensreiche Einrichtung, besonders wenn Herren sie tragen. Sie verhindern, daß Schwitzhand in Schwitzhand ruhen muß oder daß tanzlustige Damen in hellen Abendkleidern im Laufe einer rauschenden Ballnacht hinten an der Taille immer sichtbarere Flecken bekommen, die vom festen, aber nicht reinen Griff ihrer Tanzpartner zeugen. Wenn Damen – nur zum großen Abendkleid – lange Ballhandschuhe tragen, behalten sie sie den ganzen Abend an, wenn sie das mögen oder aushalten. Zum Essen knöpft man die Handschuhe am Gelenk auf, zieht den Handteil aus und rollt ihn so elegant wie möglich unter den Armteil.

Schmuck trägt man nie über langen Handschuhen, aber wenn ein

Herr einen Handkuß plazieren möchte, so ist der Ballhandschuh kein Hinderungsgrund. Der Handkuß wird ohnehin nur eben über das Glacéleder hingehaucht. Wie, kann man auf Seite 238 nachlesen.

Das schöngemalte Gesicht

Wer sich für einen festlichen Abend zurechtmacht und schminkt, sollte an zwei Dinge denken: Beim großen Abendkleid ist nicht nur das Gesicht nackt. Wer sich dasselbe also mit großer Gründlichkeit verziert, sollte auf jeden Fall vor dem großen Spiegel und bei möglichst ungünstigem Licht überprüfen, wie sich die Aufmachung zu Dekolleté, Schultern und Armen verhält.

Außerdem: In den meisten Ball- und Festsälen herrscht eine fürchterliche Temperatur, und jeder beginnt zu dünsten. Das hält manche Festbemalung nicht so recht aus, und nach geraumer Zeit beginnt alles zu glänzen, zu schmelzen und ineinanderzurinnen. Übermalen oder überpudern fügt zum speckigen Glanz oft nur eine Schmierfleckigkeit hinzu, so daß man auch vorher ausprobieren sollte, wie man sich hitzefest schminkt und zurechtmacht.

Frack

Der Frack ist der große Gesellschaftsanzug, schwarz oder mitternachtsblau, sicher sehr unbequem, aber prachtvoll, trotzdem laut Frankfurter Allgemeiner Zeitung »im Aussterben«. Diese Ansicht teile ich nicht, und deshalb will ich ihn beschreiben.

Der Frack besteht also aus einer schlanken Hose mit hohem Bund, Doppelseidentressen (Galons) und Hosenträgern, aus einem gestärkten Hemd mit ausgearbeiteten Ecken, einer dito gestärkten Pikeeweste, einreihig oder zweireihig, wobei zweireihig als eleganter betrachtet wird. Hemd und Weste können Perlmutt- oder Perlknöpfe haben. Die Jacke ist vorn kurz tailliert, wird nicht geschlossen und hat zwei knielange Schwänze. Alles wird gekrönt durch die weiße Schleife, durch die goldene Taschenuhr, denn Armbanduhren sind bei so viel Pracht nicht mehr gestattet. Dafür darf man zum Frack Orden tragen und den Zylinder. Das ist freilich reine Theorie, denn da der Frack fast nur noch abends getragen wird, braucht man keinen Hut dazu. Ist es kalt, nimmt man den schwarzen Mantel mit weißem Seidenschal, aber heute gilt es auch als schick, den Regenmantel darüber zu tragen.

Wann trägt man Frack?

Wann trägt man den Frack? Auf Einladungen wird stets vermerkt, wenn er erwünscht ist. Er steht links unten, auch als »großer Gesellschaftsanzug« oder »cravate blanche«, manchmal auch »Frack oder Smoking« oder »Frack mit Orden«.

Frack mit weißer Weste trägt man zu Theater- oder Opernpremieren,

Bällen oder Diners, abendlichen Hochzeitsfesten oder Staatsempfängen. Am Tage trägt man ihn nur zu großen kirchlichen Trauungen.

Für die Dame heißt »cravate blanche« großes Abendkleid, bei Hochzeiten mit Jacke oder Cape, falls das Abendkleid dekolletiert oder ärmellos ist.

Smoking

Der Smoking ist der klassische festliche Abendanzug und besteht aus einer schwarzen oder dunkelblauen Jacke. Im Lauf der Mode tauchen immer wieder Schottenjacken, Samtjacken oder dunkelrote Smokingjacken auf, was die meisten Herren jedoch als Schnickschnack ablehnen. So oder so, die Jacke hat Seidenrevers oder Schalkragen zu einer langen schwarzen Hose ohne Aufschlag und mit Seidengalons und seidener Weste, falls der Smoking einreihig ist. Zur zweireihigen Jacke braucht man keine Weste zu tragen. Wenn, dann ist sie schwarz oder modisch bunt und seiden, hat hübsche Knöpfe und kann auch durch einen Kummerbund ersetzt werden. Da der Smoking trotz aller Versuche, ihn modisch aufzumuntern, superschlicht bleibt, erlauben die Schneider den Herren, mit Smokinghemden alles zu treiben, was ihnen einfällt. Da sind Rüschen, Biesen, Spitze und was weiß ich erlaubt. Viele Männer ziehen dennoch ein bescheidenes Smokinghemd mit Perlen- oder Silberknöpfen vor. Auch die schwarze Masche (Schleife) läßt viele Variationen in Seidenmuster und Schleifenbreite zu.

Wann trägt man Smoking?

Wann wird der Smoking getragen? Bei allen Abendfesten, bei denen er vom Gastgeber erwünscht wird, was stets auf der Einladung steht, denn zu Festen im Smoking wird stets schriftlich eingeladen. Dann steht links unten »Gesellschaftsanzug« oder »kleiner Gesellschaftsanzug« oder »cravate noire« oder schlicht »Smoking«. Damen wissen dann, daß sie das lange Abendkleid anziehen können, um passend gekleidet zu sein.

Im übrigen: Theater, Oper, Bälle, Festkonzerte, Feste auf Schiffen oder in großen Hotels, große abendliche Familienfeste oder Empfänge – lauter Gelegenheiten, den Smoking zu tragen. Niemals wird der Smoking getragen: am Tage; zur eigenen Hochzeit, sei es standesamtlich oder in der Kirche. Der Bräutigam zieht den Smoking höchstens zum abendlichen Hochzeitsessen oder zum Hochzeitsball an, wobei er die Jacke mit einem Myrtensträußchen schmücken sollte.

Mantel zum Smoking: korrekt ist ein dunkler. Beliebt ist der Burberry. In Paris ist es schick, auch zum Smoking den Parka zu tragen.

Tuxedo ist die amerikanische Bezeichnung für Smoking und bedeutet wie bei uns: dunkler Anzug mit Satinaufschlägen, Jacke und Hose aus demselben Stoff, den man mit schwarzer Krawatte und »fancy«-Hemden trägt, Phantasiehemden jeglicher Art. *Tuxedo*

Die Engländer und auch die Amerikaner sagen Dinnerjacket zum Smoking. Bei uns meint man damit oft nichts anderes als die Tropenausgabe des abendlichen Smokings: weiße Smokingjacke, ein- oder zweireihig zur Smokinghose getragen, die schwarz oder dunkelgrau sein kann. *Dinnerjacket*

Weste oder Kummerbund können, müssen aber nicht sein. Wenn, so können sie schwarz, bunt oder weißseiden sein.

Kummerbund geht auf das Hinduwort kamarband zurück, das ein Lendentuch bezeichnet, aus dem sich die Schärpe entwickelt hat, die man sich in Indien um die Hüfte schlingt. *Kummerbund*

Zum Dinnerjacket und Tuxedo kann man bunte Fliegen tragen, die entweder zur Farbe der Jacke oder des Hemdes passen.

Wann trägt man das Dinnerjacket? Bei allen Sommerfesten, zu denen man sonst den Smoking angezogen hätte, bei Bordfesten, Sommerbällen, Barbesuchen. *Wann trägt man Dinnerjacket?*

Insgesamt wird das Dinnerjacket bei uns nicht ganz so offiziell wie der Smoking bewertet. Da man sich auch dunkle Smokingjacken aus dünnen Sommerstoffen kaufen kann, besteht keine Verpflichtung, sich eine weiße Smokingjacke anzuziehen, wenn man die nicht mag.

Offizielle Kleidung von Cut bis Stresemann

Der kleine Gesellschaftsanzug, der Stresemann (siehe Seite 91), hat auch eine Festausgabe, diese nennt sich Cut oder Cutaway.

Cut oder Cutaway

Der Cut besteht aus einer grauschwarz gestreiften Hose, weißem Hemd, grauer Weste, grauer Krawatte, Perle und aus der einreihigen Schoßjacke mit einem Knopf, der meistens offen bleibt. Die Schwalbenschwänze der Schoßjacke flattern nicht wie bei der heutigen Frackjacke nur an der Kehrseite des Herrn, sondern umschließen ihm, wie bei Goethes Gehrock, noch etwas die Hüften. Der alte Gehrock hing nämlich den Herren des ausgehenden 19. Jahrhunderts so zum Halse heraus und störend um die Beine herum, sie fanden ihn so patriarchalisch und militärisch, daß sie ihm kurzerhand vorn die Schöße schräg abschneiden ließen: der Cutaway war geboren. Kulturkritiker sahen damals in diesem energischen Schritt den ersten Bruch mit dem Protokoll der Mode.

Uns erscheint der Cut, der rund hundert Jahre alte Revolutionär, schon recht seriös. Selbst korrekte Vertreter des Protokolls nennen ihn »ein feierliches, recht offizielles Kleidungsstück«.

Genauso wie den Stresemann trägt man den Cut zu festlichen Anlässen im Laufe des Tages, also zur eigenen Hochzeit, als Brautführer oder als Gast bei einer kirchlichen Trauung, zu Staatsempfängen und Jubiläen, zu Ordensverleihungen, Festsitzungen und zur jährlichen Gardenparty bei der englischen Königin – falls Sie dazu eingeladen werden – auch zu den großen internationalen Rennen, falls Sie einen Rennstall besitzen. Dann trägt man den grauen Zylinder zum Cut, während der schwarze Zylinder samt schwarzer Hose, Weste und Krawatte aus dem Cut einen überaus eleganten Traueranzug machen.

Wenn es kalt ist oder regnet. Über dem Cut darf nur ein einreihiger schwarzer Mantel getragen werden.

Übrigens: Wenn sich ein Cut nicht umgehen läßt, so kann man ihn genausogut wie den Frack samt allem Zubehör ausleihen.

Gustav Stresemann

Der Stresemann ist der sogenannte kleine Gesellschaftsanzug des Herrn. Vom Außenminister der Weimarer Republik, Gustav Stresemann, erfunden, der damit einer der ersten gewesen ist, der die zeitraubenden Kleidervorschriften des Protokolls einfach brach und so neue politische Mode machte.

Es ging bei ihm um den Cut: Er besteht, wie Sie gerade gelesen haben, aus grauschwarz-gestreiften Hosen und dem beschnittenen Gehrock, der seit dem Barock das Oberteil der Herrenanzüge gewesen ist. Diesen Anzug hätte Stresemann nun bei jedem offiziellen Empfang an- und danach wieder ausziehen müssen, weil er selbst für den Büroalltag eines Weimarer Außenministers zu feierlich war. Deshalb ließ er sich eine einfache schwarze, einreihige Jacke nähen und regelte die Sache so:

Bei Empfängen: Cut-Jacke zur Streifenhose.

Im Büro: schwarze Jacke zur Streifenhose.

In beiden Fällen trug er das übliche darunter: weißes Hemd, graue Weste, graue Krawatte mit Perle.

Wann trägt man Stresemann?

Wann zieht man den Stresemann an? Er ist ein Gesellschaftsanzug, der nicht nur abends getragen werden kann wie der Smoking, sondern den ganzen Tag über zu Jubiläen, Silberhochzeiten, Festsitzungen, Einweihungen, Empfängen im Rahmen des Protokolls, Konzert und Theater, Promotion oder anderen Examina der Kinder, festlichen Mittagessen und so weiter. Mit schwarzer oder mit gestreifter Hose, schwarzer Weste und Krawatte ist der Stresemann der rechte Anzug für Beerdigungen und Besuche im Trauerhaus. Die korrekte Kopfbedekkung dazu: der Bowler, auch Melone oder runder Hut genannt. Man kann aber auch einen schwarzen Homburg tragen: siehe Stichwort Hüte (Seite 100).

Man trägt Orden, wenn man welche hat, zum Gesellschaftsanzug, also zu Frack, Smoking oder am Abendkleid. Man trägt seine Orden nicht zu privaten Einladungen, sondern nur zu Staats- und Neujahrsempfängen, großen Hochzeiten, zum Wiener Opernball und zum Bonner Presseball, auch zu bestimmten Festessen oder offiziellen Jubiläen.

Auf der Einladung zu diesen Festen ist dann bei der Kleidervorschrift vermerkt, ob »Ordensdekoration«, »décoration« gewünscht ist.

Große Dekoration »Große Dekoration« bedeutet: Der Herr trägt den Frack und darf darauf den ganzen Staat zur Schau stellen. Orden an Schulterschärpen. Orden in Originalgröße, Halskreuze und Sterne und was man noch so besitzt. Für dekorierte Damen bedeutet das ein entsprechendes Abendkleid mit Schärpen und Orden.

Kleine Dekoration Die »kleine Dekoration« kommt bei den nicht so hochoffiziellen Festen und Feiern an die Reihe. Das sind die Miniaturausgaben der Orden, die an einer Schnalle mit den betreffenden bunten Seidenripsbändern hängen. Die richtige Kleidung dazu sind: Frack und Smoking, unter Umständen auch Cut und Stresemann oder das Abendkleid.

Wichtige Ordensregelung: Trägt man Orden an der Brust, darf man keine Blume im Knopfloch haben.

Besitzt man mehrere Orden, so tritt die Rangfolge der Orden in Kraft. Sie lehrt, wie man Orden richtig trägt, und das ist eine ziemlich komplizierte Wissenschaft. Doch da man seinen Orden nur in den seltensten Fällen per Post zugeschickt, sondern meistens relativ feierlich verliehen bekommt und davon vorher benachrichtigt wird, kann man sich bei dem betreffenden Protokollbeamten über die besonderen Regeln von Verleihung und Tragen informieren.

Schmuck Zum Schmuck gab es früher eine ganze Latte von »Du darfst«- und »Du darfst nicht«-Regeln: Diamanten nicht am Tag und nicht für unverheiratete Frauen; Gold und Silber nicht zusammen; Ringe nur am Ringfinger; Ketten nicht für Herren und so weiter.

Heute haben die Mode und die Gold- und Platinwerbung all das längst auf den Kopf gestellt, und es sind nur noch Rahmenvorschläge übriggeblieben. Selbst ein Satz wie: »Man donnert sich nicht auf!«, trägt also nicht zu viel Schmuck auf einmal, ist fragwürdig bei einer Mode, die immer wieder in neuen Variationen vorschlägt, sich zahllose Halsketten mit ganzen Kollektionen von Klunkern umzuhängen.

Fazit: Erlaubt ist, was gefällt und was man sich noch ohne Angst vor Raub und Diebstahl zu tragen traut.

Hosenanzüge Heute sind Hosenanzüge Damen prinzipiell selbst in konservativen Hotels gestattet, und man sieht sie bei diplomatischen Empfängen so gut wie im Bundestag und im Theater. Ob man sie trägt oder nicht, hängt von der Figur und von der Gesellschaft ab, in der man lebt. Beide können zwei starke Verneiner sein.

Dunkler Anzug

Der dunkle Anzug ist ein Gattungsbegriff. Er rangiert unterhalb des Smokings und oberhalb des Blazers mit der grauen Flanellhose. Er ist also die korrekte Bekleidung für alle festlichen Einladungen, zu denen die Damen auch noch einen langen Rock anziehen würden, freilich kein langes Abendkleid. Der dunkle Anzug kann schwarz sein, aber ebensogut dunkelgrau oder dunkelblau und kann Nadelstreifen oder ein gedecktes Fischgrätmuster zeigen. Karo und ähnliches wäre jedoch schon zu viel. Die Jacke ist ein- oder zweireihig. Wenn sie einreihig ist, kann eine Weste – abermals ein- oder zweireihig – dazu getragen werden, deren Art und Farbe sehr von der Mode abhängig ist. Richtig ist immer eine aus demselben Stoff wie der Anzug oder eine Schattierung heller.

Das Knopfloch im Revers muß echt sein: für die Nelke oder Kamelie, auch für eine Ordensrosette. Die Knopflöcher an den Ärmeln müssen auch echt, also durchgenäht sein: aus nichts als Stilgefühl. So trägt man's nun mal, auch wenn die Knöpfe und Knopflöcher keinerlei Funktion mehr besitzen. Einer von den kleinen Unterschieden, mit denen die Gesellschaft spielt.

Zum dunklen Anzug: weißes oder Streifenhemd, dunkle Strümpfe, schwarze, glatte Schuhe mit Ledersohle.

Wann wird ein dunkler Anzug getragen? Bei Abendeinladungen zum Essen, bei Cocktailpartys und Abendempfang, im Theater oder Konzert.

Blazer

Die marineblaue, kamelfarbene oder lodengrüne Clubjacke zur grauen Flanellhose, der Blazer, wird nur mit einem Emblem auf der Tasche verziert, wenn es tatsächlich das Zeichen des Clubs darstellt, dem man angehört.

Wann trägt man Blazer?

Der Blazer ist genaugenommen eine »farbige Jacke zum Rudern oder Golfen etc.«, wie es im Oxford Dictionary steht, hat deshalb Rückenschlitze und Goldknöpfe und wird ganz allgemein bei Geselligkeiten getragen, für die man auch den dunklen Anzug anziehen würde. Bei Club- und Familienfesten rangiert der Blazer sogar als kleiner Abendanzug, mischt sich also unter Smokings. Der Blazer wird als ideal empfunden, weil er auf lässige Art offiziell sein kann.

Geschäfts- und Freizeitkleidung

Der Geschäftsanzug Der Tagesanzug oder Geschäftsanzug in Betrieb und Büro besteht bei uns gern aus der sogenannten Kombination von Hose und andersfarbigem Jackett. An dieser Zusammenstellung wird jeder Deutsche in England auf den ersten Blick als Deutscher oder Amerikaner identifiziert, denn dort gilt nur der Anzug (mit Weste) als korrektes Arbeitszeug. Eine Tweedjacke zur grauen Hose gestattet man sich höchstens am Freitag, weil man nämlich direkt vom Büro aufs Land fährt.

Einreiher Ob der Anzug ein- oder zweireihig ist, hängt von der Figur des Trägers ab. Auf jeden Fall knöpft man beim Einreiher nur den mittleren Knopf zu und öffnet beim Setzen diesen mittleren oder den untersten *Zweireiher* Knopf eines Zweireihers, damit es keine Querfalten gibt. Nach dem Aufstehen: sofort wieder zuknöpfen, wie wir es fast jeden Abend in den Fernsehnachrichten bei unseren Politikern verfolgen können. Ihre Knöpferei ist richtig. Ihre Anzugjacken sitzen jedoch trotzdem so miserabel (bis auf leider viel zu wenige Ausnahmen), daß sie nicht als Vorbild dienen können, auch wenn es korrekte Anzugjacken sind.

Anzughosen Die Hosen unserer Regierenden sind jedoch noch katastrophaler. Korrekt: Der Gürtel sollte nicht unter den Bauch rutschen, so daß aus den Hosenbeinen traurige Ziehharmonikas im Ruhestand entstehen. Hosenbeine sollten vielmehr glatt und elegant hängen, vorn knapp über den Schuhen enden und hinten etwas länger sein.

Weste Wenn die Weste getragen wird, knöpft man den untersten Knopf nicht zu.

Farbige Wollpullover mit oder ohne Ärmel trägt man nur unter Sportjacken.

Schlips und Jacke Der »Typ mit Schlips« ist in den Jahren nach 1968 unter denjenigen, die ihre Protesthaltung mit Jeans und T-Shirt ausdrückten, ein feststehender Begriff geworden, und wenn auch zur selben Zeit und aus demselben Grunde die Frauen die Büstenhalter abhakten, so hat man das eben doch nicht so auf den ersten Blick erkennen können wie den fehlenden Schlips. Wieder sind es also die Männer gewesen, die das Sinnbild gestiftet haben. Typen, die kein Typ mit Schlips sein wollen, tragen heute Lederkrawatten, und die Sache mit dem BH ist der Schnee von gestern. Geblieben ist die Einstellung einiger Institutionen und Restaurants, die aus der allgemeinen Freiheit, weder Schlips noch Jacke tragen zu müssen, ein Geschäft oder ein bißchen Reklame machen.

»Sieh mal«, sagen die Gäste beeindruckt, »in das und das Restaurant kommt man nicht ohne Schlips!« und empfehlen diese scheinbaren Tempel der guten alten Werte ehrfürchtig weiter. Spielcasinos sagen dasselbe und haben in ihrer Garderobe Jacke und Krawatte vorrätig, die sie gegen ein kleines Entgelt gern für den Abend oder für die Nacht ausleihen. So haben gute alte Sitten für jeden etwas Gutes. *Schlips*

Steht »Straßenanzug« als Kleiderangabe auf einer Einladung, so bedeutet das: Komm, wie du bist! Du brauchst dich nicht extra umzuziehen oder fein zu machen. Manchmal lautet die Bezeichnung auch »Kombination«, also: Hose und andersartiges Jackett. Das ist schon fast eine Vorschrift, denn vielleicht trägt der Herr, so wie er ist, gerade keine Kombination, sondern einen Anzug. Muß er sich dann trotzdem umziehen? Freilich: Jeans und T-Shirt sind eine *Kombination*, aber kein *Straßenanzug*. Oder doch? *Straßenanzug*

Man sieht: Kaum verläßt man die Gefilde der festgelegten Förmlichkeiten von Frack und dunklem Anzug, so wird die Sache rutschig. Und die Versuche, mit neuen, anscheinend permissiven Vorschriften eine neue, freie (Kleider-)Ordnung zu entwerfen, enden in der Vieldeutigkeit und bei Mißverständnissen.

Früher hätte das Wort »Straßenanzug« nie auf gedruckten Einladungen stehen können, weil man es für höflich gehalten hat, sich seines verstaubten, verräucherten, verschwitzten Tages- und Arbeitsanzugs zu entledigen, und beim Gastgeber gar nicht anders aufgetaucht wäre als frisch gewaschen und umgezogen. Heute sieht man diesen Punkt anders; außerdem wohnen viele Leute so weit außerhalb oder sitzen so lange im Betrieb oder Büro, daß man dazu übergegangen ist, gute Bekannte und Freunde aus der Mühe zu entlassen, extra noch einmal nach Hause zu fahren und sich umzuziehen.

So ist der »Straßenanzug« eine halb offizielle Kleidervorschrift geworden oder besser: Kleidererlaubnis. Und bei diesem Ausdruck zu bleiben, scheint mir vernünftig und hilfreich zu sein.

Hosenträger Sind Hosenträger spießig oder praktisch? Praktisch natürlich, denn sie verhelfen Hosen an Herren mit Problemfiguren zu einem anständigen Sitz, und das ist ein erfreulicher Anblick für die anderen.

Hosenträger zu entblößen, galt vor zwei Generationen als absolut unmöglich. Man zog nur die Jacke aus, im heißen Büro, wenn man eine Hose mit Gürtel trug. Oder wenn man im Biergarten saß und Bayer war, dem die Hosenträger als Teil einer Art Nationaltracht zugebilligt wurden.

Diese bajuwarische Sitte hat ganz sachte und unbemerkt Mode gemacht. Aus dem äußersten Westen des Kontinents sind noch die flotten, breiten, roten Hosenträger der Briten dazugekommen, so daß man sich heute in solchen Schmuckstücken auch in der Öffentlichkeit sehen lassen kann. Hosenträger gibt es unterdessen in so vielen rustikalen und englisch-schicken Formen, daß sie nicht nur der Blödel-Genie-Otto zu seinen weiten Bühnenhosen trägt. Es versteht sich von selbst: das alles gilt nicht für offizielle Gelegenheiten.

Hosenträger sind allerdings ein Muß bei der Frackhose, aus kleidungstechnischen Gründen und so verborgen unter Weste und Jacke, daß sie zwar für den tadellosen Sitz der Hose sorgen, aber ansonsten unsichtbar bleiben.

Hemdsärmel Wenn sich Männer der Wärme oder der Gemütlichkeit halber der Jacken entledigen, werden Hemdsärmel sichtbar. Fein? Unfein? Erlaubt? Gewöhnlich?

»Hemdsärmelig« ist ein Synonym für ungehobelt, ungeschliffen oder naturburschenhaft. In Hemdsärmeln durfte man sich im Büro nur tummeln, wenn einen keine Kundschaft sehen konnte und so weiter.

Heute haben Polizisten und Flugpersonal extra Sommerhemden, die auch ohne Jacke zu tragen sind. Andererseits gibt es heute im Prinzip leichte Kleidung auch für Männer, so daß sie die Leinenjacke auch im August anbehalten können.

Jacket ausziehen? Tragen sie aus welchen Gründen auch immer einen Anzug warmer Art und geraten sie bei Sitzungen, Tagungen und so weiter in Hitze, so müssen sie allerdings das alte Spiel spielen. Es gilt als ungehobelt und hemdsärmelig, wenn jemand einfach die Jacke auszieht und die Ärmel aufkrempelt. Die Regel lautet so: Eigentlich gibt der älteste oder würdigste Herr das Zeichen fürs Jackenausziehen. Sagt er nicht: »Ich glaube, wir könnten uns die Jacken ausziehen!« oder so etwas ähnliches, so kann ein Jüngerer oder Rangniederer die klassische Frage stellen: »Stört es, wenn wir die Jacken ausziehen?«

Ist eine Dame anwesend, so wird sie gefragt: »Haben Sie etwas dagegen, wenn wir...«, und meist ist sie so gnädig und hat nichts dagegen. Hat sie's jedoch, so müssen die Herren ohne aufzumucken leise vor sich hin transpirieren. Über die Folgen solcher Hitzeentwicklung lesen Sie übrigens auf Seite 221.

Schuhe und Strümpfe

Seit die Grünen weiße Turnschuhe zur offiziellen Fußuniform erhoben haben, gelten neue Regeln. Immerhin hat dieser Schuh-Schock deutlich gemacht, daß die korrekte Fußbekleidung sehr ernst genommen wird und die Bewohner unserer Landes nur ungern von alten Gewohnheiten Abschied nehmen: bei ihren Volksvertretern. Denn sie selber laufen längst schon in Freizeitlatschen herum.

Wichtig ist: Schuhe müssen stets gut geputzt sein.

Klug ist es, sich Schuhe zu kaufen, die so zeitlos und gut gearbeitet sind, daß sie lange halten.

Rücksichtsvoll und wohlerzogen ist es, in Schuhen herumzulaufen, die unserem Klima angepaßt und nicht für Polarexpeditionen entworfen zu sein scheinen, denn der Geruch von Schweißfüßen ist besonders unangenehm und durchdringend. Die einzige Rettung für die Umwelt: Schuhe oder Stiefel auf der Stelle wegschmeißen.

Schuhregeln für korrekte Herren: Zur dunklen Hose strenggenommen nur schwarze Schuhe. Zur hellen Hose dagegen braune Schuhe.

Zum Stresemann glatte schwarze Straßenschuhe mit grauen oder schwarzen Strümpfen.

Zum Cut wie zum Stresemann glatte schwarze Schuhe und einfarbig graue Strümpfe.

Zum Smoking kann man Lackschuhe tragen. Üblich sind glatte schwarze Straßenschuhe.

Zum Frack gehören glatte Lackschuhe und schwarze Seidenstrümpfe oder feine schwarze Strümpfe.

Schuhe auf dem Tisch?

Aus alten amerikanischen Kinofilmen haben wir gelernt: Schurken und starke Männer knallen ihre Stiebel auf den Tisch, daß die Sporen klirren. Wer den starken Mann markieren will, tut es auch heute. Und wer vom langen Stehen Quellfüße bekommen hat, wer einen so schlecht geschnittenen Schreibtischstuhl besitzt, daß ihm die Füße immer weh tun oder wer vom vielen Rauchen schon Durchblutungsstörungen in den unteren Extremitäten hat, tut es auch. Hochgelegte Füße dienen schließlich der allgemeinen Entspannung und was es noch für Erklärungen und Ausreden für die Füße auf dem Tisch gibt.

Im Prinzip: Zu Hause kann man machen, was man will. Wenn man allein in seinem Büro am Schreibtisch sitzt, kann man auch machen, was man will. Füße gehören jedoch nicht auf den Tisch, weder auf den Schreibtisch noch auf den Teetisch, und wenn man sie schon auf einen gelegt hat, so nimmt man sie herunter, wenn ein anderer den Raum betritt, und nimmt sie auf jeden Fall herunter, wenn eine Dame den Raum betritt. In diesem Fall ist selbstverständlich auch die Haushaltshilfe eine Dame.

Kniestrümpfe oder Socken?

Zur korrekten Herrenkleidung gehören Kniestrümpfe, denn Herren durften ja immer schon die Beine übereinanderschlagen, so daß sich die Hosenbeine nach oben schieben – und bei Sockenträgern die nackten Waden enthüllen. Das ist, selbst braungebrannt, nicht immer ein Augenschmaus. Drum die langen Kniestrümpfe.

In Socken laufen

Ob nun Sportsocken oder Kniestrümpfe – die so bekleideten Füße sollten in den Schuhen steckenbleiben. Es ist nicht sehr rücksichtsvoll, wenn sich Leute im Zug oder im Flugzeug die lang getragenen Turnschuhe ausziehen und einem ihre Wollsocken unter die Nase legen. Das hängt nicht mit eventuellen Löchern oder dem Sauberkeitsgrad der Socken zusammen, sondern einzig und allein mit dem Geruch. Solang die Socken in den Stiefeln bleiben, ist es nicht so schlimm.

Taschentuch

Das Taschentuch ist eine segensreiche Erfindung und ein praktischer Gegenstand, den man stets bei sich haben sollte. Seit es Papiertaschentücher gibt, sind die Stofftaschentücher verdrängt worden. Deshalb muß man darauf hinweisen: Ein Papiertaschentuch ist funktionell ein Taschentuch, nicht aber im wortwörtlichen Sinn.

Es ist also vernünftig und richtig, sich in Papiertaschentücher zu schneuzen, wenn man einen blühenden Schnupfen hat.

Es ist absolut ungehörig, benutzte Papiertaschentücher sofort aus der Hand fallen zu lassen, wo man sie benutzt hat. Erstens ist es unhygienisch, seine Bazillen in der Stadt zu verstreuen, und zweitens verschandelt man Straßen, Parks und Wanderwege, Feld und Natur mit diesen Knuddelresten menschlicher Faulheit und Gedankenlosigkeit.

Papiertaschentücher sind also unerhört praktisch, keine Mutter mit kleinen Kindern käme ohne sie aus, aber wenn sich der Mensch in

Gesellschaft befindet, sollte er – sollten auch Kinder – Taschentücher aus Stoff aus ihrer Tasche ziehen, wenn sie niesen oder sich Lachtränen aus den Augen tupfen müssen.

Das bedeutet? Gewiß. Es bedeutet, daß man unter Umständen mit beidem ausgerüstet sein muß. Jedes für seinen Zweck.

Wohin mit dem Taschentuch?

Was für eine Tasche für das Taschentuch? Männer haben es besser – in bezug auf Taschen. Ihre Hosen, Westen, Jacketts und Mäntel wimmeln nur so von sinnreich eingebauten Taschen, und selbst die Hemden haben Taschen auf der Brust. Das ist zugegebenermaßen bei Frauen oft der falsche, weil bereits gewölbte Ort, aber auch an flachen Stellen weigern sich Damenschneider und Konfektionäre, weiblichen Menschen praktische Taschen einzubauen. Mir scheint diese Taschenknappheit der Damen-Oberbekleidung mit ein Grund für den Siegeszug der Hosen zu sein.

Weiß oder bunt?

Ein sauberes Taschentuch gehört also beim Herrn in die innere Rock- und niemals in die Hosentasche. In die Handtasche, in die Kollegmappe und so weiter. Die Farbe für den Alltag ist gleichgültig. Zur Abendkleidung des Herrn gehört das weiße Taschentuch. Die Größe schreiben uns die Hersteller vor, und daß sie bei Damentaschentüchern oft an Zwergennasen denken, ist eine Sitte, die man hinnehmen muß. Es sei denn, man will sich selber Taschentücher säumen: handgerollte stehen ohnehin an der obersten Stelle gesellschaftlicher Taschentuch-Wertung.

Da ein Taschentuch eine dienende Reinigungsfunktion auszuüben hat, soll es nicht auffallen. Soll sich also nicht als dicker Stoffprummel unter Jacke oder Hose abzeichnen. Das ist übrigens die historische Erklärung der taschenlosen Damenroben: Man steckte sein Taschentüchelchen ins Pompadourchen, das man immer bei sich trug.

Schmucktuch

Taschentücher haben aber auch Schmuckfunktion: Damen stecken sich solche mit Spitze am Saum oder mit schönem Blütendruck dekorativ in den langen Ärmel oder in den Bund der Dirndlschürze, und Herren stecken sich das Taschentuch in die äußere Brusttasche. Am Wie dieses Steckens kann man nun ablesen, ob der Betreffende in bezug auf die Taschentücher weiß, was Lebensart ist oder nicht.

Der Ahnungslose geht zum Herrenausstatter und kauft einen praktischen Gegenstand, der überhaupt kein Taschentuch ist, aber oben drei wie auf dem Reißbrett entworfene taschentuchähnliche Stoffzacken zeigt. Diesen Gegenstand gibt man so in die äußere Anzugtasche, daß die drei Zacken steil nach oben ragen. So, denkt sich der Ahnungslose, das ist aus und erledigt, darauf brauch' ich keinen Gedanken mehr zu verschwenden.

Das gut gesteckte Tuch

Für Taschentuchkenner ist ein Mann mit einem Bescheißerle, wie man früher alle Ersatzteile unbequemer Kleidungsstücke nannte, jedoch deklassiert. Denn: Ein korrektes Taschentuch ist ein echtes Taschentuch. Das wird aus seinen Bügelfalten geschüttelt, leicht und locker zusammengelegt und leicht und locker in diese bewußte Tasche gesteckt. Fertig.

Da diese lockere Lässigkeit wie jede Eleganz nicht so leicht zu erreichen ist, gibt es zwar den Dreizack, aber an ihm sollte man nur ablesen: das weiße Batisttuch nie und nimmer so fein säuberlich falten, seine Zipfel nie und nimmer so mathematisch ausrichten, sondern ein wenig üben und üben, bis man die zwanglose Eleganz raushat.

Tuch zum Schlips?

Herrentaschentücher passend zur Krawatte? Eine Taschentuchregel für die Herren lautet: Ein Taschentuch darf nicht aus Seide sein. Diese Schlipsabkömmlinge sind jedoch meistens aus Seide. Wem sie gefallen, der wird sie ohnehin benutzen, aber streng genommen sind solche Dekorationen ebenso »unmöglich« wie Herrentaschentücher mit handgehäkelter Mausezähnchenspitze.

Hüte

Herren- und Damenhüte sind im Verschwinden begriffen. Den Zylinderhut braucht man nicht mehr, weil der Frack nur noch abends getragen wird. Graue Zylinderhüte brauchen vielleicht dreihundert oder fünfhundert Herren in Westdeutschland, wenn sie zu einer englischen Gardenparty fliegen oder auf dem Rennplatz zuschauen, ob ihre eigenen Pferde siegen oder verlieren.

Den Bowler sieht man selbst in der Londoner City nur noch selten.

Der Homburg

Wenn, dann benutzt man den Homburg, schwarz, weich, leicht hochgebogener Rand, der mit einem Ripsband eingefaßt ist. Der Homburg paßt zu allem, vom Stadtanzug bis zum Smoking, und kann zu allen Gelegenheiten getragen werden, für die man sich etwas besser kleidet, auch zu Beerdigungen.

Mützen, Tweedhüte

Hut in der Kirche

Mützen und weiche Tweedhüte gelten nicht als Hut, brauchen also auch in der Stadt nicht abgenommen und geschwenkt zu werden, wenn der Herr eine Dame oder andere Leute trifft, die er grüßen will. In christlichen Kirchen nehmen die Männer immer den Hut ab; in Synagogen setzen sie immer einen auf.

Damen tragen Hüte, wenn der Mode mal wieder Hüte einfallen. Korrekt sind Damenhüte noch bei Hochzeiten, bei Pferderennen und offiziellen Gardenparties.

Damenhüte

Wenn Hüte zum Kleid gehören und zum Beispiel eine Dame mit Hut mit anderen Damen mit Hut Tee trinkt, dann trägt die Gastgeberin zwar keinen, ihre Gäste behalten jedoch die Hüte auf.

Bei Beerdigungen tragen die trauernden Damen Hüte, vor allem die Witwe, damit sie etwas hat, woran sie den Trauerkrepp befestigen kann.

Freizeitkleidung

Freizeitkleidung ist alles, was bei der Erfindung dieses Begriffes in der Freizeit, also außerhalb von Betrieb und Büro, getragen werden konnte und was heute die korrekte Kleidung Schritt für Schritt abzulösen beginnt. Freizeitkleidung wird in der Stadt und im Büro getragen: Männer laufen mit nacktem Oberkörper durch die Gegend, fahren im Unterhemd Auto, Frauen gehen in heißen Höschen, Größe 48, in den Supermarkt und besuchen auf Ferienreisen die Kultstätten fremder Religionen so, wie sie sich auf dem Balkon zu Hause in die Sonne legen.

Dieser Zug zur Bequemlichkeit ist alt und auch verständlich, doch wenn jemandem diese Freizeitkleidung nicht alles im Leben darzustellen scheint und wenn er oder sie sich fragt: Ja, was ziehe ich bloß an?, so muß man antworten: Diese Dinge möglichst außerhalb der eigenen vier Wände nie und nimmermehr.

Pelze

Früher waren Pelze der Traum aller Frauen, durften im Mittelalter nur von Patriziern und Adeligen getragen werden und sind heute die Kleidungsstücke, die durch das wachsende Gefühl für Natur- und Umweltschutz am stärksten betroffen werden. Eine italienische Filmschauspielerin wurde öffentlich ausgebuht, weil sie einen Leopardenmantel trug. Nancy Reagan wurde empfohlen, bei den Feiern zum Beginn der zweiten Amtsperiode ihres Mannes keinen Nerz zu tragen, weil, wie ein amerikanisches »Komitee für Bewußtseinsbildung über Pelze« meint, den Leuten bewußt gemacht werden müsse, daß Millionen von Tieren getötet werden, damit Menschen sich mit ihren Fellen aufputzen können.

Auch durch solche Überlegungen ändern sich Mode und Manieren.

Trachtenkleidung

Den Ehefrauen der US-Besatzer in Österreich und den amerikanischen Besucherinnen der Salzburger Festspiele haben die Dirndl so gut gefallen, daß sich der Austrian Look auf dem Umweg über die internationale Mode und in mehreren Schüben fest in unseren Kleidervorstellungen etabliert hat.

Alle Trachtengewänder, die man heute kaufen oder sich nähen lassen kann, sind eine Kombination aus Tradition, Volkskunde und modischer Phantasie, und obgleich uns gerade die Volkskunst gelehrt hat, daß es keine »echten« Dirndln gibt, wird man immer wieder auf Dirndlträgerinnen stoßen, die erbittert darauf bestehen, daß es sich einfach nicht gehört, als Salzburgerin ein Tiroler Dirndl zu tragen. Oder daß es absolut unmöglich ist, die Schürzenschleife vorn zu binden statt hinten oder umgekehrt, von der Breite der Schürzenbänder ganz zu schweigen. Diese Details sind zwar nicht in solche gesellschaftliche Höhen aufgestiegen wie der unterste Knopf der Herrenweste, aber sie werden in den betreffenden Kreisen mindestens ebenso streng gesehen, und wenn man in eine solche Dirndlgesellschaft hineingerät, muß man sich auf jeden Fall die Silberschließe von der Schürze trennen und binden, binden, binden, bis die Schleife richtig sitzt. Vorn oder hinten.

Schürzenschleife

Das einzige Trachten-Gesetz: Loden- und Leinengewänder für die Männer und Mieder- und Leiblgewänder für die Frauen sind Kleidungsstücke, die man auf dem Land trägt, nicht in der Stadt.

Außerdem: Man meide in Alpenländern die sogenannten Phantasiedirndl, auch wenn sie dort der Devisen wegen mit so viel Rüschen und Spitzen, wie nur draufgehen, hergestellt werden. Früher nannte man den Preußen, den Stadtfrack, der nach Bayern zur Sommerfrische reiste und sich in so eine Landestracht verkleidete, einen Salontiroler.

Im Prinzip ist die Tracht Alltags- und Festgewand. Wird man auf dem Land im Laufe des Tages wozu auch immer eingeladen, so trägt der Herr den Steirer aus Loden oder den Jägeranzug aus Leinen und die Dame das Dirndl, besonders festlich mit Seidenschürze.

Abenddirndl

Für abendliche Anlässe, für Festspiele, ländliche Hochzeiten und ähnliches kann der Herr die flaschengrüne Salzburger Jacke mit Samtkragen zu Flanellhosen tragen oder den Lodenblazer, und die Dame das lange Dirndl oder ein sogenanntes Bürgerkleid aus Taft, Brokat und Seide; das trägt man auch in der Stadt.

DIE GRUNDFORMEN DER FESTE

Vom Frühstück bis zur Ballnacht

Der Mensch wird eingeladen – zum ersten Mal in seinem Leben vermutlich zum Kindergeburtstag –, und er möchte gern Freunde, Bekannte, Kunden, Partner, Nachbarn und andere Leute bei sich sehen.

Im ersten Fall fragt er sich: Was hab' ich zu erwarten? Wie muß ich mich verhalten und kleiden?

Und im zweiten Fall: Was muß ich bieten?

Gerade für diese Situationen im Leben gibt es zuverlässige Regeln, denn Feste und Feiern haben sich die Menschen immer schon gegeben. Glück und Erfolg will man mit anderen teilen. Man feierte, daß einem nach dem langen Winter in Höhle und Hütte die Sonne wieder warm aufs Fell brannte. Man feierte, daß der Feind erschlagen, die Ernte eingebracht, das Schiff wieder heil im Hafen und die Hochzeit des Sohnes mit der reichen Nachbarstochter gelungen war. Der König und der Fürst empfingen huldvoll ihre Untertanen, ihre Verbündeten und erst recht ihre Feinde; der Adel seine Standesgenossen, und sie entfalteten dabei das eindrucksvolle Schauspiel ihrer Macht und ihres Reichtums, ohne den Macht ja nicht zu demonstrieren wäre.

Bauern feierten tagelang, Fürsten feierten mit Pomp und mit der Hilfe aller schönen Künste, doch je mehr Städte und Stadtkultur sich entwickelten, je mehr Bürger und Patrizier die Geselligkeit des Adels nachahmten, in eigenen Häusern empfingen und Hotelpaläste bauten, in denen, wie im Adelspalais, rauschende Feste, auch Familienfeste, veranstaltet wurden, desto mehr näherten sich die Grundformen dieser Feste einander an. Das ergab sich wohl so, hatte ganz praktische Gründe, denn da sich nun auch noch Lebensstil und Arbeitswelt vereinheitlicht und egalisiert haben und das Fernsehen allen gleichermaßen vormacht, wie es sich Festlichkeiten in Gegenwart und Vergangenheit vorstellt, einigte man sich auf diese Grundformen wie von selbst.

Das läuft jedoch auf keine Gleichmacherei hinaus, denn im Rahmen dieser Fest-Typen besitzt der einzelne alle Freiheit, mit seinen Räumlichkeiten, seinem Geschirr, seinem Unterhaltungsangebot, sogar durch die Zusammensetzung seiner Gäste, für Variationen und Individualität zu sorgen.

Feste mit Luxus

Das muß auch nicht in einen Wettlauf ausarten, wie ihn in den achtziger Jahren des vorigen Jahrhunderts die Ehefrauen der damals frischgebackenen Millionäre in New York veranstaltet haben, die das Geld mit volleren Händen für einen einzigen Abend hinauswarfen, als es sich selbst der französische Sonnenkönig oder der verschwendungssüchtige August von Sachsen hätten erlauben können. Öl sprudelt halt rascher nach, als man Schlachten schlagen und Nachbarländer ausräubern kann.

Doch Mrs. Vanderbilt hat im Grunde genommen ihre Gäste nach dem gleichen Schema wie die Hofmarschälle der europäischen Herrscher empfangen, und wenn wir heute auch keine hilfreichen und kundigen Hofbeamten dieser Art mehr haben, die für den korrekten Ablauf aller Feste sorgten, so laden wir doch im Prinzip auf dieselbe Art und Weise ein. Nur halt nicht dreihundert oder dreitausend Gäste, sondern drei oder dreißig. Das bewältigt man ohne Hofmarschall, und wenn man Hilfe in Küche, Salon oder Speisezimmer braucht und wenn niemand aus der Familie einspringen kann, so mietet man Koch und Kellner.

Zuerst möchte ich deshalb die Grundformen dieser Feste aufzählen, chronologisch nach dem Lauf eines Tages geordnet. Danach finden Sie ein paar Stichworte, in denen einige wissenswerte Einzelheiten erläutert werden.

Frühstück

Der Tag eines Normalverbrauchers beginnt mit dem Frühstück. Erhalten Sie jedoch eine Einladung zum Frühstück, schriftlich und mit allem Drum und Dran, so sind weder Breakfast noch Brunch gemeint, sondern ein sogenanntes kleines Mittagessen, siehe Seite 111.

Zum wortwörtlichen Frühstück können Sie selbstverständlich ebenfalls einladen. Aber das gehört wie die Grillparty oder der Bierabend, die Weinprobe oder die Bridge-Einladung zu den privaten Spielarten dieser Grundformen. Danach heißt die erste offizielle Veranstaltung im Laufe eines Tages:

Der Empfang am Vormittag

Ein Empfang wird immer dann gegeben, wenn man viele Gäste und Freunde zu einem besonderen privaten oder geschäftlichen Anlaß einladen muß oder einladen möchte. Ob man den Empfang auf den Vormittag legt oder einen Nachmittagsempfang veranstaltet (siehe Seite 118), hängt einzig und allein davon ab, wie das allgemeine Festprogramm abrollt. Wer zum Beispiel am Vormittag kirchlich oder standesamtlich heiratet, wer ein Kind tauft, wer einen Orden verliehen bekommt, wer das Abschlußexamen eines Kindes feiert oder ein Haus einweiht, der kann am Vormittag Familie und Kollegen zum Empfang bitten und sich dann zurückziehen und im Kreise der engsten Familie gemütlich Mittag essen.

Und wenn eine alte Dame ihren 80. Geburtstag feiert, so kann sie ihre Kräfte schonen, indem sie am Vormittag Freunde und Verwandte empfängt, sich dann gemütlich hinlegt und ein bißchen schläft, um sich am Abend mit einem Festdiner von ihren Kindern und Enkeln verwöhnen zu lassen.

Ort des Festes

Für einen Empfang reicht schon jedes geräumige Wohnzimmer aus. Zwei ineinandergehende Räume sind ein geradezu idealer Schauplatz. Wer jedoch zu beengt wohnt, wer den Trubel in den eigenen vier Wänden fürchtet, der kann den Empfang auch in einem Restaurant, Hotel oder Clubhaus stattfinden lassen, die gerade für solche Zwecke besonders geeignete Räume haben.

Die dritte Möglichkeit: Man bestellt einen Partyservice, wie diese Dienstleistungsbetriebe für Feste und Feiern auf gut Party-Englisch heißen, die mit allem Klimbim, vom Stühlchen bis zum Sektglas, angefahren kommen.

Handelt es sich bei den Gästen um einen überwiegend vertrauten Bekanntenkreis, braucht nicht alles wie am Schnürchen abzulaufen.

Sind aber – zum Beispiel bei einem Jubiläum – Geschäftsfreunde und offizielle Persönlichkeiten zu erwarten, so liegt jedem Gastgeber daran, daß alles klappt, und es ist ratsam, sich aus dem Branchenteil des Telefonbuchs entsprechende Hilfskräfte herauszusuchen. In manchen Städten gibt es auch eine Stellenvermittlung für Serviermädchen und Kellner. Sportclubs mit eigener Gastronomie stehen ebenfalls meist für solche Dienstleistungen zur Verfügung.

Tageszeit des Festes Der Empfang wird am liebsten auf die Vormittagsstunden zwischen 11 und 13 Uhr gelegt. Zu einem offiziellen Empfang kann man an jedem Wochentag bitten, familiäre Empfänge werden gern auf das Wochenende gelegt.

Einladung Man lädt zum Empfang am Vormittag schriftlich oder mit einer gedruckten Einladungskarte ein. Diese Einladungen werden auf jeden Fall zwei bis drei Wochen vorher verschickt. Der Anlaß muß nicht genannt werden, sollte aber stets erwähnt werden, wenn es einen besonders festlichen Grund zum Feiern gibt. Sonst kann es vorkommen, daß ein einzelner Gast nicht nur mit leeren Händen, sondern auch seelisch vollkommen unvorbereitet dasteht, während alle anderen außer ihm das Spiel mitspielen können.

Wichtig ist auch, daß der genaue Ort sowie Anfang und Ende auf der Einladung angegeben sind. Wenn es sich um einen offiziellen Empfang oder auch um einen Familienempfang mitten in der Stadt handelt, so ist es üblich geworden, günstige Parkgelegenheiten zu erwähnen oder darauf hinzuweisen, daß es eine Hotelgarage oder einen eigens reservierten Parkplatz gibt.

Bei Verlobungen und Hochzeiten macht man es oft so, daß auf der Anzeige als letzte Zeile in kleiner Schrift vermerkt wird, wo und wann der Verlobungs- oder Hochzeitsempfang stattfindet.

Antwort Muß man auf die schriftliche Einladung antworten? Im allgemeinen ist eine Antwort in Form von Zu- oder Absage nicht üblich, es sei denn, die Antwort wird per Einladungskarte erbeten. Der Gastgeber freut sich jedoch immer, wenn er weiß, wer etwa kommen wird.

Kleidung Die konventionelle Antwort auf die Frage »Was ziehe ich an?« lautet für konventionelle Damen: dunkles Kostüm ist immer richtig, Mantelkleid ebenfalls, und wenn einem so etwas zu spießig vorkommt, so zieht man das an, was man unter festlicher Tageskleidung versteht. Wer einen Hut besitzt, kann ihn aufsetzen und während des Empfanges aufbehalten.

Die Herren sind im dunklen Anzug immer richtig gekleidet, es sei denn, auf der Einladung würde eine offiziellere Kleidung verlangt.

Dauer des Festes

Wenn auf der Einladung steht: Empfang von 11 bis 13 Uhr, so bedeutet das: Ab 11 Uhr finden die Gäste ein offenes Haus. Das bedeutet jedoch nicht, daß alle zwanzig oder hundertzwanzig Gäste pünktlich auf die Minute erscheinen und mit dem Glockenschlag eins wieder gehen müssen.

Im Gegenteil, da dies bei aller Förmlichkeit ein Fest ist, das auf die beruflichen und übrigen Pflichten der Eingeladenen Rücksicht nimmt, trifft der Gast irgendwann zwischen 11 und 13 Uhr ein, gratuliert, bekommt etwas zu trinken angeboten, macht sich mit ein paar anderen Gästen bekannt, hält sich insgesamt zwischen zehn Minuten und einer halben Stunde auf, um dann den nächsten Gästen Platz zu machen. So lautet die offizielle Regel. Wer jedoch zu den nahen Freunden der Familie zählt oder wer zu einem familiären Empfang geladen wird, kann auch länger als eine halbe Stunde bleiben.

Vorbereitungen

Wenn der Empfang im Privathaus stattfindet, müssen Garderobe und Badezimmer wie üblich vorbereitet werden. Dazu ein paar Ratschläge auf Seite 144. Außerdem sollten die Wohnräume so umgeräumt werden, daß sich die Gäste bequem bewegen können. Tische, die in der Mitte des Zimmers stehen, werden also entfernt. Schreibtische, die mit Büchern und Papieren bedeckt sind, werden tunlichst abgeräumt. Ein Tisch, weiß gedeckt und blumengeschmückt, wartet auf die Geschenke für denjenigen, der der Mittelpunkt des Empfanges ist.

Für einen Empfang mit jungen Gästen, also einen Verlobungsempfang oder einen Konfirmationsempfang, braucht man nur ein paar Sitzgelegenheiten vorzubereiten. Kommen jedoch zum Beispiel Altersgenossen eines Silberpaares, so muß man damit rechnen, daß sie nicht sehr lange stehen können, sondern lieber gemütlich zusammensitzen wollen.

Im ganzen Raum verteilt sind kleine Beisetztische. Auf ihnen stehen Schalen mit Salzgebäck und kleinen süßen Bissen. Ob man auch Aschenbecher, Zigaretten und Streichhölzer vorbereitet und auf den Beisetztischen verteilt, hängt davon ab, ob in dem betreffenden Hause geraucht wird oder nicht.

Stehen in den Wohnräumen empfindliche oder besonders schöne Möbel, so legt man am besten eine Decke auf den Tisch, denn selbst wenn man Untersetzer für Gläser hinstellt, kümmert sich die Hälfte der Gäste doch nicht darum und hinterläßt auf der Mahagoniplatte weiße Feuchtigkeitsringe.

Erwartet man viele Gäste und handelt es sich um einen Empfang, der im Winter stattfindet, so kann man die Heizung vor dem Eintreffen der Besucher relativ niedrig oder ganz abstellen, denn viele Menschen heizen selbst einen Empfangsraum rasch auf.

Essen und Trinken

In der Küche müssen ebenfalls Vorbereitungen getroffen werden. Bei einem Empfang weiß man nie ganz genau, wieviele Personen kommen. So empfiehlt es sich, die Getränkefrage vorher mit dem Lebensmittel- oder Weinhändler zu besprechen. Sicher wird er einem guten Kunden ein paar Kisten Sprudel oder Wein, Wasser oder Champagner in Kommission geben. Später wird abgerechnet, was verbraucht worden ist, den Rest unangebrochener Flaschen holt sich der Händler wieder ab. So braucht man nicht zu fürchten, daß die Getränke knapp werden, hat andererseits aber auch nach dem Empfang nicht die Speisekammer voll von Getränken, die man nicht mag.

Üblicherweise reicht man beim Empfang keine starken alkoholischen Getränke. Man bietet Sekt oder Champagner an, Sektcocktails, Sherry, verschiedene Fruchtsäfte je nach Geschmack mit und ohne Eis und auf jeden Fall Mineralwasser.

Die Getränke werden in der Küche in Gläser gegossen, diese werden von einem Kellner oder einem jungen Verwandten auf dem Tablett im Empfangszimmer angeboten. Die Gäste stellen auch ihre leeren Gläser auf dieses Tablett, so daß immer ein Tablett mit vollen Gläsern in den Raum geht und eins mit leeren wieder in die Küche kommt.

In der Küche muß eine Person vorhanden sein, die die benutzten Gläser gleich spült. In diesem Fall hilft eine Spülmaschine nicht viel, weil selbst das Gläserprogramm zu lange dauert. Je mehr Gäste kommen, desto schneller braucht man den Nachschub frischer Gläser.

Die Küche muß Platz bieten für zwei bis drei Personen, die sich um die Getränke, das Abwaschen und die Erfrischungen kümmern. Ist die Küche zu klein, so wird geteilt: In der Küche werden die kalten Speisen und der Abwasch besorgt, ein anderer Raum der Wohnung ist das Getränkezentrum. Man braucht dort: die Flaschen, eine große Wanne mit Eis für Champagner und Sekt; Korkenzieher, Flaschenöffner, einen Eimer samt Putzlappen, natürlich einen Tisch, auf dem man arbeiten kann, dazu Handtücher und einen Thermoskübel für die Eiswürfel.

Kleine Mundhappen

Erfrischungen werden ebenfalls auf großen Tabletts angeboten; klassisch sind Canapés, also kleine Happen aus hellem oder dunklem Brot, die besonders luxuriös und auch schön belegt und mit einem

Spießchen versehen sind, so daß die Gäste sie vom Tablett nehmen und mit einem Biß verzehren können.

Statt der Canapés kann man kleine Windbeutel backen und süß und salzig füllen, man kann winzige Bratwürstchen oder andere kleine fleischige Happen servieren, dann immer mit einem Schüsselchen Senf oder Sauce, in die man die heißen Fleischhappen tunkt. Oder man reicht ein Tablett mit Petits Fours, mit Marzipangebäck oder mit kandierten Früchten.

Wenn der Empfang nicht sehr groß ist, kann man auch Geburtstagstorte servieren, die dann jedoch von der eleganten, trockenen Sorte sein sollte.

Gastgeschenk

Was man als Geschenk mitbringt, richtet sich selbstverständlich nach der Gelegenheit und danach, wie man zum Gastgeber steht. Ganz allgemein läßt sich sagen: Zum Jubiläumsempfang kann man das Geschenk, was immer es auch ist, selber mitbringen. Blumen mit einer Visiten- oder Briefkarte läßt man dagegen lieber morgens vor dem Empfang von einem Geschäft schicken, sonst kommt die arme Hausfrau vor lauter Blumenversorgen nicht zur Ruhe, und die ohnehin vollgeräumte Küche wird durch das Vasenproblem noch stärker überlastet.

Selbstverständlich kann man auch das Geschenk schicken lassen. Man bittet das betreffende Geschäft, das Geschenk nett einzupacken und zu einer bestimmten Zeit im Festhaus abzugeben.

Geschenke sind ebenso wie Blumen, auch wenn man sie selber überreicht, von einem Kartengruß begleitet, damit der Gastgeber weiß, was von wem geschenkt worden ist.

Begrüßung der Gäste

Wenn der Empfang nicht sehr groß ist und im Familienrahmen stattfindet, öffnet und begrüßt der Gastgeber oder eins seiner Kinder oder Verwandten. Beim größeren Empfang erwartet an Haus- oder Wohnungstür ein Mädchen die Gäste oder ein junger Mann aus der Verwandtschaft. Er hilft den eintreffenden Gästen beim Ablegen der Garderobe und führt sie in den Empfangsraum zum Jubilar, zum Brautpaar, oder wer die Festperson auch immer sei. Sie wird als erste begrüßt, und deshalb empfiehlt es sich, daß sie sich in der Nähe der Tür aufhält. Ältere Jubilare können ihre Gäste selbstverständlich sitzend empfangen. Für sie wird ein besonders gemütlicher Festsessel ins Zimmer gestellt, der vielleicht sogar das Hauptgeschenk der Kinder oder Kollegen sein kann. Sollte eine noch ältere oder eine so würdige

Person, wie der Bürgermeister oder ein Minister zum Gratulieren kommen, so wird sich der Jubilar – wenn es seine Gesundheit erlaubt – erheben.

Bei großen Empfängen wird in der Garderobe oder im Vorraum auf einem kleinen Tisch gern ein Gästebuch ausgelegt, in das sich jeder einträgt, der der Einladung Folge geleistet hat. Erstens freut es den Jubilar, im nachhinein noch einmal festzustellen, wer zu seinem großen Fest gekommen war, und zweitens hat dieses Gästebuch einen praktischen Sinn: Man weiß genau, bei wem man sich zu bedanken hat.

Reden Bei großen Empfängen werden keine Reden gehalten. Das Hin und Her der Gäste läßt nicht die gehörige Konzentration zum Sprechen und zum Zuhören aufkommen, und da außerdem nie alle Gäste gleichzeitig anwesend sind, wäre manche Rede verschwendet.

Die Ausnahme: Wenn es sich um ein Berufsjubiläum handelt oder um einen Empfang, bei dem sich zum Beispiel der gerade pensionierte Gastgeber von seinen alten Arbeitskollegen verabschiedet oder bei dem ein Verleger ein besonders gelungenes Buch der Öffentlichkeit vorstellen möchte, können die Eingeladenen damit rechnen, daß ungefähr 20 bis 30 Minuten nach der angegebenen Anfangszeit jemand das Wort ergreift. Wird ein großes Geschenk überreicht, so ist es üblich, daß der Jubilar mit ein paar freundlichen Sätzen dankt.

Abschied Der letzte Gast verabschiedet sich spätestens eine halbe Stunde nach der angegebenen Schlußzeit. Zeigt der Jubilar, zum Beispiel bei einem hohen Geburtstag oder bei der Goldenen Hochzeit, schon vorher Zeichen großer Erschöpfung, so werden die Kinder und Enkel dafür sorgen, daß die Gäste so rechtzeitig wie möglich gehen.

Der Dank Die Fest-Person, also der Jubilar, der Konfirmand, das Hochzeitspaar oder der Ordensempfänger, bedankt sich bei den Gästen.

Nach großen Empfängen arbeitet man die ausgelegte Gästeliste durch, kann sich Dankeskarten auch für Telegramm- und Blumengrüße drucken lassen und versieht diese Karten mit ein paar handschriftlichen Zeilen, wenn Telegramm oder Blumen von besonders lieben Freunden gekommen sind. Für größere Geschenke muß man sich ohnehin schriftlich und ausführlich bedanken.

Auch wenn es im allgemeinen nicht erforderlich ist, so freut sich jeder Gastgeber, wenn die Gäste am nächsten oder am übernächsten Tag anrufen und sagen, wie nett es bei ihm oder bei ihr gewesen ist.

Der Anlaß Sie haben ja schon gelesen, daß man von der Taufe bis zur Beerdigung Empfänge geben und zu Empfängen bitten kann. Empfänge sind schön, weil man zum Beispiel die ganze Familie wieder einmal zusammen hat, Empfänge sind praktisch, gelten als »großer Aufwasch«, weil man mit der Einladung zu einem Empfang sämtliche Einladungsschulden erledigen kann; Empfänge sind außerdem nicht so kostspielig, wenn man sie in den eigenen vier Wänden veranstalten kann.

Familientradition

Mit Empfängen kann man außerdem schöne allgemeine oder Familiensitten begründen. Wenn jemand immer am 1. Weihnachtstag die Freunde und Nachbarn zum Empfang bittet, wenn jemand immer einen Neujahrsempfang veranstaltet, so begründet das nicht nur für den Gastgeber, sondern auch für seine Familie und seine Freunde eine Tradition.

Der Sektempfang

Ein Vormittagsempfang im oben beschriebenen Sinne ist der Sektempfang, bei dem es nur Champagner oder Sekt gibt, freilich ergänzt durch Orangensaft und ein oder zwei alkoholfreie Getränke, dazu besonders luxuriös belegte Canapés.

Der Sektempfang verläuft wie jeder normale Empfang, der Anlaß ist meist besonders festlich, es dreht sich also um einen Geburtstag, ein Jubiläum, eine Hauseinweihung, lauter Anlässe, bei denen man den Sekt zum Anstoßen braucht.

Die Einladung zum Mittagessen

Da haben wir die »Einladung zum Frühstück« in Anlehnung an das französische Wort Déjeuner. Das heißt zwar Frühstück, bedeutet jedoch im Gegensatz zum »petit déjeuner«, dem echten Frühstück um 8 oder 9 Uhr, die Mahlzeit, die die Engländer Lunch nennen und die man bei uns am passendsten als zweites Frühstück bezeichnet.

Ein Frühstück in diesem gesellschaftlichen Sinne ist eine halboffizielle Einladung, die Form und Umfang eines kleinen Abendessens besitzt und zur Zeit unserer Großväter auch Gabelfrühstück genannt wurde, weil man für die warmen Gerichte im Gegensatz zum ersten Frühstück außer dem Messer auch eine Gabel brauchte.

Der Anlaß

Der Anlaß kann vom Familiären bis zum Offiziellen reichen, was jedoch immer auf der Einladungskarte vermerkt sein muß.

Tageszeit des Mittagessens Auch das gibt die schriftliche Einladung ganz genau an. Die Zeit schwankt zwischen 12 Uhr 30 – frühestens – und 14 Uhr – spätestens. Zum Mittagessen muß man auf jeden Fall auf die Minute pünktlich erscheinen.

Einladung Zum Mittagessen wird mündlich eingeladen, wenn es um eine Mahlzeit mit Freunden, Kollegen und Verwandten geht. Zum Mittagessen wird schriftlich eingeladen, wenn es sich um ein Festessen handelt, bei dem ein Jubiläum, eine Hochzeit oder ähnliches gefeiert wird.

Mit einer gedruckten Karte lädt man ein, wenn es eine formelle Einladung ist. In diesem Fall wird oft nicht von »Mittagessen«, sondern von »Frühstück« gesprochen. Zu- oder Absagen müssen sofort und bindend gegeben werden.

Kleidung Zum familiären Mittagessen erscheint man so, wie es in dieser Familie und Gegend üblich ist. Auf jeden Fall in Alltagskleidung und, die Herren, im Straßenanzug. Beim formellen Frühstück zieht man das an, was die Einladung verlangt.

Vorbereitungen Garderobe und Badezimmer werden für die Gäste vorbereitet. Im übrigen ist es angenehm, wenn man das Mittagessen in zwei Räumen stattfinden lassen kann: Im Wohnzimmer wird dann für die Drinks vor dem Essen alles gerichtet, während im Speisezimmer oder in der Eßecke der gedeckte Tisch wartet.

Essen und Trinken Die Vorbereitungen, die man in der Küche treffen muß, richten sich nach dem Menü. Üblicherweise serviert man ein kleines warmes Essen mit höchstens vier Gängen: kalte Vorspeise, klare Suppe, Hauptgericht, Dessert. Davor gibt es Sherry oder einen anderen Apéritif. Danach den schwarzen Kaffee mit Cognac und Likör.

Der gedeckte Tisch Der Tisch wird mit der großen Tischdecke oder mit Sets gedeckt. Gedeck und Gläser richten sich nach dem Menü und den Getränken.

Insgesamt bevorzugt man nicht nur leichte Speisen, sondern auch leichte Weine, im Sommer auch einen Gespritzten, insgesamt auch Bier oder nichtalkoholische Getränke, da die meisten Gäste am Nachmittag noch oder wieder arbeiten müssen. Deshalb sollte auf jeden Fall ein Wasserglas für das Mineralwasser mitgedeckt werden.

Verlauf des Mittagessens Das Mittagessen beginnt mit dem Apéritif, bei dem man darauf wartet, daß sich alle Gäste versammeln. Es ist heutzutage üblich, daß auch nichtalkoholische Apéritifs vorbereitet werden. Zum Drink gibt es Käsegebäck, Salzmandeln und ähnliche leichte Knabbereien.

Den Mokka oder Schwarzen nach Tisch kann man nicht nur am

Eßtisch oder im Wohnzimmer servieren, sondern im Sommer oder bei schönem Wetter auch auf dem Balkon oder im Garten.

Dauer des Mittagessens

Die Dauer des Essens richtet sich selbstverständlich nach dem Menü, die Gäste verabschieden sich jedoch frühestens eine halbe Stunde und höchstens eine Stunde nach dem Essen, es sei denn, daß die Gastgeber andere Vorschläge machen.

Der Dank

Die eingeladenen Gäste bedanken sich beim Familienessen mündlich, schriftlich bei der formellen Einladung. Mit Blumen bedankt sich üblicherweise nur die- oder derjenige, der dieser Einladung nicht hat folgen können.

Der Anlaß

Zum festlichen Mittagessen lädt man im Rahmen der großen Familienfeste ein, also: Geburtstag und Taufe, Verlobung und Hochzeit, Examen und Jubiläum.

Selbstverständlich kann das Mittagessen auch im Restaurant oder in einem Club stattfinden oder ganz und gar fertig gekauft werden: Partydienste, Restaurants, Lebensmittelhändler und Feinschmecker-Versandhäuser liefern nach Absprache fast alles.

Sektfrühstück

Ein Sektfrühstück ist ein Frühstück im formellen Sinn, also eine Einladung zum Mittagessen, wie oben beschrieben, nur mit einem einzigen Unterschied: Man kann fest darauf bauen, daß es nur das Beste vom Besten geben wird. Denn Sektfrühstück bedeutet: Champagner oder Sekt als Tischgetränk von der Begrüßung bis zum Dessert, und zu diesem Getränk passen nach allgemeiner Ansicht nur Gerichte zwischen Hummer und Kalbssteaks.

Zum Sektfrühstück wird also bei besonders festlichen, aber nicht sehr großen Anlässen eingeladen. Zum Sektfrühstück lädt zum Beispiel das frischgebackene Paar die Trauzeugen ein; die Eltern die Taufpaten ihres Kindes; ein hochgeehrter und besonders lieber Besuch wird mit einem Sektfrühstück gefeiert; und wenn ein Autor ein erfolgreiches Buch geschrieben hat, so lädt er manchmal selber seinen Verleger zum Sektfrühstück ein.

Rahmen, Zeitpunkt, Details und Verlauf wie beim Mittagessen.

Die formvollendete Bezeichnung einer Nachmittagseinladung ist der Fünfuhrtee. Daß dabei der Tee die große gesellschaftliche Rolle spielt und nicht der Kaffee, hängt mit der historischen Entwicklung zusammen. Es ist die kontinentale Version des englischen Five o'clock tea, und der ist eine gesellschaftliche Institution geworden. Zum Tee bitten sich zum Beispiel die Botschaftersgattinnen untereinander, während eine Kaffee-Einladung oder Kaffeekränzchen eine rein familiäre Angelegenheit bleiben.

Die Einladung zum Five o'clock tea war früher die einzige, die eine Unverheiratete aussprechen durfte, ohne in Verruf zu geraten. Diese Nachmittagseinladung ist etwas typisch Weibliches geblieben, was natürlich damit zusammenhängt, daß Damen der Gesellschaft im vorigen Jahrhundert nicht berufstätig waren und daß sich heute im Laufe der Woche nur nichtberufstätige Ehefrauen gegenseitig einladen können.

Tageszeit

Der Zeitpunkt ergibt sich aus dem Namen. Zum Tee wird tatsächlich um 17 Uhr eingeladen, und man muß pünktlich sein, sollte also nicht mit mehr als fünf bis zehn Minuten Verspätung erscheinen.

Einladung

Da es sich um eine formelle Einladung handelt, erfolgt sie acht bis vierzehn Tage vorher, Freunde und Kollegen lädt man mündlich, bei offiziellen Gelegenheiten schriftlich ein.

Kleidung

Frauen tragen sogenannte Nachmittagskleider oder Kostüme, und wenn sie gerne Hüte tragen und sich einen aufgesetzt haben, so dürfen sie den Hut aufbehalten. Die Gastgeberin trägt natürlich keinen.

Wenn Männer mit zum Tee eingeladen sind, wird meist angenommen, daß sie direkt aus dem Büro kommen, sie tragen also den sogenannten Straßenanzug.

Dauer der Teegesellschaft

Da die Gastgeberin damit rechnet, daß alle pünktlich kommen, reichen anderthalb Stunden für diese Einladung. Es kann gegen 18 Uhr noch ein Drink angeboten werden, den man auch im Hinblick auf abholende Ehepartner oder Freunde vorbereitet haben sollte, und um 18 Uhr 30 erwartet der Gastgeber, daß sich auch der letzte Gast verabschiedet hat.

Vorbereitungen

Man muß nicht an einem gemeinsamen Teetisch sitzen, infolgedessen braucht die Hausfrau nur einen Tisch mit einem Tablett oder einen Teewagen mit allem Zubehör vorzubereiten. Dieser Tisch steht neben ihr. Denn die Regel besagt, daß der Gastgeber oder die Gastgeberin den Gästen den Tee einschenkt und sie nach Wunsch mit etwas Eßbarem versorgt, woraufhin sich der Gast samt Tasse und Teller an einen der Tische oder zu einer Sitzgruppe begibt, wo ein Beisetztisch neben jedem Sessel stehen muß.

Werden viele Gäste erwartet, so kann sich der Gastgeber auch von einem anderen Gast, von einem Freund oder einer Freundin oder einem Kind des Hauses oder von einem Serviermädchen helfen lassen.

In jedem Fall kann man auch Tabletts herumreichen lassen, auf denen gefüllte Teetassen und ein Zuckertopf, eine Sahnekanne und ein Teller mit Zitronenschnitzen steht, wovon sich jeder nach Belieben bedient. Kuchenteller und Gebäck werden dann auf einen Tisch oder auf ein Büffet gestellt, so daß sich die Gäste selber etwas nehmen können. Man kann das Gebäck auch auf großen Platten anbieten.

Tische brauchen also nicht gedeckt zu sein. Man sollte jedoch Tische mit empfindlichen Platten mit einer der typischen Teedecken schützen. Oder man legt Sets auf den Tisch, die in England extra für solche Zwecke erfunden worden sind, um das Holz vor Hitze und vor Feuchtigkeitsschäden zu schützen.

In der Küche gibt es wenig Vorbereitungen, denn zum Tee gibt es nur kleine Happen, trockenes Gebäck oder nach englischer Sitte kleine Butterbrötchen.

Der Dank

Man braucht sich nicht schriftlich zu bedanken, aber über einen Telefonanruf am nächsten Tag oder im Laufe der nächsten Woche freut sich die Hausfrau.

Der Anlaß

Jegliche Form der Geselligkeit, die an einem Nachmittag stattfinden kann, ist Anlaß für einen Fünfuhrtee, dazu gesellschaftliche Pflichteinladungen und ihre Erwiderungen; Clubtreffen oder Geburtstag.

Teebüffet

Eine Abart des Fünfuhrtees ist das Teebüffet, zu dem meistens viele Gäste erwartet werden. Es wird wie für einen Empfang gedeckt, der am Nachmittag ab 17 Uhr stattfindet, und wie jedes andere Büffet aufgebaut. Auf einem langen, weißgedeckten Tisch mitten im Raum oder an einer Längsseite stehen in der Mitte je nach Anzahl der Gäste eine oder mehrere Teekannen auf Wärmplatten, daneben heißes Wasser, Zucker, Sahne und andere Beigaben zum Tee, rechts und links davon Gebäck und kleine Butterbrote, am Rande des Büffets Teller und Kuchengabeln, Tassen, Teelöffel und Servietten. Schönstes Geschirr und Tischdecken verwenden und Blumenschmuck je nach Jahreszeit.

Beim Teebüffet ist eine Hilfskraft notwendig, die mit der Hausfrau zusammen den Gästen den Tee einschenkt und ihnen unter Umständen die verschiedenen Gebäckarten erklärt. Dabei schreibt die alte Regel vor, daß den Tee selbst kein dienstbarer Geist berühren darf, sondern nur die Hausfrau, ihre Freundinnen oder Töchter.

Der Anlaß

Anlässe sind größere Geburtstags- oder andere Familienfeiern, Clubtreffen, kleine Tagungen, Empfänge zu Ehren eines fremden Gastes.

Einladung, Kleidung und Verlauf wie beim Fünfuhrtee. Die Dauer der Tee-Einladung erstreckt sich ebenfalls von 17 bis 18 Uhr 30.

Nachmittagskaffee

Mit Kaffee hat sich in Europa eine ganz eigene und private Art der Geselligkeit entwickelt: der Nachmittagskaffee in all seinen Formen.

Kaffeekränzchen

Zum Kaffeekränzchen laden sich die Angehörigen eines Freundeskreises reihum in bestimmten Zeitabständen zum Nachmittagskaffee ein.

Das Kränzchen ist die bürgerliche Nachfolge vieler bäuerlicher Geselligkeiten, zu denen sich Gleichaltrige oder Gleichartige regelmäßig zusammenfanden. Der Name und die Art der Geselligkeit deuten auf den magischen Ursprung des Kranzes hin: Er ist das Symbol der Einheit, des geschlossenen Kreises. In der Goethezeit hatte man »Kränzchen zum Schmausen, zum Spielen, zu musikalischen Belustigen u.ff. wo die Gesellschafter zu bestimmten Zeiten bey einem unter ihnen, so wie ihn die Reihe trifft, zusammenkommen. Ein Kränzchen haben. In das Kränzchen gehen« wie es damals in einem bekannten Konversationslexikon hieß.

So war's und so ist es heute noch, und da das Kaffeekränzchen zu den regelmäßigen Treffen gehört, braucht nicht dazu eingeladen zu werden. Es ist im Gegenteil nett, wenn man manchmal einen fremden Gast dazu lädt: eine neue Familie im Haus, eine andere Mutter aus der Elternvertretung, die Frau eines neuen Kollegen.

Neue Gäste lädt man mindestens eine Woche vorher schriftlich oder telefonisch ein.

Der Tisch wird mit schönem Geschirr und einer Kaffeedecke aus Spitze oder Stickerei gedeckt. Die Servietten sind entweder aus dem Stoff der Tischdecke oder aus Papier. Man deckt Kuchenteller und Kuchengabeln auf, Tassen und Servietten. *Der gedeckte Tisch*

Wie beim Fünfuhrtee empfiehlt sich ein Beisetztisch oder ein Teewagen für Kaffeekanne und alles andere Zubehör.

Zuerst wird der Kaffee getrunken und Kuchen gegessen, und was geschieht, wenn Teller und Tassen abgeräumt sind, ergibt sich aus dem Belieben der Gäste und Gastgeber. Nach alter Sitte ist diese Art der Einladung die einzige, zu der man sich eine Handarbeit mitnehmen darf. Sticken und Häkeln, Stricken und andere Handarbeiten sind erlaubt, Stopf- und Flickarbeiten wären deplaciert, sie sollte man besser zu Hause erledigen. *Verlauf des Kaffeekränzchens*

Die Dauer des Kaffeekränzchens richtet sich auch nach Tradition und Lebensgewohnheiten, doch meist dauert es den ganzen Nachmittag. In manchen Gegenden ist es üblich, daß die Ehemänner ihre Frauen abends abholen. Ob man ihnen noch eine Tasse frisch gebrühten Kaffee und ein letztes Stück Kuchen serviert oder einen Drink, liegt ebenfalls im Belieben der Gastgeber. *Dauer des Kaffeekränzchens*

Da das Kaffeekränzchen eine Dauereinrichtung ist, braucht man sich prinzipiell nicht zu bedanken. Es freut jedoch jede Gastgeberin, wenn sie am nächsten Tag angerufen wird und hört, wie nett es bei ihr gewesen sei. *Der Dank*

Auf jeden Fall aber sollte sich derjenige bei ihr mit einem Telefonanruf oder ein paar Zeilen bedanken, der zum ersten Mal zum Kränzchen eingeladen worden ist.

Das Kaffeebüffet

Das Kaffeebüffet ist die Kaffee-Geselligkeit für zahlreiche Gäste, die einen besonderen Anlaß feiern: Familienfeste wie Verlobung, Taufe oder Silberhochzeit.

Das Kaffeebüffet wird nach dem üblichen Büffetprinzip aufgedeckt, alles steht also bereit, jeder Gast kann sich nach Belieben bedienen. Über das Schema lesen Sie alles unter dem Stichwort: Teebüffet.

Da man mit dem Kaffeebüffet meist ein besonderes Fest begeht, wird zu diesem auf die übliche Art und Weise eingeladen. *Einladung*

Empfang am Nachmittag

Die feierliche und formelle Art der Einladung am Tagesende ist der Empfang am Nachmittag. Er ist für Familienfeste, Jubiläen, Abschiedsfeste und ähnliches gedacht, zu denen man auch am Vormittag einladen kann, aus privaten Gründen jedoch lieber den Nachmittag wählt.

Der Empfang am Nachmittag hat den Vorteil, daß er nicht unbedingt zeitlich begrenzt zu werden braucht, daß man also mehr Spielraum hat, das Fest nach dem Büffet beliebig auszudehnen. Denn das ist der Unterschied zwischen dem Nachmittagsempfang und der Cocktailparty: Beim Empfang kann es auch etwas zu essen geben.

Veranstaltet man den Empfang zu Ehren einer Person, so können diese Ehrengäste oder Jubilare nach zwei oder zweieinhalb Stunden fortgehen, und das Fest kann ohne sie weiterrauschen.

Zum Nachmittagsempfang können mehr Gäste eingeladen werden als das Empfangszimmer faßt, denn man rechnet damit, daß nicht alle auf einmal kommen und die ganze Empfangszeit hindurch bleiben.

Tageszeit des Empfangs

Ein Empfang sollte ab 17 Uhr 30, jedoch nicht später als 19 Uhr stattfinden. Die Dauer wird auf zwei bis drei Stunden berechnet, falls sie auf der Einladung nicht genau angegeben ist.

Einladung

Die Einladung erfolgt schriftlich oder mit gedruckten Einladungskarten, etwa vierzehn Tage vorher.

Es wird sofort und schriftlich zugesagt oder abgesagt. Telefonisch kann man nur dann antworten, wenn auf der Einladungskarte unter U.A.w.g. eine Telefonnummer angegeben worden ist.

Vorbereitungen

Die Vorbereitungen hängen vom Typ des Nachmittagsempfangs ab. Er kann ebenso wie der Vormittagsempfang verlaufen, was Sie auf Seite 105 lesen. Die Wohnung wird wie üblich vorbereitet.

Jubiläumsempfang

Der Gast kommt zum Jubiläumsempfang, gratuliert, überreicht sein Geschenk, trinkt einen Schluck, wechselt ein paar Worte mit Freunden und geht bald wieder, weil er weiß, daß den Jubilar um 20 Uhr ein Abendessen mit Freunden oder Kollegen erwartet.

Der größere Empfang bedeutet: Drinks und kaltes oder warmes Büffet.

Für beide Möglichkeiten muß man die Wohnung umräumen.

Erwartet man viele Gäste, so braucht man in beiden Fällen die üblichen Hilfskräfte.

Was man anziehen soll, steht meist auf der Einladung. Fehlt diese Angabe, so trägt der Herr den dunklen Anzug. Für Damen heißt das: etwas, das dem Cocktail- oder kleinen Abendkleid entspricht. *Kleidung*

Der Nachmittagsempfang verläuft wie der Vormittagsempfang. Wenn es ein Empfang mit Büffet ist, sollte man nicht mehr als 20 oder 30 Minuten später als angegeben erscheinen, dafür aber bleiben, bis sich der Festgast oder die älteren Gäste verabschiedet haben. *Verlauf des Nachmittagsempfangs*

Beim Dank gilt das gleiche wie für den Vormittagsempfang. *Der Dank*

Für den Anlaß gilt ebenfalls das gleiche wie für den Vormittagsempfang, aber auch: Empfang mit Büffet und Tanz, zum Beispiel bei Verlobung, Hochzeit oder Examen. *Der Anlaß*

Kaffee-Empfang

Zum Kaffee-Empfang lädt man wie zum Nachmittagsempfang ein, auch bei den kleinen Anlässen.

Für den Kaffee-Empfang wird ein Kaffeebüffet aufgebaut (siehe Tee-Büffet), wobei man nur solche Kuchen hinstellen sollte, die man ohne große Krümelei und Schmiererei auch im Stehen verzehren kann.

Die Cocktailparty

Die privatere Spielart des nachmittäglichen Empfangs ist die Cocktailparty. Sie ist eine ganz und gar städtische, ja großstädtische Erfindung, ein Produkt der Gesellschaft des 20. Jahrhunderts mit ihrer Mobilität, der Trennung von Arbeitsstätte und Wohnort und der Einsamkeit des Individuums.

Die Cocktailparty ist eine beliebte Form der Geselligkeit für Junggesellen beiderlei Geschlechts, denn zum Cocktail braucht man nur Gläser (und ein paar volle Flaschen). Zum Cocktail kann einladen, wer auf wenig Raum viele Gäste unterbringen muß, wer nicht kochen kann oder will, aber trotzdem gern Gäste bei sich sieht. Oder wer seine Einladungsschulden auf die bequemste Art und Weise auf einmal loswerden will.

Eine Cocktailparty beginnt nicht vor 17 Uhr 30, nicht nach 18 Uhr 30. Ihre Stunde schlägt also in der Zeit zwischen Büro und Abendessen. *Tageszeit der Cocktailparty*

Cocktailparty meint nie: Es gibt Cocktails und danach ein Abendessen, sondern Cocktailparty bedeutet immer nur: Drinks und ein paar Happen gegen den Nachmittagshunger und gegen die Gefahr, vom ersten Martini gleich betrunken zu werden.

Einladung Mündlich lädt man Freunde und Kollegen ein. Zum offiziellen Cocktail verschickt man schriftliche oder gedruckte Einladungen, etwa acht bis vierzehn Tage vorher, auf die hin man nur zu- oder absagen muß, wenn mit dem U.A.w.g. darum gebeten wird.

Es ist erlaubt, den Gastgeber zu fragen, ob man noch jemanden mitbringen darf. Allerdings sollten mitgebrachte Gäste in etwa zum Kreis der übrigen Eingeladenen passen.

Dauer der Cocktailparty Die Cocktailparty dauert etwa zwei Stunden. Der Gastgeber braucht manchmal eine gewisse Hartnäckigkeit, um Neulingen dieser Party-Art höflich, aber unmißverständlich klarzumachen, daß es sich bei der Cocktailparty wirklich nicht um eine verschlüsselte Einladung zum Abendessen handelt. Sie endet gegen zwanzig Uhr. Wer dann noch nicht das Haus verlassen hat, darf an diese Regel erinnert werden und muß ohne Maulen seinen Hut nehmen.

Vorbereitungen Die Garderobe und das Badezimmer sollten auf die übliche Weise vorbereitet werden, wobei man je nach Anzahl der Gäste ein oder mehrere Zimmer umräumen muß. Die Zimmer werden wie zum Empfang leergeräumt, denn die Cocktailparty ist ein Stehempfang. Nur für ältere Gäste Sessel parat haben. Salzkekse und Salzmandeln bereitstellen. Aschenbecher sollten auch vorhanden sein, selbst wenn der Gastgeber kein Raucher ist.

Im Prinzip braucht der Gastgeber nur die Lieblingsgetränke seiner Freunde oder der gerade neuesten Mode parat zu haben, auf jeden Fall einen leichten Weißwein, den heute viele den kräftigen Alkoholgetränken vorziehen, Mineralwasser und Fruchtsäfte für diejenigen, die danach wieder ins Auto steigen müssen.

Selbstverständlich kann man eine große Cocktailparty auch großartiger planen: Der Gastgeber kann selber Getränke mixen, wenn er wirklich mixen kann. Der Gastgeber kann eine Cocktailbar aufbauen, an der sich jeder aus den angebotenen Flaschen, Krügen und Eisbehältern samt Würzzutaten seine Drinks mischen kann. Der Gastgeber kann Personal mieten, das für seine Gäste mixt oder auf großen Tabletts Gläser mit immer frischen Getränken anbietet. Meist braucht man drei Hilfskräfte: Einer spült in der Küche Gläser und bereitet neue Drinks vor. Der zweite bietet die frischen Gläser an und sammelt benutzte Gläser ein. Der dritte bietet ebenfalls auf großen Tabletts kleine heiße oder kalte Happen an, die in der Küche vorbereitet werden.

Kleidung

Damen ziehen das Kleid an, das von der Cocktailparty seinen Namen hat. Von Herren wird erwartet, daß sie direkt aus dem Büro kommen, also noch Tageskleidung tragen. Da unterdessen viele Damen berufstätig sind, gilt auch für sie die Herrenregel: Umziehen ist überflüssig. Wem das zu viel Understatement ist, der wirft sich für die Cocktailparty etwas Glitzerndes um Hals oder Handgelenke oder zieht den Tagesblazer aus und einen Abendblazer an.

Für besonders festliche und offizielle Cocktails können Herren einen dunklen Anzug anziehen und Damen im Cocktailkleid mit Hut erscheinen. Auch in diesem Fall bleibt der Hut auf dem Kopf und schwebt wie eine schöne Blume über dem allgemeinen Gewühl.

Verlauf der Cocktailparty

Die Cocktailparty ist in ständiger Bewegung. Die Gäste erscheinen in der Zeit zwischen 18 und 20 Uhr, wobei man innerhalb dieses Zeitraumes kommen kann, wenn man mag und wann es einem paßt. Man bleibt mindestens 20 Minuten. Man begrüßt als ersten den Gastgeber, kann sich dann aber mit jedem aus der Gästeschar unterhalten. Man gilt als einander vorgestellt. Nur in einer kleinen Gruppe wird der Gastgeber Fremde miteinander bekannt machen. Im allgemeinen überläßt er es allen, sich miteinander zu unterhalten. Ob man es anonym tut oder sich erst vorstellt, wenn man den Gesprächspartner so interessant findet, daß man auch wissen möchte, mit wem man sich so gut verstanden hat, oder ob man zu den ordentlichen Menschen gehört, die es nicht übers Herz bringen, sich mit einem fremden Menschen zu unterhalten, ohne zu wissen, wer er ist, oder ob man nach guter alter Sitte Bekannte unter den Gästen bittet, einen mit Unbekannten bekannt zu machen – das spielt alles keine Rolle, Hauptsache, das Gespräch bleibt im Fluß. Man wechselt dabei nicht nur Worte, sondern auch immer wieder den Gesprächspartner. Man setzt sich dabei nicht, man setzt sich auch nicht in einer Gruppe fest, sondern man driftet weiter, wenn einem danach ist, und zwar bis 20 Uhr. Dann driftet man an den heimischen Herd oder verabredet sich mit anderen Cocktail-Gästen zu einem gemütlichen Abendessen in einer neuentdeckten Kneipe.

Vorstellen und bekannt machen

Der Dank

Dank wird eigentlich nicht erwartet. Es ist aber freundlich und wohlerzogen, wenn man den guten Freund anruft und sagt, daß man es nett bei ihm gefunden habe.

Der Anlaß Als Anlaß gilt der allgemeine Wunsch nach einer leichten und unverbindlichen Geselligkeit, für die man keinen großen Aufwand treiben muß. Allgemeine gesellschaftliche Verpflichtungen, Geburtstage, Beförderungen, Einweihungsparty, Abschiedsfeste.

Der Neujahrscocktail

Dazu lädt man die Nachbarschaft oder Familienangehörige am ersten Tag des Jahres ein und wünscht sich gegenseitig Glück für die Zukunft.

Das festliche Diner

Wenn man früher ein Haus führte und einlud, so war damit das Diner gemeint, das festliche Abendessen, und diese Einladung fand zwei- bis dreimal im Lauf der Wintersaison statt, wenn jedermann in der Stadt oder am Hofe war, und es geschah keineswegs aus Lust zur Geselligkeit, sondern um seinen gesellschaftlichen Verpflichtungen nachzukommen. Etwas weiter, auf Seite 163, lesen Sie über die sogenannten Pflichteinladungen.

Das Diner hat heute noch etwas Offizielles oder besonders Festliches. Man lädt zum Hochzeitsdiner ein, der Bundespräsident gibt ausländischen Staatsoberhäuptern ein Diner in Schloß Sowieso, und das läuft so ab, wie sich die Zuschauer daheim am Bildschirm das wahre große Leben vorstellen.

Zum klassischen Diner gehört der Empfangsraum, in dem sich die Gäste vor dem Essen versammeln sowie ein Speisesaal mit einem Tisch für mindestens zwölf Personen, denn bei weniger Gästen wird strenggenommen nicht von einem Diner, sondern nur von einem Abendessen gesprochen. Später braucht man noch den Salon für den Aufenthalt nach dem Essen, außerdem die dazugehörige Dienerschaft in Küche und Speisezimmer, Gäste in Frack oder Smoking, eine Tischordnung, einen gut gefüllten und sortierten Weinkeller und schließlich genug Geld für alles, was insgesamt zusammenkommt.

Heute finden diese großen Feste am gescheitesten im Hotel oder Restaurant oder in Privatclubs statt. Dort ist für die wenigen Gelegenheiten, bei denen es in einem Normalleben so offiziell festlich zuzugehen hat, alles vorhanden und eingeübt. Die Gastgeber brauchen nicht von Tischtüchern an alles zusammenzuleihen, die ganze Wohnung auf den Kopf zu stellen und zum Schluß doch zu bezweifeln, ob der ganze Aufwand einen Sinn gehabt hat. Das Schema des Diners bleibt sich gleich, ob man es nun im Hotel oder in den eigenen vier Wänden feiert.

Der Ort des Festes ist damit schon beschrieben.

Tageszeit des Diners

Ein Diner beginnt zwischen 20 und 21 Uhr, kann auch um 19 Uhr 30 angesetzt werden, was aber als etwas unelegant betrachtet wird.

Einladung

Zum Diner lädt man schriftlich oder mit gedruckter Einladungskarte ein, mindestens vierzehn Tage, meistens drei Wochen vorher. Die Antwort muß sofort erfolgen, Zu- oder Absage gelten als bindend.

Der Gastgeber lädt mindestens neun bis zehn Personen ein, so daß man nicht weniger als zwölf am Tisch hat. Worauf diese Regel zurückgeht, kann ich nicht erklären. Sieht es albern aus, wenn weniger befrackte Herren und Damen in großer Robe im Empfangsraum ihren Sherry trinken? Haben sich Kochfrau und Kalbsbraten sonst nicht gelohnt? Ist zwölf die magische Zahl aller Feste? Geschirr für zwölf Personen, Besteck und Ausziehtisch für zwölf? Das mag alles zusammen seine Rolle spielen.

Kleidung

Als dem Anlaß angemessene Kleidung werden auf der Einladung Frack oder Smoking erbeten.

Dauer des Diners

Im allgemeinen beginnt beim Diner zwischen 23 und 24 Uhr der Aufbruch der Gäste.

Wer ein Diner gibt, muß über genug Platz verfügen. Er braucht, wie schon erwähnt, zwei bis drei Räume: Empfangsraum, Speisesaal und Salon, wobei man die Gäste selbstverständlich im gleichen Raum empfangen kann, in dem man sich nach dem Essen aufhält.

Personal fürs Diner

Man muß auch Personal haben, denn ein Diner kann ein Gastgeber nicht allein bewältigen. Das hat nichts mit Kochkünsten und Organisationsgeschick zu tun, sondern mit der Tatsache, daß diese Form der Gastlichkeit aus einer Zeit stammt, in dem es keinem Gastgeber eingefallen wäre, selbst am Herd zu hantieren. Diese Form schrieb dem Gastgeber eine ganz bestimmte Rolle an der Tafel vor, schon der Tischordnung wegen und damit man wußte, wo die Ehrenplätze lagen.

Es besteht also aus folgenden Personen: eine für Haustür und Garderobe (kann später beim Servieren mithelfen), pro sechs bis acht Gäste eine Servierhilfe, die Fleisch und Sauce, und eine, die Gemüse und Beilagen serviert. Zur Not reicht eine Servierhilfe für Fleisch und

Sauce, dann werden die Beilagen vor die ranghöchste Dame gestellt, die sich selbst bedient und die Schüsseln weiterreicht. Auf jeden Fall braucht man aber noch pro sechs bis acht Gäste einen Diener, der die Getränke einschenkt, und schließlich Koch (oder Köchin) und eine Küchenhilfe, die alle Gerichte servierfertig machen und zwischendurch aufräumen und abwaschen kann.

Vorbereitungen

Die Vorbereitungen in Garderobe und Badezimmer, Empfangsraum und Speisesaal entsprechen den Vorbereitungen für große Feste.

Der gedeckte Tisch

Der Tisch wird weiß gedeckt, mit Damast und Damastservietten und den laut Menü und Getränken erforderlichen Gedecken und Gläsern. Die Dekoration richtet sich nach dem Anlaß, oder sie bleibt neutral: siehe auch Seite 147. Der Gastgeber muß die Tischordnung machen, stellt Tischkarten auf und legt ein Placement aus, eventuell mit Führungskarten: siehe Seite 150.

Begrüßung der Gäste

Die Gäste werden an der Tür vom Personal in Empfang genommen, begrüßen den oder die Gastgeber und bekommen einen Apéritif. Bei ihm wartet man, bis sich alle Gäste versammelt haben. Zuspätkommen ist nicht gestattet.

Verlauf des Diners

Gibt die Gastgeberin das Zeichen, daß serviert ist, führen die Herren ihre Damen zu Tisch. Nach dem Essen ist es wieder die Hausfrau, die die Tafel aufhebt, und die Gesellschaft zieht in umgekehrter Reihenfolge wie beim Hereinkommen in das Empfangszimmer oder in einen Salon.

Die Tür zum Speisezimmer wird richtig geschlossen, damit das Personal in Ruhe abräumen kann.

Nach Tisch kann man Sitz- oder Stehgruppen bilden. Es ist allgemein üblich, im Gegensatz zu der langen Zeit an der Tafel, jetzt den Gesprächspartner zu wechseln, um auch noch etwas von anderen Gästen zu haben. Der Herr verliert also seine Tischdame an die Allgemeinheit.

Die Servierhilfen bieten Mokka an: je fünf bis sechs Tassen auf einem Silbertablett, entweder bereits gefüllt (dann bedient sich jeder selber aus dem Sahnekrug und aus der Zuckerdose, die ebenfalls auf dem Tablett stehen) oder leer, dann schenkt der Diener auf Wunsch ein. Bei dieser Methode bleiben Kaffee oder Mokka meistens heißer.

Ganz korrekterweise gilt nochmals die Rangfolge: Der weibliche Ehrengast bekommt also den Mokka zuerst. Meist bedienen sich die Gäste jedoch so, wie sie gerade um das Tablett herumstehen. Außerdem werden angeboten: Rauchwaren samt Kerze und Streichhölzern, ebenfalls auf Silbertabletts; Cognac, Portwein und Liköre, bereits eingeschenkt oder mit Gläsern und Flaschen. Früher hätten Damen niemals nach Cognac, Himbeergeist oder Genever verlangen dürfen, weil das als undamenhaft galt. Für sie standen Curaçao oder Benediktiner auf dem Tablett. Das hat sich jedoch vollkommen geändert.

Reden

Sollte aus irgendeinem Anlaß eine Rede gehalten werden, so findet sie zwischen Hauptgang und Dessert statt.

Aufbruch

Die Ehrengäste verabschieden sich zuerst, was üblicherweise zwischen 22 Uhr 30 und 23 Uhr stattfindet. Wenn sie gegangen sind, kann der allgemeine Aufbruch beginnen. Vor 24 Uhr sollte das Haus wieder leer sein.

In der Garderobe wartet eine Schale oder ein Teller aufs Trinkgeld der Gäste für das Personal.

Der Dank

Gute Freunde bedanken sich telefonisch oder mündlich. Der korrekte Dank erfolgt am nächsten Tag mit Blumen und Karte oder schriftlich.

Anlaß für ein Diner

Allgemeine gesellschaftliche Verpflichtungen können der Anlaß für ein Diner sein, außerdem große Familienfeste wie Taufe, Konfirmation, Verlobung, Hochzeit und Silberhochzeit; Promotion und andere Examina; Jubiläen und andere private, inoffizielle, feierliche Gelegenheiten.

Das Diner wird sehr gern mit einem Empfang vor dem Essen verbunden. Es ist kein Stilbruch, wenn man es auch in dieser Kombination im Hotel oder im Restaurant ausrichtet.

Herrendiner

Ein Diner, bei dem der Hausherr die Rolle der Hausfrau spielt, nennt man Herrendiner. Er führt seine Gäste also ins Eßzimmer, es ist jedoch auch gestattet, daß die Hausfrau als einzige Dame mit am Tisch sitzt – neben ihr der würdigste Herr, ihr gegenüber der Hausherr. Nach dem Kaffee im Salon zieht sie sich üblicherweise mit ein paar höflichen Worten zurück.

Tischordnung des Herrendiners

Wenn die Hausfrau mitißt, so sitzt neben dem Hausherrn der zweitwürdigste Herr, auf der anderen Seite der Hausfrau der Gast mit Rangplatz Nummer drei. Die übrigen Herren werden rangabwärts zwischen diese beiden Pole gestaffelt. Findet das Herrendiner ohne Hausfrau statt, so liegen die Ehrenplätze rechts und links vom Hausherrn.

Das Abendessen

Die Einladung zum Abendessen stellt die demokratische Form des Diners dar. Früher sagte man »zwangloses Abendessen« dazu. Heute ist es die allgemein übliche, die Grundform der Abendeinladung geworden.

Ganz zwanglos

Zwanglos bedeutet im Gegensatz zum Diner: keine Gesellschaftskleidung (wobei es aber natürlich jedem freisteht, ein Fest mit Smoking und Abendkleid daraus zu machen); kein Personal (aber man kann sich natürlich von einem Freund, einer Tochter, einer Servierhilfe zur Hand gehen lassen); kein offiziell in Weiß gedeckter Tisch mit Damast (aber man kann selbstverständlich mit so viel Staatsgeschirr, Silberleuchtern und Rosen prunken, wie man mag); keine Tischordnung (aber man kann sehr wohl die Großmutter auf den Ehrenplatz zwischen Gastgeber und besten Freund und den Chef auf den würdigen Platz neben der Hausfrau setzen).

Das bedeutet alles in allem: Unser heutiges Abendessen spielt mit den alten Regeln, variiert sie immer wieder, lehnt sich an, leiht sich aus, ergänzt und kontrastiert. Diese freie Form ist gut, solange sie der Gefahr entgeht, das alte Reglement auf kleinkarierte Art und Weise ernst zu nehmen. Denn: Der äußere Ablauf ist natürlich geblieben.

Ort des Abendessens

Mindestens zwei Räume der eigenen Wohnung (einer für den Empfang der Gäste, der andere zum Essen selbst) sollten für das Abendessen zur Verfügung stehen.

Tageszeit des Abendessens

Gewohnheit und Lebensumstände triumphieren über jegliche feste Regel. Wer immer erst spät aus Büro oder Betrieb kommt, kann wie zum Diner zwischen 20 und 21 Uhr einladen. Wer Freunde hat, die erst die Kinder ins Bett bringen müssen, wird ebenfalls erst spät zum Essen einladen. Wer jedoch aus Gesundheitsgründen lieber um 18 Uhr ißt, kann seine Freunde auch zwischen 18 und 19 Uhr zum Essen bitten. Wer außerdem weiß, daß diese Freunde einen langen Heimweg haben, beginnt früh, weil die Gäste relativ früh aufbrechen werden.

Ob nun für 18 oder 21 Uhr eingeladen wird – man muß genauso wie beim Diner pünktlich erscheinen, weil das Essen sonst verschmurgelt, und man sollte nicht länger bleiben als in dem betreffenden Freundeskreis üblich ist.

Einladung

Eingeladen wird zwei bis drei Wochen vorher schriftlich oder mündlich. Die Antwort muß sofort erfolgen und bindend sein, denn auch der Gastgeber von heute muß wissen, wer von den Geladenen wirklich kommt und für wieviele zu planen und zu kochen ist.

Die ideale Gästezahl

Vier bis sechs Personen sind die ideale Gästezahl. Für sie kann ein Gastgeber selber kochen, und ihnen kann man nach englischem Service das Essen auf den Tisch stellen, ohne reihum gehen und es anbieten zu müssen.

Kleidung

Was man trägt, richtet sich nach der getroffenen Vereinbarung und lokaler Sitte.

Dauer des Abendessens

Was die Dauer angeht, so sollten die Gäste daran denken, daß die Gastgeber noch die Arbeit des früheren Personals zu verrichten haben und vermutlich am folgenden Tag wieder ins Büro und an die Arbeit in der Familie müssen. Es ist also höflich, vor 24 Uhr aufzubrechen.

Vorbereitungen

Die Garderobe und das Badezimmer sollten wie üblich für die Gäste vorbereitet werden; alle Räume, die für das Abendessen benutzt werden, ebenfalls für die Gäste vorbereiten. Wer viele Gäste einlädt, benutzt vermutlich mehr als ein Zimmer. Selbstverständlich reicht ein einziger Raum, in dem man die Gäste empfängt und zum Essen bittet.

Essen und Trinken

Das kulinarische Angebot richtet sich nach Geldbeutel und Kochkünsten der oder des Gastgebers. Es reicht das sprichwörtliche Butterbrot. Es kann genausogut ein Essen aus fünf Gängen sein, wobei es zu jedem Gang einen neuen Wein gibt.

Praktisch sind Menüs aus zwei bis drei Gängen, von denen ein bis zwei vorbereitet oder fertig gekauft sind, nämlich Vorspeise und Dessert. Dann beschränkt sich die Arbeit in der Küche auf den Hauptgang.

Insgesamt kann man jeglicher Kochlust folgen und sich von Zeitschriften, Kochbüchern oder eigener Phantasie zu neuen Experimenten anregen lassen. Dennoch lautet die Grundregel: Noch nie gekochte Gerichte nicht zum ersten Mal ausprobieren, wenn man Gäste hat, es sei denn, es handelt sich dabei um gute Freunde oder auch um Koch-Freaks, die mit in die Küche strömen und Hand anlegen.

Der gedeckte Tisch

Für das Tischdecken gibt es so viele Anregungen, die uns die Industrie und die kulinarischen Zeitschriften bieten, daß man decken oder nicht decken kann, wie es einem gerade gefällt.

Gastgeschenk Auf Seite 165 lesen Sie, daß man bei allen nichtoffiziellen Gastlichkeiten statt Blumen auch ein Gastgeschenk mitbringen kann.

Der Dank Man bedankt sich wie nach einem Diner, aber auf jeden Fall, weil in diesem Fall der Gastgeber ganz besonders viel Arbeit gehabt hat.

Der Anlaß Alle freundschaftlichen, gutnachbarschaftlichen und beruflichen Anlässe können Gelegenheiten für ein Abendessen sein.

Einladung zum Ball oder zum Tanzfest

Wer gerne tanzt, möchte es gerne oft tun. Er kann selber zum Tanzfest bitten, wenn er genug Platz und sich mit dem Lärmproblem und den Nachbarn auseinandergesetzt hat und genug Freunde und Bekannte besitzt, die auch gern tanzen.

Ob Kellerparty oder Ball auf der Terrasse, so verläuft dieses Fest:

Ort des Balles Früher fand der Ball im Ballsaal statt, einem Raum, in dem tatsächlich im Winter und bei Regen das aus Italien importierte Ballspiel gespielt wurde. Nachdem es unmodern geworden war, benutzten die Herrscher des Barock die großen, schönen Säle für ihre prachtvollen Feste. Ein Ballsaal besaß ergo keine Heizung, aber er wurde auch im tiefsten Winter durch das Licht der tausend Kerzen warm. Auch heute ist es ratsam, in den Räumen, in denen ein Tanzfest stattfindet, die Heizung auszudrehen.

Tageszeit des Tanzfestes Ein *thé dansant* beginnt bereits um 19 Uhr und wirklich mit Tee, einem Teepunsch oder einem Teebüfett. Eine *fête champêtre*, ein Gartenfest, beginnt zwischen 17 und 18 Uhr bei Eis und Kaffee. Zum Silvesterball wird man dagegen erst zwischen 22 und 23 Uhr eingeladen. Ein Ball mit Büffet beginnt um 20 Uhr und liegt besonders gern am Wochenende, damit man am nächsten Tag ausschlafen kann.

Das heißt: Ein Ball kann dann beginnen, wann es einem nach Jahreszeit und Anlaß am günstigsten erscheint.

Einladung Die Gäste sollten schriftlich oder mit gedruckter Einladungskarte zwei bis drei Wochen vorher geladen werden. Eventuellen Anlaß und Kleidung angeben. Sofort antworten und bindend zu- oder absagen.

Die Gastgeber laden möglichst nicht unter zwölf Gäste ein, sonst wirkt der Ball etwas dürftig. Gastgeber bemühen sich außerdem, ein paar überzählige Herren einzuladen, da es stets mehr tanzfaule Herren als Damen gibt und Damen trotz allem immer noch darunter leiden, wenn sie Mauerblümchen sein müssen.

Kleidung

Was an Kleidung verlangt wird steht in der Einladung. Meist heißt es »dunkler Anzug oder Smoking« oder »dunkler Anzug«; bei Festbällen aber auch »Gesellschaftskleidung«, also Frack oder Smoking.

Vorbereitungen

Garderobe, Badezimmer und Wohnräume müssen wie üblich vorbereitet werden. Tanzfläche in einem Nachbarraum, auf Rasen, Terrasse oder im gemieteten Zelt.

Müde Tänzer und ältere Gäste brauchen genug gemütliche Sitzgelegenheiten. Auch beim Ball gibt es immer welche, die sich zwischendurch einen Moment unterhalten möchten.

Die Musik vorbereiten: Also Schallplatten oder Bänder sammeln, jemanden zur Bedienung der Apparate bestimmen oder eine Kapelle mieten.

Alle Vorbereitungen für Essen und Trinken treffen. Genug lange Getränke in Vorrat haben, also leichte Weine, Sekt, Mineralwasser, auch Bowlen.

Praktische Bewirtung: ein kaltes oder warmes Büffet, das im Nebenraum oder in der Küche vorbereitet worden ist und gegen 22 Uhr eröffnet wird.

Souper

Die festliche klassische Bewirtung: ein sogenanntes gesetztes Essen, also ein Diner während des Balles, ist das Souper, das Ball-Souper. Da es viel Arbeit macht, so viele Gäste an gedeckten Tischen unterzubringen, wird man höchstens zum Silvester-Souper einladen, den Hochzeitsball mit einem Souper krönen oder an einem lauen Sommertag oder -abend den Gästen die Tische im Garten decken.

Büffet im Garten

Bietet man ein Büffet, so ist es trotzdem gut, wenn eine Reihe von kleinen Tischen gedeckt werden, an denen die Gäste essen können. Auch das ist im Sommer – mit Terrasse und Garten – weniger problematisch als im Winter.

Die Gäste werden mit einem Getränk begrüßt, nach Festtypus also Tee, Kaffee, Bowle, Sekt oder Longdrink.

Der erste Tanz

Der erste Tanz gehört der Sitte nach der Dame, mit der man gekommen ist, oder der Tischdame, die dem Herrn beim Souper zugeteilt worden ist. Zum zweiten Tanz wird die Hausfrau gebeten, im übrigen gilt bei uns die Regel, daß in einer geschlossenen Gesellschaft jeder jeden kennt und infolgedessen jeder Herr mit jeder Dame tanzen kann. Diese dürfen Herren nur Körbe geben, wenn sie den betreffenden Tanz überhaupt nicht tanzen wollen oder schon vergeben haben. Nein sagen und dann mit einem anderen davonschweben, gilt zu Recht als unhöflich. Dagegen sind Tanzpartner keine Tischherren. Sie sollen nach einem Tanz zur nächsten Dame wandern und wandern können. Dauerpaare machen die ganze Veranstaltung etwas sinnlos, die ja als Gesellschaft für viele geplant ist.

Verlauf und Abschluß regeln sich nach dem besonderen Stil des Festes.

Der Dank Man bedankt sich wie nach dem Diner.

Der Anlaß Familienfeste wie Verlobung, Polterabend und Hochzeit, Geburtstag oder Feier der Volljährigkeit, Silberhochzeit, Fasching oder Silvester sind Anlässe. Auch die Erwiderung anderer Tanzeinladungen. Hauseinweihung oder Sommeranfang.

Party

Die privateste und üblichste Art der größeren Abendeinladung ist die Party, die sich in den Nachkriegsjahren entwickelt hat: Eine Mischform, die sich von allen klassischen Einladungstypen das entliehen hat, was sich am besten mit dem Alltag in Einklang bringen läßt.

Das bedeutet vor allem: Es gelten keine offiziellen und damit allgemein verbindlichen Regeln, wohl aber Ordnungsformen, die den reibungslosen und harmonischen Ablauf garantieren.

Die Urform der Party war die Cocktailparty (siehe Seite 119), die unverbindliche Gesellschaft vieler Gäste bei belebenden Getränken. Dazu gekommen ist ein kulinarisches Angebot, meist in Form eines warmen oder kalten Büffets.

Ort der Party Im eigenen Zuhause im weitesten Sinne kann die Party stattfinden.

Tageszeit Partys beginnen ab 20 Uhr oder 21 Uhr; es wird schriftlich oder mündlich eingeladen, worauf telefonisch oder mündlich geantwortet werden sollte. Werden viele Gäste eingeladen, so macht sich der Gastgeber am besten eine Gästeliste, auf der er abhakt oder durchstreicht, wer zu- oder absagt.

Pünktlichkeit ist bei den meisten Partys keine Bedingung. Man muß jedoch wissen, ob Unpünktlichkeit in der betreffenden Gesellschaft gebilligt wird oder ob es immer noch als unhöflich gilt, wenn man erst über eine Stunde nach der Einladungszeit erscheint.

Kleidung Man zieht an, was einem gefällt. Soll die Kleidung festlich sein, so muß die Art und Weise auf der Einladung angegeben werden.

Bei Partys gibt es keine zeitliche Begrenzung, was für den Gastgeber manchmal ein Problem darstellen kann. Er oder sie muß nur wissen, daß er das Recht besitzt, Gästen, die kein Ende finden, unmißverständlich zu sagen, daß diese Party nun beendet ist. *Dauer der Party*

Garderobe, Badezimmer und Wohnräume sollten für die Gäste vorbereitet werden. Imbiß oder Büffet vorbereiten, Getränke vorbereiten, dabei auch an Mineralwasser und Fruchtsäfte denken. Geschirr, Besteck und Gläser bei Freunden ausleihen, wenn der eigene Vorrat nicht reicht. Für große Partys mit mehr als zwölf Personen einen Freund oder einen Verwandten für die Getränke anstellen. *Vorbereitungen*

Zu einer Party braucht man nichts mitzubringen, wer jedoch mit Blumen oder einem kleinen Mitbringsel, auch für die Kinder der Gastgeber, auftaucht, ist willkommen. *Gastgeschenk*

Man kommt, trinkt, ißt und unterhält sich. Die meisten Partys sind Stehpartys, was rascher Gruppenbildung, Auflösung und neuer Gruppierung entgegenkommt. Wer lieber sitzt, kann sich auch auf dem Fußboden niederlassen. *Verlauf der Party*

Am nächsten oder übernächsten Tag sollte man sich mündlich oder telefonisch bedanken. Man kann auch Blumen schicken lassen. *Der Dank*

Alles, was man gern mit Freunden und Bekannten feiern möchte, kann ein Anlaß für eine Party sein. *Der Anlaß*

Offizielle Feste und der ideale Gastgeber

Giacomo Casanova, Weltmann und Dichter, hat wie ein moderner Junggeselle in erfolgsgewohnter Position gelebt. Ständig auf Reisen zwischen Petersburg, Warschau und Wien, Potsdam und Venedig, immer in neuen Gasthöfen und Speisesälen, stets auf Spesen oder eingeladen, und wenn er selber der Gastgeber war, so ließ er das Essen aus der Hotelküche zu sich heraufbringen, meist für ein Diner à deux.

Denn darin war er noch ein Kind seiner Gesellschaft und seines Jahrhunderts, dessen Etikette bis in die Zeit unserer Großeltern reicht: Ein Junggeselle hielt kein Haus, brauchte keine Gesellschaften zu geben, hatte keinen Koch und keine Küche. Und eine Junggesellin hätte einen unglaublichen Affront begangen, wenn sie eingeladen hätte. Sie war gesellschaftlich überhaupt nicht vorhanden, höchstens der Gegenstand der Gesellschaften, die dazu dienten, sie an den Mann und damit zu Küche und Köchin zu bringen. Die großen Ausnahmen waren die ganz Reichen, die Hochgestellten und das sogenannte heitere Künstlervölkchen. Sie taten, was sie wollten. Sie emanzipierten sich, und sie gaben uns, ob wir uns dessen bewußt sind oder nicht, das erfreuliche Vorbild für alle Arten der privaten, der eigenwilligen Gastlichkeit in der Zeit der Ungebundenheit.

Ungebunden: noch nicht gebunden von den echten und eingebildeten Pflichten und Verpflichtungen, die uns Familie und Familiensitten, Aussteuer und der Vollständigkeitswahn unseres Wohlstands antut.

Heute kann allein leben, wer allein leben will, und für jeden jungen Menschen ist das auch eine Chance, die man wirklich voll auskosten soll, mit allen Erfolgen und Reinfällen. Mein Zimmer, mein Herd, meine Suppe, meine Gäste – Zauberwörter. Der Anfang von etwas, das sich mit jedem Jahr verändern wird, mit jeder Weinlese, mit jeder

Reise, mit jedem gelungenen selbstgekochten Gericht, jedem Essen bei anderen, mit allen neuen Freunden.

Der erste eigene Gast

Also: Irgendwann die ersten Leute, die man einlädt. Zum ersten Mal bei sich, in der Bude, in der WG oder in der eigenen Wohnung. Geschlecht, Alter und Rasse spielen keine Rolle, auch in der Gastlichkeit gilt heute gleiches Recht für alle. Jeder kann jeden einladen. Und wer einlädt, kann das ganze Vergnügen auskosten, seinen eigenen Stil und die eigenen Regeln zu entwerfen.

Denn das scheint mir das Wichtigste zu sein: War früher für den künftigen Gastgeber und den künftigen Gast der Stil der Gesellschaft Vorbild und Maßstab, in dem sie aufgewachsen waren, so ist diese seit dem Barock in Europa entstandene Form zwar noch vorhanden, und Sie haben auf den vorhergehenden Seiten alles darüber gelesen, aber sie ist nicht mehr allgemeine Konvention. Sie ist – zumindest am Beginn der eigenen Gastgeberkarriere – weder etwas Erstrebenswertes noch die einzige Möglichkeit.

Wer heute seine eigenen vier Wände bezieht, kann also alles anders machen als die Altvorderen, und er hat auch meistens – anders als Eltern und Großeltern – schon andere Formen der Gastlichkeit und der Eßkultur kennengelernt. Er hat vielleicht in einer italienischen Jugendherberge mit Leuten aus x Nationen zusammengehockt und Pizza von einem großen Stapel gegessen und sich dabei die Fingerspitzen verbrannt. Er hat am Lagerfeuer die berühmten schwarzverkohlten Kartoffeln aus der Glut geholt. Er ist von skandinavischen Freunden zur Morgengrütze eingeladen worden. Er hat in Marokko Couscous aus Steinguttöpfen gegessen.

So beginnt es. Nicht mit der Frage: Wie muß ich es machen?, sondern: Wie will ich es machen? Daraus ergibt sich rasch die Frage: Was kann ich denn machen?

Besuch ohne Förmlichkeit

Die erste Gastlichkeit ergibt sich vielleicht wie von selbst. Ganz spontan spricht man die freundlichste Einladung zum Inoffiziellen aus und sagt: »Kommt vorbei!« Kommt herauf, nach dem Büro, vor dem Kino, zwischen Sonntagsspaziergang und Familienbesuch. Das ist eine Einladungsform, die in keinem Benimmbuch steht, weil sie keine Regeln hat, sondern eine Selbstverständlichkeit sein sollte. Eine Einladungsform, die wie das Urbild aller Geselligkeit schlechthin aussieht und dafür gesorgt hat, daß Freundschaft und Gemeinsamkeit feindselige Trennungen gar nicht erst aufkommen läßt.

»Komm doch mal vorbei!« – kann das nicht schon ein Neandertaler zum andern gesagt haben, die Füße noch kalt von der letzten Eiszeit? Hat er es vielleicht zum ersten Mal gesagt, einsam vor seiner Wohnhöhle Ausschau haltend, in der sein Weib die Beeren für den Winter trocknete, und hat sie dem Fremden, dem Vorüberwandernden, eine Handvoll davon angeboten, während er sich mit ans Feuer hockte und vom Säbelzahntiger erzählte und vom Mammut?

Ob es nun der Säbelzahntiger oder der Verkehrsstau am Abend ist, ob uns der Heimweg durch die grandiose Leere der Vorzeit führt oder durch die grandiose Leere einer City nach sieben Uhr abends – wie schön, wenn der Mensch weiß: Ich kann zu jemandem raufkommen, reinschauen. Wenn er ganz allgemein weiß: Ich bin willkommen, wann immer mir der Sinn nach Geselligkeit steht. Ich brauche mich nicht umzuziehen. Ich brauche keine Blumen zu kaufen. Ich brauche auch nicht lange zu bleiben. Oder noch besser: Ich kann bleiben, so lange es meinem Gastgeber und mir behagt. Und wenn ich es selber bin, an dessen Tür jemand läutet und fragt: »Darf ich raufkommen?«, so kann alles bleiben, wie es ist. Kein Vorbereiten, kein Aufräumen und kein Überlegen: Habe ich auch ...? Ist auch ...? Nichts als schiere Zwischenmenschlichkeit.

Das offene Haus

Nichts? Nun, ohne Ordnung funktioniert auch die Freiheit nicht, und diese inoffizielle Gastlichkeit klappt nur, wenn mindestens drei Dinge stimmen oder vorhanden sind:

Das Wichtigste sind natürlich die Gäste. Mag man jeden Menschen so locker und ungezwungen bei sich haben? Ich glaube, nein. Es gibt Grenzen, Bedingungen, und es gibt Leute, mit denen ich nicht viel Gemeinsames habe. Da bin ich froh, daß uns andere Formen der Geselligkeit zur Verfügung stehen, in deren Rahmen der Umgang auch mit jenen angenehm sein kann.

Wen lädt man ein?

»Komm doch mal rauf!« sagt man also nur zu solchen, denen man die Wohnung und das eigene Ich auch im Alltagsgewand präsentieren möchte. Und denen man zurufen kann: »Wartet mal einen Augenblick, ich räume gerade die Waschmaschine ein / oder aus / bade mein Kind / telefoniere mit meinem Vater, da liegen Zeitschriften, da steht der Schnaps, bedient euch, gleich bin ich da!«

Das Zweitwichtigste ist die Zeit. Wenn schon jemand in unseren Tagen sich die Muße nehmen will, »mal reinzuschauen«, so sollte man selber nicht passen. Und den Fernseher abschalten. Oder den Brief morgen fertigschreiben. Wenn jemand, der mein Gast werden will, einmal gehört hat: »Ja, ja, du solltest wirklich vorbeikommen. Nur nicht heute, nicht in dieser Woche. Da hab ich nämlich... Aber nächste Woche, halt: nein! Das ist ja schrecklich. Da ist ja gleich Weihnachten. Also bis Mitte Jänner ist eigentlich gar nichts drin!« Wenn das also jemand gehört hat, dann weiß er, es ist nie was drin, und meldet sich nie wieder mit der freundschaftlichsten aller Fragen: »Hast du Zeit für mich?« Sie bietet ja gerade die Chance, dem Terminkalender ein Schnippchen zu schlagen.

Muße für Gastlichkeit

»Kommt zu mir!« Wieviel besser ist das, als sich – sagen wir nach dem Theater oder Konzert – die Hand zu schütteln und zu sagen: »Wir müssen uns aber wirklich mal richtig sehen!« Also: »Wir telefonieren mal und verabreden was!«

Nun kommt der letzte und dritte Punkt: die getrockneten Beeren in der Hand der Neandertalerin. Es scheint eins unserer Urbedürfnisse zu sein, dem, der bei uns einkehrt, auch etwas zu essen oder zu trinken anzubieten. Die Familien des vorigen, des bürgerlichen Jahrhunderts waren auf die mannigfachste Weise auf solche hochgeschätzten Überfälle gerüstet. Denn je elaborierter die Festkultur, desto mehr wird das sogenannte Formlose genossen. Jede Landschaft hatte also ihre Dauer- oder Anhalterkuchen, meist Sandtorten in Steintöpfen für Leute, die anhielten, um Guten Tag zu sagen. Und in der Speisekammer stand die große Blechdose, in der Spritzgebäck und Butterkekse »für plötzlichen Besuch« aufbewahrt wurden.

Der Anhalterkuchen

So soll es sein: Man gibt, wenn man etwas geben will, was man hat. Und wenn man gern gibt, hat man gewisse Dinge stets in Vorrat, den man dann nur zurechtmachen und auf den Tisch stellen muß. War's gut? »Dann schaut doch mal wieder rein!«

So kommt man zu der Grunderfahrung: Wenn man Gastlichkeit mag, also im tiefsten Sinne Menschen mag, sind die Regeln der Geselligkeit kein Problem. Man wiederholt mit ihnen uralte Gesten. Und man erkennt dann auch in den offiziellsten Spielarten unseres Zusammenlebens die Muster, die allem zugrunde liegen: die Sehnsucht, nicht allein zu sein und den Wunsch, im Leben eine Rolle zu spielen.

Wer Gäste einlädt, darf nichts von ihnen erwarten, sondern alles von sich selbst. Denn wie die Gäste sich gerade an diesem Tage fühlen und benehmen werden, kann keiner voraussehen. Für sich selber aber kann man garantieren.

Der ideale Gastgeber ist bei diesem Zeremoniell eine Hauptperson der Handlung, und er oder sie hat es in der Hand, ob aus dem Stück eine Tragödie oder ein Lustspiel wird.

Also fangen er oder sie mit dem Überlegen bei sich selber an: Wieviel Raum steht zur Verfügung? Kann ich kochen? Spielen meine Gäste gerne Karten, Schach oder Malefiz? Na, und so weiter. Wenn man

Unterhaltung für Gäste

nun weiß, auf welche Art und Weise man Gastgeber sein kann, überlegt man sich, wen man einladen könnte. Das sollten nicht nur Leute sein, die man selber mag, sondern solche, die sich auch untereinander zumindest soweit mögen, daß sie miteinander reden. Sie brauchen also nicht zusammen zu passen, sie müssen sich nur zusammenfügen können.

Hat der Gastgeber Pech gehabt, sind unter den anderen auch zwei zusammengekommen, die zufällig entdecken, daß sie Rivalen sind – auf welchem Feld auch immer; die sich auf den ersten Blick nicht ausstehen können; die auf allen Gebieten total entgegengesetzte Standpunkte enthüllen; und die insofern keine idealen Gäste sind, als sie sich nicht beherrschen können, sondern sich ineinander verbeißen, ja, dann kommt es eben auf den Gastgeber an. Er muß aus Rücksicht auf die anderen Gäste und seine eigene Party den Friedensengel spielen, ohne daß es die Kampfhähne merken. Denn tun sie's, so werden sie meist noch rabiater oder fordern alle anderen auf, ihre, nur ihre Partei zu ergreifen.

In so einem Fall erkennt der Gastgeber wenigstens, wie wichtig für

Gäste-merkbuch

ihn entweder ein fabelhaftes Gedächtnis ist oder ein kleines Büchelchen, von dem wir etwas später abermals sprechen werden und in dem man das notiert, was man in Erfahrung bringt. Daß A gern Zitrone zu seinen Erdbeeren nimmt; daß man B nicht zur Weinprobe einladen darf, weil er säuft; daß Frau C keine Gurken verträgt und Herr D keine Paprikaschoten; daß E der geschiedene Mann von der F ist und G nie am Donnerstag kann, weil er dann Spätdienst hat. Und so weiter, und so weiter.

Der ideale Gastgeber macht sich also Gedanken über seine Gäste und komponiert sie ebenso absichtsvoll und klug wie die Bestandteile seines Menüs.

Die richtige Gäste-mischung

Manchmal hat er Glück, alles klappt wie geplant. Manchmal hat er Pech, der Abend bleibt lahm. Manchmal hilft's, wenn der Gastgeber einen Tapetenwechsel vorschlägt und mit allen ins Kino geht oder ein Puzzle auf den Tisch schüttet. Oder die neuesten Platten auflegt. Auf jeden Fall wird er danach überlegen. Was war der Grund? Vielleicht waren es zu wenig Gäste? Wenn man nämlich nur einen oder zwei einlädt, kann es einfach langweilig werden, falls man sich nicht wirklich gut kennt. Oder waren es ein oder zwei zuviel? Wenn man nämlich acht oder neun Personen um den Tisch hat, so ist die Gruppe zu groß für eine einzige Gesprächsrunde, aber zu klein für zwei Runden. Reden dann aber zwei Leute auf einmal, ohne nachzugeben, so geraten die anderen Gäste zwischen die Gesprächsmahlsteine und reagieren gefährlich leicht nervös und gereizt. Weiter:

Die passende Anzahl

In einer Gruppe von nur losen Bekannten ist ein Redseliger im Prinzip ganz nützlich, weil er die Sache in Schwung bringen kann. Manchmal entwickelt er sich jedoch als Alleinunterhalter und redet und redet und verkalauert sich so vollkommen, daß neben seinem Gedröhn kein Gespräch aufkommt. Die armen Gäste sitzen wie die Puppen herum und sind nur seine Statisten.

Geraten jedoch zufällig zwei Uraltfreunde in so eine Gruppe von fast Fremden und fangen sie an mit »Weißt du noch, Kalle . . .?« und lachen sich schon halbtot, wenn sie sich nur ein Stichwort geben, so kann man sie eigentlich nur in die Küche sperren und in verkleinerter Runde weiterfeiern lassen.

Gastgeber müssen also ausgleichen, jedem Gast das Gefühl geben, daß er willkommen ist, alle Gäste untereinander so bekannt machen, daß jeder weiß, worüber er mit dem anderen sprechen kann.

Der richtige Schluck

Der ideale Gastgeber gibt den Gästen nicht viel zu trinken, weil er meint, das brächte sie am besten über die Anfangsverlegenheit hinweg, und er gibt ihnen etwas Gutes, aber nicht so viel zu essen, daß sie nach dem dritten Gang schon Kiemenatmung einschalten müssen.

Der rechte Sessel

Ein idealer Gastgeber kümmert sich vor allem um die Gäste, die sich als Mauerblümchen zu entfalten scheinen, und er sorgt selbstverständlich dafür, daß Alte und Behinderte gut und behaglich sitzen und in der Nacht von jemandem nach Hause gefahren werden. Der ideale

Das richtige Licht

Gastgeber achtet darauf, daß das Licht nicht blendet und alle Falten und Müdigkeitsspuren enthüllt, aber auch nicht so dämmerschwach ist, daß man Gabel und Messer nicht auseinanderhalten kann. Übrigens: Lichtquellen in Tischhöhe geben angenehmeres Licht als Kronleuchter hoch über Eßtischen und Wandarme, die über den Köpfen angebracht sind.

Diese Punkte umreißen sicher nicht alle Eigenschaften des idealen Gastgebers, aber sie deuten sie vielleicht an. Auf jeden Fall wäre er hilflos ohne den idealen Gast.

Der ideale Gast

Ja, wie ist er, der ideale Gast? Er steht nicht in der Ecke herum, sondern geht auf die anderen Gäste zu. Er fängt nicht sofort zu fachsimpeln an, noch bricht er in den ersten Augenblicken eine politische Debatte vom Zaun. Er wiederholt nicht als eigene Meinung, was die anderen sowieso schon in der letzten ZEIT oder im Spiegel gelesen haben. Er redet nicht sofort über Steuern und Autos, er mäkelt nicht am Essen und weist auch nicht darauf hin, daß er dieses und jenes nicht mag oder daß man es eigentlich nicht so und so zubereiten dürfte und er es so und so in diesem fast noch unbekannten, sensationellen Restaurant in X oder Y gegessen hat. Er jammert auch nicht, daß er alles nicht vertragen könne, denn ernsthaft Magenkranke sollten gar nicht erst zusagen, wenn sie zum Essen eingeladen werden. Der ideale Gast zählt auch sich und den anderen nicht dauernd die Kalorien in den Mund und klagt nicht bei jedem zweiten Bissen: »Das ist eigentlich viel zu fett für mich!« Wer gerade mitten in einer Schlankheitskur steckt, sollte sich verhalten wie der Magenkranke.

Blick für andere

Der ideale Gast hat dagegen einen Blick für andere Gäste, mit denen sich keiner unterhält; er beginnt nicht sofort mit der neuen Frau eines alten Freundes zu flirten; er ist kein Überhöckler, wie man in Südwestdeutschland jene Leute nennt, die einfach hocken bleiben, auch wenn sie seit einer Stunde der letzte Gast sind, sondern er bietet sich freiwillig an, Gäste ohne Auto heimzufahren. Und er vergißt nie, am nächsten Tag anzurufen und zu sagen, wie nett es gestern wieder gewesen sei. Der ideale Gast ist also die Ergänzung des idealen Gastgebers. Aber er spielt sich trotzdem nicht auf und stellt sich nicht in den Vordergrund.

Jede Einladung beginnt heutzutage mit einem Drink zur Begrüßung oder vor dem Essen.

Wirkung des Alkohols

Der Alkohol geht den Menschen direkt ins Blut, nachdem er schon im Munde und Magen die Säfte hervorgelockt hat. Alkohol macht also Appetit. Alkohol sorgt jedoch im Blut vor allem dafür, daß sich die Adern weiten und den ganzen Menschen das bekannte wohlig entspannte Gefühl durchdringt. Des Trinkers Bäckchen röten sich, auch die der Dame, die unter Couperose leidet, einer Neigung zu sich jählings erweiternden Äderchen im Gesicht, der Mensch sieht alles angenehmer, die erste steife Minute inmitten fremder Gäste weht vorüber.

Wer gern möchte, daß die Wirkung des Alkohols auf seine Gäste in diesem Sinne segensreich bleibt, der beschränkt das Angebot beim Aperitif oder Cocktail und teilt ihn während der ganzen Abendgesellschaft weise ein.

Er läßt vor allem seine Gäste niemals auf nüchternen Magen trinken, bietet also erstmals einen würzigen Happen zu essen an, läßt sie niemals schnell Getränke hinunterstürzen, prostet ihnen also niemals unaufhörlich zu, bietet keine gezuckerten Cocktailmixturen und sorgt durch sein Angebot dafür, daß möglichst nichts durcheinander getrunken werden kann.

Einladung und Festvorbereitungen

Einladungskarte

Hat ein Kind Geburtstag oder feiert man ein Faschingsfest, so wird mit einer Phantasie geklebt und gemalt, gefaltet und geflittert, daß diese Einladungskarten kleinen Kunstwerken gleichen und oft lange aufbewahrt werden.

Bei den meisten anderen Gelegenheiten wird mehr auf Sachlichkeit Wert gelegt, aber eine korrekte Einladungskarte enthält auch nichts anderes als ein kunterbuntes Faltblatt zum Kinderfasching.

Es muß angegeben werden, wer einlädt und zu welchem Anlaß, wann und wo das Fest oder das Essen stattfinden soll, wohin man seine Antwort zu richten hat, welche Form diese Antwort haben soll oder kann und schließlich: was man anziehen soll.

Es gibt vorgedruckte Einladungskarten in verschiedenen graphischen Ausführungen und Förmlichkeitsgraden in allen besseren Schreibwarenläden.

Gedruckte Karte

Wer oft einlädt, läßt sich persönliche Karten drucken, die praktischerweise so aussehen:

DIN-A5-Querformat, solide Kartonqualität, glatt beschnitten oder so, daß es wie gerissen aussieht.

Oberste Zeile oder Zeilen, auf Mitte: der Name des oder der Einladenden. Also zum Beispiel: »Anton Aber und Andrea Aber«, in einer schönen Druckschrift. Bei dieser Namensangabe kann man es schon belassen. Alles andere schreibt man mit der Hand auf die Karte. Das ist praktisch, denn diese einfachen Briefkarten sind nicht zweckgebunden, und man kann sie auch für die normale Privatkorrespondenz verwenden.

Übrigens: Schon beim Namensaufdruck gibt es Spielarten. Die international korrekte Form lautet: »Anton und Andrea Aber«.

Eingespielt hat sich jedoch die nicht so ganz patriarchalische Form: »Anton Aber und Andrea Aber« oder auch »Anton Aber und Andrea Aber-Neumann«.

Das kann man halten, wie man es mag. Auf jeden Fall haben die akademischen und Amtstitel zu fehlen, außer man ist ein Botschafter, Oberbürgermeister oder Ministerpräsident. Dann liest man: »Der Botschafter der Republik Sowieso und Frau Henriette Hornegg ...«

Offizielle Einladungskarten

Wer öfters einlädt, läßt sich eine Einladungskarte mit ein paar ausführlicheren Angaben drucken:

Wieder steht in der obersten Zeile auf Mitte der Name der Einzelperson oder des Ehepaares. Nächste Zeile, kleiner, auch auf Mitte und gedruckt: »bitten« oder etwas förmlicher und altmodischer »geben sich die Ehre« oder »beehren sich«. Die folgenden zwei Zeilen sind leer. Man sieht also nur die beiden punktierten Linien. Auf diese beiden Zeilen schreibt der Einladende den Namen des Eingeladenen, also zum Beispiel: »Herrn und Frau Berthold Bauer«, das ist der Etikette nach korrekt. Oder: »Berthold und Bertha Bauer« – das ist die moderne Form. Oder »Berthold Bauer und Bertha Bauer-Bassermann«. Das ist die modernste Form.

Korrekterweise schreibt der Gastgeber diese Namen mit der Hand und nicht mit Kugelschreiber.

Geschäftliche Einladungskarten

Handelt es sich um geschäftliche oder sehr große Einladungen, schreibt der Gastgeber die Einladungskarten also nicht selbst, sondern läßt sie von seiner Sekretärin schreiben, so benutzt diese ihre Schreibmaschine. Das tut sie nicht nur für den Namen, sondern auch für alle folgenden, sonst handschriftlichen Angaben.

Dritte Zeile: Sie beginnt mit einem gedruckten »zu«, das insgesamt drei punktierte Zeilen anführt. Wieder wird mit der Hand eingefügt, zu welchem Anlaß eingeladen wird, also zum Beispiel »zu einem Cocktail«, »der Silberhochzeit unserer Eltern« und so weiter.

Hat man unter seinem eigenen Namen nicht das Verb »bitten« drucken lassen, sondern die altmodische Form gewählt, so muß der Satz natürlich ergänzt werden, man muß also schreiben: »zu einem Cocktail einzuladen«.

Datum, Uhrzeit

Die sechste Zeile ist halbiert. Links steht gedruckt: »Am«, und es folgt, logischerweise, das handgeschriebene Datum, rechts steht »Um«, und es wird die Uhrzeit eingesetzt.

»U.A.w.g.«

Letzte Zeile: Sie ist abermals halbiert. Links steht gedruckt

»U.A.w.g.«, was aufgelöst bedeutet: »Um Antwort wird gebeten«. Darunter steht handgeschrieben, bis wann man wohin antworten soll, also Telefonnummer oder Anschrift des Gastgebers.

Findet man darunter oder darüber keine Kleiderangabe, so kann man kommen, wie man will oder besser, wie es in der betreffenden Gegend und Gesellschaftsklasse üblich ist. Zu den Kleidungsvorschriften lesen Sie ausführlich in den Kapiteln über Smoking, Frack und Abendkleid (Seite 83).

Adresse

Diese Einladungskarte ist für alle Einladungsformen zu verwenden und auch für alle Menschen geeignet, die oft umziehen. Hat man irgendwo Wurzeln geschlagen und meint, eine Daueradresse nennen zu können, so kann man sie auch drucken lassen, und zwar unten rechts, also gegenüber von »U.A.w.g.«.

Spezielle Einladungskarten werden bei großen Familienfesten, Jubiläen und Presseempfängen extra gedruckt. Auf ihnen stehen Anlaß, Datum und Uhrzeit, Adresse und Kleidervorschrift bereits gedruckt, und nur der Name des Eingeladenen wird handschriftlich oder mit der Schreibmaschine eingesetzt.

Erinnerungskarten

Ganz höfliche oder vorsichtige Leute, die aus irgendwelchen Gründen besonders rechtzeitig eingeladen haben, schicken kurz vor dem Fest noch einmal »Zur Erinnerung«-Karten mit den wichtigsten Angaben und vor allem: Daten.

Lageplan

Leute, die auf dem Lande wohnen, womöglich ohne Wegbezeichnung und Ortsschild oder Hausnummer, machen sich ein für allemal einen unmißverständlichen Lage- und Wegzeichenplan, unter Umständen mit Abfahrtszeiten von Bahn oder Bus, geben auch ungefähr die Fahrtdauer mit Auto oder öffentlichen Verkehrsmitteln an. Diesen Plan lassen sie drucken oder ablichten und legen ihn Gästen und Freunden, die noch niemals bei ihnen waren, mit der Einladung in den Umschlag. Dann kann man sich kaum verirren.

Pünktlichkeit

Bei allen Einladungen im Laufe des Tages gilt das gleiche: Wenn Sie zum Essen einladen, so können Sie erwarten, daß die Gäste pünktlich sind.

Laden Sie zu Aktivitäten und Spielen ein, so rechnet jeder Gastgeber mit einer Toleranz von einer halben Stunde.

Wie steht es überhaupt mit diesen Toleranzen? Muß man sich an die Zeit halten, die die mündliche oder schriftliche Einladung angegeben hat? Das ist wieder eine Frage, bei der es um den Egoismus geht. Wer sich selbst für den wichtigsten Gast hält, neigt natürlich zur folgenden Antwort: »Sollen die Leute doch froh sein, daß ich überhaupt erscheine.« Oder ein weibliches Wesen hat eine Filmszene im Kopf, in der die Diva als allerletzte eine Treppe herabschwebt, und alle, alle Gäste drehen sich nach ihr um ... Na, und so weiter.

Aber erstens schweben wir ja meistens waagrecht ein, kommen also nicht von oben, sondern ganz bieder durch die Wohnungstür, und zweitens ist der Gastgeber in 99 von 100 Fällen ein Mensch, der in der Küche gestanden und geschnippelt, gerührt und gekocht und für seine Gäste nachgedacht und gearbeitet hat.

Wie pünktlich muß man sein?

Pünktlichkeit ist die Höflichkeit der Könige, heißt das Sprichwort, und das stimmt immer. Wer an andere denkt, ist pünktlich.

- Auf die Minute, wenn der Gast zum warmen Essen eingeladen ist.
- Ungefähr, wenn es sich um eine Einladung ohne Essen, also zum Beispiel nach Tisch, handelt.
- Gar nicht, wenn es ein Cocktail, ein Empfang oder ein anderer großer Auftrieb ist, bei dem der Gastgeber ohnehin kaum wahrnimmt, ob und zu welcher Zeit man innerhalb der Einladungszeit gekommen ist.
- Der Notfall: Wenn jemand zum Essen eingeladen ist und aufgehalten wird (Verkehrsstau, letzter Kunde, dringlicher Anruf, erkranktes Kind), dann sollte er unbedingt beim Gastgeber anrufen. Dieser kann dann entscheiden, ob er auf den verspäteten Gast warten oder schon servieren und dem Nachzügler nachreichen will.

Lösung zwei erfordert zwar die größere Entschiedenheit, ist aber den pünktlichen und vielleicht auch hungrigen anderen Gästen gegenüber höflicher und insgesamt vernünftiger.

Andere Leute mitbringen?

Zu einer Einladung bringt man nie andere, nicht eingeladene Leute mit, ohne die Gastgeber gefragt zu haben. Das gilt besonders bei Einladungen zum warmen Essen, vor allem zum gesetzten Essen, für das sich die Gastgeberin sicher eine Tischordnung ausgedacht hat. Und das ist logisch. Wenn Sie zum Beispiel nur acht Personen an Ihrem Eßtisch unterbringen und vielleicht auch nur acht zusammenpassende Gläser besitzen, so sind Sie nicht gerade heiter, wenn einer Ihrer Gäste mit vier Freunden vor der Tür steht.

Auch bei der Einladung nach Tisch muß man fragen, ob es den Gastgebern paßt.

Bei Cocktails, Empfängen und ähnlich menschenreichen Unternehmungen dagegen kann man unangemeldet jemanden mitbringen.

Ich würde auch in diesem Fall vorher etwas sagen – es ist einfach höflicher. Denn ein Gastgeber ist eben kein Hotel und keine Firma, die eine Werbeveranstaltung abhält, und bei der allgemein verbreiteten Rücksichtslosigkeit tut es jedem Gastgeber in der Seele wohl, wenn er nicht als Futterkrippe, sondern als Freund behandelt wird.

Gästeliste

Hat man mehr als fünf Personen eingeladen, so ist es ratsam, sich eine Gästeliste zu machen. Erstens sieht man schon beim Einladen, auf welche Anzahl man kommen kann und kommen will. Zweitens hat man den Überblick, ob diejenigen, die man zusammen eingeladen hat, auch ungefähr zusammenpassen. Drittens kann man abhaken, wer bindend zu- oder im letzten Moment abgesagt hat. Und viertens weiß man für das nächste Fest, ob die Anzahl und die Zusammensetzung seiner Gäste richtig gewesen ist.

Schließlich kann man notieren, mit Datum, wen man wann mit wem eingeladen hatte. Dadurch vermeidet man es, dieselben Leute zufällig immer in derselben Besetzung wieder einzuladen.

Speisefolgen

Allerletztens sammelt man seine ebenfalls datierten Speisefolgen und sorgt so dafür, daß es nicht immer dasselbe Gericht oder dieselbe Speisenfolge gibt, wobei man sicher auch festhalten wird, wie einem die verschiedenen Gerichte gelungen sind und wie man sie vielleicht das nächste Mal variieren würde. Eine Notizensammlung dieser Art hilft dem Gastgeber bei den Vorbereitungen auch der nächsten Feste.

Vorbereitungen

Er hat jedoch erst einmal weitere Vorbereitungen zu treffen.

Garderobe

Man beginnt in der Garderobe: Sie muß vor allen Einladungen so um-, das heißt eventuell leergeräumt werden, daß die Gäste Platz haben, ihre Mäntel abzulegen, sich zu kämmen, noch schnell die Nase zu pudern oder die Lippen nachzuziehen.

Bei großen Festen gehören in die Idealgarderobe ein Spiegel, davor ein Tisch mit sauberem Kamm und Bürste; ein Stuhl, falls Damen die Schuhe wechseln oder Überschuhe ablegen müssen; eine Kleiderablage. Reichen die eigenen Haken oder Stangen nicht aus, so kann man sich Garderobenständer mieten oder leihen.

Bei großen Festen oder Empfängen müßte ein Mitglied der Familie oder eine andere Person in der Garderobe Dienst machen: Er (oder sie) öffnet die Tür, begrüßt die Gäste, nimmt ihnen die Garderobe ab und führt sie zu dem Gastgeber.

Badezimmer

Damit sind die Vorbereitungen aber noch nicht erledigt. Das Badezimmer kommt als nächstes an die Reihe. Die Gäste müssen es benützen können. Es muß also sauber sein. Seife und frische Gästehandtücher müssen vorhanden sein. Vor großen Festen wird es so gesäubert und leergeräumt, daß es die Gäste als Wasch- und Puderraum benutzen können.

Wenn das Klo im Badezimmer ist: eine frische Rolle Toilettenpapier und möglichst einen Geruchsverzehrer bereitlegen. Wenn Klo und Badezimmer getrennt sind, beide für den Gästegebrauch herrichten, denn oft will sich jemand tatsächlich nur die Hände waschen oder in Ruhe die Lippen nachziehen. Im Klo gibt es ebenfalls Seife, Gästehandtücher und ein Eau de Toilette.

Wohnräume

Vorbereitungen in den Wohnräumen: das bedeutet umräumen. Wenn man nicht selber eine Familie hat, die helfen kann, sollte man Freunde bitten, zur großen Party beim Umräumen zu helfen. Das kann am Tag oder am Abend vorher ein Fest für sich werden. Möglichst schon eine Woche vor dem Umräumen oder vor dem Aufbau mit diesen Freunden zusammen eine Liste aller Gegenstände und Handwerkszeuge zusammenstellen, die gebraucht werden. Sonst kann man in die Klemme geraten, besonders wenn man zum Beispiel am Samstag nachmittag für Sonntag umräumt und nicht einmal mehr eine Heftzwecke kaufen kann.

Übrigens: Nicht nur ans Umräumen, sondern gleich an Ab- und Aufräumen denken. Wahre Freunde helfen auch dabei!

Sitzgelegenheiten

Je größer der Empfang oder das Fest ist, desto mehr Möbel sollten aus den Wohnräumen entfernt werden. Auch bei Stehpartys Sitzgelegenheiten für behinderte und ältere Gäste vorbereiten. Bei großen Festen rechtzeitig die Heizung ausdrehen oder im Sommer für gut belüftete, kühle Räume sorgen, denn viele Menschen erzeugen eine erstaunliche Hitze.

Tischdecken

In welchem Stil, mit welchem Silber und Geschirr Sie decken, ob Sie alte, in langen Jahren gesammelte Weingläser decken oder moderne zusammenpassende, ob Sie Edelstahlbesteck oder Sterlingsilber verwenden, das ist ganz egal. Der Gast muß nur Teller vor sich haben, von denen er essen kann, genug Besteck, eine schöne große Stoffserviette und saubere Gläser.

Ausziehtisch

Praktisch sind Ausziehtische mit zwei bis drei Einlegeplatten, besonders für größere Feste. Hat der Tisch eine Platte mit Edelholzfurnier, so sollten die Einlegplatten, die meist unter der Tischplatte im ewigen Finsteren ruhen, manchmal ans Tageslicht gestellt und geölt oder mit Spezialpflegemittel eingerieben werden. Sonst haben Tisch und Platten mit der Zeit verschiedene Schattierungen.

Besteck Man deckt das Besteck so, wie man es der Mahlzeitenfolge nach braucht. Außen liegen also die Besteckteile, die man zuerst benutzt.

Beim kleinen Gedeck legt man Messer und Gabel nebeneinander rechts vom Teller hin. Beim sogenannten großen Gedeck, bei dem zwei bis drei Gänge mit Messer und Gabel verspeist werden, trennt man die Besteckpaare: rechts liegen die Messer, links die Gabeln. Man arbeitet sich von Gang zu Gang von außen nach innen durch.

Brotteller Sie stehen links oberhalb des Tellers und warten auf kleine Brötchen (zur Suppe), Toast (zur Vorspeise) oder Weißbrot. Das Messer, mit dem man sich die Butter auf den Toast streicht, liegt schon griffbereit quer über dem Brotteller.

Fingerschalen Sehr praktische Geschirrteile sind Fingerschalen, die etwas aus der Mode geraten sind. Man braucht sie jedoch immer, wenn die Gäste beim Essen fettige oder klebrige Finger bekommen, wenn sie also Spargel, Krebse, Brathuhn oder Artischocken essen, siehe auch Seite 183. Fingerschalen werden zu diesen Gerichten serviert. Sie sind mit lauwarmem Wasser gefüllt, stehen links vom Teller auf einer Untertasse und sind von einer Serviette oder einem Tuch zum Händeabtrocknen begleitet. Im Wasser kann ein Minzeblatt oder ein Kringel Zitronenschale, auch eine einzelne Blüte schwimmen. In dieses edel servierte Wasser taucht man nun nicht die ganzen Hände, sondern stippt die Finger einer Hand hinein, daß die Essensspuren abgehen. Dann trocknet man sich die Finger an der Extraserviette ab und legt sie am Ende dieses Ganges locker zusammengefaltet neben den Teller. Sie wird gleichzeitig mit der Fingerschale und dem Teller abserviert.

Gläser Wie das Besteck werden auch die Gläser in der Reihenfolge ihres Gebrauchs rechts vom Teller aufgebaut. Man trinkt sich von rechts nach innen durch. Ganz rechts steht also das Sherryglas, dann folgen die Gläser für Weißwein, Rotwein, Champagner oder Sekt.

Wenn Sie zum Essen Wasser trinken, steht das Wasserglas außerhalb der Reihe links über dem Teller. Heute werden fast immer Wasser- und Weinglas serviert, weil sich die Autofahrer erst einmal den Durst mit Mineralwasser stillen wollen.

Menü Die Reihenfolge der Gerichte einer Mahlzeit nennt man Menü. Mehr als drei bis vier Gänge sollten nicht serviert werden, wenn der Gastgeber selber kocht. Also: Suppe, Vorspeise, Hauptgericht und Dessert.

Der Platzteller (ein großer, flacher Teller, der während des ganzen Menüs stehen bleibt) nimmt also den Suppenteller auf, den Vorspeisenteller und den Teller, auf dem das Hauptgericht serviert wird. Manche Gastgeber bedecken ihn mit einer kleinen Spitzendecke, damit es beim Tellerwechsel nicht so klappert. *Platzteller*

Der Vorteil des Platztellers: Die Tafel sieht auch zwischen den Gängen gedeckt und hübsch aus. Der Platzteller muß nicht aus Porzellan sein, es gibt silberne Platzteller, solche aus Zinn und aus Holz.

Nur das Dessert wird ohne Platzteller serviert.

Zum betreffenden Gang (Fisch oder Fleisch) wird links neben den Platzteller der Salatteller gestellt, er löst also den Brotteller ab. Dieser ist spätestens nach der Vorspeise überflüssig, weil es zum Hauptgericht meistens kein Brot, sondern warme Beilagen gibt. *Salatteller*

Sets kommen aus England, wo man seine schönen Mahagonitische nicht mit großen Tischtüchern zudecken will. Verschiedene Sets helfen dem Gastgeber, den Tisch immer wieder anders zu schmücken. *Sets*

Um anständig und gemütlich essen zu können, braucht jeder Gast genügend Platz. Man rechnet pro Person 60 bis 70 cm Tischlänge. *Platz zum Essen*

Platz brauchen die Gäste auch beim Hinsetzen: Zwischen sitzendem Gast und Wand soll immer noch eine Stuhlbreite freier Raum sein.

Im klassischen und strengen Sinne sind Tischdekoration Blumen, Kerzen, Silber und Kristall, Geräte und Gefäße, die keine andere Funktion haben als zu schmücken. In Wirklichkeit ist aber alles Dekoration, was auf dem Tisch zu sehen ist: Ein altes, besticktes Tischtuch schmückt die Tafel genauso wie schöne Weingläser, kuriose Salzfässer oder eine Suppenterrine, die wie ein Kohlkopf aussieht. *Tischdekoration*

Die Tischdekoration darf den Gast nicht beim Essen belästigen oder einengen. Dazu gehört auch: Blumen sollen ihm nicht den Blick aufs Gegenüber und damit das Tischgespräch unmöglich machen. *Blumen*

Der Tafelschmuck kann auch aus Kerzen bestehen. Kerzen schaffen Stimmung, aber sie müssen so zahlreich über die Tafel verstreut und so niedrig sein, daß die Gäste auch sehen können, was sie essen. Sie sind also eigentlich nur dann gestattet und vertretbar, wenn sie nicht nur eine Dekoration sind, sondern auch einen Sinn haben. Es ist gut, wenn man eine Generalprobe macht, ob sanftes Kerzenlicht im Eßzimmer ausreicht. Tut es das nicht, so verstärken Sie es durch ebenfalls sanftes Licht von ein oder zwei Wandleuchtern. *Kerzen*

Im allgemeinen zündet man keine Kerzen bei Tageslicht an, deckt zum Beispiel keinen Frühstückstisch mit Kerzen. Die Ausnahme: natürlich der Geburtstagstisch.

Wer Kerzen auf den Tisch stellt, sollte ihnen eine Glasmanschette überstreifen, was erstens sehr hübsch aussieht und zweitens verhindert, daß der Gastgeber mit dem Schreckensschrei in die Höhe saust: »Hilfe, die Kerzen kleckern!«

Und nochmals eine Warnung: Kerzenlicht ist schön, aber es kann auch kräftig heizen.

Servietten

Früher waren Servietten so groß, daß sie wirklich den langen Rock der Damenkleider bedecken konnten, 50 mal 50 cm, und selbstverständlich aus ebenso blütenweißem Damast wie das Tischtuch.

Heute sind Servietten etwas kleiner, obgleich große Servietten sehr viel vernünftiger und praktischer sind als die kleinen Dinger, die einem immer vom Rock rutschen und an denen man sich nicht einmal ordentlich den Mund abwischen kann.

Auf jeden Fall müssen Servietten nicht mehr weiß sein. Sie werden ganz im Gegenteil mit voller Absicht als Farbwerte eingesetzt. Zu einem rosa Tischtuch kann man also rosarote Servietten decken, zu einem weißen Tischtuch, auf das man buntes Bauerngeschirr stellt, Servietten, in denen die Grundfarbe dieses Geschirrs wiederkehrt. Man kann auch buntes Bauernleinen mit karierten Servietten kombinieren, und man braucht Servietten nicht quadratisch zuzuschneiden, sondern kann sie zweimal so lang wie breit nähen. Wichtig ist nur, daß man Servietten kochen kann, damit die Lippenstift- und Fettflecken herausgehen.

Papierservietten

Wer sich die Arbeit oder die Kosten von Waschen und Bügeln sparen will, benutzt Papierservietten statt Stoffservietten.

Papierservietten sind als Zusatzserviette der Flecken wegen besonders praktisch, und zwar beim Krebs- oder beim Obstessen. Sie werden dann in die Stoffserviette gelegt und zusammen einmal gefaltet.

Für ein festliches Diner werden immer Stoffservietten gedeckt.

Der Platz der Serviette: links vom Teller oder dreieckig oder längs gefaltet auf dem Teller.

Familienangehörige und auch ein lieber und häufig zum Essen erscheinender Gast bekommen Serviettenringe.

Gästeservietten

Nur für eine Mahlzeit verwendet werden Gästeservietten und wandern dann gleich in die Wäsche. Will man die Gästeservietten aus Dekorationsgründen zusammenbinden, so macht man das mit Seidenschleifen oder Goldbändern.

Zigarren und Zigaretten

Früher wäre es unmöglich gewesen, vor dem Essen oder nach dem Essen zu rauchen, ohne die Damen um Erlaubnis zu fragen. Früher wäre es erst recht unmöglich gewesen, während des Essens zu rauchen.

In Feinschmeckerkreisen ist es üblich, das Rauchen während des Essens zu unterlassen.

In Raucherkreisen ist es jedoch üblich, den Tisch für Raucher zu decken, das heißt, zwischen Brotteller und Glasparade einen kleinen Aschenbecher mit einer Zigarette und einem Zigarettenbriefchen hinzustellen.

Tischordnung und Servieren

Tischordnung

Den Platz der Gäste an der Tafel bestimmt die Tischordnung. Sie hat sich im Lauf unserer Kulturgeschichte immer wieder geändert. In der Zeit der Stände und der alten höfischen Gesellschaftsordnung besaßen alle Menschen ihren gesellschaftlichen Wert, der von ihrer Herkunft oder von ihrer Stellung bestimmt wurde. Das hat sich in allem ausgewirkt, auch beim Platz an der Tafel. Diese Rangordnungen spielen heute bei der privaten Einladung keine Rolle mehr, deshalb kann man am runden Tisch am ehesten demonstrieren, daß es bei privaten Einladungen gescheiter ist, die Tischordnung nach den Vorlieben und Eigenschaften der Gäste einzuteilen. Das heißt: Man setzt Leute auseinander, die sich ohnehin kennen, und man mischt und benachbart sie mit den Gästen, für die sie sich am meisten interessieren könnten.

Die Regeln der protokollarischen Tischordnung gelten nur bei offiziellen oder bei besonders festlichen Einladungen. In diesen Fällen greift man auf die alten Regeln zurück, wonach sich die gesellschaftliche Qualität des Platzes durch seine Nähe zu den Gastgebern definiert. Da spielt auch die Frage des gesellschaftlichen Ranges wieder eine Rolle. Also ist der wichtigste, der ranghöchste Herr der Tischherr der Hausfrau und sitzt bei uns links von ihr, nach internationaler Sitte rechts.

Die ehrwürdigste oder ranghöchste Dame hat logischerweise den Hausherrn als Tischnachbarn, dann kommt der nach Rang und Wertschätzung zweithöchste Herr, der rechts von der Hausfrau sitzt, und die zweite Dame, die auf der linken Seite des Hausherrn ihren Platz findet. So fädelt sich die Tischordnung von alleine weiter auf.

Ehefrauen teilen dabei den Rang ihrer Männer; Gäste gehen vor

Verwandten, ältere Gäste vor jüngeren Gästen; Ausländer gleichen Ranges vor Inländern; Angehörige einer fremden Firma, Institution oder Behörde vor die der eigenen; Künstler haben in unserer heutigen Gesellschaft einen hohen Rang, oft höher als der von klassischen Rangträgern, und werden dementsprechend behandelt; und Töchter und Söhne haben nach dem Protokoll gar keinen Rang, sondern ergänzen partnerlose Junggesellen oder schließen das Karussell.

Hoheit und Tanten

Nun erhebt sich natürlich die Frage: Bei Exkönigen, Botschaftern und Staatspräsidenten läßt sich ziemlich eindeutig und eben mit Hilfe des Protokolls ausrechnen, wer welchen Rang einnimmt und welchen Platz beanspruchen kann. Aber was mache ich mit Tante Minchen, meinem Chef und der künftigen Schwiegermutter?

Ehrengäste

Es gibt genug Gastgeber, die jetzt bierernst nach den Regeln des Protokolls auszuklamüsern beginnen, ob Tante Minchen, da über siebzig, nicht vielleicht höher als der erst vierzigjährige Chef einzuschätzen sei. Oder ob die Schwiegermutter, weil Ärztin und Leiterin einer Krankenhausabteilung, obwohl erst sechzig, vielleicht doch mehr Gesellschaftswert besitzt als Tante Minchen. Und es gibt genauso viele Gastgeber, die friedlich sagen: »Setzt euch, wo ihr Platz findet!«

Es scheint mir am besten zu sein, wenn man bei den eigenen privaten Einladungen nur nach der Regel verfährt: Ehrengäste bekommen die besten Plätze, und die sind nach wie vor neben den Gastgebern. Im übrigen werden die Gäste so plaziert, daß sich das beste Tischgespräch ergeben kann. Nur beim Verlobungs- und Hochzeitsdiner, bei offiziellen Essen und Banketten gelten nach allgemeiner Übereinkunft doch die alten Regeln, siehe Seite 150 und 154.

Ehepaare

Zusatzregeln: Nicht nur das Gastgeber-Ehepaar sitzt getrennt, sondern auch alle anderen Ehepaare. In manchen Familien oder Gegenden ist es üblich, daß Verlobte nebeneinander gesetzt werden. Geschwister werden jedenfalls voneinander getrennt.

Spezielle Tischordnung

Wenn es nun um richtig große Feste geht, zu denen zum Beispiel die gesamte Familie oder viele Berufskollegen zusammengeströmt sind, macht derjenige, der das Fest ausrichtet, eine Tischordnung, die das Besondere dieser Gruppe berücksichtigt. Man setzt zwar die Ehrenperson an den Ehrenplatz, aber man folgt bei den anderen Gästen nicht mehr der sogenannten Rangordnung von früher, sondern man mischt die Gäste und setzt ein Mitglied der engsten Familie, der Firma etc. an jeden Tisch oder immer wieder zwischen die Gäste an der langen

Festtafel. Man vermeidet dadurch, daß diejenigen zusammenglucken, die sich ohnehin jeden Tag sehen. Man setzt neben französisch sprechende Gäste jemanden, der diese Sprache einigermaßen beherrscht. Man setzt zwei oder drei ältere Verwandte zwischen die jungen Leute – nicht um diese zu beaufsichtigen, sondern, ganz im Gegenteil, um einen Festtag auch dazu zu benutzen, daß sich die Generationen näher kommen.

Tischkarten

Damit bei wirklich großen Festen kein Durcheinander entsteht, schreibt man Tischkarten. Sie erleichtern den Gästen, ihren Platz an der Tafel zu finden.

Tischordnung

Sitzen alle Gäste an einem einzigen Tisch, so reichen Tischkarten zur Orientierung aus. Hat man bei großen Familienfesten zwei oder drei Tische oder eine Hufeisentafel gedeckt, so sollte man vor dem Eßzimmer oder in der Halle die Tischordnung auslegen. Was damit gemeint ist, lesen Sie beim Stichwort Placement (siehe Seite 153).

Auf Tischkarten stehen korrekterweise nur Vor- und Nachname der Gäste ohne Amtstitel und Ehrenzeichen. Bei offiziellen Essen wird höchstens der akademische Titel mitvermerkt. Bei Familienfesten kann man auch »Onkel Heinrich« oder »Großmama« auf die Tischkarte schreiben, und daß man diese intimen Bezeichnungen bei anderen Gelegenheiten nicht benutzt, hat nichts mit aufgedonnerten feinen Manieren zu tun, sondern mit Vernunft. Wie soll ein mit der Familie nicht so vertrauter Gast wissen, wer Onkel Heinrich ist? Ganz zu schweigen von der Großmama. Denn der korrekt auf der Tischkarte notierte Name ist auch eine Hilfe für Leute, die sich nicht so gut kennen und die bei der allgemeinen Vorstellerei den Namen just der Person nicht verstanden haben, die nun neben ihnen sitzt. Es geht also ein verstohlener Blick nach rechts oder links: Was steht auf der Tischkarte? Stößt der Blick nur auf »Onkel Heinrich«, so ist der arme Gast so klug wie zuvor und muß entweder so tun, als ob er genau wüßte, wer sein Nachbar ist, oder noch einmal nachfragen. Gerade das macht aber viele Menschen verlegen – und eine korrekt geschriebene Tischkarte befreit sie von dieser Scheu.

Hausfrau und Hausherr

Auf den Plätzen der Gastgeber steht »Hausfrau« und »Hausherr«. Es wirkt höflicher, wenn die Tischkarten von den Gastgebern mit der Hand statt mit der Maschine geschrieben worden sind. Für Diners (siehe Seite 122) und offizielle Familienfeste benutzt man weißen Karton im Visitenkartenformat und legt oder lehnt die Tischkarte auf den obersten Teller, an ein Glas, oder man steckt sie in einen Tischkartenhalter. Sie kann auch auf der Serviette oder vor der Suppentasse liegen, aber sie muß immer so plaziert sein, daß der Gast nicht im Zweifel ist, ob sie für das rechte oder linke Gedeck gilt.

Man kann auch ein Stück weißen Karton doppelt so groß wie eine Tischkarte schneiden, längs falten und knicken, so daß die Tischkarte von alleine stehen kann.

Phantasievolle Tischkarten

Bei privaten Festen kann man die Tischkarten jedoch so phantasievoll und amüsant gestalten, wie man mag und wie es einem einfällt; man kann auch zum Beispiel zu Ostern oder im Advent kleine Geschenke damit verbinden, indem man auf ein eingewickeltes Geschenk oder eine Marzipanfigur ein Etikett mit dem Namen des Gastes legt.

Placement

Das Placement ist im Grunde genommen nur der französische Ausdruck für Tischordnung. Außerdem ist es noch die Bezeichnung für einen äußerst sinnreichen Gegenstand, mit dessen Hilfe man die Tischordnung auf einen Blick überschauen kann: eine Leder- oder Samtplatte in Tischform, in die Kärtchen mit den Namen der Gäste gesteckt werden können.

Mit Hilfe eines solchen Placements fällt es einem Gastgeber leicht, eine schwierige Tischordnung zustande zu bekommen, indem er die Kärtchen immer hin und her steckt, bis die Sache sitzt und stimmt.

Ein Placement liegt in der Diele, Halle oder im Vorraum des Eßzimmers aus, wenn man zu einem großen Essen eingeladen ist, damit sich die Herren orientieren können, wer ihre Dame ist und wohin sie sich mit ihr zu begeben haben.

Findet das Essen an mehreren Tischen statt, so liegen dementsprechend viele Placements aus, wobei auf einem großen Plan alle Tische verzeichnet sind, meist numeriert, so daß man wiederum weiß, an welchem Tisch im Speisezimmer man seinen Platz hat.

Placement selbst gemacht

Will man sich ein Placement selber herstellen, so malt man auf ein Stück weißen Karton das Rechteck oder das Rund oder das Oval des Eßtischs auf und schreibt die Namen der Gäste strahlenförmig darum herum.

Das Hilfsmittel, mit dem man angibt, wo rechts und links auf diesem Plan ist: Man zeichnet die Tür mit ein, durch die die Gäste das Eßzimmer betreten.

Bei großen und offiziellen Essen kann das Placement durch soge-

Führungskarten nannte Führungskarten ergänzt werden. Das sind Visitenkarten, große Klappkarten, die wie kleine Zelte neben dem Placement stehen. Auf der Vorderseite der Karte steht der Name des Herrn, innen »...wird gebeten, Frau Sowieso zu Tisch zu führen«.

Einzelne Herren, die niemanden zu führen haben, bekommen keine Führungskarte und müssen sich ihren Platz auf dem Placement suchen.

Wenn nun jeder Herr seine Dame gefunden hat, kann sie sich bei ihm einhaken, und das Paar wandert zusammen zu Tisch.

Und was macht man, wenn zwei Damen oder drei Herren übrig bleiben?

Für ein offizielles Essen lädt der Gastgeber so ein, daß sich die Gäste zu Paaren finden können. Beim großen oder kleinen Familienessen oder bei der häuslichen Party gibt es ohnehin keine so ernstgenommene Tischordnung, so daß zum Beispiel die Tochter ihre Mutter führen kann oder ein Sohn seinen Onkel.

Zu Tisch führen

Es gibt immer wieder Gastgeber, die auch in diesem Fall, also beim eigenen privaten Fest, für Ordnung sind und die es gerne sehen, wenn die Herren ihre Damen zu Tisch führen. Eigentlich ist es eine Sitte, die zu den festlichen Diners gehört. Dann führen nämlich die Herren ihre Damen, die Tischnachbarinnen, zu Tische, so wie in Pippi Langstrumpfs Villa Kunterbunt das kleine Mädchen Annika von Herrn Nilsson, dem Affen, zu Tisch geführt wurde. Auf das Pferd wurde in diesem Falle protokollarisch keine Rücksicht genommen.

Strenge Etikette-Anhänger sagen: »Wenn nicht geführt wird, handelt es sich auch nicht um ein Diner!«, aber umgekehrt kann man eben auch zum simplen Butterbrot führen und geführt werden. Das hängt nur davon ab, wie sehr ein Gastgeber an dieser Form hängt, siehe nochmals Astrid Lindgrens Pippi.

Wie wird geführt?

Wenn es richtig und formvollendet verlaufen soll, so hat sich zuerst jeder Herr anhand des Placements vergewissert, wen er führen wird, und hat sich unter Umständen seiner Tischdame vorgestellt oder den Gastgeber gebeten, ihn vorzustellen.

Ist es ein nicht so festliches Abendessen, so sagt der Gastgeber, wer wen zu führen hat, und wenn ihm die Hausfrau mit dem berühmten stummen Nicken zu verstehen gibt, daß angerichtet ist, reicht er selber der würdigsten Dame oder dem weiblichen Ehrengast den Arm und marschiert mit ihr zur Tafel.

Strenggenommen folgen nun die Paare nach Rangfolge – sie folgen auf jeden Fall in dem, was sie für die Rangfolge halten, oder in der Reihenfolge, die sich ergibt oder die ihnen am liebsten ist. Kurz: Die einzige Regel besteht darin, daß die Hausfrau mit ihrem Tischherrn den Zug beschließt. Vor ihr marschieren die Herren oder Damen, hinter ihr die Kinder des Hauses.

Tafel aufheben

Nach dem Essen rollt die Gästeschlange umgekehrt in den Salon zurück. Die Hausfrau hebt die Tafel auf und geht mit ihrem Herrn zuerst hinaus. Der Hausherr und seine Dame sind diesmal die letzten.

Aber noch ist das Essen nicht zu Ende. Man hat sich erst einmal gesetzt. Was nun? Wie kommt das Essen auf den Tisch?

Es ist noch gar nicht so lange her, daß wir so essen, wie wir es heute gewohnt sind, am gedeckten Tisch, mit Tellern bestimmter Größe. Erst im Barock haben sich die Gesetze unserer Tafel herausgebildet, erst damals wurde aus dem oft wilden Gelage ein Menü, bei dem nicht alle Speisen auf einmal auf den Tisch gestellt, sondern in genau berechneter Form nacheinander geboten wurden, wobei zu den verfeinerten Tischsitten eine entsprechende Konversation gehörte.

Klassischer Service

An den verschiedenen Königshöfen haben sich die Formen des Service entwickelt, und Mitte des vorigen Jahrhunderts kannte man die folgenden Methoden, die einer der damaligen Hofmarschälle, Ernst von Malortie, beschrieben hat. Die Aufgabe eines Hofmarschalls bestand darin, den Fürsten und Königen das Haus zu führen, bei rauschenden Empfängen und Hofdiners so gut wie an Alltagen. Sie wußten also alles ganz genau, meistens sehr viel besser als die Könige selbst. Herr von Malortie schrieb also:

Service beim König

»Der altenglische Service besteht aus drei Gängen. Die sämtlichen Speisen eines Ganges befinden sich zugleich auf der Tafel, der erste bereits bei Beginn derselben. Es werden die Speisen nicht durch die Dienerschaft gereicht, sondern von den Gästen bei demjenigen erbeten, vor dessen Platz die gewünschte Speise aufgestellt ist. Außerdem bestehen auch Büffets, von denen nach Aufforderung die Dienerschaft serviert.

Der französische Service teilt das Diner ebenfalls in drei Hauptgänge, stellt aber nur die Vorspeisen und Zwischengerichte auf die Tafel, die Hauptgerichte dagegen auf Nebentische. Die Speisen werden, entgegen der englischen Methode, durch die Dienerschaft gereicht.

Beim russischen Service steht nur das Dessert auf der Tafel, und zwar schon bei Beginn derselben. Die Speisen werden ausnahmslos durch die Dienerschaft gereicht.

Ein großer Übelstand bei der englischen Methode besteht darin, daß das Diner dadurch auf sehr bedeutende Weise verlängert wird, daß den Tischgenossen die Aufgabe des Tranchierens, an die namentlich in England große Ansprüche gestellt werden, nicht erspart bleibt.

Mir scheint die Anwendung der russischen Serviermethode wenigstens in Privathäusern entschieden den Vorzug zu verdienen. Nach der russischen Methode werden die Schüsseln nicht auf die Tafeln gestellt.

Entscheidung fürs Praktische

Die Gerichte werden in der Küche, so weit es erforderlich ist, zerlegt, der Reihe nach angerichtet und sofort den Gästen serviert. Es kann schließlich wohl die Behauptung aufgestellt werden, daß die russische Methode des Servierens nicht nur in Rußland, sondern in den meisten Ländern Europas besteht und fast die Regel bildet.«

Damit hat der Hofmarschall recht gehabt. Nach der russischen Methode – mit Ausnahme des Desserts auf dem Tisch – wird noch heute in großen Hotels und bei Diners serviert. Seine Abwertung der englischen Methode hat jedoch in unserem dienerlosen Jahrhundert keine Gültigkeit mehr. Es ist im Gegenteil die Quelle der Methode geworden, wie man seinen Gästen heutzutage in Privathaushalten ohne Personal serviert.

Servieren

Wie wird nun serviert? Das Servieren hat und hatte auch seine festen Regeln, war früher bei vielen Essen selbstverständlich und wird auch heute geübt, wenn man bei sich zu Hause ein großes Festessen für mehr als sechs bis zehn Personen gibt.

Servierhilfe

Normalerweise rechnet man so: Bei einem Diner braucht man pro sechs bis acht Personen eine Servierhilfe. Die Hausfrau oder der Gastgeber serviert bei diesen offiziellen Essen niemals eigene Gerichte.

Die strenge Regel beim formvollendeten Servieren: Der ranghöchsten Dame werden zuerst Platten und Schüsseln hingehalten, dann geht es die Damenrangfolge hinunter. Darauf kommt der ranghöchste Herr an die Reihe und so weiter.

Moderner und praktischer: Man serviert zuerst dem Ehren- oder würdigsten Gast und geht dann im Sinne des Uhrzeigers einmal um den Tisch.

Wie anbieten?

Feste Regel: Man serviert von links. Das ist für Linkshänder eine Qual, aber sie befinden sich ja immer in der Minderzahl. Damit der

Gast gut nehmen kann, muß das Vorlegebesteck ihm zugewandt sein, und wer serviert, darf den Rand einer Platte nicht mit den Fingern berühren. Es ist meist hilfreich, wenn man wie ein Kellner eine Serviette benutzt, auf der die Platte ziemlich rutschsicher ruht.

Wie oft anbieten?

Vorspeise und Suppe werden einmal angeboten; der Hauptgang mit seinen Beilagen zweimal.

Beim Hauptgang werden zuerst Fleisch und Sauce serviert, dann folgen Gemüse, Beilagen und Salat.

Wie abräumen?

Benutzte Teller werden von rechts fortgenommen. Eingeschenkt wird auch von rechts. Dabei bleibt das Glas auf dem Tisch stehen. Bevor das Dessert angeboten wird, werden leere Gläser, der Platzteller, Salz und überzählige Bestecke abgeräumt.

Das sind also die Regeln für große Feste und Gesellschaften.

Servierwagen

Die Servierhilfe für die normalen Essenseinladungen, bei der sechs oder acht Personen um den Tisch sitzen, für die der Gastgeber selber gekocht hat, ist der Servierwagen. Er hilft dem Gastgeber beim gemütlichen Abendessen ohne Personal ungeheuer. Er steht bei Beginn einer Mahlzeit leer neben dem Gastgeber oder der Hausfrau, wird mit Suppen- und Vorspeisenresten und Geschirr in die Küche gerollt, dort entladen, dann oben mit dem Hauptgang, unten mit dem Dessert beladen und wieder in das Eßzimmer gerollt.

Muße für Gastgeber

Jetzt kann der Gastgeber bis zum Ende der Mahlzeit friedlich sitzen bleiben. Nach dem Hauptgang wandert das Dessert auf den Tisch, und unten, wo es keiner sieht, stapelt sich das Geschirr vom Hauptgang. Nach dem Dessert wird alles in die Küche gerollt, wieder, meist gleich in die Spülmaschine, entladen, und dann rollt man den Servierwagen ein letztes Mal mit allen Zutaten für Mokka und die dazugehörigen Getränke hinaus.

Tischgespräch und Pflichteinladung

Wenn es beim gemeinsamen Essen in größerer Runde zu interessanten Gesprächen gekommen ist, war die Einladung bestimmt ein Erfolg. Gar kein Problem bei einer kleinen, gemütlichen Gruppe von, sagen wir, sechsen um einen Tisch. Wenn sie sich untereinander auch nicht kennen, so kennt der Gastgeber alle und kann ihnen die Bälle zuspielen. Es wird also ohne Schwierigkeiten ein allgemeines Gespräch beginnen.

Tischgespräch

Fast nirgendwo redet es sich so leicht und unbeschwert wie beim Essen. Jeder Gast hat etwas vor sich, mit dem er sich beschäftigen kann. Das hilft die Scheu zu überwinden, und das entschuldigt gelegentliches Schweigen. Fällt einem gar nichts ein, so kann man über das Essen reden, was früher streng verpönt war. Da heutzutage aber vom Gastgeber das Essen selber gekocht (oder mit manchmal ebensoviel Kopfzerbrechen ausgesucht und gekauft) worden ist, verdienen diese gelungenen Anstrengungen wahrhaftig Lob und Anerkennung.

Gesprächsthemen

Im übrigen lautete die Vorkriegsregel: Man spricht bei Tisch nicht über Krankheit, Geld und Politik.

Frage der heutigen Zeitgenossen: Worüber haben sich die Leute denn um des Himmels willen damals unterhalten?

Ein wenig Weisheit steckt in der alten Regel, denn über Politik kann man in Streit geraten; Geld kann in Angeberei ausarten und diejenigen beleidigen, die nicht so reich damit gesegnet sind; und Krankheitsberichte: Es gibt immer wieder Menschen, denen bei der lebhaften Beschreibung eines schönen Magengeschwürs ganz einfach übel wird.

Gesprächsanfang

Über das Wetter als Gesprächsthema wird gern gelästert. Auf jeden Fall kann es der berühmte Anfang sein, und wenn zwei Leute merken, wie albern der Austausch von »gar kein so schlechtes Wetter für diese

Jahreszeit ...« ist, lachen vielleicht beide, und dann kann das richtige Gespräch beginnen.

Gesprächsstil

Auf jeden Fall sollte man zu Beginn keine persönlichen Fragen stellen, sollte nicht nur von sich selber reden und sollte nicht nur Monologe halten, sondern auf seinen Tischnachbarn achten und hinhören, was er oder was sie sagt. Manchmal besteht der beste Beitrag auch nur darin, ein guter Zuhörer zu sein und nur von Zeit zu Zeit mit einer Frage das Gespräch in Gang zu halten, siehe auch Seite 218.

Tischreden

Tischreden werden bei privaten und bei offiziellen Essen gehalten. Die besten Tischreden sind kurz und witzig.

Wann werden sie gehalten? Stets nach dem Hauptgang, also vor dem oder zum Dessert, damit keine Wartekatastrophe in der Küche passieren kann.

Bei festlichen Mahlzeiten, zum Beispiel beim Hochzeitsdiner, empfiehlt es sich, das Dessert so auszusuchen, daß es Champagner oder Sekt dazu geben kann, damit die Gäste mit dem richtigen Getränk anstoßen.

Tischreden bei Jubiläen, Konfirmationen oder Hochzeiten sind unter Umständen zahlreich. Deshalb ist es ratsam, den Gastgeber davon zu informieren, wer reden möchte, damit er die richtige Reihenfolge bestimmen und eventuell die einzelnen Redner einführen kann. Ebenso ratsam ist es, daß sich die Redner in etwa aufeinander abgestimmt haben, damit nicht alle das gleiche sagen.

Wer eine Rede hält, klopft ans Glas und erhebt sich. Alle anderen Gäste hören dann höflicherweise auf zu reden, zu lachen und zu essen.

Dank für Reden

Wenn das Fest einen Ehrengast gehabt hat, so ist es eine hübsche Sitte, daß er sich mit ein paar Worten für die auf ihn gehaltenen Reden bedankt. Von dieser Regel ist nur das Brautpaar ausgenommen. Ihnen gesteht man zu, daß sie das Glück wortlos gemacht hat.

Kinder

Kinder gehören zur Familie, und wenn diese Familie ihre Feste feiert, so gehören auch die Kinder dazu. Kinder lieben meistens Feste, sie lieben es auch, an etwas teilzuhaben, das ihren Alltag und ihre Erfahrungen übersteigt. Sie lieben es auch noch, Verwandte um sich zu haben, und deshalb sollte man Kinder von Anfang an mit dazurechnen.

Platz für Kinder

Kinder sollten an der Festtafel möglichst zwischen die anderen Gäste und nicht zusammengesetzt werden. Denn so lernen sie die ihnen vielleicht noch etwas unbekannteren Verwandten und Bekannten der Eltern besser kennen und geraten nicht vor Langeweile miteinander in Streit.

Erziehung hat Pause

Kinder sollten nicht alles essen müssen, was auf den Tisch kommt, oder, falls es keine zu große Mühe macht: es sollte etwas auf den Tisch kommen, das diesen Kindern gut schmeckt. Kinder sollten auch nicht fünf Gänge lang reglos am Tisch sitzen müssen. Wenn sie sich zwischendurch im Garten oder im Kinderzimmer die Beine vertreten und etwas spielen können, sind sie viel zufriedener und deshalb bessere Tischgenossen. Bei großen Festen und Familienjubiläen setzte man die Kinder früher an den sogenannten Katzentisch. Das war ein Extratisch, an dem ein älteres Geschwisterkind oder eine Tante dafür sorgte, daß Ruhe und Frieden herrschten, auch daß die Kinder ihre Freiheit bekamen und aufstehen konnten, wenn sie das Festessen zu langweilen begann.

Katzentisch

Am Katzentisch wurde meist für die Kinder besser geeignetes Essen serviert, goldener Apfelsaft statt goldener Champagner in die Gläser gegossen, und die Kinder fanden neben ihrem Teller nicht die fünf Messer und fünf Gabeln, die sie sowieso nicht brauchten, sondern ihr gewohntes Besteck. Schließlich lag auf dem Katzentisch ein nicht so heikles Tischtuch, so daß ein umgekipptes Schokoladeneis keine Katastrophe verursachte. Insgesamt also eine Sitte, die recht praktisch ist, weil sie den Kindern entgegenkommt und den Erwachsenen angenehm ist, aber keinem die Freude am Fest schmälert.

Ältere Gäste

Die Höflichkeit, die man älteren Menschen entgegenbringen sollte, beginnt schon bei der Einladung. Sie sollte besonders rechtzeitig abgeschickt werden, möglichst immer schriftlich sein, damit das Gedächtnis gestützt wird, und ein oder zwei Tage vor dem Fest könnte es vielleicht noch eine telefonische Erinnerung geben.

Höflich ist es jedoch, die Zuvorkommenheit vollkommen leicht und locker zu üben, denn nichts trifft einen alten Menschen mehr als wirklich wie ein alter Mensch behandelt und betütert zu werden.

Gäste abholen?

Der Gastgeber überlegt sich also: Kann dieser betreffende Gast allein kommen oder sollte man ihn abholen? Schafft er es noch, mit der Straßenbahn zu fahren und zweimal umzusteigen? Ist ihm vielleicht die Taxe zu teuer? Dann bestellt man ihm telefonisch eine Taxe, die man bei der Ankunft bezahlt und deren Fahrer man bittet, dem alten Gast vom Haus ins Auto und dann zu den Gastgebern hineinzuhelfen.

Wenn alte Gäste zu einem Cocktail oder einem Stehempfang geladen sind, brauchen sie auch bei diesen Stehpartys eine Sitzgelegenheit. Dadurch sollten sie jedoch nicht isoliert werden. Der Gastgeber stellt die Stühle nicht ins Nachbarzimmer, und er bringt ihnen nach und nach die anderen Gäste, stellt sie vor, so daß die Alten auch tatsächlich etwas von der Gesellschaft haben, aber sich nicht alle Namen auf einmal merken müssen.

Sitzgelegenheit

Insgesamt achten die Gastgeber darauf, daß es die alten Gäste in jeder Hinsicht gemütlich haben, beim Gespräch, beim Essen und danach. Vielleicht gibt es bei großen Festen einen kleinen Raum neben dem allgemeinen Festsaal, in dem die alten Gäste etwas weniger Trubel haben und sich besser auf ihre Gesprächspartner konzentrieren können. Das ist besonders wichtig, wenn jemand schwerhörig ist.

Extraräume

Es ist auch höflich und nett, wenn man noch jemanden für die alten Gäste einlädt, mit dem sie sich über früher, über gemeinsame Bekannte oder gemeinsam erlebte Zeiten unterhalten können.

Bei großen Empfängen und Jubiläen sollte es einen abgeschlossenen Raum geben, wo sich der oder die alten Gäste zwischendurch, auf jeden Fall vor dem Essen, etwas verschnaufen oder hinlegen können. Das ist besonders wichtig, wenn der alte Gast der Ehrengast ist, wenn es sich also um seinen 70. oder 80. Geburtstag oder eine Goldene Hochzeit handelt.

Sind die älteren Gäste zum Essen eingeladen, so sollte bei der Zusammenstellung des Menüs auf ihre besondere Ernährungssituation Rücksicht genommen werden.

Für den bequemen und gesicherten Heimtransport sollte genauso wie für den Herweg gesorgt werden. Sicher kann ein Gast Chauffeur spielen. Er sollte die Alten aber nicht nur auf der Straße absetzen, sondern ihnen über die Fahrbahn, über den Bürgersteig und bis zur Wohnungs- oder Haustür helfen. Auf jeden Fall: Es wäre unhöflich, alte Menschen bei Einladungen zu vergessen.

Heimtransport

Der motorisierte Gast denkt nicht nur an seine älteren Mitmenschen, sondern noch an etwas anderes. Er trinkt entweder so mäßig, daß er auch um elf oder um zwei Uhr noch fahren kann. Trinkt er mehr, so läßt er sein Auto stehen und fährt mit anderen Gästen oder einer Taxe heim. Noch besser, er kommt gleich mit dem Taxi oder mit einem öffentlichen Verkehrsmittel. 20 oder 40 Mark sind billiger als ein Unfall, bei dem man unter Umständen nicht nur den Führerschein verliert.

Der wohlerzogene Autofahrer

Plicht der Gastgeber

Kann der Gast nicht mehr aus eigener Kraft entscheiden, was vernünftig und ungefährlich wäre (vor allem für andere unschuldige Verkehrsteilnehmer), so ist es die Pflicht der Gastgeber, ihn oder sie am Fahren zu hindern. Wer das einmal erlebt hat, weiß, wie scheußlich diese Situation für den Gastgeber und die anderen Gäste werden kann. Also ist es nur höflich und wohlerzogen, diese ja im nüchternen Zustand durchaus geachteten und geschätzten Mitmenschen gar nicht in eine solche Lage zu bringen.

Ehrengäste

Sie sind der Mittelpunkt des Festes. Als Ehrengast bezeichnet man den Jubilar, den von fernher Angereisten, für den man das Fest ausgerichtet hat; Ehrengäste sind das Brautpaar und das Geburtstagskind, und jedem Ehrengast steht beim Essen der Ehrenplatz zur Rechten der Hausfrau zu, wenn der Ehrengast ein Mann ist, oder an der Seite des Hausherrn, wenn es sich um eine Dame handelt.

Ehrenplätze

Ehrenplätze hat jeder rechteckige Tisch, und wenn diese Festtafel im Eßzimmer eines Ehepaares steht, so haben wir vier Ehrenplätze:

Erster und zweiter Ehrenplatz: links von der Hausfrau und rechts vom Hausherrn. Dritter und vierter Ehrenplatz: rechts von der Hausfrau und links vom Hausherrn. Das ist im übrigen auch die Reihenfolge, aus der sich die übrige Tischordnung ergänzt. Der Ehrenplatz kann je nach Familiensitte und Festesart durch Blumen oder einen Kranz bezeichnet werden.

Lebensgefährten und Geschiedene

Sie können heute noch manchen Gastgeber aus der Fassung bringen. Dabei ist die Sache vollkommen einfach. Solange zwei Menschen nicht verheiratet sind, behandelt man sie gesellschaftlich als Einzelperson. Das ist ja gerade die tiefste Berechtigung aller Formen: Sie helfen dem Unsicheren, sich tadellos zu benehmen, weil sie nichts mit Emotion zu tun haben, sondern nur mit Logik und Ordnung. Junggesellen, Junggesellinnen, Lebensgefährten, Witwer und Witwen, Geschiedene jeglichen Geschlechtes werden ohne Rücksicht auf ihre Lebens- und Leidensgeschichte mit kühler Gerechtigkeit nach dieser logischen Ordnung der Form plaziert.

Der Gastgeber hat also nur eine einzige persönliche Entscheidung zu treffen: Ob er diese betreffende Einzelperson einlädt oder nicht.

Allgemeine Regel: Geschiedene nicht gleichzeitig einladen. Tut man es aus irgendwelchen Gründen trotzdem (Taufe, Beerdigung und andere Familienzusammenkünfte), so wird man sie bei Tisch nicht nebeneinander setzen. (Siehe auch Seite 150).

Wer eingeladen wird, übernimmt damit die sogenannte Pflicht, diese Einladung zu erwidern. Junggesellen waren früher von dieser Pflicht ausgenommen, weil ein unverheirateter Mann nur als ein Übergang zum Ehemann betrachtet wurde, als halber Mensch, noch ohne Frau, die ihm das Haus führte. Eine unverheiratete Frau war erst recht gesellschaftlich nicht existent, und sie wäre vor allem nie als Dame betrachtet worden, wenn sie es gewagt hätte, fremde Herren zu sich einzuladen. *Pflichteinladung*

Heute können Junggesellen alle Einladungen erwidern, aber kein Junggeselle und auch kein Ehepaar muß eine Essenseinladung mit einer Essenseinladung erwidern. Nicht jeder hat mehr eine Köchin in der Küche, in den meisten Fällen kochen die Gastgeber selber. *Einladung erwidern*

Wer nicht kochen mag oder nicht kochen kann, wer in einer kleinen Einzimmerwohnung wohnt, muß nicht an den eigenen Tisch bitten, sondern kann sich seiner Pflicht mit einer anderen Einladung entledigen. Er kann in ein Restaurant einladen. Er kann ein Sonntagsfrühstück geben oder einen Cocktail. Er kann zu einem Fest im Grünen einladen.

Bleibt man auf der halboffiziellen Ebene des Berufs, so kommt es darauf an, in welcher Umgebung man lebt. In manchen Städten geht man noch nach den alten Regeln, nach denen ein Vorgesetzter zuerst einlädt und damit zu verstehen gibt, daß er mit seinen Angestellten zu verkehren geruht. Wo so etwas noch üblich ist, erwächst für den Untergebenen die Pflicht, den Vorgesetzten zurück einzuladen. Er sollte sich in einem solchen Fall bei einem älteren Kollegen erkundigen, wie es in dieser Stadt oder Region üblich ist.

Fast überall ist es gebräuchlich geworden, sich für alle und alle möglichen Einladungen, falls einem nichts besseres einfällt oder man zu nichts anderem Gelegenheit hat, mit einem sogenannten großen Abwasch zu revanchieren. Man bittet also zu einem großen Büffet. So hat man keine Servier- oder Sitzordnungsprobleme.

Das bedeutet: »Wir dürfen Tante Minchen nicht vergessen, sonst ist sie beleidigt!« Oder: »Thomas muß alle Kinder aus seiner Klasse zum Geburtstag einladen, die ihn auch eingeladen haben.« *Familiäre Pflichteinladung*

So lautet die Regel, und sie macht aus dieser Pflichteinladung oft etwas, das einen stöhnen läßt, wenn man nur daran denkt. Also gar nicht darum kümmern? Tante Minchen lassen, wo sie ist? Zum Kindergeburtstagsfest nur diejenigen einladen, die den Eltern genehm sind?

Im Prinzip natürlich nein. Man sollte, um beim ersten Fall zu bleiben, alte Verwandte und Bekannte ganz gewiß niemals vergessen und so oft wie möglich zu offiziellen und zu familiären Festen einladen. Nicht nur als Lückenfüller oder zu sogenannten 2 B-Festen.

Es gibt freilich alte Menschen, die keine Geselligkeit ausstehen können und froh sind, daß sie das ganze Theater hinter sich haben. Das ist wieder ein psychologisches und kein gesellschaftliches Problem, aber ich finde: einladen auf jeden Fall. Auch einen alten Brummbär von Großonkel freut es, wenn man an ihn denkt, und man läßt ihm die Chance, vielleicht doch einmal zuzusagen. Mag sein, daß ihn ein Großkind zu interessieren beginnt oder daß er dem etwas älteren Vetter vorführen will, wie gut er selber noch auf den Füßen ist, vom Koppe ganz zu schweigen.

Einladen oder nicht?

Viele alte Menschen blühen außerdem auf, wenn sie mit jüngeren, ihnen noch Unbekannten zusammen eingeladen werden, denen sie all ihre Geschichten wieder zum ersten Mal erzählen können. Diesen Versuch muß man auf jeden Fall einmal unternehmen, ehe man eine alte Patentante oder eine fast vergessene Cousine als möglichen Gast ganz und gar aus dem Gedächtnis streicht.

Kinder-Geburtstag

Der Geburtstagsfall: Kinder sollten nicht ausgerechnet an ihrem Ehrentag aus Pflicht einladen müssen. Für ein Kind ist der Geburtstag oft wichtiger als Weihnachten. Geburtstag bedeutet: ein Tag, der dem Kind ganz allein gehört und nicht der übrigen Welt. An diesem Tag sollte es wirklich nur Freunde um sich haben dürfen.

Das bedeutet nun nicht, daß man einem Kind nicht genau erklären könnte und sollte, was Höflichkeit und was gesellschaftliche Pflichten bedeuten. Aber das übt man besser an einem anderen Sonntag oder einem anderen Festtag. Das Jahr ist lang genug.

Kindertheater

Auch ein Kind kann sich mit einer anderen Form der Einladung revanchieren. Es muß nicht Geburtstagseinladung mit Geburtstagseinladung vergelten. Der Erwachsene kann also vorschlagen, daß das Kind seinen sogenannten gesellschaftlichen Pflichten mit einem Besuch im Kindertheater nachkommt oder mit einem Picknick oder mit einer Spieleinladung an seine Freunde und Spielkameraden. Im übrigen sollte das Kind an eben diesem Erwachsenen und seinem Beispiel lernen, daß man von vornherein eine Einladung ablehnt, wenn man mit den betreffenden Gastgebern nichts zu tun haben möchte.

Blumen, Gastgeschenke und Dank

Bei uns ist der Rosenkavalier erfunden worden, und seitdem haben wir den Blumentick. Jeder Gast meint, ein Blumenstraußkavalier sein zu müssen, denn Blumen gehören dazu und machen Freude.

Blumen als Gastgeschenk

Nein, Blumen als Gastgeschenk sollen nur etwas sagen. Blumen sind Symbole, und wenn es auch umstritten ist, wann die Blumensprache erfunden wurde, so steht doch ziemlich fest, daß Blumen in diesem Fall den Dank des Eingeladenen ausdrücken sollen.

Es hängt den Blumen aber immer noch an, daß man diesen Dank früher ziemlich genau berechnet hat. In Benimmbüchern der ersten Nachkriegsjahre wird ausdrücklich festgestellt, daß es »in den Jahren wachsenden Wohlstandes« auch wieder üblich geworden sei, Blumen mitzubringen, und dann schreibt zum Beispiel Hans-Otto Meissner, Konsul Erster Klasse, ganz klipp und klar: »Zum Mitbringen oder Schicken von Blumen sind vor allem solche Herren verpflichtet, die die Einladung nicht mit einer Gegeneinladung erwidern können, entweder weil sie von außerhalb sind oder keinen eigenen Hausstand haben (was nicht ausschließt, daß sie ihre Gastgeber gelegentlich in ein Restaurant einladen). Junge Herren, von denen man weiß, daß sie sehr einteilen müssen, brauchen keine Blumen mitzubringen. Selbständige Damen, die ohne männliche Begleitung auftreten und sich gehobener Lebensverhältnisse erfreuen, können Blumen mitbringen, aber sie müssen es nicht. Werden sie öfters von den gleichen Gastgebern eingeladen, ohne die Einladung jemals zu erwidern, so sind Blumen immer angebracht. Junge Mädchen, die zum ersten Mal eingeladen werden, tun gleichfalls gut daran, sich mit Blumen einzuführen. Müssen sie aber sparsam leben, dann wird das keine vernünftige Hausfrau von ihnen verlangen.«

Blumen als Eintrittskarte

Das ist ein offener Handel. Blumen als Eintrittskarte, Kinder und Studenten zahlen die Hälfte, für Bedürftige ist das Essen gänzlich frei. Außerdem wird deutlich, daß in der ersten Phase der gesellschaftlichen Restauration in aller Unschuld und Selbstverständlichkeit die Frauen wieder auf ihren zweiten Platz verwiesen wurden und der Mensch nur als Besitzer von Haus und Hausfrau ein gesellschaftlich wahrnehmbares Wesen war. Die Junggesellen beiderlei Geschlechtes mußten froh und dankbar sein, gelegentlich am Tische dieser Vollkommenen ein bescheidenes Plätzchen angeboten zu bekommen.

Das zeigt dagegen auch, wie gründlich und wie unmerklich die letzte und wahrhafte Revolution unserer Umgangsformen stattgefunden hat. Wir können unter allen Umständen der Herr unseres Lebens und unserer Wohnung sein. Das aber löscht nicht die Frage aus: Wie mache ich es richtig?

Noch einmal Meissner: »Obwohl es der Sitte entspricht, diese Blumen mitzubringen, ist es für die Hausfrau weit angenehmer, sie vorher zu bekommen. Dann braucht sie selber keine zu kaufen, um ihr Heim zu schmücken ...«. Das ist noch einmal ein Ausfluß des Handelsgedankens: Etwas muß für die Anstrengung wieder reinkommen, und wenn ich schon so viel Geld für die Gäste ausgeben muß, kann ich mir wenigstens die fünfzig Mark für den standesgemäßen Blumenschmuck sparen!

Aber immerhin: In diesem Vorschlag klingt schon die praktische Vernunft mit, und die sagt uns heute unumwunden: Wir laden aus Freundschaft ein, und da gelten andere Regeln. Die sogenannten offiziellen Essen sind Ausnahme geworden. Und bei denen hat es sich in der Tat eingebürgert, einen Blumenstrauß im voraus oder am nächsten Tag schicken zu lassen, samt Kärtchen mit handgeschriebenem Dank. Denn unterdessen hat sich der Wohlstand bei uns so ausgebreitet, daß die Veranstalter offizieller Essen ihren häuslichen Blumenschmuck irgendwie finanziell befriedigend abschreiben können und nicht mehr auf die milden Gaben ihrer Tischgäste angewiesen sind.

Blumen schicken lassen

Dafür ist die meist berufstätige Dame des Hauses froh, wenn sie nicht während der Gästebegrüßung zehn oder zwölf Blumengestecke versorgen und plazieren muß.

Andererseits: Wenn ein Gast gern mit Blumen kommen will, so kann er das selbstverständlich tun. Es gibt einem manchmal Mut (besonders bei ersten Einladungen), außergewöhnliche Blumen bieten ein erstes Gesprächsthema (auch gut, wenn man irgendwo ganz fremd eingeladen ist), und es gibt natürlich auch Gastgeberinnen, die Blumen einfach lieben oder sich durch Blumen erst richtig anerkannt fühlen – lauter legale Gründe, einen Blumenladen aufzusuchen.

Wenn man sich nun für Blumen entschieden hat, kann man sie zu jeder Einladung mitbringen (außer den Einladungen, zu denen man niemals Blumen mitbringt, siehe Seite 168) oder, wie oben erwähnt, am Tag danach mit einer Visitenkarte oder Briefkarte vom Blumenladen ins Gastgeberhaus schicken lassen.

Im ersten Fall sieht jeder, wie wohlerzogen man ist. Und man hat die Sache hinter sich und braucht am nächsten Tag an nichts mehr zu denken.

Der Fall zwei ist als Höflichkeit der Hausfrau gegenüber gedacht, siehe oben, sie kann sich also den Gästen statt den Blumen widmen.

Das erklärt übrigens auch die Regel, daß man nur dann Blumen mitbringt, wenn es sich um eine Essenseinladung handelt (wenig oder relativ wenig Leute) und nicht zur Cocktailparty, zum Diner oder zum Empfang (viele Leute).

Schnittblumen

Schnittblumen sind streng genommen einzig und allein als Blumengabe gestattet, außer man kennt den Gastgeber gut und weiß: Da fehlt mal wieder eine Zimmerpflanze auf der Fensterbank. Oder man weiß, daß die Gastgeberin Blumen liebt, die sie später in den Garten oder in den Blumenkasten setzen kann und so weiter.

Schicken lassen kann man auch einen Blumenstock oder ein Arrangement aus verschiedenen Pflanzen.

Blumen für den Herrn?

Einem Mann bringt man eigentlich keine Blumen mit, denn Blumen sind typische Geschenke für Damen, und es gibt viele Männer, die ein Blumenstrauß schockieren würde. Andererseits, wenn man bei einem notorischen Blumenliebhaber eingeladen ist, kann man ihm keine größere Freude machen, als wenn man ihm eine neue Pflanzensorte mitbringt. Oder wenn ein Junggeselle für seine Freunde kocht, warum soll ihm keiner einen Strauß Zinnien auf den Eßtisch stellen? Immer vorausgesetzt natürlich, daß er Blumen auch wirklich mag.

Also muß diese Frage von Fall zu Fall beantwortet werden. Man kann nur sagen: Wenn dem Koch oder Gastgeber keine Blumen mitgebracht werden, nur weil es sich früher einmal nicht gehört hat, so ist das ganz bestimmt falsch.

Blumen für die Damen

Wer überreicht die Blumen und wem? Der Gast oder der Ehemann, wenn es sich um ein Ehepaar handelt, bei der Begrüßung der Hausfrau, die möglichst ein paar Vasen in der Küche zurechtgestellt hat, denn sie sollte die Blumen gleich versorgen.

Begrüßt sie viele Gäste auf einmal, so kann sie die Sträuße einer Servierhilfe, einem ihrer Kinder oder einem befreundeten Gast weiterreichen, die sie dann für die Hausfrau versorgen – aber nicht in der Küche stehen lassen: da könnte sich jemand beleidigt fühlen.

Wie viele Blumen?

Drei Blumen? Fünf? Sieben? Die Regel, daß man große Blumen nur in ungerader Zahl schenkt, liegt in der Ästhetik begründet. Eine ungerade Anzahl von Blumen läßt sich besser in der Vase arrangieren. Deshalb sagt man auch: Über zehn spielt die Anzahl keine Rolle mehr.

Wohin mit dem Einwickelpapier?

Kein Papierkorb in der Garderobe? Keine hilfreich ausgestreckte Hand der Gastgeberin? Keine schön große Manteltasche? Dann stopft der Gast das Papierknäuel trotzdem nicht in den Schirmständer oder klemmt es verschämt hinter die Heizung, sondern er legt es friedlich irgendwo ab. Die meisten Garderoben haben einen Tisch oder etwas ähnliches. Auch nicht vorhanden? Dann fragen Sie doch einfach die Gastgeber, wo Sie das Einwickelpapier lassen sollen.

Oft bekommt man Blumen in durchsichtigen Folien verpackt. Dann entfällt die Frage ganz und gar, denn auf geheimnisvolle, aber internationale Art und Weise hat sich die Regel entwickelt: Durchsichtig eingepackte Blumen gelten nicht als eingewickelt, und man kann sie in eben dieser Hülle überreichen. Eine praktische Regel, die man beherzigen kann.

Keine Blumen

Das gilt für folgende Gelegenheiten: zum Antrittsbesuch; zum Kondolenzbesuch, außer es ist in der betreffenden Stadt oder Gegend üblich. Dann müssen es weiße Blumen sein. Der Ehrengast bringt der Hausfrau oder dem Gastgeber übrigens auch keine Blumen mit.

Und wenn es keine Blumen sein sollen? Mitbringsel?

Mitbringsel statt Blumen

Wie alles ohne verläßliche Regel, ist auch das mit den Mitbringseln so eine Sache. Warum sind die gescheiten Blumenläden längst dazu übergegangen, ihre Handelsware so zu verfremden, zu stecken und zu binden, daß sie wie ein modernes Kunstwerk oder wie etwas ganz entzückend Selbstgebasteltes aussieht? Blumen als Mitbringsel von Individualisten für Individualisten. Die Krone sind natürlich Pfingstrosen aus dem eigenen Garten oder ein selbstgepflückter Sommerstrauß von einer Wiese, die keiner düngt.

Das zeigt auf jeden Fall, wie wir heute denken. Wir mögen das Vorgefertigte nicht mehr so gerne. Auch nicht die Nullachtfünfzehn-Lösung.

Früher galten jedoch Geschenke, die einen ideellen Wert überstiegen, die man also nicht wie Blumen nur ein paar Tage lang genießen konnte und dann wegwerfen mußte, als ausgesprochen taktlos und ordinär.

Heute können sich jedoch selbst Damen von Herren etwas so wenig Ideelles wie eine Knoblauchpresse (ohne Rosen) schenken lassen, ohne daß ihre und seine Moral ins Zwielicht geriete.

Gastgeschenk

Auf jeden Fall kann man heute bei allen privaten Einladungen die Blumen durch ein Gastgeschenk ersetzen. Das kann das berühmte Glas selbsteingekochte Marmelade oder das selbstgebackene Roggenbrot, ein beziehungsreiches Buch, ein Mitbringsel von einer jüngst gemachten Reise sein.

Je weniger man den Gastgeber kennt, desto konventioneller wird das Gastgeschenk sein. Und je besser man mit dem Gastgeber befreundet ist, desto weniger Ratschläge wird man brauchen.

Mitbringsel für Kinder

Immer erlaubt und hochbeliebt, auch wenn einem für die Erwachsenen nichts einfällt: die Mitbringsel für die Kinder der Gastgeber. Dabei muß man nur ungefähr wissen, wie alt sie sind und wie viele. Und man muß wissen, ob sie modern ernährt werden oder ob ihnen noch, wie man es aus den eigenen Kindertagen weiß, Süßigkeiten eine Freude machen. Bilderbücher und Kinderbücher sind natürlich ungefährlicher und passen immer. Lustiger aber ist es oft, wenn man Kindern Dinge mitbringt, die Spaß machen.

Gastgeschenke der Hausgäste

Wenn jemand bei Freunden oder Bekannten übernachtet, so weiß er, daß in den überwiegenden Fällen die Hausfrau das sogenannte Gästezimmer geputzt und abgestaubt, ein Bett frisch überzogen und alle anderen Arbeiten verrichtet und Überlegungen angestellt hat, die zu einem Hausbesuch dazugehören.

Also ist es nur nett und höflich, dieser Hausfrau zu zeigen, daß man ebenfalls an sie gedacht hat. Niemand muß deshalb eine dieser unseligen Rechnungen anstellen: Eine Übernachtung in X-Dorf kostet im Hotel so und so viel, also muß ich bei drei Übernachtungen mindestens ein Geschenk im Gegenwert von ... Wer so rechnet, sollte gleich in dieses Hotel ziehen. Höflich und taktvoll ist es dagegen, der Hausfrau irgendetwas mitzubringen, was ihr und den Kindern wirklich

Freude macht. Keinen sündhaft teuren Schnickschnack, bei dem sie vielleicht insgeheim stöhnt: »Ach, das hätt' ich lieber in bar!« und den sie doch nicht wegwerfen kann, weil der Gast ja vielleicht im nächsten Jahr wiederkommt!

Über Trinkgeld an Hausangestellte, wo noch vorhanden, lesen Sie auf Seite 170.

Geschenke zu Familienfesten

Geburtstags-, Hochzeits-, Weihnachtsgeschenke und so weiter machen vielen Leuten Kopfzerbrechen. Was schenken, wo er oder sie doch alles hat und nichts mehr braucht!

Gutscheine statt Geschenke?

Also gar nichts schenken? Nur Gutscheine? Das kann man nur innerhalb der engsten Familie machen (falls es dort gestattet wird). In allen anderen Fällen weiß man ja eigentlich schon lange vorher, daß und wem man etwas schenken muß. Geburtstage, Weihnachten und Jubiläen lassen sich sehr lange vorhersehen. Warum die Zeit nicht richtig nutzen? Schlimm wird die Situation immer erst, wenn die meisten Geschenkmöglichkeiten längst ausgefallen sind, weil die Zeit nicht reicht und morgen schon der Festtag ist.

Geschenkschublade

Deshalb ist es besser, wenn man etwas sofort kauft, wenn man es als Geschenk erkennt, und in einer Geschenkschublade aufhebt. Oder Geschenke sofort machen, malen, stricken, basteln, fotografieren, bestellen und in Auftrag geben, sowie einem eingefallen ist, daß diese Sache genau das richtige Geschenk wäre.

Die nächste nützliche Geschenkregel: Wünsche, die jemand ganz zufällig äußert, oder Besitzlücken, die man bei jemandem entdeckt hat, sofort notieren, und zwar dort, wo man sie auch wiederfindet: im Kalender am Tag des Geburtstages oder des Jubiläums.

Wenn dem Gast trotz aller Anstrengung überhaupt nichts einfällt, sollte man trotzdem nichts x-beliebiges schenken, sondern Blumen, recht offiziell; besonders guten Wein oder andere Getränke, denn das braucht der Mensch, besonders der gesellige, immer; Bücher, besonders praktisch, da sie der Beschenkte umtauschen kann, oder Geld. Ich weiß, das ist verpönt, doch gerade für diejenigen, die fünfzig oder sechzig werden und »alles haben«, gilt in den letzten Jahren auch die sehr praktische Sitte des Sammelgeschenks, die man ja sonst nur zu Hochzeiten und Verlobungen übt: Ein Familienangehöriger benachrichtigt die Gäste, daß sich der Jubilar zum Beispiel das zwölfbändige Lexikon, eine Reise an die Loire oder einen übergroßen Sonnenschirm für seine Terrasse wünscht, und gibt gleichzeitig eine Kontonummer

Sammelgeschenk

an, auf die jeder so viel oder so wenig zahlen kann, wie er mag. Der Einzelbetrag bleibt anonym, der Jubilar bekommt – mit Gedicht oder einer anderen humorigen Zutat – einen Scheck über die Gesamtsumme überreicht. Was für Rückschlüsse er dann auf die einzelnen Gäste und Familienangehörigen zieht, ist seine Sache und kann niemanden stören.

Gleich auspacken?

Geschenke gleich auspacken? Das darf man besonders auf kleinen Festen, so daß der Schenkende gleich sieht, wie man sich über seine Gabe freut. Auf großen Festen hat man kaum Zeit dafür.

Dank

Dank muß sein, bei allen und jeden Einladungen, gerade weil er in der letzten Zeit etwas vernachlässigt wurde. Es fällt vielen Menschen einfach schwer, sich zu bedanken, aber auch das muß man lernen, denn es gehört nicht zur allgemeinen Höflichkeit, es hat auch einen Sinn: Wer ein Geschenk zur Verlobung, Hochzeit, Taufe oder Geburtstag geschickt hat, möchte zumindest wissen, ob es gut angekommen ist. Selbstverständlich auch, ob es gefallen hat.

Wer für Freunde und Fremde gekocht hat, freut sich über ein Dankeschön per Telefon am nächsten Vormittag.

Mündlicher Dank

Brief und mündlicher Dank müssen nicht ausarten, können auch gezeichnet oder mit einem Spaß verbunden sein, aber weil jeder Dank gerade heute dem Gastgeber oder der Gastgeberin und nicht ihrer Köchin und dem Personal gilt, sollte er schon deshalb nicht vergessen werden.

Wer sich mit Brief oder Karte für eine Einladung bedankt, schreibt immer mit der Hand und eigentlich auch mit der Füllfeder.

Gedruckte Dankkarten

Gedruckte Dankkarten verschickt man nur nach Jubiläen, nach Hochzeiten und großen Beerdigungen.

Es gilt aber auch in diesen Fällen als höflich, wenn man dem gedruckten Text ein paar persönliche Worte hinzufügt, sofern es sich nicht um einen offiziellen Dank für eine offizielle Gratulation oder Gabe handelt.

Mit dem Dankeschön ist übrigens diese Art von Korrespondenz zwischen Gast und Gastgeber beendet. Für den Dank braucht man sich nicht abermals zu bedanken.

Trinkgeld

Trinkgeld wird auch im Privathaus von den Gästen erwartet, wenn sie zu einer größeren Gesellschaft eingeladen sind, die mit Hilfe von Hausangestellten oder gemietetem Personal durchgeführt worden ist: Köchin, Zugehfrau, Mädchen, Diener etc.

Die Gäste finden meist in der Garderobe einen Silberteller oder eine andere Schale, in die man sein Trinkgeld hineingeben kann. Weibliche Gäste, Ehefrauen ebenso wie Junggesellinnen, besitzen übrigens die gleiche Freiheit dazu wie Männer.

Trinkgeld des Hausgastes

Wer ein paar Tage in einem Hause übernachtet, in dem es eine Zugehfrau oder eine Hausangestellte gibt, die ihm vielleicht die Hemden gewaschen oder ein Extrafrühstück bereitet hat, der sollte auf jeden Fall einen Geldschein in ein Kuvert stecken und der Betreffenden mit einem herzlichen Dankeschön zum Abschied geben.

Ein Gast, der regelmäßig Hausgast ist, der die Hausangestellte also allmählich kennt, so gut, daß er weiß, was ihr Freude macht, sollte seinem Trinkgeld eine persönliche Emballage geben und den Briefumschlag in das Mitbringsel stecken. Wieder spielt der Geldeswert keine Rolle, nur der Gedanke.

Über Trinkgeld lesen Sie auch auf Seite 310.

Abschied

Da man weiß, wann welche Feste und Einladungen üblicherweise enden (siehe Seite 105 bis 131), soll man sich in etwa an diese Stunde halten, es sei denn, der Gastgeber fordert die Gäste ausdrücklich und ehrlich dazu auf, länger zu bleiben.

Allgemein verabschiedet man sich nicht, bevor der oder die Ehrengäste gegangen sind.

Abschied vom Gastgeber

Jeder Gast verabschiedet sich von seinem Gastgeber. Ausnahme: berufliche Termine, die den Gast zu einem ungewöhnlich frühen Aufbruch zwingen. Davon unterrichtet er vorher den Gastgeber und kann dann unauffällig verschwinden.

Ist die Gesellschaft sehr groß, braucht sich der Gast nicht von allen übrigen Gästen einzeln zu verabschieden. Bei einer Gruppe von vier oder sechs Eingeladenen, die um einen Tisch sitzen, sähe es freilich sonderbar aus, wenn sich jemand stumm entfernte.

Händeschütteln?

Zum Abschied gibt es Händeschütteln zwischen Gastgeber und Gast. Zwischen Gast und Gästen genügen Lächeln und Verneigung, es sei denn, man steckt in einer Gesellschaft von gewohnheitsmäßigen Händeschüttlern.

Ist der Gastgeber mit mehreren Gästen in die Garderobe gegangen, so verabschiedet sich jeder Gast zuerst beim Gastgeber oder bei den Gastgebern, und dann erst bei den übrigen Gästen.

Wer geht mit zur Tür?

Zur Tür bringt der Gastgeber die Gäste. Wenn es sich bei den Gastgebern um ein Ehepaar handelt, so verrichtet der Hausherr den

Türdienst, er empfängt und verabschiedet die Gäste und öffnet die Haustür.

Die Hausfrau bleibt im Zimmer und unterhält sich mit den übrigen Gästen. Das ist die allgemeine Regel. Es spricht jedoch nichts dagegen, daß die Hausfrau mit zur Tür geht oder die Gäste allein zur Tür führt, weil der Mann gerade in ein Gespräch vertieft ist oder eine Flasche öffnet oder weil es sich um ihre eigenen besten Freunde handelt.

Ist der Gastgeber eine Junggesellin, so fällt ihr ohnehin automatisch die Aufgabe des Hausherrn zu.

Einzige Ausnahme: Sie hilft männlichen Gästen nicht aus dem Mantel und in den Mantel hinein.

Ende des Festes

Manche Gäste finden von allein kein Ende. Jeder Gastgeber kennt dieses Problem. Was macht man mit solchen Überhöcklern, wie man diese Festsitzer im Alemannischen nennt? Es erscheint uns immer noch als vollkommen unmöglich, schlicht und klar zu sagen: »Kinder, das Fest ist aus!« Wir besitzen zwar alle privaten Freiheiten, sind aber noch nicht daran gewöhnt, die Konsequenzen daraus zu ziehen.

Denn wenn es nicht mehr selbstverständlich ist, daß gesellschaftliche Regeln eingehalten werden, so braucht es auch nicht selbstverständlich zu sein, daß Gastgeber aus schierer Wohlerzogenheit ihre Nachtruhe opfern. Mit dem gleichen Recht, mit dem die Gäste tun, was ihnen paßt, kann er sagen, was ihm paßt. Die Hauptsache ist, daß er es gleichzeitig höflich und unmißverständlich tut.

Bei der Beschreibung der einzelnen Festformen, auf Seite 105 bis 131, finden Sie genaue Zeitangaben.

DIE TISCHSITTEN

Entwicklung der Tischsitten und das Besteck

Jeder Mensch muß essen, und deshalb sind die Eßmanieren im wahrsten Sinn des Wortes unübersehbare Verhaltensformen. Das mag der Grund sein, daß wir aus allen Epochen unserer Kulturgeschichte Texte und bildliche Darstellungen von Essensregeln und Formen der Mahlzeiten kennen.

Und es mag erst recht den Grund dafür abgeben, daß die Eßmanieren als Maßstab für Manieren überhaupt genommen werden. »Er/sie kann sich bei Tisch nicht benehmen!«, das ist ein Verdammungsurteil. Manche Chefs laden Anwärter auf einen verantwortungsvollen Posten erstmal zum Mittagessen ein. Tageszeitungen berichten mokant, daß Präsident Reagan am liebsten einfache Gerichte und mit den Fingern ißt, und ebenso mokant, daß die Eltern in der DDR mit den Tischmanieren ihrer Kinder, die sie im staatlichen Kindergarten beigebracht bekommen, unzufrieden sind.

Doch selbst auf einem so alltäglichen Gebiet wie dem der Eßmanieren ist nichts so einfach, wie es aussieht.

Es gibt allgemeine Grundregeln, die das Feld der tausend Möglichkeiten an der äußersten Grenze zum Barbarischen einzäunen. Man rülpst also nicht bei Tisch, bohrt sich nicht in Ohr und Nase, läßt keinen fahren, wischt sich – heutzutage – nicht die Finger am Tischtuch, man spuckt nicht aus, schmeißt keine abgenagten Knochen hinter sich. Aber schon beim Hund, der in einem Lokal bei Tisch mitfrißt, scheiden sich die Geister. Eine Amerikanerin, die in Partenkirchen in einem eleganten Hotel ihren Fiffi (mit besonders langen Gesichtshaaren) auf den Stuhl setzte und ihm einen Teller vor die Schnauze schob, erregte den Unwillen eines europäischen Gastes. »Könnten Sie bitte den Hund vom Tisch nehmen?«, fragte er höflich.

Hund vom Tisch

Darauf sie: »Warum?« Der Europäer erwiderte: »Weil es unappetitlich ist.« »Nun«, antwortete sie, »ich nehm' ihn runter, aber nicht weil ich muß, sondern weil ich will.«

Wahrscheinlich erzählen beide die Geschichte seitdem Freunden und Bekannten, jeder um zu illustrieren, was für merkwürdige Menschen doch die Amis beziehungsweise diese Krauts sind. Vielleicht findet jeder, der andere könne sich nicht benehmen, und den einen bestärkt es in dem Vorurteil, daß Amis eben immer noch halbe Wilde sind, stinkreich, aber unbeleckt von jeglicher Zivilisation, während die Hundedame bestätigt findet, daß die Europäer noch vorgestriger, anstellerischer und humorloser sind, als man in den USA ohnehin vermutet.

Hände vom Tisch

Ähnlich vorschnell und falsch reagiert erst recht ein Deutscher, der seine ganze Kindheit hindurch gehört hat: »Hände auf den Tisch!« und nun einen Engländer beim Essen beobachtet: »Hände auf den Schoß!«. Oder der sieht, wie ein Schweizer seinen Milchkafi trinkt oder ein Amerikaner sein Fleisch kleinsäbelt oder ein Franzose seine Sauce mit Brot auftunkt oder irgendwer die Gabel für unser Gefühl verkehrt herum in den Mund steckt oder seitlich vom Suppenlöffel schlürft. Dabei hat man doch im vorigen Jahrhundert bei uns den Kaffee aus der Tasse in die Untertasse geschüttet, zum Abkühlen, und auch daraus getrunken. Und das Hörnchen oder trockene Brot in den Kaffee gestippt, na und so weiter.

Andere Länder…

Diese Beispiele sollen nur darauf hinweisen, daß es sehr wohl genau definierte Eßregeln gibt, daß man sich aber hüten muß, den Spießbürger zu spielen und bei jedem Ungewohnten empört loszutrompeten: »Das ist ja unmööööglich!« Ein solcher selbstgerechter Aufschrei ist nicht nur unhöflich, sondern auch dumm. Denn fast alles ist möglich. Wer das nicht voraussetzt, verrät nur seine Beschränktheit.

Tischmanieren sind also in jeglicher Hinsicht ein Prüfstein, und sie sind erst recht ein künstlicher Höhepunkt unserer Zivilisation. Man kommt in der Tat und im Prinzip mit sehr wenig Gerätschaften zum

Essen aus. Das weiß jeder, der Kinder hat und sie auch einmal ohne pädagogische Absicht friedlich betrachtet; jeder, der Campingreisen macht; jeder, der 1945 ohne Dach und Küche und Geschirrschränke dagestanden hat. Im einfachsten Fall reichen tatsächlich die zehn Finger, und im Übergang von diesen Instrumenten zu Hummermesser, Sahnelöffel und Nußknacker beginnt die individuelle Gesittung. Jedes Kind ißt am liebsten mit den Fingern, denn die Feinmotorik der Hand beherrschen zu lernen, ist gar nicht so einfach. Mit der Faust packt sich's leichter zu. Kluge Eltern setzen auch bei diesem Weg in die Zivilisation keinen Drill gegen den Drang zum Einfachen, und sie geraten vor allem erst recht nicht außer sich, wenn sich ein Kind »daneben« benimmt. Es dauert halt lange, bis man sich fremde Sitten angewöhnt, und vielleicht hat dieses Kind nur die bequemere Eßmethode gewählt, und das ist eigentlich ein Zeichen von Intelligenz.

Essen als Vergnügen

Essen soll also von Anfang an ein Vergnügen sein, und bis jetzt hat noch jedes Kind gelernt, einigermaßen seine Hände und sein Besteck zu dirigieren. Diese Wochen und Monate, in denen der kleine Mensch mit dem Eßgerät unserer abendländischen Tradition kämpft, bis er den Löffel unverwackelt und auch richtig herum vom Teller zum Munde führen kann, spiegeln unsere ganze Entwicklung vom Jäger der Vorzeit bis zum homo habilis wider, der nachdenklich die flachen, scharfkantigen Steine und die spitzen Stöcke musterte und sie als Eßwerkzeuge erkannte – und etwas Wichtigeres kann es damals nicht gegeben haben, als von der Nahrung noch das Überleben abhing. Astgabel und Messer aus Feuerstein. Der Löffel wurde erst wichtig, als es gezähmtes Feuer gab, als Urfrauen aus Knochen und Kräutern die ersten Suppen kochten, und diese drei Geräte, Messer, Gabel und Löffel, findet man jahrtausendelang in allen Kulturen. Dazu eine Schüssel – das reicht.

Buttermesser überflüssig?

Was also? Weg mit dem ganzen Gerümpel? Mit Knochentellern und Buttermesser, mit Fingerschalen und Krebsmessern? Weil es ohne sie einfacher wäre und weil die Zeiten immer wieder gelehrt haben, daß man auch ohne diese Erfrischungen des Tafelüberschwanges auskommen kann?

Begonnen hat die Vielfalt damals, als in Sachsen Porzellan statt Gold erfunden worden ist. Damit konnte zum ersten Mal Geschirr hergestellt werden, das zwar zerbrechlicher, aber dennoch langlebiger als die silbernen und goldenen Prachtgeschirre der Könige und Fürsten war. Denn dieses Edelmetall war immer im nächsten Krieg zu

Münzen, zu Soldatensold umgeschmolzen worden. Porzellan dagegen war und blieb Porzellan, und es erlaubte eine erste Demokratisierung des Luxus: Das so formbare Material regte die Phantasie der Köche und der Porzellanentwerfer an. Damals erfand und entwickelte man

Tischkultur das, was für uns heute noch der Inbegriff der Tischkultur ist, und überwand mit dem Schönen, dem Stilisierten das nur Nützliche und Grobe. Damals, in Frankreich, legte man die Etikette bei Tisch fest; damals, im Barock, entwarf man die Tischordnung, stellte vor jeden Gast einen persönlichen Teller, das eigene Glas, auch für jede Weinsorte eines, und noch heute stellt man sie wie damals hin, in der Reihenfolge ihrer Benutzung: Von rechts fängt man an, die Gläserreihe abzuarbeiten, bis man zum Schluß, beim großen Essen, beim Champagner angelangt ist. Denn ohne diesen vernünftigen Sinn wäre die neue Ordnung nur eine Spielerei gewesen. So aber hat jedes Detail seine Bedeutung und das Ganze seine Logik.

Das Service Sinnvoll war auch das Service gedacht, also die Kombination der Geschirrteile für einen Gang, zugleich aber auch die Art und Weise, in der die Speisen der aufeinanderfolgenden Gänge serviert wurden. Und seit damals haben es die Linkshänder schwer, denn Schüsseln und Platten werden immer von links angeboten, so daß ein Rechtshänder

Das Besteck bequem zugreifen und sich bedienen kann. Auch das Besteck liegt in der Reihenfolge des Gebrauchs. Der Rechtshänder braucht also beim Menü und bei den Gängen gar nicht aufzupassen. Es liegt ihm alles wohlbedacht zur Hand, so daß er immer wieder nur zuzugreifen braucht nach dem, was außen liegt, Messer rechts und Gabel links. Man sieht dabei zu Beginn des Essens übrigens auf einen Blick, wie viele Gänge es geben wird und ob Fisch dabei ist.

Die Spezialgeräte Irrtümer sind bei der Fülle der Spezialgeräte immer drin. Das sollte jedoch nicht dazu führen, sich zu genieren, sich zu ängstigen, daß man einen Fehler machen könnte, und die Sachen ergo gar nicht zu benutzen. Erstens kann man sich immer erkundigen, welches Gerät zu welchem Zweck dienen soll, und zweitens ist es gut, daß die mannigfaltigen Spezialgeschirre vorhanden sind, denn so kann sich jeder aussuchen und kaufen, was ihm gefällt und was er für nötig hält. Und im übrigen: Alles, so eine französische Redensart, ist bei Tisch erlaubt, wenn es gefällt und gut aussieht. Wenn man sich jedoch in konservativer Gesellschaft befindet, sollte man die Regeln kennen, damit man weiß, wie das Gesellschaftsspiel am gedeckten Tisch gespielt wird.

Es beginnt schon, wenn man sich nur in seine Nähe begibt. Der allgemeinen Übereinkunft nach sollte man sauber und appetitlich aussehen, gewaschene Hände haben, nicht niesen und husten (dann bleibt man lieber im Bett) und nicht unangenehm riechen. Für Weinfreunde ist etwas zuviel Parfüm genauso unangenehm wie ein kräftiger Schweißgeruch.

Hände waschen

Kommt man ihm noch einen Schritt näher, so stürzt man nicht darauf los und nimmt sofort Platz, sondern man vergewissert sich, ob es eine Tischordnung gibt – mit Tischkarten festgelegt oder von der Hausfrau angesagt –, ob man also am richtigen Platz steht, und wenn man ein Herr ist, vergewissert man sich, ob die dazugehörige Dame ebenfalls ihren Platz gefunden hat. Man hilft ihr dann beim Hinsetzen, rückt ihr also den Stuhl zurecht und schiebt ihn an – wenigstens bei älteren und alten Damen.

Damen helfen

Auf seinem Stuhle sitzt man nicht mit krummem Rücken (Kind, sitz gerade!), lehnt sich eigentlich auch nicht an, lehnt sich aber keinesfalls so lässig zurück, als ob man fast wieder vom Stuhle rutschte.

Aufrecht sitzen

Der aufrechte Sitz hat seine Logik, nur so kann man frei und als Herr über seine Glieder essen und bekleckert sich nicht gleich Schlips und Bluse.

Aus dem gleichen Grunde legt man auch nicht die Unterarme auf den Eßtisch und ißt über sie hinweg. Denn wenn man die Ellbogen nicht vom Tisch löst, kann man mit den Unterarmen nur hebeln und muß sich das Essen in den Mund schaufeln. Da bei diesem Vorgang besonders die Suppe gern aus dem Löffel kleckert und der Schaufler weiß, daß sich das nicht gehört (!), beugt er sich meist wie ein alter Hund dicht über den Napf.

Niemals kleckern

Das Kunstprodukt, der zivilisierte Mensch, frißt aber eben nicht wie ein Tier.

Wer nun aufrecht wie ein Mensch am Tisch sitzt, bekommt die kalte Vorspeise serviert oder findet sie schon vor: auf einem Vorspeisenteller, der auf dem Platz- oder Hauptteller steht.

Wieder greift er nicht unverzüglich und mit ungezügelter Gier zu den Waffen, sondern entfaltet zuerst einmal die Serviette und legt sie sich richtig ausgebreitet auf den Schoß. Und er wartet sittsam, bis die Hausfrau zu essen beginnt oder – falls sie noch mit etwas anderem beschäftigt ist – sagt: »Fangen Sie doch bitte an!«

Unser Mustergast darf also zugreifen, freilich nicht so, als ob er gerade einer Hungersnot entronnen wäre. Kleine Happen nehmen, nicht schlingen, nicht mit offenem Munde kauen, ordentlich runterschlucken, ehe man trinkt, und sich zuvor natürlich mit der Serviette den Mund abtupfen, damit man keine Schmierspuren am Glasrand hinterläßt.

Brot, Brötchen oder Toast

Zur Vorspeise gibt es manchmal Brot, Brötchen oder Toast. Wenn man das Brot so ißt, legt man es an oder auf den Vorspeisenteller, beißt nicht davon ab und schneidet es nicht durch, sondern bricht es in Brocken und schiebt sich diese in den Mund.

Brotteller

Gibt es zum Brot oder zum Toast Butter, so findet man links oberhalb des Haupttellers den kleineren Brotteller, auf dem meist ein ebenso kleines Brotmesser liegt. Abermals gilt: Nicht beißen oder schneiden, Brötchen oder Brotscheiben statt dessen durchbrechen, Stücke abbrechen, jeden Brocken mit Butter versehen – und happs!

Messer

Bis jetzt ist nur ein Besteckstück in Aktion getreten: das kleine Brotmesser. Dabei kann man kaum etwas falsch machen, denn es gibt natürlich auch für den Griff nach den Eßgeräten feste Regeln.

Das Messer, um mit ihm zu beginnen, wird nicht wie ein Bleistift oder Füllhalter angepackt, also nicht in die Beuge zwischen Daumen und Zeigefinger gelegt und von den beiden geführt. Man greift stattdessen von oben zu, so daß der Messergriff unter dem kleinen Finger hervorschaut, der Zeigefinger oben auf dem Griff liegt und Druck ausüben kann, während Daumen und Mittelfinger als Seitenruder dienen. So handhabt man das Messer auch beim Schieben.

Gabel

Die Gabel wird wie das Messer benutzt, wenn sie etwas festhält, was der Mensch schneidet, oder wenn sie etwas aufspießt, das man von ihr abißt. Dient sie dagegen als Schaufel für Reis oder Bratkartoffeln, Erbsen oder andere Gemüse, so dreht man sie um, und nun ruht ihr Stiel in der Beuge zwischen Daumen und Zeigefinger.

Löffel

Man packt den Löffel nicht wie ein Kind, das seine Hand und Fingerbewegungen noch nicht richtig kontrollieren kann, sondern legt den Löffelstiel in die Beuge. Hierzulande führt man den Löffel nicht wie in angelsächsischen Ländern mit der Breitseite zum Munde, sondern schiebt ihn mit der Spitze voraus zwischen die Lippen.

Wer etwas löffelt, spreizt den kleinen Finger nicht wie eine Balancierstange von seinen vier Brüdern ab, sondern läßt ihn so eng am Ringfinger liegen wie bei allen anderen Handgriffen auch.

Na, und das ist sicher klar: Löffel nicht bis zum Rande vollschöpfen, so daß die Suppe wieder in den Teller kleckert und die eigene Brust samt Tischumfeld bespritzt. Und Gabel dito nicht so voll häufen, daß die Sache entweder runterpoltert oder nur mit Maulsperre bewältigt werden kann.

Daß man das Messer nicht in den Mund steckt und den Löffel nicht von allen Seiten abschleckt, muß man wohl kaum erwähnen.

Kleines Gedeck

Das sogenannte kleine Gedeck (für eine Mahlzeit wie Frühstück oder Abendessen, die nur einen Gang umfassen) kann man aufdecken wie man will. Also: Serviette links vom Teller, Messer und Gabel rechts, das ist ebenso gut wie Serviette und Gabel links, Messer alleine rechts vom Teller.

Großes Gedeck

Beim großen Gedeck für Essen mit mehreren Gängen werden Messer und Gabel getrennt. Die Gabeln liegen links vom Platzteller, das Messer rechts. Die Serviette wird dann entweder ganz links außen an den Rand der Gabeln gelegt oder auf den Teller.

Jeweils außen liegt das Besteckteil oder das Besteckpaar, mit dem zuerst gegessen wird, und so arbeitet man sich von außen nach innen durch.

Dessertbesteck

Das Dessertbesteck liegt über dem Teller, und es umfaßt insgesamt Messer, Gabel und Löffel, die je nach Art des Nachtisches miteinander kombiniert werden.

Suppenlöffel

Nur der Suppenlöffel tanzt aus der Reihe. Manche Gastgeber legen ihn rechts außen, also noch vor das erste Messer.

In anderen Häusern entdeckt man ihn oben quer über dem Dessertbesteck, und manchmal liegt er auch gleich auf der Untertasse der Suppentasse.

Bei vielen Bestecken ist der Größenunterschied zwischen Suppen- und Dessertlöffel so klein oder gleich null, daß man sich leicht vergreifen kann. Das macht jedoch nichts. Entweder benutzt man dann den Suppenlöffel zum Dessertlöffel oder der aufmerksame Gastgeber legt einem stillschweigend einen frischen Dessertlöffel hin.

Messer und Gabel

Gabelzinken und Löffelspitzen nach unten? Oder umgekehrt? Vollkommen egal. Man legt manchmal Gabeln und Löffel umgekehrt hin, um das Monogramm oder Wappen sichtbar zu machen, das bei altmodischem Silberbesteck auf das graviert ist, was wir heute als Unterseite betrachten.

Messer und Gabel zeigen schließlich an, ob man genug gegessen hat oder nicht. Möchte man nichts mehr angeboten bekommen, so legt man Messer und Gabel parallel zueinander auf den leeren Teller.

Möchte man beim zweiten Service noch einmal bedient werden, so kreuzt man das Besteck.

Übrigens: Braucht man das Messer im Augenblick nicht, so legt man es keinesfalls auf das Tischtuch zurück. Das ist klar: die beschmierte Klinge könnte Flecken machen. Früher gab's für solche Fälle Messerbänkchen, die man dann als spießig empfand und die offenbar wieder auftauchen, also abermals gesellschaftsfähig geworden sind.

Messerbänkchen

Ob man nun das benutzte Messer seitlich oben auf den Tellerrand legt oder so, daß der Griff auf dem Tischtuch und die Schneide auf dem Teller ruht, ist Ansichts- und Gewohnheitssache. Wenn man Pech hat, gerät man immer in eine Gesellschaft, in der gerade das andere üblich ist und das verpönt, was man selber macht. Aber: Wenn sich Leute über solche Kleinigkeiten mokieren oder gar Schlüsse auf den Charakter des Messerlegers ziehen, ist ihnen nicht zu helfen, und man sollte entweder lachen oder das nächste Mal bei anderen Leuten essen.

Silber oder Edelstahl?

Wer ein Silberbesteck besitzt, wird es sicher gerne benutzen, wenn er Freunden ein gutes Essen gekocht und aufgetischt hat. Wer sein Geld jedoch lieber für guten Bordeaux als für Sterling-Silber ausgibt, ist auch zu loben; und wer sich sagt: Soll ich ausgerechnet nach einem Essen für zwölf Personen nachts in der Küche stehen und das Besteck mit der Hand abwaschen, statt es in die Spülmaschine stecken zu können?, der hat auch recht, wenn er infolgedessen sein spülmaschinenfestes Stahlbesteck aufdeckt.

Wie man nun Silber, Stahl, Kristall, Glas, Damast und Leinen kombiniert, ist ein ästhetisches Problem und kann ergo nach Belieben gelöst werden.

Pappteller

Daß mir zum Beispiel selbst bei einem ländlichen Fest in der Scheune einfache Ausverkaufsporzellanteller besser gefallen als Wegwerfteller aus Pappendeckel, hat auch etwas mit Umweltschutz und Verzicht auf unnötigen Müll zu tun.

Der richtige Umgang mit Essen und Trinken

Sollte es zur Vorspeise Kaviar – Störkaviar oder skandinavischen Forellen- oder Lachskaviar – geben, so löffelt man sich mit einem Horn-, Bein- oder Stahllöffel, der nicht anläuft, eine Portion auf den Vorspeisenteller. *Kaviar*

Jetzt hat man die Wahl. Toast in mundgerechte Stücke brechen, buttern, Kaviar drauf und essen. Oder gebuttertes Toaststück in den Mund und eine Gabelladung Kaviar dazu. Merkwürdigerweise gilt es als spießig, sich den Kaviar auf den Toast zu häufen und mit Messer und Gabel zu essen. Vielleicht, weil man bei den ersten beiden Methoden nicht gleich so deutlich sehen kann, wie gierig einer zuschlägt.

Zum Kaviar wird normales Besteck aufgedeckt, das man in kaltem Seifenwasser spülen muß, weil Fischeiweiß und -geruch sonst haften bleiben.

Normalerweise wird für eine Vorspeise alles so zierlich ausgelöst und mundgerecht tranchiert und serviert, daß man Fisch und Räucherfisch, Krabben, Krebse und so weiter so bequem essen kann, als ob es sich um Klops und Kartoffeln handelte. *Vorspeise*

Ist man jedoch zu einem Essen eingeladen, bei dem Schnecken, Austern, Krebse und ähnliches den ersten Höhepunkt darstellen, so muß man selber arbeiten. Bei den Austern ist das noch verhältnismäßig leicht. Man muß die geöffneten Austern nur vorsichtig von der Servierplatte hochheben, denn das Austernfleisch ruht in der schüsselartigen tiefen Schalenhälfte in seinem eigenen Meereswasser, und das darf keinesfalls rausschwappen, weil es mit der Auster zusammen geschlürft wird. Es ist mit seinem natürlichen Salz das Hauptgewürz der Austern. *Austern, Schnecken, Krebse*

Also: Austerngabel in die Rechte (Linkshänder natürlich in die Linke), Austernschale mit der anderen Hand festhalten und einmal sachte mit der Austerngabel unter die Auster fahren, um sich zu vergewissern, daß sie lose und frei im Seewasser schwimmt. Hakt sie noch am Schließmuskel, so schneidet man ihn durch – dazu hat die stämmige, kurze und gewölbte Austerngabel eine Schneideseite. Ja, natürlich an der Seite, die den Rechtshändern das Schneiden leicht macht! Linkshänder müssen also so elegant wie möglich gegen den Strich schneiden. Oder diese Auster mit einem Rechtshänder gegen eine andere Auster tauschen, die man nicht erst lockern muß.

Alsdann: Austerngabel aus der Hand legen, Austernschale an den Mund setzen, Auster und Seewasser schlürfen (das darf man hören) und schlucken. Ob man das Geglibbere noch kaut, ist eine Frage des Geschmacks und nicht der Manieren.

Schnecken Ebenso wie die Austern ißt man auch Schnecken, nicht einzeln, sondern in halben oder ganzen Dutzenden. Das Schneckenfleisch wird zu diesem Zweck in gesäuberten Schneckenhäusern serviert und schwimmt meist in flüssiger Butter. Man hat für das Schneckenessen zwei Spezialgeräte zur Verfügung: eine Schneckenzange, mit der man das Schneckenhaus einklemmt und so gut und sicher halten kann. Dazu gehört die Schneckengabel, klein und mit zwei Zinken, mit der man das Fleisch wieder aus dem Hause spießt, sticht oder polkt und sofort in den Mund steckt. Die flüssige Butter träufelt man sich auf ein Stückchen Brot oder Toast.

Hummer Ißt man Hummer als Vorspeise: Das ist meist ein halbierter Schwanz, dessen Fleisch man mit der Gabel aus dem halbierten Panzer hebt, dann mit Messer und Gabel in Stücke schneidet und – samt jeweiligen Beilagen – verspeist.

Der Hummer beim Hummeressen ist ebenfalls halbiert, aber er ist keine Dame ohne Oberleib, sondern präsentiert sich in seiner ganzen vollständigen Länge, also mit Schwanz, Körper, der Hälfte seiner Scheren und Beine.

Das Gerät zum Hummeressen: die eigenen Hände, eine Hummergabel, sehr lang und schmal und mit zwei krallenartigen Zinken versehen, außerdem eine Hummerzange. Nicht vorhanden? Dann hat der Gastgeber in der Küche die Scheren mit einem Hammer so aufgeschlagen, daß man sie bei Tisch nur aufbrechen muß, um das Fleisch mit der Hummergabel herauszuziehen. Oder er reicht Nußknacker.

Muß man also selber die Scheren knacken, so bricht man zuerst den kleinen, beweglichen Greifer ab und knackt dann einen Teil nach dem anderen. Aber nicht zu gewalttätig, sonst zermantscht das köstliche Fleisch! Die Beine bricht man in den Gelenken in Stücke und zieht das Fleisch mit der Hummergabel heraus, oder man saugt und zuzelt an den Röhrenpanzern, um an Saft und Fleisch zu kommen. Auch dieses Eßgeräusch darf man hören.

Zum Hummeressen gehören eine Schale für den Abfall, Fingerschalen und eine doppelte Serviette: die normale Damast- oder Stoffserviette und eine zweite zum Händeabwischen. Sie darf aus Papier sein, dann aber anständig groß, kann farbig sein und wird beim Tischdecken in die normale Serviette hineingelegt.

Krebse

Zu Krebsen ist das gleiche zu sagen. Für eine klassische Vorspeise wird das Fleisch in der Küche ausgelöst und je nach Rezept verwendet. Gibt es dagegen frisch gekochte ganze Krebse als Vorspeise oder Hauptgericht, so braucht man ein rotes Tischtuch und rote Servietten, weil der Krebssaft ungeheuer färbt, nach schwedischer Sitte sogar rote Lätzchen, und auf jeden Fall Abfallschüsseln und Fingerschalen.

Krebse werden nicht halbiert, sondern im Ganzen serviert, so wie sie aus dem Sud kommen. Man arbeitet mit Fingern, Krebsmesser und Gabel. Man bricht dem Krebs zuerst den Schwanz ab: den gekrümmten Schwanz in die andere Richtung biegen und dabei leicht drehen. Oft flutscht das Fleisch schon dabei aus dem Panzer, der wesentlich dünner als der Hummerpanzer ist. Tut es das nicht, so schneidet man den Panzer an der Unterseite mit dem Krebsmesser auf. Die Klinge des Krebsmessers hat ein kleines Loch. Durch diese Öffnung steckt man die Krebsbeinchen und knackt sie durch. Fleisch und Saft darf man wieder aus den Beinchen zuzeln.

Den Krebsscheren rückt man wie den Hummerscheren zu Leibe. Auf die gleiche Art verspeist man Langusten, Kaisergranate, Riesengarnelen oder die Beine von Seespinne oder Königskrabbe.

Eismeer- oder Schneekrabbe

Die nordische Eismeer- oder Schneekrabbe kommt ebenso wie die amerikanische Steinkrabbe nur in Teilen und tiefgekühlt in den Handel und damit auf den Tisch. Die Scheren werden also lediglich aufgetaut, der Gast nimmt sie an den Greifern in die Hand, stippt die fleischige, vom Panzer befreite Hälfte in Sauce und beißt oder saugt das Fleisch ab. Das ist so appetitlich, daß man weder Fingerschalen noch Extraservietten braucht.

Muscheln Muscheln sind leichter aus der Schale zu lösen, wenn sie frisch gekocht in ihrem Sud serviert werden. Der Gast bekommt sie in einem Suppenteller serviert und braucht zum Essen Löffel und Gabel. Die Gabel verwendet man eigentlich nur für die erste Muschel: Man nimmt sie in die Hand, zieht mit der Gabel das Muschelfleisch aus dem geöffneten Schalenpaar und benutzt fortan das leere Schalenpaar als eine Art natürliche Muschelzange. Die leeren Schalen kommen in eine Abfallschüssel. Den Sud löffelt man zum Schluß mit dem Suppenlöffel aus dem Teller. Es ist auch üblich, den Sud extra in Suppentassen zu servieren.

Artischocken Ganze gekochte Artischocken ißt man mit der Hand und Messer und Gabel. Zuerst zupft man das Grün Blatt für Blatt ab, stippt jedes Blättchen mit dem fleischigen Blattansatz in Sauce und zieht sie so durch die fast geschlossenen Zähne, daß man das Blattfleisch im Munde hat. Während des Blattessens legt man allmählich das Herz der Artischocke frei. Es besteht aus dem Boden und dem Heu. Dieses hebt man mit der Gabel ab und wirft es in die Abfallschüssel. Dann schneidet man den fleischigen Boden mit Messer und Gabel in Stücke und ißt ihn.

Avocados Meist gibt es die Avocados halbiert und gefüllt als Vorspeise. Das Essen ist einfach: Mit der einen Hand hält man die Avocado-Hälfte fest, mit der anderen löffelt man das Avocadofleisch samt Füllung aus, so daß nur die kräftig grüne Lederhaut noch übrig bleibt.

Melone Sie wird in der Küche halbiert und entkernt. Meist wird sie dann noch in Streifen geschnitten und auf eine Platte gelegt. Ist das Melonenfleisch noch nicht weiter zerkleinert, so fährt man mit dem Messer zwischen Schale und Fruchtfleisch hindurch und schneidet dieses Ausgelöste in mundgerechte Stücke.

Handelt es sich um kleine süße Melonen, so werden sie quer halbiert, und jeder Gast bekommt eine entkernte Hälfte, oft mit Portwein oder Sherry getränkt. Dazu wird ein mittelgroßer Löffel serviert, mit dem man das Melonenfleisch auslöffelt.

Wein

Ein ganz besonderes Kapitel ist der Wein. Das weiß jeder Weintrinker, aber in unserem Fall geht es nicht darum, wie man Wein und andere

Getränke kauft, lagert, richtig einschätzt und mit dem richtigen Gericht kombiniert, sondern darum, daß rote und weiße Weine samt Champagner das klassische Getränk zum Essen sind und man deshalb wissen muß, wie man diese Getränke serviert.

Jeder Wein hat sein eigenes Glas, das seinem Charakter entsprechend so geformt ist, daß es sein Aroma möglichst noch steigert, auf jeden Fall aber bewahrt.

Weißwein

Weißwein zum Beispiel wird kühl getrunken. Sein Glas zeigt deshalb einen langen Stiel, damit man es daran anfassen kann und den Wein nicht durch die Hand erwärmt, die sich um den Kelch schließt.

Rotwein

Rotwein dagegen darf in der Hand erwärmt werden, denn sein Aroma entfaltet sich erst bei höherer Temperatur.

Alle Gläser sind korrekterweise rein weiß und durchsichtig, damit man die Farbe des Weins gut erkennen kann.

Einschenken

Niemals bis zum Rande des Glases einschenken, denn erstens könnte das schwappen und zweitens will der Wein atmen können.

Zuschenken

In Österreich schenkt man meistens nach und nennt es »steigendes Glück«. In Deutschland wartet man, bis jemand ganz ausgetrunken hat, aber in allen deutschen Restaurants wird nachgegossen, sowie der Gast zwei oder drei Schluck getrunken hat. Logisch. Die Flasche soll leer werden, damit der Gast die nächste bestellt.

Weinflasche in Korb?

Weinflasche in den Korb legen? Das sollte man den Restaurants überlassen. Über Sinn und Unsinn dieser Sitte kann man streiten, vor allem bei vollkommen normalen und gesunden Weinen, die noch nicht so uralt sind, daß sie nicht mehr gerade stehen können.

Bordeaux

Bordeaux wohnt eh in einer Flasche mit hochgezogenem Zylinderleib, in deren 90-Grad-Wölbung sich alle Ablagerungen fangen und gar nicht ins Glas geraten – außer man stellt die Flasche auf den Kopf und klopft kräftig dagegen. Aber wer tut das schon bei Tisch.

Wo steht die Flasche?

Die Flasche auf den Tisch stellen? Das kommt vielen Gastgebern irgendwie falsch oder protzig vor, und deshalb stellen sie die Wein-, Bier- und Mineralwasserflaschen neben ihrem Stuhl am Eßtisch auf die Erde. Das ist eine Verlegenheitslösung, und man sollte sie nicht nachahmen. Erstens ist es nicht appetitlich, etwas vom Fußboden zu lüften (man weiß ja, in was unsere Schuhe manchmal treten, vom Hundedreck bis zu Tschernobyl-Resten), daraus einzuschenken und es dann vielleicht doch auf das Tischtuch zu stellen.

Besser: Wenn man im kleinen Kreis am Eßtisch sitzt und wenn Platz auf ihm ist, stellt der Gastgeber die Flasche griffbereit neben sich, so daß er immer nachschenken kann. Wenn man will, kann man alle Flaschen zusammen auf ein Tablett stellen. Dann gibt es garantiert keine Kringel auf der Tischplatte und keine Flecken auf der Tischdecke.

Dreht sich's nur um eine Weinflasche, so kann man sie auch in einen Flaschenbehälter stellen, der ein Untersetzer mit hochgezogenem Rand ist: So kann auch im Pechfall der Rotwein nicht vom flachen Untersetzer aufs weiße Tischtuch laufen, sondern alles Feuchte und Flüssige wird aufgefangen.

Hat man viele Gäste am Tisch oder ist dieser insgesamt nicht allzu groß, so stellt sich der Hausherr einen Beistelltisch neben den Stuhl, auf den die ganze Flaschenparade aufgebaut wird, praktischerweise gleich samt Korkenzieher, Flaschenöffner und Ersatzgläsern für Gäste, die eigentlich nur Wasser trinken wollten und sich nun doch für ein Schlückchen Rotwein zum Schmorbraten entschieden haben.

Rotweinflecke auf Damast

Wein kleckert ja nicht nur von unten. Es kann auch beim Einschenken etwas abtropfen oder am Glas entlangrinnen. Da kann man erstens das Einschenken üben, so daß man mit einer leichten Drehung des Flaschenhalses den Kleckertropfen überlistet. Gehört man jedoch nicht zu den Fingerfertigen oder haßt man dieses Theater, so bindet man der Flasche eine elegante Krawatte aus einer zusammengefalteten kleinen Serviette um. Gummischaum- und Plastikkragen gelten als spießig, mögen sie mit noch so vielen Trockenblumen beklebt sein – vielleicht gerade deshalb.

Im übrigen: Kein Theater machen, wenn jemand einen Flecken macht. Tüchtig Salz darauf schütten und so lassen, bis der Tisch abgeräumt wird. Das zieht das Schlimmste raus, und den Rest erledigen unsere Waschpulver, die so viel besser sind als Großmutters Schmierseife, daß wirklich niemand wegen eines Fleckens die Haltung zu verlieren braucht.

Wein in Karaffen?

Man muß und man soll nicht jeden Wein aus der Flasche in eine Karaffe umgießen, was man nach der französischen Redensart dekantieren oder nach dem Englischen decanter nennen kann. Wer seinen Gästen gerne zeigen möchte, daß er ihnen einen Château Ausone kredenzt, wird sich von der Flasche nicht trennen mögen. Wer jedoch entweder einem edlen, roten Bordeaux des Geschmackes wegen etwas Sauerstoff gönnen möchte, wer andererseits einem schlichten, ehrlichen Tischwein etwas Gutes tun will oder es einfach schön findet, wenn in den klaren Karaffen der goldene oder der rubinrote Wein funkelt, der dekantiert. Etwa zwei Stunden vor dem Essen.

Sitzen viele Gäste am Tisch, so sind Karaffen auch eine Hilfe für den Hausherrn. Sie werden so auf dem Tisch verteilt, daß ein Gast jeweils drei oder vier Nachbarn mitversorgen kann. Der Hausherr muß also nicht immer aufpassen, ob jeder noch etwas im Glase hat, sondern kann sich in Ruhe mit seinen Gästen unterhalten.

Zuprosten

Das zeremonielle Zuprosten, bei dem das Weinglas in Höhe des Brustbeins gehalten und zackig »Prosit« gerufen wird, ist ausgestorben. Wenn es eine festliche Gelegenheit gibt, wenn die Gäste dem Geburtstagskind gratulieren, wenn das Brautpaar hochleben soll, dann erhebt der Hausherr oder der letzte Redner sein Glas, und alle tun es ihm nach und prosten sich zu.

Anstoßen

Wenn man ein Wein- oder Champagnerglas richtig anfaßt, nämlich am Stiel, so klingt es beim Anstoßen wie ein Elfenlied. Man stößt bei festlichen Gelegenheiten miteinander an, in Familien mit zeremonieller Neigung die Rangfolge hinunter, in festesfröhlichen Familien so, wie man gerade beieinander sitzt. Hat jemand Geburtstag, so ist es in vielen Familien Sitte, daß jeder mit dem Geburtstagskind anstößt.

Bei großen Festen läßt man die Gläser vor dem Nachtisch erklingen, wobei jeder schon aufstehen, um den Tisch herumwandeln und sich einen neuen Platz suchen kann. So bringt diese Sitte ein wenig Bewegung in eine steife Festgesellschaft.

Zutrinken

Schlicht das Glas erheben und guten Freunden stumm zutrinken, ist eine schöne Geste, die über allen Regeln steht.

Vor dem Trinken tupft man sich mit der Serviette den Mund ab, damit man den Glasrand nicht mit seinen fettigen Lippen beschmiert; das sieht nicht nur scheußlich aus, es beeinträchtigt den Weingenuß.

Suppe

Die Suppe ist der Gang nach der kalten Vorspeise oder der erste Gang, dem die warme Vorspeise folgt oder gleich das Hauptgericht.

Manchmal ist es üblich, daß der Gastgeber die Suppenterrine und den Tellerstapel neben sich stehen hat und die Suppe austeilt. Meist ist die Suppe jedoch schon in Tellern, wenn die Gäste zu Tisch kommen. Gebundene Suppen und Suppen mit Füllung ißt man mit dem Löffel. Klare Suppen in Suppentassen kann man wie Tee aus der Tasse trinken. Es gilt als bäuerlich, wenn man die Suppentasse dabei an beiden Henkeln anfaßt.

Suppe in Tassen oder Tellern – das ist oft regionale Gewohnheit oder eine Frage des vorhandenen Geschirrs.

Im allgemeinen ist die Tassenportion kleiner, paßt also besser zu einem großen und gängereichen Essen. Suppenteller nimmt man besonders gern für ein typisches und ausgiebigeres Suppengericht.

Teller kippen Suppen- und andere Teller kippen, um auch den letzten Rest auskratzen zu können: das ist als unnötig gierig verpönt. Man kann sich ja nachreichen lassen.

Nach Vorspeise und Suppe wird der Brotteller abgeräumt, weil man ihn nicht mehr braucht.

Salatteller Der Salatteller nimmt statt dessen seinen Platz links oben neben dem Platzteller ein. Er ist ebenfalls klein, und manchmal wird eine kleine Gabel quer auf den Teller gelegt.

Wenn es dann zum Hauptgang Salat gibt, so kann man nur hoffen, daß die Köchin vernünftig war und die Salatblätter nicht in ihrer natürlichen Größe gelassen hat. Im Prinzip soll man sich den Salatteller so elegant schwach auffüllen, daß man ohne großes Gekleckere essen kann. Wenn jedoch niemand bei der Salatzubereitung ein Einsehen gehabt hat, gibt es nur einen einzigen Ausweg: sich nur mit zwei oder drei kleinen Blättern zu bedienen. Denn es gilt erst recht als nicht sehr wohlerzogen, wenn man anfängt, das sperrige Salatgrün mit Messer und Gabel zu zerkleinern.

Fisch Der Fisch hat ein zartes Fleisch, das man nicht schneiden muß, sondern zerteilen kann. Deshalb ißt man ihn mit zwei normalen Gabeln oder mit dem Fischbesteck. Dieses zeichnet sich durch ein Messer aus, dessen Klinge wie beim Obstbesteck nicht scharf und so geformt ist, daß es ein Linkshänder nicht benutzen kann. Er hat also die Wahl, Fisch mit der rechten Hand zu tranchieren oder die nächste Gabel auf der linken Tellerseite, vermutlich für den nächsten, den Fleischgang gedacht, als zweite Fischgabel zu benützen und sich fürs Fleisch eine frische Gabel zu erbitten.

Zum Hauptgericht Man deckt zum Hauptgericht gern Messer und Gabel, auch wenn es Dinge gibt, die man nicht mit dem Messer schneidet. Dazu gehört alles, was man auch mit der Gabel zerteilen kann: Kartoffeln, Rührei, Nokkerln und Knödel, Frikadellen, die meisten Gemüsesorten, Aufläufe, Soufflés und so weiter.

Kartoffeln Kartoffeln nie mit dem Messer schneiden! hieß es früher, und man war damit so streng wie mit dem Fisch. Sicher, altmodische Stahlmesser liefen an, und das sah nicht nur scheußlich-schwärzlich aus, es schmeckte auch metallisch und bitter. Daß man die Pell- und Salzkartoffeln, die Semmel- und Kartoffelknödel heute immer noch vom rostfreien und garantiert nicht anlaufenden Messer fernhält, hat einen anderen kulinarischen Grund. Wenn man all diese leckeren Sachen mit dem Messer durchschneidet, werden sie an der Schnittstelle gern schlitzig und zu glatt. Zerteilt man sie dagegen mit der Gabel, so bleibt der Knödel oder die Kartoffel locker und appetitlich.

Messer überflüssig?

Wenn man das Messer aber gar nicht braucht, warum kommt es dann auf den Tisch?

Nun, gerade ein Knödel rutscht gern und wups, springt er von der Gabel auf den Damast. Das Messer vollführt also die dienende, aber überaus nützliche Arbeit des Rettens und Schiebens. Man denke nur an Reiskörner oder Erbsen! Ohne Messer eine Zirkusnummer – aber man soll bei Tisch ja keinen Geschicklichkeitstest ablegen, sondern sich dem Tischnachbarn widmen.

Und außerdem: Wer ein so fabelhafter Erbsenfänger ist, kann das Messer ja liegen lassen, wo es liegt.

Kebab und andere Spieße

Spieße werden einem, ob nun mit Fleisch oder Fisch, in voller Pracht auf Reis oder ähnlichem serviert. Man faßt den Spieß am Griff – hoffentlich verbrennt sich keiner mehr die Finger – und stellt ihn so senkrecht, daß beim nächsten Schritt nicht alle Grillstücke quer über den Tisch fliegen können. Denn nun hält man mit der Gabel das oberste Stück fest und zieht kräftig, aber mit Gefühl am Spieß, der eigentlich leicht aus dem Fleisch flutschen sollte. Nun liegt das Gegrillte auf dem Reis, und man kann mit dem Kebabessen beginnen.

Hühnchen und Brathendl

Der Wienerwald und die Brathendl-Stationen haben Hähnchen zu etwas gemacht, was man mit der Hand ißt. Gut. Dort kann man es machen. Auch daheim am Familientisch und in gemütlicher Freundesrunde. Lädt man aber zu einem einigermaßen festlichen Essen, sitzt man bei Kerzenschein und Damastglanz, so wird das Brathuhn gemessert und gegabelt. Das gilt erst recht für Hühnerkeulen in Saucen, gilt für sämtliche Gefügelsorten vom Truthahn bis zur Taube.

Wird diese Regel aus irgendeinem Grunde vom Gastgeber aufgehoben, so sieht's der Gast auf den ersten Blick. Neben seinem Platz steht nämlich die so notwendige Fingerschale, und auf dem weißen oder farbigen Mundtuch liegt eine zweite Serviette zum Fingerabtrocknen.

Steaks

Normalerweise bestehen Steaks aus dem zartesten Fleisch aller

Schlacht- und Wildtiere. Trotzdem ist gerade zum Steakessen ein Steakmesser, schmal und scharf wie ein Skalpell, erfunden worden. Das täte manchem zähen Schnitzel und Braten wesentlich besser, und im Prinzip sollte der Gastgeber seinen Gästen nur ein Fleisch servieren, an dem man nicht herumzusäbeln braucht. Aber da es nun einmal Steakmesser gibt, werden sie in vielen Familien zu Steaks serviert, und der Gast hat sie zu benutzen.

Roher Schinken

Viel eher verdient der rohe Schinken so ein Messer, denn selbst wenn er zart ist, besteht er aus verschiedenen und mit allen Häutchen quergeschnittenen Muskelpartien und setzt normalen Messern auf Porzellantellern einen hartnäckigen Widerstand entgegen. Deshalb wartet zum Beispiel beim Spargelessen ein Holzbrett links neben dem Teller auf die Schinkenscheibe. Auf ihm schneidet man den Schinken. Das geht dort fabelhaft, weil das Holz das Wegrutschen verhindert. Ob man die Schinkenwürfel direkt vom Brett ißt, hängt nur davon ab, wie es dem Esser lieber ist.

Spargel

Der Spargel ist die Gemüseart, die man auf dreierlei verschiedene Art und Weise essen kann. Die älteste, die immer wieder mit leichtem Schaudern zitiert wird: Man hebt eine Stange nach der anderen mit der Gabel leicht am geschnittenen Ende an, damit man sie zierlich und an diesem unteren Ende in die Hand nehmen kann. Droht die Stange durchzuknicken, weil sie ein wenig zu lange gekocht wurde? Dann rasch mit der Gabel zur Unterstützung unter den Spargelkopf. Spargelkopf in Sauce, Butter oder was es eben dazu gibt stippen und den Kopf abbeißen. Ehedem war damit der Spargel genossen, und den Rest legte man an den Tellerrand. Heutzutage gibt es bessere Spargelsorten, die nicht schon kurz unter dem Kopf anfangen, holzig zu sein. Man stippt die kopflose Stange also ein zweites Mal in die Sauce, beißt wieder ab und wiederholt das so lange, bis man das letzte Fitzelchen in den Mund geschoben hat.

Spargel essen

Spargel mit Fingern essen: Das tut man nur bei einem ausgesprochenen Spargelessen, und es wird dadurch signalisiert, daß Fingerschalen auf dem Tisch stehen. In diesem Fall kann man sich auch die Serviette so um den Hals binden, wie es Wilhelm Busch immer wieder gezeichnet hat, denn so eine Mahlzeit ist saftig.

Übrigens: Wer es eklig findet, warmes Gemüse in die Hand zu nehmen, kann selbstverständlich auch inmitten von händischen Spargelessern nach Messer und Gabel greifen; siehe die folgenden Zeilen.

Spargel mit Messer und Gabel: So ißt man das Gemüse, wenn es mit den üblichen Beilagen drei- bis fünfstangenweise serviert wird.

Dünne und kleine Stangen knickt man mit Hilfe dieser beiden Eßwerkzeuge einmal in der Mitte, spießt das Spargel-U auf die Gabel und ißt es. Dicke Stangen schneidet man sich quer in nette Bissen.

Maiskolben

Mais wird im Herbst gern frisch gekocht am Kolben angeboten. Dann liegt neben dem Teller ein kleines Gabelpaar mit drei drahtigen Zinken. Je eine Gabel in die Kolbenenden stecken. So kann man den Kolben bequem von allen Seiten abnagen und dabei drehen.

Fondues

Käse- und Fleischfondue werden aus dem Topf auf dem Tisch gegessen. Jeder Gast findet neben seinem Teller ein normales Besteck und eine Fonduegabel. Damit fährt man in den Fonduetopf und stippt oder brät. Den fertigen Happen transportiert man mit dieser Fonduegabel auf den Teller und streift ihn dort ab. Gegessen wird mit dem Normalbesteck. Die Fonduegabel ist also nur eine Gargabel.

Nudeln

Nudeln oder Teigwaren haben etwas mit dem Fisch gemein. Sie dürfen nicht mit dem Messer geschnitten werden – außer sie sind Bestandteil eines Auflaufs oder Gratins, wie zum Beispiel Schinkenfleckerln. Dieses strenge Verbot hat nun zu folgendem geführt:

Spaghetti

Spaghetti haben den Sprung auf die offizielle Tafel nicht geschafft, was sicher damit zusammenhängt, daß es immer wieder Leute gibt, die nicht mit ihnen fertig werden – und auf so etwas nimmt ein höflicher Gastgeber Rücksicht. Dabei ist die Sache einfach, wenn die Spaghetti, auf deutsch: dünne Bindfäden, so lang gelassen werden, wie sie sind. Dann kann man nämlich leicht ein oder zwei Fäden zwischen die Gabelzinken spießen oder klemmen und sie um dieselben wickeln und wickeln und wickeln. Das ergibt nach einer Weile ein nettes rundes Nudelknäuel, das man in den Mund steckt.

Platzteller

Der Platzteller wird nach dem Hauptgang abgeräumt, falls man ihn überhaupt verwendet hat. Nicht die Serviette mit abgeben! Sie wird vermutlich noch gebraucht!

Obst

Früchte schließen in manchen Fällen das Essen ab. Ich würde allerdings nur dann eine Obstschale auf den Tisch stellen, wenn ich eigene Bäume und Sträucher im Garten hätte oder in einer Gegend lebte, in der die Früchte wirklich reif geerntet werden und ohne viel Umwege auf den Tisch kommen, so daß man sie auch bequem essen kann. In allen anderen Fällen würde ich das Obst zubereiten. Denn das rohe Durchschnittsobst ist für die feine Tafel nicht mehr geeignet. Es wird unreif geerntet und so lange transportiert, daß es nicht süß und aromatisch schmeckt und von so zäher Beschaffenheit ist, daß man es als höflicher Gastgeber keinem zumuten kann.

Bietet ein Gastgeber trotzdem eine Schale mit EG-Früchten an, so sollte man die Sorte wählen, die sich auch unter diesen ungünstigen Bedingungen leicht mit dem Obstbesteck bezwingen läßt

Obstmesser Zum Obstessen braucht man Obstmesser (mit silberner oder stählerner, nicht geschliffener Klinge) und Obstgabel, eventuell einen Dessertlöffel, auf jeden Fall eine Obstschale oder einen ausreichend großen Obstteller.

Obstteller Gläserne Obstteller stehen gern auf einem Porzellanteller, und zwar auf einem Stoff- oder Spitzendeckchen, damit der erste nicht auf dem zweiten rutscht oder klappert. Dieser Unterteller wird niemals als Ablage für Löffel, Kirschkerne oder Mandarinenschalen benutzt. Dessertlöffel und alle Kerne bleiben auf dem Glasteller, für größeren Abfall gibt es eine Extraschüssel. Fehlt sie, und haben Sie nun die Bananenschale in der Hand? Fragen Sie den Gastgeber: »Wohin damit?«

Meist ist das Obst gewaschen, wenn es auf die Tafel kommt. In manchen Familien ist es jedoch üblich, große Glasschüsseln mit Wasser zu füllen, damit sich der Gast in diesen Obstbadewannen Pflaumen und andere Früchte abspült. Dieses Familienbad ist nicht sehr hygienisch, deshalb empfehlen sich wieder Bananen.

Muß sich der Gast seine Früchte selber zurechtmachen, so steht neben seinem Platz die Fingerschale, und er bekommt mit ihr eine meist farbige Serviette hingelegt, damit er sich erstens die feuchten Finger daran abtupfen kann und zweitens keine Obstflecken in weiße Damastservietten macht.

Bananen Leicht essen sich Bananen. Mit dem Messer den Kopf abschneiden, mit den Fingern die Haut abziehen und in die Abfallschüssel geben. Die nackte Banane auf den Teller legen und mit Messer und Gabel klein schneiden und essen.

Weintrauben Ebenso problemlos sind Weintrauben. Mit der Weintraubenschere eine kleine Traube von der großen in der Obstschale abschneiden, auf den eigenen Teller legen, Beere nach Beere mit der Hand abzupfen, in den Mund stecken und? Nun, wenn Sie keine Kerne und die manchmal etwas ledrige Pelle runterkriegen, so müssen Sie sie diskret vom Mund über die Hand auf den Teller expedieren. Nicht spucken! Elegant bleiben!

Mandarinen darf man, weil sie so ein lockeres Fell haben, mit der Hand häuten und Spalte für Spalte mit der Hand essen. Kerne? Siehe Weintraube. *Mandarinen*

Größere Festigkeit besitzen Orangen. Also geht man sie mit dem Messer an, das in diesem Fall scharf sein muß! Die Haut wird sternförmig eingeritzt und abgezogen, dann löst man die Orange in Spalten. Das Ganze kann eine ziemlich klebrige Schlacht werden. Deshalb ist es eigentlich höflicher, Orangen zum Beispiel in Orangensalat zu verwandeln und so zu servieren. Kerne? Siehe oben. *Orangen*

Am festlichen Tisch sollte man Äpfel und Birnen eigentlich nicht mit den Fingern anfassen, sondern nur mit Messer und Gabel. Bei sehr reifen Birnen geht es einigermaßen. Man stellt sie senkrecht auf den Teller, hält sie mit der Gabel am Stielende fest und schält sie nun kunstvoll von oben nach unten. Das Fleisch wird schließlich von allen Seiten in netten Stücken abgeschnitten. *Äpfel und Birnen*

Äpfel schneidet man am besten mit Hilfe von Messer und Gabel in vier Stücke, spießt ein Viertel nach dem anderen auf die Gabel und schneidet die Schale ab und das Kernhaus raus. Das befreite Viertel in zwei, drei Stücke schneiden und per Gabel in den Mund befördern.

Pfirsichen und Marillen zieht man zuerst mit Messer und Gabel die Pelle ab und schneidet das Fruchtfleisch vom Kern. Das funktioniert jedoch nur bei reifen Früchten. Wenn es also funktioniert, ist alles gut, wenn nicht: Ausweg Banane. *Pfirsiche und Marillen*

Pflaumen, Zwetschgen, frische Datteln und andere Steinfrüchte halbiert man theoretisch dito mit Messer und Gabel, hebt den Stein heraus und ißt eine Hälfte nach der anderen. Wenn sich unreife Früchte zu sehr wehren: liegenlassen und eine Banane oder ein paar Weintrauben nehmen. *Zwetschgen und Pflaumen*

Kiwis und Feigen bieten den gesitteten Eß-Anstrengungen weniger Widerstand. Sie werden einfach halbiert und ausgelöffelt. *Kiwis und Feigen*

Kirschen nimmt und ißt man mit der Hand, die Kerne nehmen wieder den Weg über die Hand zum Teller. Dabei bleibt man schön aufrecht sitzen und beugt sich nicht so über den Teller, als ob man spucken wollte. *Kirschen*

Meist schon geputzt und gezuckert kommen Himbeeren, Johannisbeeren und Erdbeeren auf den Tisch. Manchmal tauchen Erdbeeren mit Stumpf und Stiel auf. Dann gibt's Streu- oder Puderzucker dazu. Man füllt sich ein Häufchen auf den Teller, nimmt mit der Hand ein *Himbeeren, Johannisbeeren und Erdbeeren* paar Erdbeeren, faßt eine mit Daumen und Zeigefinger an der grünen Kelchkrause und stippt sie in den Zucker. Abbeißen oder – wenn sie nicht ganz reif ist – ablutschen und das Grün an den Tellerrand legen.

Käse Auf der Käseplatte und als Abschluß eines wohlausgewogenen Essens serviert man Käse – nicht aufs Butterbrot geschmiert und aus der Hand gefuttert. Er liegt statt dessen ohne jegliches Papier und ohne Plastikhülle auf einem Brett. Jeder Gast hat neben dem kleinen Käseteller ein kleines Besteck und findet auf dem Käsebrett ein Käsemesser, dessen Klinge in zwei Spitzen endet. Mit dem Messer schneidet man sich auf der Platte von zwei oder drei Käsesorten ein Stückchen ab, spießt die Stücke auf die Messerspitzen und fördert sie so auf den eigenen Teller. Käse in Würfel schneiden, Brot in Stücke brechen und Käse mit der Gabel, Brot mit der Hand in den Mund transportieren. Butter gibt es nur nördlich der Mainlinie zum Käse. Wenn, dann wird der Brot- oder Semmelbrocken mit einem Stückchen Butter belegt. Weiter wie oben.

Liegen zwischen den Käsestücken auf der Käseplatte kleine Weinträubchen, Gewürzgurken, ausgelöste Walnüsse oder Birnenschnitze, so kann man sich davon bedienen. Mit der Hand.

Einschenken und Nachschenken Wenn es Tee oder Kaffee gibt: Die Tee- oder Kaffeetasse bleibt im Prinzip auf dem Tisch und auf ihrer Untertasse stehen.

Will man jedoch beim zwanglosen Essen dem Gastgeber das Einschenken etwas erleichtern, so hebt man ihm die Tasse samt der Untertasse entgegen. Nur die Tasse hochzuheben, gilt als bäuerisch. Da macht jemand aus der Tasse wieder das Häfele.

Der Henkel Der Tassenhenkel ist übrigens eigens erfunden und entwickelt worden, damit sich der Mensch nicht an der heißen Schale die Finger verbrennt. Deshalb ist es üblich und korrekt geworden, die Tasse stets am Henkel anzufassen. Wer irgendwie von oben oder seitlich mit der ganzen Pfote zupackt – siehe oben.

Zum Fingerverbrennen sind lediglich die japanischen Teeschalen gedacht.

Untertasse Und wenn jemand aus Versehen eine Tasse so voll geschenkt hat, daß sie überzuschwappen droht, wenn man sie zum Trinken erhebt, so beugt man sich trotzdem nicht vor und schlürft aus der Tasse am Tisch, sondern man hebt sie hoch und hält die Untertasse drunter – das ist eine der wenigen Gelegenheiten, bei denen man die Untertasse vom Tisch hebt. Dort hat sie im Prinzip zu stehen und zu bleiben. Außer man sitzt beim Tee auf einem Sofa oder einem Fauteuil, der nicht richtig am Tisch steht oder nur neben einem Beisetztisch. Oder man steht mit dem Mokka nach dem Essen oder der Kaffeetasse bei einem Kaffee-Empfang in der Hand – logischerweise tischlos – im Raum.

Kaffeetasse

Die Kaffeetasse hat noch gar nicht so lange ihre Untertasse, und ihre Vergangenheit als Becher oder Hafen hängt ihr noch an. Damals, als sie noch gut drei Achtel Liter faßte und im Süden wirklich eine Schale war, ließ man den Löffel darin stecken. Wohin auch sonst?

Die neumodische Achtelliter-Tasse ist elegant geworden und nicht mehr für Milchkaffee gedacht, in den man sich sein altbackenes Brötchen brockte. Sie dient nur dem Tee oder Kaffee mit einem Schwupp Milch oder Sahne.

Der Löffel liegt nach dem Umrühren auf der Untertasse. Auch ein an die Untertasse gelehnter Löffel ist nicht gestattet.

Butter und Margarine

Vom Kaffee zum Frühstück: Butter und Margarine werden nicht in ihrer Plastikhülle auf den Tisch gestellt, sondern auf einem Butterteller oder in eine Butterdose umgefüllt.

Honig und Marmelade

Marmelade und Honig hält man korrekterweise in Marmeladen- oder Honigtöpfen, und diese Töpfe haben eigene Löffel, mit denen man sich das Süße nicht aufs Butterbrot tropft, häuft oder schmiert, sondern auf den Teller. Der Grund: Marmelade und Honig sollen nicht mit den Bestandteilen des Speichels in Berührung kommen, die die Sache flüssig oder schlecht machen können, von der Hygiene mal ganz abgesehen. Sie legitimiert auch Buttermesser, Senflöffel, Salzstreuer und ähnliches.

Zuckerzange

An der Zuckerzange scheiden sich jedoch die Geister. Für manche ist sie der Inbegriff der Vornehmheit. Andere finden es einfach affig, mit diesem sperrigen Ding in den Zuckerwürfeln herumzuwühlen, wo man doch das Stück Zucker, das man anfaßt, in den eigenen Tee wirft. Also: Mach was du willst, die Leute reden doch!

Frühstücksei

Das weiche Frühstücksei ist der nächste Gegenstand, an dem sich die Gemüter erhitzen. Zuckerzangenbesitzer haben vielleicht auch einen Eierkopfabschneider, ein Zwischending zwischen Guillotine und Zigarrenabschneider. Wer damit gern umgeht, kann es natürlich tun.

Wer ein Ei jedoch mit einem energischen Schlag des Messers köpft, pflegt sich in Deutschland dabei meist zu entschudigen: Ich weiß ja, eigentlich macht man's anders richtig ...

»Anders« bedeutet: Klopf, klopf auf den Eierkopf, und dann die so entstandenen Scherben abpulen. Die Messermethode aber ist rascher und sauberer, deshalb kann man sie auch ohne den geringsten Anhauch von Schuldbewußtsein praktizieren.

Wichtig ist beim Eieressen nur: Keine Silberlöffel verwenden, sie laufen schwarz an.

Semmeln und Brötchen Brötchen halbiert und bestreicht man mit dem Messer und ißt sie mit der Hand. Man verwendet auch dann nicht Messer und Gabel, wenn man zum kalten Abendbrot geladen wird.

Brotschnitten Brotscheiben ißt man zum Frühstück und abends bei guten Freunden dito per Hand und nur mit Messer und Gabel, wenn das Brot mit rutschigem, fettigem oder hochgehäuftem Belag versehen wird: Ölsardinen zum Beispiel, Rührei oder Tatar. Auch wenn man zu einem nicht ganz so familiären Abendbrot geladen ist. Oder wenn man sein Butterbrot einfach lieber mit Messer und Gabel ißt. Wer nicht sicher ist, wie er sich verhalten soll, vergewissert sich einfach, wie's der Gastgeber macht.

Canapés Canapés und kleine Happen zu Drinks und zwischendurch sind so klein, daß man sie ohne Besteck essen und auf einmal in den Mund stecken kann.

Gibt es zu Cocktails etwas Heißes oder auch Fettiges, so liegen immer kleine Spieße mit auf dem Tablett, die man nur für einen Durchgang benutzt und nicht in den nächsten Aschenbecher wirft, sondern in die dafür vorhandene Schale auf dem Serviertablett.

Anstandsrest Der Anstandsrest auf dem Teller und in den Schüsseln muß nicht als Denkmal des guten Benehmens betrachtet werden. Man kann sich sehr wohl das letzte Schnitzel, die letzte Marille von der Platte nehmen.

Muß man alles essen? Muß man essen, was auf den Tisch kommt? Nein. Weder das Kind noch der Erwachsene. Aber: Man muß schon dem Kind klarmachen, daß andere Leute anders kochen als Mama, daß es in anderen Familien und Ländern andere Sachen zu essen gibt und daß es dem Gastgeber – Mama oder fremden Köchinnen – gegenüber unhöflich ist, gleich ein Gezeter anzustimmen: »Das eß ich nicht!«

Wat de Bur nicht kennt, dat fret hei nicht, heißt das Sprichwort, und es sagt die Wahrheit. Wer wie früher die Bauern immer nur Knödel und Kraut gegessen hat, essen mußte, weil es nichts anderes gab, der kriegt leicht einen beschränkten Horizont in bezug aufs Essen und Trinken. Aufgeschlossenheit ist besser. Vielleicht schmeckt das Fremde fabelhaft! Also: Nicht abwehren, sondern sich ein klein wenig auf den Teller geben lassen oder selber nehmen und probieren. Das Wenige darf nicht so wenig sein, daß es nach wenig aussieht, und sein Servieren darf nicht von hysterischen Aufschreien begleitet sein: »Nicht so viel! Nur die Hälfte!« oder so. Das wäre ein Musterbeispiel von Unhöflichkeit.

Alles probieren

Statt dessen: Eine kleine Portion, freundlich und erwartungsvoll entgegengenommen. Schmeckt es aber wirklich scheußlich? Nun, das ist Ihr Pech, aber Sie sollten es wie ein erwachsener Mensch ertragen. Keine Grimassen ziehen, kein lautes Gezeter, sondern unauffällig und sittsam das essen, was Ihrer Ansicht nach eßbar ist und den Rest unter dem parallel gelegten Eßbesteck liegen lassen.

Wirklich gute Gastgeber bieten eben aus diesem Grunde bei größeren Festen zweierlei Gemüse an, manchmal auch zweierlei Fleisch, eine leichte und eine üppige Nachspeise und so weiter. Und auf jeden Fall Mineralwasser für diejenigen, die keinen Wein mögen.

Beim inoffiziellen Essen mit Freunden weiß man eh, was dieser mag und jener nicht verträgt, oder schmiert jemandem zur Not ein Käsebrot.

Bei offiziellen Essen gibt es ohnehin nur Dinge, die fast allen Leuten schmecken und die von allen Leuten vertragen werden können.

Extrawünsche

Bei offiziellen Geschäftseinladungen im Restaurant kann man, nach einem Blick auf die Menükarte, den Kellner vor dem Essen oder – falls man ihn nicht erwischt – beim Servieren der Vorspeise bitten, dies oder jenes zu berücksichtigen. Aber bitte unauffällig! Wenn das nicht klappen sollte, kein wie auch immer geartetes Theater anstellen.

Küchenkatastrophen

Und wenn ein Gericht versalzen ist? Das Fleisch zäh? Der Apfelkuchen mit Salz statt mit Zucker bestreut? Eigentlich sollten solche Katastrophen nach Art des Hauses schon in der Küche entdeckt und repariert worden sein. Pech kann aber natürlich jeder Gastgeber haben, und da er ja auch schmeckt, was passiert ist, liegt es bei ihm, sofort zu sagen: »Bitte essen Sie nicht weiter!« und wieder abservieren lassen.

Mit Freunden kann man darüber lachen und hat eine Anekdote. Beim offiziellen Essen braucht man in diesem Fall Geistesgegenwart, Selbstsicherheit und einen ausreichenden nächsten Gang.

Für Feinschmecker

Der gebildete Feinschmecker weiß nicht nur, was er ißt und wie er diesem korrekt zu Leibe rückt, er weiß auch, wie es heißt und wie man es schreibt. Er läßt sich also von niemandem aus der Sauce eine Soße machen oder aus der Mayonnaise eine Majonäse, denn das ist nicht nur eine Frage der Rechtschreibung, sondern auch der Zutaten und der Zubereitung. Soße entspricht der Tunke, und das italienische Wort Spaghetti steht bereits in der Mehrzahl. Der Singular lautet Spaghetto. Dem Gurkenkürbis, der in Frankreich Courgette heißt, geht es genauso. Zucchini ist die Mehrzahl von Zucchino, dem eßbaren Kürbis, und wer von Zucchinis, Spaghettis und Bambinis spricht oder schreibt, der ist nicht einmal mit den Wiener Marktfrauen zu vergleichen, die aus den Reineclauden irgendwann einmal Ringlotten gemacht haben. Das hat wenigstens Witz und zeugt von Musikalität.

Das Vorbild am Tisch

Der Mensch, der vom Frühstück bis zur Mitternachtssuppe sein Besteck korrekt durch alles führt, was ihm vorgesetzt wird, ist leicht nachzumachen, weil es eigentlich nur um ein paar Tatsachen geht, die man sich einzuprägen braucht.

Der wahrhaft wohlerzogene Mensch hat sich all diese Kleinigkeiten jedoch nicht nur angeeignet, weil er vor der Welt fehlerlos dastehen und dafür geschätzt und gelobt werden will, sondern weil es ihm einfach angenehm ist, sich appetitlich und mit einem gewissen Stil zu verhalten. Auch vor einem Stück Schwarzbrot mit Harzer Käse.

… wenn keiner guckt

Und gerade das ist die Probe aufs Exempel. Den Menschen mit einem guten Benehmen bei Tisch erkennt man nicht beim Bankett, sondern dann, wenn keiner guckt. Das erst macht ihn zum Vorbild, zum Beispiel für seine Kinder.

Dazu gehört auch, daß man seine Begierden beherrscht, sich nicht den Teller – zu Hause oder an der Tafel eines Freundes – so voll häuft, daß sich die anderen überlegen müssen, wie sie sich den Rest noch teilen können; daß man den längst leeren Teller nicht immer noch mit der Gabel oder dem Löffel abschabt, als ob man die Glasur abkratzen wollte; daß man die letzten Speisereste nicht mit einem Stück Brot vom Teller abwischt und daß man weiß, wie man Alkohol verträgt.

Alkohol

Bei manchen reicht der Drink vor dem Essen, um die Selbstbeherrschung zu lockern, bei manchen gibt es nach dem x-ten Glas Wein den Moment, in dem sie spüren: Holla! jetzt muß ich Schluß machen!

Höfliche Gäste, erwachsene Menschen mit einem einigermaßen ausgeglichenen Seelenleben müssen es eigentlich gar nicht so weit kommen lassen, denn es ist eine Zumutung, einen heftig Angeheiterten als Tischherrn zu haben, und es ist grob unhöflich, seinen Gastgebern den Trunkenbold zu machen.

Das Essen im Restaurant

Alles, was über Essen und Trinken und Benehmen bei Tisch gesagt wurde, gilt selbstverständlich auch für Mahlzeiten außerhalb des Hauses, also für die Feier im Restaurant. Wer zu Hause wenig Platz, Geschirr und Gläser hat oder wer sich zu alt fühlt, um noch die Mühsal eines großen Festes auf sich zu nehmen, der kann im Restaurant oder Hotel feiern.

Viele Gasthäuser in größeren Städten haben kleinere Extrasalons für Gesellschaften und Familienfeiern, und wenn es in der Stadt mehrere Hotels gibt, so lohnt es sich, von allen rechtzeitig Angebote einzuholen und zu vergleichen.

Handelt es sich nur um ein Festessen, so berechnet das Hotel den Preis vom Gedeck (Essen) und Getränken, wobei der Gastgeber Wünsche äußern oder das Hotel selbst Vorschläge machen kann.

Bringt der Gastgeber seine eigenen Weine mit, so muß er Korkengeld pro Flasche zahlen. Meist kommt dann, außer dem Trinkgeld, noch eine Summe für Extrablumenschmuck hinzu.

In allen Fällen ist es wichtig, rechtzeitig vorzubestellen, vor allem, wenn es sich um eine Hochzeit im Mai oder um einen Empfang innerhalb der Festsaison der Stadt handelt.

Die eigene Note

Auch wenn es nur ein Festessen am vorbestellten Tisch ist, so kann der Gastgeber einiges tun, um seinem Fest ein persönliches Gepräge und einen gewissen Charme zu verleihen. Er sollte auf jeden Fall nicht alles telefonisch bestellen und abmachen, sondern das Restaurant vorher aufsuchen und die schönste und vielleicht ruhigste Ecke auswählen. Er kann besonders schönen Blumenschmuck bestellen und muß eine halbe Stunde vor den Gästen im Restaurant sein, um noch einmal alles zu überprüfen.

Er kann Tischkarten aufstellen, jedem Gast eine Menükarte hinlegen, falls das nicht vom Hotel übernommen wird, eine Vorspeise ausprobieren, überprüfen, ob die richtigen Weine ausgesucht und schon geöffnet und richtig temperiert sind.

Im übrigen brauchen sich die Gäste um nichts zu kümmern. Der Gastgeber übernimmt selbst die Trinkgelder, unterzeichnet nach dem Essen die Rechnung, die er entweder gleich mit einem Scheck (aber nicht bei Tisch!) oder ein paar Tage später direkt bezahlen kann.

Die Einladung ins Restaurant ist so üblich, daß man sie nur zu erwähnen braucht. Wer nicht zu sich selbst einladen will, kann alle privaten und geschäftlichen Geselligkeiten im Lokal stattfinden lassen. Es empfiehlt sich in diesem Fall, einem Gastwirt treu zu werden, denn dann macht er es einem eher »wie zu Hause«.

Im Restaurant

Wer mit jemandem in einem Restaurant oder einem anderen Lokal zu einem Essen verabredet ist, sollte am Tag vorher einen Tisch bestellen, damit man mit dem Gast nicht im überfüllten Lokal herumsteht.

Das gleiche gilt erst recht für eine große Gästegruppe.

Der Ober führt

Wer allein ins Lokal geht, wartet meist darauf, daß ein Kellner oder ein Ober auftaucht, um ihn an einen Tisch zu führen. Das gilt für Frauen wie für Männer. Der Ober führt die Gäste zum Tisch, hilft der Dame oder der älteren Dame beim Platznehmen und bringt, hoffentlich gleich, die Wein- und Speisekarte.

Er oder sie muß sich nicht einweisen lassen. Wer lieber am Fenster oder in einer gemütlichen Ecke, nicht direkt neben der Küchentür etc. sitzen will und wer noch die Wahl zwischen anderen leeren Tischen hat, fragt höflich, ob er sich nicht dort hinsetzen kann.

Wenn jemand an einen Tisch geführt wird, an dem schon andere sitzen, so stellt er die rhetorische Frage: »Es ist doch erlaubt« oder: »Es stört doch hoffentlich nicht, wenn ich ...«

Wenn Herr und Dame das Lokal betreten, geht der Herr vor. Er »bahnt der Dame den Weg«, vergewissert sich, daß dieses Lokal wirklich das richtige für sie ist und ob er ihr diese Gesellschaft zumuten kann – das weiß er vermutlich längst, aber die alte Sitte hat sich gehalten. Das muß eine Dame wissen, weil es auch umgekehrt üblich geworden ist – die Dame hat also den Vortritt – und weil sie sonst meinen könnte, da drängelt sich wer vor, dieser ungehobelte Bursche.

Daß man nicht mit »Herr Ober!« oder »Fräulein, wo bleiben Sie denn?« für Aufruhr sorgt, ist selbstverständlich. Frisch bereitete Speisen brauchen Zeit wer gut essen will, muß Geduld mitbringen.

Es ist korrekt, die Rechnung zu überprüfen und nachzufragen, wenn etwas nicht zu stimmen scheint. Wird einem die Rechnung in die Falten einer Serviette auf einem Teller präsentiert, so schiebt man Geld und Rechnung wieder hinein und wartet auf das Wechselgeld.

Trinkgeld

Zum Trinkgeldzahlen ist keiner verpflichtet, aber wenn man zufrieden war, sollte man sieben bis zehn Prozent der Rechnungssumme dazulegen. Unterzeichnet man als Hausgast des Hotels nur die Rechnung, so schreibt man »plus ... DM« unter die Rechnungssumme.

Speisewagen

Im Speisewagen brauchen Sie niemanden zu fragen, ob noch ein Platz am Tisch frei ist, Sie brauchen sich auch nicht vorzustellen, und mit ihrem Gegenüber müssen Sie sich erst recht nicht unterhalten.

Mantel, Hut...

In der Garderobe hilft der Herr der Dame oder der Gastgeber dem würdigsten Gast etc. in den Mantel, falls ihm die Garderobiere diesen Höflichkeitsdienst nicht schon abgenommen hat. Sie ist das einzige weibliche Wesen, das einem Mann unter allen Umständen in den Mantel helfen kann.

Beschwerde im Lokal?

Beschwert man sich in Lokal? Aber sicher! Man gibt im Lokal das Geld aus, das man sich selber für gute Leistung verdient hat. Auch der Koch und der Gastwirt müssen für ihr Geld etwas tun.

Allerdings: Kritik bedeutet, daß man etwas von der Sache versteht. Meckern ist nicht Kritisieren, und wer meckert, muß damit rechnen, daß er mit gleicher Münze zurückgezahlt bekommt.

Wer beschwert sich?

Kellner sprechen lieber von Mann zu Mann. Deshalb gilt es als international unhöflich, wenn sich im Lokal eine Dame an den Kellner wendet, sei es mit einer Bitte etwa um Salz oder mit einer Beschwerde. Man erwartet, daß die Dame ihrem Herrn sagt, was sie will und daß dieser die Botschaft an seinen Geschlechtsgenossen weitergibt.

Es gibt Frauen, die in dieser Situation einen erbitterten Emanzipationskampf beginnen. Wie unsinnig! Freiheit wird nicht im Streit mit Kellnern entschieden oder gewonnen, meist bleibt der Begleiter auf der Strecke: beschämt, sauer oder wütend, je nach Charakter. Der Abend ist dann meist im Eimer.

Es ist unterdessen ohnehin üblich geworden, daß Damen allein oder zu mehreren in Lokalen essen. Also steht ihnen neben allen anderen Rechten auch das der Beschwerde zu.

Wie beschweren sich Damen? Und wie beschwert sich eine Dame? Chauvis sagen: »Gar nicht«. Pragmatiker werden der Meinung sein: »Mit einem Lächeln«. Denn die Damen können so viel Recht haben wie sie wollen, pochen sie auf dieses Recht, so sagen die meisten Mitmenschen: »Mein Gott, ist die zickig!«

Von diesem dummen Gerede sollte sich heute keine Frau mehr einschüchtern lassen, sondern sich auf jeden Fall beschweren, wenn es angebracht ist. Denn schließlich kann eine Hühnerkeule Kiew innen roh oder ein Apfelomelette nicht durchgebacken oder versalzen sein. Das müssen auch Damen nicht für teures Geld stillschweigend hinunterschlingen, ob es nun ihr eigenes ist oder das des Gastgebers.

Die Dame beschwert sich also sachlich und freundlich beim Kellner, Koch oder Geschäftsführer. Reagieren die unhöflich, so wird sie im äußersten Fall das Lokal nie wieder aufsuchen.

Laute Kritik? Das Tischgespräch dient auch an einer öffentlichen Tafel keineswegs und niemals dazu, laut über das Essen zu meckern oder über die miserable Qualität des Lokals und seine Kellner, in das der Gastgeber eingeladen hat. Eben dieser Gastgeber hat gewiß sein Bestes zu geben versucht und ein Lokal ausgewählt, auf dessen Qualität er sich meinte verlassen zu können. Klappt es nun in der gemieteten Küche nicht so, wie ein Gast sich das vorgestellt hat, so muß er es schlucken und schweigen. Meckern wäre erstens beleidigend, und zweitens kann jedem etwas schiefgehen (wenn es nun wirklich schiefgegangen ist und nicht nur jemand Graf Protz spielen wollte oder just das Gericht nicht mag, was serviert wird), und drittens: keiner kann es allen rechtmachen. Also: Haltung.

Gast in der Gruppe Wenn der Mensch nicht als einzelner Gast auftritt, sondern in anonymen Heerscharen, so glaubt er gern, daß die Regeln der Höflichkeit außer Kraft gesetzt wären. Auf Fährschiffen herrscht er den Kellner an, der gerade mit »Vorsicht!« eine neue Schüssel und Platte nach der anderen aufs Frühstücksbüffet stellt: »Habt ihr denn keinen Käse hier?« Bei Empfängen stürzt er sich auf das Büffet, stößt andere Gäste beiseite und räumt ab, als ob sofort die große Hungersnot ausbräche. Und bei Presseempfängen bestellt er sich beim Kellner auf Kosten des Veranstalters Champagner und Cognac, scharrt die offen herumliegenden Zigarren oder Zigaretten mit einem geübten Griff zusammen und in die Jackentasche und gibt weder dem Zimmermädchen, der Garderobenfrau, noch dem Kellner ein Trinkgeld, »weil das ja sicher drin ist«.

Im Menschen in der Menschenmenge wacht offensichtlich die alte Kindheitsangst wieder auf, übersehen, vergessen und vernachlässigt zu werden. Gegen diese infantile Angst setzt er die Aggressivität der Erwachsenen und vor allem die Vorstellung, er habe einen berechtigten Anspruch auf Käse und Champagner und Kaviar. »Der Chef zahlts ja!« oder »Was ich nicht aufesse, muß ja doch alles weggeschmissen werden!«

Das aber geht den Gast überhaupt nichts an. Seine Einstellung ist falsch. Höflichkeit erweist sich auch in einer solchen Situation als die Kraft, die uns zu einem menschenwürdigen Verhalten hilft.

Die Rechnung

Wer zahlt? Wieder sind die Kellner der Meinung: der Herr. Sie legen ihm stillschweigend die Rechnung unter die Serviette. Sind jedoch getrennte Kasse vereinbart worden, so stehen mehrere Möglichkeiten zur Wahl.

- Alte gute Bekannte fragen: »Wieviel war's denn?« und schieben die Hälfte der Summe über den Tisch. Das liegt nicht jedem, vor allem dann nicht, wenn er zum ersten Mal mit noch nicht so recht Bekannten ausgegangen ist. Deshalb sollte man den Kellner lieber von vornherein um getrennte Rechnungen bitten.

Teilen?

- Wenn der Herr nun ein Herr mit Prinzipien ist und ihm das getrennte Zahlen etwas gegen den Strich geht, so drückt man ihm vor dem Essen einen gefalteten Geldschein in die Hand »für die gemeinsame Kasse«.
- Auf keinen Fall sollte die Dame dem Herrn das Portemonnaie zuschieben. Erstens landet es dabei meistens auf dem Fußboden. Zweitens fällt diese turnerische Anstrengung den anderen Leuten im Lokal erst recht auf. Und drittens ist es einfach albern. Und wenn der Herr die Dame unbedingt einladen möchte, obwohl eigentlich Getrenntzahlen vereinbart worden war, so soll sich die Dame friedlich einladen lassen und keinen Streit um ihren Teil beginnen. Denn das ist eine ungeschriebene, aber unerschütterlich gültige Regel: Die Höhe der Rechnung verpflichtet die Dame zu gar nichts.

Dame zahlt für Herrn

Heutzutage ist ohnehin normal, worüber unsere Großmütter noch in Ohnmacht gesunken wären: daß auch die Dame für den Herrn bezahlt. Meist zahlt in Wirklichkeit die eine Firma für die andere, aber das ändert nichts an der Tatsache, daß es die Dame ist, die den Kellner um die gemeinsame Rechnung bittet. In England wird sie ihr dann mit einem respektvollen »Sir!« überreicht, wodurch für den Kellner die Welt wieder in Ordnung ist. Bei uns ist manchmal noch etwas Genanz im Spiel, und zwar auf seiten der Gastgeberin und des Gastes. Da hilft nur sachliche Ruhe ohne jede kleinkarierte Heimlichtuerei.

Der Kellner erwartet übrigens in jedem Fall ein Trinkgeld. Darüber mehr auf Seite 310.

DAS LEBEN IN DER ÖFFENTLICHKEIT

Äußerlichkeiten und Charakter

Das Kind, der junge Mensch »tritt hinaus ins feindliche Leben«, wie Schiller dichtete. Er tritt hinaus aus dem Schutzraum von Familie, Schule, Lehre, wo man seine Fehler noch freundlich entschuldigte und sagte: »Er ist ja noch ein halbes Kind.«

Nun also das Leben. Der Mensch in der Öffentlichkeit. Er sieht die anderen. Die anderen mustern ihn. Und was sieht er? Er sieht, was der Kampf ums Dasein aus den Manieren macht, die man ihm eingepaukt hat oder die er lernen will. Er liest im »Spiegel«: »Hier wird vor allem die Form gewahrt. Daß der Graf die Uneleganz seiner Bemerkung bedauert, ist kein Zufall. Jeder wird mit Titeln angeredet ...«.

Mit der »Bemerkung« ist der Satz des Grafen Spee gemeint, der als Bürgermeister eines kleinen Ortes gesagt hat, um die Haushaltsprobleme der Stadt zu lösen, müsse man »einige reiche Juden erschlagen«. In dem Bericht nun greift der Autor fast dankbar die Tatsache auf, daß in dieser Gegend, in dieser Gesellschaftsgruppe Form und Eleganz höher bewertet werden als demokratische und auch moralische Tugenden. Daß sich hinter der Fassade der korrekten Haltung Antisemitismus und provinzielle Verlogenheit verbergen. Und daß derjenige mit der Bemerkung ein Graf war, erleichterte die Argumentation des

Autors ganz ungeheuer. Spätestens seit Knigge weiß man doch, was die Hofschranzen für Leute sind. Oder?

Lebendes Ideal

Daß ein Journalist überhaupt noch voraussetzen kann, mit diesem Vorwurf auf allgemeines Verständnis zu stoßen, zeigt eigentlich vor allem, wie lebendig der Begriff der äußeren Formen noch ist und wie selbstverständlich das unausgesprochene Ideal noch wirkt: Die äußere Form, die Haltung, die Eleganz sind nur dann glaubhaft und können nur dann akzeptiert werden, wenn sie sich mit einer tadellosen moralischen Haltung decken.

So schrieb auch der damalige Chefredakteur der Süddeutschen Zeitung, nachdem die Arbeit des Flick-Untersuchungsausschusses beendet war, unter der Überschrift »Kaum einer blieb unbescholten: die Vertrauenskrise, in die sich die etablierten Parteien selbst hineinmanövriert haben, ist nicht überwunden, die allgemeine Empörung nicht abgeflaut. Bei jeder neuen Meldung aus einem Untersuchungsgremium oder Gerichtssaal flammt der Zorn über die Machenschaften neu auf, sie nähren den üblen Nachgeschmack. Mancher tröstet sich damit, daß viele Menschen halt so sind: wohlfeil und von schlichter Denkungsart. Das allein könnte ein gesittetes Gemeinwesen durchaus ertragen. Viel schlimmer ist hingegen die Pose derer, die in diesem Filz tätig waren, gut 25 Jahre lang. Sie enthält drei besonders empörende Ingredienzien, in dieser Reihenfolge: die unfaßliche Selbstgerechtigkeit vieler Akteure (bis auf diesen Tag noch wahrzunehmen), das krasse Fehlen eines Unrechtbewußtseins in der politischen Klasse, der vollständige Mangel an guten Manieren auch bei solchen Leuten, die sonst großen Wert auf Etikette legen.«

Manieren ohne Moral?

Dazu gehört außerdem ein Erfolg wie der von Wallraffs »Ganz unten«. Seine Lektorin führt das Echo dieser Anklage gegen die Biedermänner auf ein »Bedürfnis nach Lauterkeit, dem Wunsch nach einem Restbestand moralischer Gesundheit, nach Aufdeckung sozialen Unrechts in einer Sehnsucht nach Verehrungswürdigkeit« zurück.

Wunsch nach Würde

Auf jeden Fall zeigen diese Beispiele deutlich, daß es die Öffentlichkeit ist, in der die Stunde der Wahrheit für Stil und Benehmen schlägt. Diese Öffentlichkeit verlangt nach sichtbaren Vorbildern, nach Verehrung, starrt deshalb auf fremde Könige und Königskinder und mault, wenn die Frau des deutschen Bundeskanzlers beim traditionellen Galopprennen in Hamburg-Horn keinen Hut auf hat, wo doch sogar die Frau des SPD-Bürgermeisters einen trug.

Da wären wir wieder bei den Äußerlichkeiten, aber dieser Zwiespalt wird sich nie vermeiden lassen. Es ist halt schwer, jemandem das lautere Wesen anzusehen. Korrekte Kleidung und eine höfliche Verbeugung fällt dafür sofort auf und in die Augen.

Man darf freilich nicht den Fehler begehen, von Hut und Handschuhen zuviel zu verlangen oder ihnen die Schuld zu geben, wenn man auf ihren Träger oder ihre Trägerin hereingefallen ist.

Schon die Frage »Ist Demokratie mit guten Manieren vereinbar?«, die immer wieder gestellt wird, wenn es vom Revolutionären ins Restaurative zurückgeht, darf nur rhetorisch verstanden werden. In der Französischen Revolution wurde den Adligen der Kopf abgeschlagen, nur weil sie adlig waren und weil man meinte, damit die gesellschaftlichen Unterschiede aus der Welt zu schaffen. Aber als der amerikanische Präsident Thomas Jefferson nach dem Abfall der späteren Vereinigten Staaten vom britischen Königreich eine neue, eine demokratische Etikette schuf, indem er alle, die das Weiße Haus betraten, ob Amerikaner oder Ausländer, Titelträger oder Lastenträger, Mann wie Frau gleich behandelte, brachte er alle gegen sich auf. Denn auf diese Art und Weise schaffte er es, alle auf die gleiche Art zu beleidigen.

»Freiheit, Gleichheit, Brüderlichkeit!« lautete das Fanal der Französischen Revolution, und die Gleichheit, die Egalité, schien am leichtesten erreichbar zu sein. Weg mit den Köpfen, dann sind alle egal.

Könige und Mode

Trotz aller sozialen Revolutionen, die unsere Kontinente heute noch erschüttern; schon hinter der nächsten Grenze wird einem König gehuldigt, und mitten im Kampfgebiet kann man sich auf dem Fernsehschirm die Königshochzeiten betrachten.

Und wenn man keinen König hat, der Maßstäbe für Traum und Wirklichkeit setzt, so benutzt man das Geld als Mittel der Unterscheidung. Die Macht des Geldes ist bekannt; wer reich ist, sagt gern: »Ich kann mir alles leisten!« Er leistet sich Grobheit, Unhöflichkeit, ausgiebige Sorge um den eigenen Leib samt Rücksichtslosigkeit gegen Mensch und Natur.

Falsche Vorbilder

Und wie sich auch alles verändert hat, alte angestammte Macht und neue materielle Macht spielen unberührt in der Öffentlichkeit ihre Rolle. Sie sind in jeglicher Form in der Zeitung, in Klatschblättern und im Fernsehen zu betrachten, und Reporte, Filme und Fernsehserien tun so, als gäben sie die Wirklichkeit wieder. Es ist sicher müßig, vor diesen erst recht falschen Vorbildern zu warnen. Sie sind öffentlich,

Idole der Glotze

und wenn sich der Mensch in der Öffentlichkeit bewegt, stößt er ständig auf sie, denn in der Werbung werden sie wiederholt, die Mitmenschen sprechen von ihnen wie von der eigenen Familie. Überall also schieben sich ihm die Fernsehbilder vor die Wirklichkeit. Sie wirken stark, stärker als diese, und sie nähren vor allem die Illusion, jeder sei prominent und habe etwas zu sagen, der im Fernsehen oder in den Illustrierten erscheint. In Wirklichkeit spielen alle eine Rolle: Nachrichtensprecher lesen nur Texte vor, die andere geschrieben haben. Politiker benehmen sich so, wie es ihnen die Psychologen oder Werbefachleute geraten haben, und die Rolle der Fernseh-Serienhelden wird vom Publikum selbst geschrieben: Nach Wünschen und Protesten beim Sender werden die Fortsetzungen der teuersten und weltweit verkauften Serien eilfertig umgeschrieben. Der Fernsehzuschauer sieht also seine eigenen Träume, Wünsche und Vorurteile, und wenn er sich so benimmt wie die Fernsehstars, so schließt sich der Kreis der Illusion.

Etwas scheint sich jedoch wirklich geändert zu haben. Denn nachdem die junge Politikergeneration der Grünen in den Bundestag einzog und zur täglichen Fernsehspeise wurde, konnte man sehen, was es ins Alltägliche übersetzt bedeutet, wenn Öffentliches und Privates nicht mehr voneinander getrennt sein sollen. Dieses Prinzip folgte der Erkenntnis, daß der Mensch eine Einheit, daß also seine Handlungen in Bett und Bethaus mit denen in Büro und Betrieb zusammenhängen, daß der Blumenfreund oder Katzenschinder ebenso durch die offizielle Gestalt des Apothekers oder Amtsmanns blitzt wie der Familienvater oder der Homosexuelle.

Idole der jungen Generation

Und wie sieht das nun aus, wenn man zu dieser heilen Einheit zurückkehrt? Was für ein Verhalten zeigt diese Generation? Ihre Vertreter sind anders gekleidet. Sie schminken sich kaum. Sie folgen ihren Bedürfnissen nicht nur in den eigenen vier Wänden, sondern geben ihnen auf der Stelle nach. Sie zeigen ihre Gefühle in jeder Hinsicht. Sie lehnen die Verfremdung der Arbeit ab, stellen sich also den Blumentopf auf das jeweilige Abgeordnetenpult, bringen Babys mit zur Arbeit und schieben die Bluse hoch, wenn Stillzeit ist.

Das mag man ablehnen, aber selbst wer in Leserbriefen an die Frankfurter Allgemeine Zeitung erbittert gegen den Verfall der guten Sitten wettert, ist längst selber im Begriff, davon zu profitieren, oder, anders ausgedrückt, an diesem Verfall mitzuarbeiten.

Es ist zum Beispiel sicher kein Zufall, daß in diesen letzten anderthalb Jahrzehnten die sogenannte Freizeitkleidung mehr Schule gemacht hat als jede andere Mode zuvor. Es bequem haben, seinen Bedürfnissen nach Erholung und Entspannung ungehindert folgen können, das war der Wunsch, der sich auch statistisch messen läßt. Ende der 80er Jahre stieg die Neigung der Bundesbürger ganz deutlich, den Beruf und die Arbeit nicht mehr so hoch zu werten wie bisher. Familie und Freizeit stehen dafür an erster Stelle.

Das Gute am grünen Protest ist ganz sicher, daß vieles, was sich 1945 rasch wieder wie in Vorkriegszeiten etablierte, nun endlich als unzeitgemäß und so verlogen erkannt wurde, wie es ist. Wer sich also davon trennen will, kann es ohne Umschweife tun und ohne persönlichen Einsatz – sagen wir: Mut.

Mehr locker sehen

Das Gute liegt auch im Lockeren: Man kann ja wirklich mehr locker sehen als die vorigen Generationen dachten, denn Verhaltensformen sind Menschenwerk und kein Gotteswort, und es fällt keinem der berühmte Stein aus der Krone, wenn er nicht andere für sich machen läßt (Wen? Seine Frau. Seine Angestellten. Seine Kinder).

Das Schlechte liegt nur darin, daß es vielen so schwerfällt, locker vom Hocker selber zu entscheiden. Sie haben es gern genau vorgeschrieben. Sie trauen sich nicht, so zu handeln, wie sie es für richtig halten. Sie sind zu bequem und faul, um selber nachzudenken. Es geniert sie, Leute zurückzuduzen, die ihre Vorgesetzten sind oder in Turnschuhen zum Staatsempfang zu marschieren. Diese Unsicheren müssen nur kapieren, daß sie gar nicht müssen. Wenn sie es für richtig halten, können sie bleiben, wie sie sind. Aber nicht dabei zittern und zagen, sondern so wie die Briten in aller Seelenruhe die grauen Zylinder aufsetzen und dann ab zu irgendeinem Royal Empfang.

Leben in Turnschuhen

Konserviert heißt »wohlbehalten«

Auch hierzulande zwingt einen keiner, die Lackpumps wegzuwerfen und in die Quadratlatschen zu fahren. Die Grünen finden die Konservativen nicht gut. Weshalb sollen die Konservativen sich dann aufgeben und ihre lebenslangen Ideale verraten und die Grünen gut finden? Nur: Die Unruhe der Konservativen zeigt, daß an dem Neuen etwas ist, das sie berührt. Vielleicht sollten sie daran denken, was im Worte »konservativ« steckt: das lateinische Verb conservare bedeutet bewahren, aufbewahren. Konserviert heißt: »wohlbehalten, von frischem, kräftigem Aussehen«.

Zeigen Konserven das nicht mehr, so sind sie zu alt, sind schlecht, verschimmelt, und man wirft sie fort. Nur die Dauerkonserven halten theoretisch ewig.

Im Fremdwörterlexikon von 1910 steht unter »konservativ«: »... die Erhaltung befördernd, derselben geneigt; insbesondere fest an den hergebrachten und bestehenden bürgerlichen Zuständen und Staatsformen haltend...« Im Brockhaus aus der Nazizeit: »Überlieferungstreu, am Hergebrachten hängend«. Das klingt schon lockerer. Und der Kleine Knaur von 1972 sagt: »... bewahrend, erhaltend; am ›Guten Alten‹ festhaltend.« Da klingt ein leiser, lächelnder Spott an, und genau diese Distanz gilt es zu wahren und zu beachten.

Wert der Toleranz

Man schaue sich doch selber an, wenn man kann, so sachlich und kritisch, wie das die andern tun. Was siehst du? Und wenn dieses Ich denkt: »Grauenhaft, in aller Öffentlichkeit den Pullover hochzuschieben und ein Baby anzulegen! Das tun die Bauern in Italien, aber doch nicht ich!«, so braucht sich dieses Ich nicht weiter aufzuregen, sondern läßt den eigenen Pullover unten und stillt sein Kind zu Hause.

Unsere Gesellschaft hat, und das ist der Vorteil der sogenannten Studentenrevolution, für beides Platz und toleriert die Nackten und die Bekleideten. Zumindest sollte man das tun.

Privat: tabu

Der Wert und die Unantastbarkeit des Privaten gilt ebenso wie das Einbringen des Privaten ins Öffentliche, und kein Mensch kann etwas dagegen sagen, wenn jemand – Mann oder Frau – der Ansicht ist, »für mich hat sich nichts geändert. Hier mein Berufsleben, mein Leben, in dem ich nichts verberge, weil ich nichts verbergen kann und will – da aber mein Haus, das meine Burg ist, und kein Ton über Familie, Sexualität, Schicksalsschläge und alles andere, das ich außerhalb des Berufs betreibe und erleide. Punktum.«

Küsse, Korrektheit und Contenance

Der Mensch hat also in der Öffentlichkeit die Wahl. Locker oder korrekt, das ist die Frage. Denn wo es vor ein paar Jahren noch hieß: »Das kannst du bei deinen Gesinnungsfreunden machen, aber nicht hier!«, wo lockeres Benehmen bei den lockeren Leuten zu finden war und korrektes Benehmen bei den Korrekten, da hat sich auch etwas geändert. Die praktische Zweiteilung der Welt ist vorbei. Linke tragen Krawatten und Rechte offene Hemden. Und wenn man nun die Bösewichte dazu zählt, die Damen die Hände küssen, und den braven Mann, der aus ehrlichem Herzen flucht – wie heißt es doch bei Schiller? »Der Mann muß hinaus ins feindliche Leben«. Ja wahrhaftig, er muß. Und kein Buch über das Benehmen kann ihm die Arbeit abnehmen, selber die Wirklichkeit zu durchdringen, selber zu beobachten, abzuwägen und zu entscheiden.

Hände küssen und Fluchen?

Es kann ihm nur beim Abwägen helfen, kann dem, was in der Öffentlichkeit über ihn hereinbricht, seine scheinbare Wichtigkeit nehmen. Beginnen wir mit dem, was viele für das Wichtigste im Leben halten, mit der Liebe.

Liebe und Sexualität

Sie ist so öffentlich geworden, daß man eigentlich gar keinen lebendigen Partner mehr braucht, um sie kennenzulernen. Menschen auf der Straße, Illustriertenromane, Sexblätter, Videopornos et cetera zeigen und erklären ohnehin jeden Quadratmillimeter unserer erogenen Zonen. In Erziehungsbüchern wird Eltern vorgeschlagen, die Kinder beim sexuellen Verkehr dabei oder dazwischen liegen zu lassen, und in Elternzeitschriften fragen Mütter verstört, was denn mit ihrer Vierjährigen falsch gelaufen sein müsse, da diese noch kein einziges Mal onaniert habe.

Benimmt man sich also als sexuelles Wesen so offen? Muß man auf

Intimität verzichten, weil das altmodisch geworden ist und die anderen einen auslachen, wenn man etwas so Verklemmtes wie Schamhaftigkeit zeigt?

Extraregeln für Balz und Bett

Natürlich nicht. Und das ist keine Regel, sondern eine Bestätigung, denn es gibt keine Extraregeln für Balz und Bett. Wenn man nicht vorher schon ein höflicher Mensch gewesen ist, der eben nicht nur an sich selber und die Befriedigung seiner Gelüste denkt, so wird es dem Partner auch in der Stunde der Wahrheit nichts nützen, wenn er wo gelesen hat: »Der Herr schlägt der Dame das Laken zurück, ehe ...« oder »Die Dame plustert dem Herrn das Kissen auf, nachdem ...«

Bei der Werbung und beim Wühlen auf der Matratze zeigt sich's ziemlich rasch, wessen Geistes Kind der oder die andere ist, und wenn man Zweifel hat, ob einem so ein Benehmen paßt, lautet der einzige gute Rat: Lassen Sie die Finger davon! Bilden Sie sich nicht ein, Sie könnten jemanden ändern, auch wenn er millionenmal schwört, aus Liebe zu Ihnen täte er/sie das bestimmt.

Und noch ein zweiter guter Rat: Wie die Sache auch ausgeht, was hinter geschlossenen Türen passiert ist, geht außer den Betroffenen keinen anderen lebenden Menschen etwas an. Man soll weder prahlen noch die äußerste Schutzlosigkeit des Liebenden ausnutzen und den besten Freunden haarklein jede Einzelheit berichten.

Der Kavalier schweigt

Der Kavalier schweigt, hieß es früher, und er schweigt immer noch. Die Dame schweigt allerdings auch.

Und wenn beide Glück haben und ein Liebespaar sind, so ist das schön und soll ihnen lange Freude machen. Es ist jedoch nicht angebracht, diese neue herrliche Zuneigung in der Öffentlichkeit mit dem ganzen Leibe zu demonstrieren und sich auf dem Rasen oder auf dem Sandstrand zu wälzen, als hätte man kein eigenes Bett.

Kuß in der Öffentlichkeit

Prüde? Ach, du liebe Zeit! Die verrenkten Leidenschaftlichen sehen sich ja nicht selbst. Nehmen schon die Gesichter von frisch Verliebten beim langen tiefen Kuß ein eher schafsmäßiges Aussehen an, so ähnelt die Liebe auf dem Rasen auch eher einer tolpatschigen Leibesübung mit Ringereinlage. Man muß schon die Routine eines modernen Ballettänzers besitzen, um unter solchen Umständen nicht lächerlich zu wirken.

Genanz und Intimbereich

Geküßt wird heute so ausschweifend wie schon lange nicht mehr. Die Genanz oder die Schamhaftigkeit sind Eigenschaften oder Ausdrucksformen des Menschen, die zum sogenannten Intimbereich gehören. Dieser Bezirk geht den Außenstehenden, den Partnern im öffentlichen Leben, nichts an. Es steht ihm also nicht zu, ein Urteil zu fällen, sich einzumischen, missionarisch für mehr Freiheit oder weniger Großzügigkeit zu werben – das ist, wenn überhaupt, höchstens Sache von Freunden, Geliebten, Familie.

Der Mensch in der Öffentlichkeit muß diese Eigenschaften allerdings achten. Burschikosität kann ebenso verletzen wie – im umgekehrten Fall – Prüderie.

Man kann also auch unter Geschlechtsgenossen nicht damit rechnen, daß sich jedermann oder jedefrau unbefangen im Sportclub oder in der Badeanstalt nackt unter die Dusche stellen, sich unbefangen beim Arzt, im Schlafwagen, im Spital an- und ausziehen.

Nackt in der Stadt

Und man kann nicht selbstverständlich erwarten, daß alle ohne weiteres in die Sauna, an den FKK-Strand etc. gehen. Einige tun es einfach nicht gerne, die sollte man nicht drängen und mit »Ach, stellen Sie sich doch nicht so an!« erpressen. Das gilt selbstverständlich auch für Kinder, die mit der Pubertät oft eine starke und äußerst empfindliche Schamhaftigkeit entwickeln, auch, vielleicht gerade in freizügigen Familien.

Da ist es ganz besonders ein Gebot der Höflichkeit und des Taktes und der Klugheit, die neuen Schranken zu achten, strikt und unter allen Umständen.

Andere sehen es nicht gerne – die sollten freilich nicht Empörung mimen über die »schamlosen Nackerten« und weiter tüchtig hinschauen, um die Entrüstung zu nähren, sondern sie sollten einfach auf dem Absatz kehrtmachen und weggehen. Einfacher kann man's wirklich nicht haben.

Gefühle in der Öffentlichkeit

Gäste aus den westlichen und östlichen Ländern registrieren mit einigem Befremden, wie viele junge Leute sich in der Öffentlichkeit küssen, umarmen, in den Parks liegen, trinken und betrunken durch die Straßen taumeln. Dabei erstaunt sie nicht, daß die betreffenden Bedürfnisse so unverhohlen gestillt werden. Es verwundert sie vor allem, daß keiner den jungen Leuten Einhalt gebietet und sagt: »Tut das nicht!« Die Erwachsenen zucken vielmehr die Schultern und meinen: »Na und? Das ist ihre Sache. Sie besitzen die Freiheit, zu tun und zu lassen, was sie wollen, Hauptsache, sie veranstalten nach 22 Uhr keinen ruhestörenden Lärm.«

Das ist richtig beobachtet. Das Laissez-faire der antiautoritären

Bewegung hat vielen Eltern eine fabelhafte und von der offiziellen Pädagogik gelobte und gepriesene Möglichkeit gegeben, sich vor ihrer eigentlichen Erziehungsaufgabe zu drücken. Sie weichen allen Auseinandersetzungen einfach aus und sagen den Kindern und Jugendlichen: »Wir wollen eure Gefühle nicht ersticken, ihr könnt euch eure Freiheit nehmen!« und den 18jährigen: »Ihr seid ja volljährig. Ihr könnt jetzt tun, was euch paßt. Ich wasche meine Hände in Unschuld!« Und sie sind auch noch stolz auf ihre Haltung.

Falsche Freiheit

Wem die Eltern aber nicht beigebracht haben, seine Gefühle kennenzulernen, zu artikulieren und zu beherrschen, der bleibt emotional ein Kind, wird von jedem Gefühlchen hilflos gebeutelt und plärrt bei jeder Gelegenheit los. Auch dies ist ein Problem, das weit über die Fragen des Benehmens hinausgeht, so daß es fast zynisch klingt, wenn man unumwunden sagt: Der Mensch, der gut in der Gemeinschaft leben will, muß sich beherrschen können. Er zeigt seine Gefühle, aber nicht ungehemmt. Er lernt, daß man Gefühle auch mit sparsamen Zeichen und Gesten ausdrücken kann; daß man auf diese Weise seinen Gefühlen sogar viel besser gerecht werden kann, weil man den stärkeren Ausdruck wirklich für die stärksten Gefühle reservieren kann.

Selbstbeherrschung

Diese Selbstbeherrschung gilt für alle Fälle. Sie hat sich im Krieg mitten zwischen Trümmern und Verlusten bewährt. Sie hilft einem Kind, das Gesicht zu bewahren, wenn es nämlich nicht wegen irgendeiner Kleinigkeit vor allen anderen angeschrien wird; und sie rettet auch die Mutter, die sich durch hemmungsloses Schimpfen nur in die Ecke manövriert, aus der man so leicht nicht mehr herausfindet. Selbstbeherrschung und Contenance verhindern Streit und Krach in der Familie, zwischen Liebenden, zwischen Nachbarn, Kollegen und so weiter.

Contenance würde den meisten unserer Politiker auch sehr viel besser dienen als das unflätige Gefluche, mit dem sie – in bezug auf das gute Benehmen – nur Beispiele abgeben, wie man es nie und nimmermehr machen sollte.

Zur Selbstbeherrschung gehört auch dies: Wenn einen etwas stört, so überlegt man sich: Kann ich's ändern? Kann man das, so tut man es auch, statt darüber zu jammern.

Kann man es nicht ändern, so erträgt man es schweigend. Gejammere ist überflüssig, weil sich dadurch nichts ändert: zum Beispiel das Wetter, der Charakter der zweiten Frau des eigenen Ex-Mannes, der Mottenfraß im Winterpelz oder die Qualität des heurigen Weins.

Und weil wir gerade bei goldenen Lebensregeln sind: Eine Auslese für das Leben in der Öffentlichkeit, für das Leben mit anderen: *Goldene Lebensregeln*

- Man denkt nicht an sich selbst zuerst, sondern man nimmt auf andere Rücksicht.
- Man läßt anderen Leuten den Vortritt, im Haus, im Bus, auch in der Warteschlange, wenn man merkt, da hat es jemand eilig, oder kann schon nicht mehr stehen. *Vortritt lassen*
- Man drängelt sich nicht vor. In einer Schlange stellt man sich brav hinten an, und wenn man aus irgendeinem Grunde eine Menge durchqueren muß, entschuldigt man sich wegen der Störung. *Drängeln*
- Ein Herr redet mit einer Dame nicht mit den Händen in den Hosentaschen, nicht mit einer brennenden Zigarette im Mund.
- Ein Herr steht auf, wenn eine Dame das Zimmer betritt.

Die beiden letzten Regeln gehören zu den altmodischen Verhaltensformen, die jedoch in konservativen Gesellschaftsgruppen noch unverändert befolgt werden. Das muß derjenige wissen und vielleicht beherzigen, der in eine solche Gruppe gerät: durch Heirat, durch Freundschaft, durch den Beruf.

- Die Hände in den Hosentaschen: Das ist wieder eine Frage der allgemeinen Haltung. Wer sich, seine Gefühle und seine Glieder beherrscht, der weiß, wo er die Hände lassen soll. Und dem bereitet auch dieses kein Problem: *Hände in den Hosentaschen*
- Man steht gerade da und nicht wie ein leerer Sack. *Stehen*
- Man schaut dem in die Augen, mit dem man sich unterhält.
- Man sitzt nicht mit weit gespreizten Beinen, auch nicht als Mann oder Mädchen in Hosen. *Sitzen*
- Man sitzt gerade und liegt nicht halbwegs auf dem Rücken im Stuhl oder im Sessel.
- Früher hätte eine Dame auf der Straße nicht geraucht. Sogar Damen tun es heute, wie man zum Beispiel an der englischen Prinzessin Margaret sieht. *Rauchen*
- Keiner hat früher auf der Straße gegessen. Unterdessen gibt es an jeder Ecke Wurst- und Pizzabuden. *Essen*

Deshalb gilt heute: Wer will, kann essen, aber er muß es manierlich tun und so, daß er den unschuldigen Mitmenschen nicht bespritzt oder bekleckert, sei es mit dem Fett der Bratwürste oder dem Getränk aus der Zischdose. Eisbecher und Pommestüten dürfen deshalb nicht mit in den Bus genommen werden, ergo auch nicht mit ins (fremde) Auto.

Schminken • In der Öffentlichkeit kämmt und schminkt man sich nicht. Gehetzten Politikern zwischen zwei Terminen, und immer vor dem Fernsehauge, bleibt freilich gar nichts anderes übrig, als sich vor allen Blicken schnell die Haare zu glätten, die ihnen der Hubschrauberwind zerzaust hat.

Früher nannte man diese vier Tätigkeiten die Voraussetzung für einen wohlerzogenen Menschen und setzte voraus, daß sie zu Hause im Badezimmer erledigt wurden: Zähneputzen, Füße waschen, Haare kämmen und Nägel schneiden.

Zähneputzen

Damit alleine ist es nicht getan, aber etwas dran ist schon an diesem Rat.

Sprechen und Gespräch

Für das Sprechen und das Gespräch gibt es eine ganze Reihe von Regeln.

• Man fragt nicht Was? sondern Wie bitte?

• Man sagt nicht »Gib das mal her!« sondern »Kannst du mir das bitte ...«

• Man flüstert nicht in Gesellschaft, weil jemand anders denken könnte, man flüstere über ihn.

Deutlich reden

• Man spricht dagegen laut und deutlich, wenn man etwas gefragt wird oder wenn man während einer Besprechung etwas zu sagen hat. Fürst Rainier von Monaco hat 1985 bestimmt, daß seine Tochter Stephanie Unterricht im Sprechen bekam, weil sie bei einem Fernsehinterview so genuschelt und gestottert hatte.

• Man spricht möglichst in einer international gemischten Gruppe die Sprache desjenigen Gastes, der kein Deutsch versteht.

Höflich schweigen

• Man fällt keinem ins Wort, sondern wartet höflich, bis der Redner ausgeredet hat oder zumindest Luft schnappen muß. Man redet nicht in Gespräche von anderen Leuten hinein.

• Man schwatzt nicht als erster los, wenn man sieht – sehen müßte –, daß ein anderer gerade um Antwort ringt.

• Man redet auch nicht gescheit über Dinge oder Geschehnisse, von denen man nicht allzu viel versteht, erst recht nicht, wenn jemand anwesend ist, der wirklich Bescheid weiß.

• Man sagt möglichst, was man selber denkt, und wiederholt nicht, was man gerade in Zeitung oder Zeitschrift gelesen hat. Und wenn man selber der Fachmann ist, redet man nicht wie ein Besserwisser.

• Man antwortet im Gespräch freundlich und nicht weitschweifig.

• Man antwortet auf die konventionelle Frage »Wie geht's?« nicht mit der ganzen Lebens- und Leidensgeschichte, sondern versteht sie als das, was sie ist: Gesprächseröffnung.

- Man breitet vor Fremden weder die ganze Familienstreitigkeit noch seine Scheidungsargumente aus noch irgendetwas anderes, das Klatsch und Mißverständnissen Nahrung gibt und so andere verletzen und in einen falschen Ruf bringen könnte.

Verpönte Themen

- Verpönt sind: lautes Lachen mit aufgerissenem Mund; derbe Sprache und Flüche; Aufschneiden und Angeben; langatmige Berichte; schlechtes und fehlerhaftes Deutsch; falsch verwendete Fremdwörter; Streit vom Zaun zu brechen; Neugierde zu zeigen und nach dem Einkommen zu fragen; lange Krankengeschichten zu erzählen; beim Sprechen Fratzen zu schneiden und beim Zuhören Daumen zu drehen; sich am Kopf zu kratzen und jemanden unverwandt anzustarren.

Auch bei dieser Liste kann man manchmal lachen, spotten oder die Nase rümpfen. Es sind Vorschriften mit einer langen Tradition, die sich teilweise seit dem Mittelalter gehalten haben. Sie gehören also zu den Dingen, die man zumindest kennen muß, weil es große Gesellschaftsgruppen gibt, in denen wenigstens einige dieser Prinzipien noch lebendig sind und in denen der Neuling nach diesen Prinzipien gemessen und beurteilt wird.

Ebenso alt ist die Erwartung der Gesellschaft, daß man sich bestimmten Körperfunktionen nicht willkürlich hingibt, sondern daß man sie so unmerklich wie möglich erledigt:

Niesen

- Niesen: Da sollte man sich das Taschentuch vor die Nase halten, der Bazillenexplosion wegen.

Husten

- Husten: Hand vor den Mund; es nicht im Konzert tun – wobei einem kein Benimmbuch verrät, was man statt dessen tun soll. Ersticken? Selbstverständlich sollte es allerdings sein, daß man mit einem blühenden Bronchialkatarrh nicht gerade ins Konzert geht.

Gähnen

- Gähnen: nicht mit offenem Mund; nicht, wenn der Vortragende oder Gastgeber gerade guckt.

Naseputzen

- Naseputzen: nur mit dem Taschentuch; keine großen Ausräumungsarbeiten in der Öffentlichkeit veranstalten; Papiertaschentücher niemals achtlos in die Gegend werfen. Das ist unhygienisch, gedankenlos und verschandelt die Gegend.

Spucken

- Spucken: Tut das noch jemand? Wenn, so wäre es natürlich noch unhygienischer, weil man ja vermutlich am meisten spuckt, wenn man einen Husten hat.

Schmatzen • Schmatzen und schlürfen bei Tisch und in den Zähnen stochern: unmöglich, weil unappetitlich. In Frankreich und in Österreich findet man Zahnstocher auf allen Wirtshaustischen, und in manchen Fluggesellschaften fallen sie einem aus der Bestecktüte entgegen. Das müssen lauter Gegenden sein, in denen die Zahnärzte nicht ordentlich arbeiten.

Aufstoßen • Aufstoßen: Soll angeblich bei vielen Völkern zur Höflichkeit gehören und andeuten, wie gut einem das servierte Mahl geschmeckt hat. So wird das bei uns nicht gesehen. Man sollte es also lieber unterlassen. Muß man es oft tun, so ist es wahrscheinlich der Magen. Also ein Fall für den Arzt.

Winde • Einen Wind fahren lassen: Tut man natürlich auch nicht, was ziemlich logisch ist, weil oft mit kräftigem Geruch verbunden. Die Tätigkeit der Verdauung und der Entleerung wird nicht erwähnt. Auch wenn das Wort Scheiße heutzutage in aller Munde ist, hat diese Tatsache nichts daran geändert, daß man bei Tisch und in der Öffentlichkeit nicht über alles das spricht, was mit den menschlichen Ausscheidungen zusammenhängt. Wenn jemand aufs Klo gehen und es aus irgendeinem Grunde erwähnen muß, so hat er eine Reihe von Umschreibungen zur Verfügung, die von »Ich bin gleich wieder da« bis zum englischen »to pay a penny« reichen. Ich glaube, auch das hat weniger mit Verklemmung und Körperfeindlichkeit zu tun als mit der Rücksicht auf andere, die sich leicht ekeln.

Im übrigen: Es ist vermutlich allen Leuten herzlich gleichgültig, wie sich wer daheim in seinen vier Wänden in den Ohren gräbt oder an den Zehen pult. Es gibt jedoch viele Mitmenschen, denen einfach übel wird, wenn sie mitansehen müssen:

Nägel kauen • wie jemand versunken seine Nägel bis zum Anschlag abnagt (wie zum Beispiel ein Unbekannter, der am 8. Mai 1985 in der Gedenkstätte Bergen-Belsen so hinter Herrn Kohl stand, daß die Fernsehkamera ihn voll ins Bild holte);

Nase bohren • wie jemand in der Nase bohrt und das Ergebnis seines Fleißes zu kleinen Popeln zwirbelt oder gar verspeist;

Kauen • wie jemand mit meist offenem Munde wie besessen Kaugummi kaut;

• wie jemand sich in Bus oder Hochbahn oder auf einer Rolltreppe so gründlich kämmt, daß die Haare und die Schuppen auf die Nachbarn stäuben;

- wie jemand in S- oder U-Bahn den Kosmetikkoffer öffnet, alle Teile des Gesichtes zu bemalen beginnt und zum Schluß auch die Nachbarschaft üppig mit Puder oder Haarspray bestäubt;
- wie jemand an seinen Pickeln herumdrückt, ständig an seinen Barthaaren zupft und versucht, auf ihnen herumzukauen, und wie jemand ununterbrochen an den Fingern pult.

Schwitzen

Das nächste Kapitel ist das Transpirieren. Jeder schwitzt schon mal, der eine mehr, der andere weniger. Und bei jedem riechts mehr oder weniger. Wer es selber nicht merkt und eher mehr als weniger schwitzt, bei dem stinkts allmählich. Die Kleidung oft noch durchdringender als der Mensch selber. Wenn man in Bus, Flugzeug, Kneipe, Wartezimmer oder Bahn auf solche Duftquellen stößt, kann man nichts machen, als sich so weit weg zu setzen, wie es das Etablissement erlaubt.

Wenn man mit der Duftquelle in einem Büro oder Betrieb zusammenarbeitet, sollte man den oder die Kollegin, dem oder der man am meisten Autorität und Takt zutraut, bitten, mit dem Betreffenden zu sprechen. Es gibt kosmetische Hilfen, die das Problem verringern, wenn nicht lösen. Allerdings: Es gibt auch Kosmetika, deren Eigengeruch schlimmer ist als der Gestank, den sie vernichten sollen. Eine falsche Deo-Wahl wäre dann also der Anlaß zu einem zweiten vertraulichen Gespräch. Oder zu einem Gespräche nur über diesen penetranten Duft.

Transpirieren

Im übrigen: Wer früher vom Schwitzen sprach, galt schon als ordinär. Man sagte transpirieren. Als Orson Welles Rita Hayworth heiratete und jemand erwähnte, daß die Braut ins Schwitzen gekommen sei, wies ihn Orson Welles zurecht und sagte: »Pferde schwitzen, kleine Leute transpirieren, Miss Hayworth glüht.«

...ohne zu klagen

Eigentlich ist es völlig gleichgültig, welches Verb man wählt. Wer schwitzt, tut es eh heldenhaft und ohne darüber zu reden – als gesellschaftlich vollkommenes Wesen. »Sieh mal, wie ich schwitz!« darf höchstens ein Kind sagen. Erwachsene, die mit Hemd oder Bluse wedeln, um diese Aussage zu beweisen, sollten das also lieber lassen.

Wer leicht schwitzt, sollte sich statt dessen leicht und in Baumwolle kleiden. Männer sollten sich dünne Anzüge kaufen, statt wie manche Politiker vor der Fernsehkamera auszusehen.

Benehmen in Theater, Kino, Kirche

Im Kino und Theater

Wer oft in Konzerte, ins Theater oder Kino geht, also lange und in immer wärmer werdender Luft dicht neben Fremden sitzt, achtet besonders darauf, daß er nicht riecht.

Im Kino und im Theater ist man übrigens pünktlich. Sitzt man in der Mitte der Reihe, so arbeitet man sich höflich durch und mit dem Gesicht zu denen, die bereits Platz genommen haben.

Man kauft sich keine Knistertüten und wickelt das Hustenbonbon nicht gerade während einer atemlosen Stille der Spannung aus. Man kaut keinen Kaugummi und schmatzt beim Bonbonlutschen nicht.

Man setzt sich auf seine eigenen Sitzplätze oder in die Reihe, die die Eintrittskarte angibt, und nicht auf fremde Plätze. Hat man das aus Versehen getan oder in der Hoffnung, es käme keiner mehr, so macht man den wahren Platzbesitzern mit einer Entschuldigung und bereitwillig Platz.

Man legt sein Opernglas und andere feste Gegenstände nicht auf die Logenbrüstung, sondern aufs Ablagebrett darunter, damit es keinem auf den Kopf fallen kann. Klatschen allerdings muß man nur, wenn es einem wirklich gefallen hat.

Spielcasinos und Restaurants

In Spielcasinos und in manchen Restaurants gilt die Regel: Herren dürfen das Etablissement nur mit Krawatte und Jackett betreten. Das ist eine Regel, die stilbildend wirken soll, aber vor allem Werbewirkung besitzt. Das betreffende Restaurant signalisiert seine Vornehmheit und Traditionstreue, und wer dort aus- und eingeht, kann sich leicht etwas darauf einbilden.

In Casinos blüht aus dem Zwang zur korrekten Gesellschaftskleidung manchmal eine nette Nebeneinnahme. Denn der Herr im Hemd kann sich an der Garderobe gegen ein geringes Entgelt Schlips und

Jacke leihen. Manche Männer kehren lieber um, und andere kommen das nächste Mal in der eigenen Jacke. Und sind dann, laut Veranstalter, ganz froh, daß sie nicht zwischen Smokings und dunklen Anzügen in Niethosen und Polohemd herumsitzen müssen.

Im Tanzlokal

Nach Vorschlag der deutschen Tanzlehrer gilt im Tanzlokal: Der Herr braucht im Gegensatz zur Privatgesellschaft nicht mit der Dame bekannt gemacht zu werden. Er muß sich auch nicht vorstellen; er fordert auf, und wenn die Dame, mit der er tanzen möchte, in männlicher oder anderer Begleitung ist, so sagt er wie eh und je mit der gewissen knappen Verbeugung: »Gestatten Sie?«, und die Begleitung gestattet. Denn wer zu einer öffentlichen Tanzveranstaltung geht, gibt damit zu verstehen, daß er auch gern mit Fremden tanzen möchte.

Will die Dame aber nicht mit diesem Tänzer tanzen, so besitzt sie das Recht abzulehnen. Es wird freilich erwartet, daß sie das höflich und taktvoll tut und nicht gleich mit dem nächsten davonschwebt.

Damen können bei der Damenwahl die Herren auffordern. Dann stehen sie wie er auf und fragen ihn »Darf ich bitten?«

Damen können in der geschlossenen Gesellschaft oder im Privatkreis auch ganz locker auffordern, ohne aufzustehen. Eine schlichte Frage: »Woll'n wir?« reicht, und wenn man der Nachbarin den Ehemann zum Tango entführen will, sagt man was Nettes.

In Kirchen

In Kirchen gelten in der eigenen Stadt und im eigenen Lande dieselben Verhaltensmaßregeln wie auf Reisen ins Ausland, siehe Seite 300. In der Tat benehmen sich die Leute im Vaterlande nicht anders als in der Fremde: Sie rennen vom Bundesbahnhof quer durch den Kölner Dom, um den Weg abzukürzen. Sie gehen von großen Einkaufsstraßen in die Hamburger Petri-Kirche, weil es dort im Turm ein Klo gibt, wo es nichts kostet. Sie setzen sich im Sommer in Shorts und Turnhemd zum Abkühlen ins Kirchenschiff.

Der wohlerzogene Mensch weiß, was eine Kirche oder eine Synagoge ist. Er achtet die Weihe des Ortes durch Schweigen, angemessene Kleidung und zurückhaltendes Benehmen. Er achtet die religiösen Gefühle der Andächtigen, verwechselt die Kirche nicht mit dem Marktplatz, stört keinen Gottesdienst durch überhebliches Gebaren, Fotografieren und Herumrennen. Er beachtet die Schilder, auf denen er schon in vielen Kirchen lesen kann, wie er sich bitte verhalten soll und um was ihn die betreffende Gemeinde oder der Pfarrer höflich bittet. Er erfüllt diese Bitte mit der gleichen Höflichkeit.

Grüßen, Begrüßen und Vorstellen

Wenn nun ein einzelner Mensch auf andere Menschen stößt – wie stellt er sich vor? Wie kommt er ins Gespräch?
Im Prinzip kann heutzutage jeder mit jedem sprechen, überall, und Kinder werden zu braven Demokraten erzogen, die mit schöner Selbstverständlichkeit zum Beispiel in der Frankfurter Universität eine Hörsaaltür öffnen, den Rektor einen Augenblick nachdenklich betrachten, wie er seine Vorlesung hält, und dann fragen: »Was machst du da?« So macht man sich bekannt. So kommt man ins Gespräch. Wenn man jedoch etwas älter wird, merkt man, daß diese Fragen sehr ernst und wichtig genommen werden und daß sie am häufigsten von allen Anfragen in Leserbriefen an Zeitschriften auftauchen.

Deshalb ein paar Stichworte, ein paar Grundkenntnisse, mit denen man sich alle Situationen aufschlüsseln kann.

Begrüßen auf der Straße

Der Herr grüßt bei uns die Dame, was Ausländer oft erstaunt, weil bei ihnen die Dame durch ein leichtes Kopfnicken andeutet, daß sie gegrüßt zu werden wünscht.

Der Jüngere grüßt den Älteren. Der oder die Anfänger oder Rangniedrige grüßt den oder die Erhabenen, also: Schüler grüßt Lehrerin, Stift grüßt Chef und so weiter, und schließlich grüßt der einzelne die Gruppe. Zu kompliziert? Das finden vor allem junge Leute. Deshalb beginnt sich die vereinfachte Form durchzusetzen: Wer den anderen als erster sieht, der grüßt.

Grüßen

In diesem Fall heißt grüßen: nicken, Hut schwenken (so man einen trägt, Baskenmütze oder Sportkappe gelten nicht als Hut), lächeln, kurzes Grußwort. Raucht der Herr gerade, so nimmt er beim Grüßen die Pfeife oder die Zigarette aus dem Munde. Hat er die Hand in der Tasche stecken, so zieht er sie heraus.

Bleibt jemand nach diesem Gruß stehen, so wird aus dem Grüßen ein Begrüßen.

Muß man Hände schütteln? Darüber lesen Sie weiter unten. Es muß also nicht sein, wenn man nicht in einer Gegend oder Firma lebt und arbeitet, in der das Händeschütteln üblich ist.

Hände schütteln

Trägt der Herr Handschuhe, so zieht er den rechten Handschuh aus. Frauen ziehen nie den Handschuh aus, vor allem nicht die sogenannten Kleiderhandschuhe, also dünne Handschuhe. Das hat sich vermutlich aus der Tatsache ergeben, daß es so lange dauert, bis man einen dünnen Leder- oder Stoffhandschuh von der Hand gezogen hat.

Handschuh

In manchen Gegenden und Kreisen gehört es jedoch zum guten Ton, sich als Dame den Handschuh auf jeden Fall von der Hand zu zerren und zu zupfen. Sieht also ein weibliches Wesen, das eine Dame begrüßt, daß diese den Handschuh auszieht, so ist es nur höflich, wenn es sich auch den Handschuh auszieht, allgemeine Regel hin und her.

Wer verneigt sich vor wem oder nickt wem zu oder schüttelt wem zuerst die Hand? Da tritt die gleiche Reihenfolge auf wie beim Grüßen.

Wer grüßt zuerst?

Wenn ein einzelner die Gruppe begrüßt, so lautet die Regel: Herr grüßt zuerst Dame, dann deren Begleiter, ob das nun der Ehepartner oder ein Bekannter ist.

Ausnahme: Herr begrüßt zuerst sehr alten Herrn, also zuerst den Großvater, dann die Enkelin.

Begrüßt ein Herr einen größeren Kreis, so galt es früher als fein, zuerst die Damen dem Alter nach orgelpfeifenabwärts zu begrüßen, wobei die Verheirateten den Vorrang hatten.

Das sollte man heute lassen. Es diskriminiert die Ledigen genauso, wie es die Ehefrauen beleidigt, denen durch die Blume zu verstehen gegeben wird, daß sie es nur durch den werten Herrn Gemahl zu Rang und Würden gebracht haben.

Es ist allerdings höflich und richtig, bei vier oder fünf Damen zuerst die sichtbar älteren zu begrüßen. Und wenn der betreffende grüßende Herr sehr formvollendet oder sehr ängstlich ist, so begrüßt er danach die Herren der Rangfolge nach abwärts.

Gescheiter und allgemein üblich ist, allen gemeinsam zuzunicken oder schnell reihum die Hand zu schütteln, sonst entsteht sowieso ein Gedränge. Insgesamt lautet die Grundregel: Wer neu auf eine andere Gruppe stößt, ob im Zimmer, im Bahnabteil, im Fahrstuhl, im Wartezimmer, der grüßt diese anderen. Das kann sich je nach Situation auf

Allen zunicken

ein freundliches Nicken beschränken oder gar zum »Guten Tag!« steigern.

Begrüßen in der Wohnung

In der Regel macht der Hausherr die Tür auf. Formvollendete Hausfrauen erwarten die Gäste im Salon. Der Hausherr hilft also beim Ablegen – Herren lassen sich dabei ohnehin nicht von Herren helfen, außer sie sind sehr alt und gebrechlich – und führt den oder die Gäste ins Zimmer.

Einzelgast

Kein Problem ist die Begrüßung beim Einzelgast. Verneigung oder Händeschütteln oder Handkuß oder Umarmung – wie es beliebt und dem Freundschaftsgrad entspricht.

Alte Dame als Gast

Kennt die Gastgeberin den Gast noch nicht, so wird er ihr von ihrem Mann vorgestellt, und dann sagt der Gastgeber zum Gast: »Meine Frau.« Wie die betreffende Dame heißt, wird der Gast ja wohl wissen. Einer alten Dame wird der Hausherr seine Frau vorstellen und dann der Ehefrau den älteren weiblichen Gast.

Diese Regel gilt auch, wenn es sich um einen älteren würdigen Herrn handelt und wenn die betreffende Gastgeberin noch sehr jung ist.

Bekanntes Ehepaar als Gäste

Kommt ein bekanntes Ehepaar, begrüßen sich zuerst die Damen, dann begrüßt die Gastgeberin den betreffenden Mann.

Handelt es sich um ein ihr unbekanntes Ehepaar, so stellt ihr Mann ihr das Ehepaar gemeinsam vor, sagt also: »Herr und Frau Wollweber«.

Neue Gäste bekanntmachen

Findet der Gast schon Gäste vor, ist es die Aufgabe des Gastgebers oder der Gastgeberin, den oder die Neuen mit den anderen Gästen bekannt zu machen. Wieder gilt die Rangfolge wie beim Begrüßen, wenn man korrekt sein will, oder man geht schlicht der Reihe nach vor, wenn man das Hin und Her vermeiden will.

Kleine Gästegruppe

Bei einer kleinen Gästegruppe führt der Gastgeber oder die Gastgeberin den Gast zur Gruppe, stellt ihn dem ältesten oder würdigsten Ehepaar vor und nennt dann nur noch die Namen der anderen Gäste, ohne den des Neuankömmlings jedesmal zu wiederholen. Dieser muß auch nicht alle Hände schütteln, es sei denn, sie würden ihm so demonstrativ entgegengestreckt, daß es unhöflich wäre, sie nicht zu ergreifen. Im allgemeinen braucht der Gast nur zu nicken, zu lächeln und sich leicht zu verneigen.

Große Gästeschar

Wenn es sich um eine Cocktailparty oder einen Empfang handelt, so bittet der Gastgeber meist nach der ersten Vorstellung den Gast, dem er den Neuankömmling präsentiert hat, ihn mit den anderen bekannt zu machen.

Das geht so vor sich: Gast eins sagt zu dem Nachbarn: »Verehrte gnädige Frau, lieber Herr Wollweber, darf ich Ihnen Herrn Sowieso vorstellen?« und zu Herrn Sowieso: »Herr und Frau Wollweber«, wobei er bei jeder Namensnennung ein paar erklärende Worte hinzufügen sollte, damit jeder weiß, wer der andere ist, und ein Gespräch beginnen kann.

Für den Gast wichtig: Auch wenn ihn ein Hausmädchen oder ein Diener vom Partyservice an der Haustür empfängt und in den Empfangsraum führt, so ist sein erstes Ziel das Gastgeberpaar. Er begrüßt zuerst die Dame des Hauses, dann den Ehemann, wenn es sich um ein Paar handelt. Gute Gastgeber halten sich in der Nähe der Tür auf, bis alle Gäste zusammen sind.

Gastgeber zuerst begrüßen

Diese Regel hat allerdings Ausnahmen. In manchen Kreisen ist es üblich, daß zuerst die Hausfrau, dann die Gäste der Rangfolge nach und zuletzt der Hausherr begrüßt werden. Im allgemeinen merkt man jedoch, was von einem erwartet wird, und auf jeden Fall ist es richtig, den Hausherrn, der mit einem Begrüßungslächeln auf dem Gesicht auf einen zueilt, auch vor den Gästen zu begrüßen.

Die Herren stehen immer auf, wenn sie eine Dame begrüßen.

Steht man beim Begrüßen auf?

Die Damen nur vor Damen, wenn diese ihre Großmutter sein könnte oder der Ehrengast oder besonders würdig und verehrungswürdig ist. Die Herren auch vor einem Ehrengast: als Bundespräsident von Weizsäcker 1985 Funktionäre von Jugendverbänden begrüßte, »blieb der Nachwuchs der IG Chemie sitzen«, wie eine Tageszeitung berichtete, »andere Jugendliche runzelten die Stirn: ›Ja, ja, so benehmen sich die Genossen unter sich.‹« Das hielten Journalisten für bemerkenswert.

Eine altmodische, aber immer noch lebendige Sitte, besonders in der internationalen Gesellschaft: Die anwesenden Herren stehen auf, wenn eine Dame den Raum verläßt oder wieder betritt.

Diese Sitte muß man zumindest kennen, denn Herren könnten sich sehr albern vorkommen, wenn sie als einzige sitzengeblieben sind.

»Angenehm«

Mit »Angenehm« zu antworten, wenn einem jemand vorgestellt worden ist, gilt als spießig. Man kann »sich freuen, daß ich Sie kennenlerne«, man kann freundlich nicken, man kann, wenn's paßt, schlicht die Tageszeit anbieten. Aber »angenehm« sollte man verschlucken.

Namen nicht verstanden?

Kein Wunder, daß man den Namen nicht verstanden hat in einer großen Gästeschar, die schon fröhlich durcheinanderschnattert, kein Wunder auch bei der Unsitte, den eigenen Namen möglichst unverständlich und hastig hervorzunuscheln.

Sind Sie trotzdem interessiert? Dann entweder gleich nachfragen: »Ach, Entschuldigung, bei diesem Getöse kann man ja sein eigenes Wort nicht verstehen – wie war doch der Name?« oder man macht erst einmal brav die Vorstellungsrunde und fragt dann, wenn man mit jemandem in ein Gespräch kommt oder kommen möchte, nach dem genauen Namen.

Alles bisher Gesagte bezieht sich auf das Leben in der Gesellschaft Gleichgesinnter, solcher Menschen also die Formen für richtig halten oder inmitten von Erwachsenen groß geworden sind, die gewisse Formen mit Selbstverständlichkeit und Lässigkeit handhaben.

Wie beginnt dieses Selbstverständnis aber? Und: Was bringt den Formenverächter zu seiner Haltung?

Grober Klotz

Eine meiner Kolleginnen hatte ihre Patentochter bei sich wohnen. Eines Tages klingelte es. Sie machte die Wohnungstür auf. Draußen stand ein junger Mann mit Bürstenschnitt und Lederjacke, und als sie fragte: »Ja bitte, was wünschen Sie?« knurrte er: »Karin da?« Nein, antwortete die Patentante. »Kannst ihr sagen, ich war da«, erwiderte der junge Mann und entschwand, ehe die etwas verblüffte Tante sich erkundigen konnte, wie »ich« denn hieß. »Der tauchte ein paar Mal auf«, erzählte sie weiter, »und gab immer nur solche Satzfragmente von sich, und irgendwie färbte das ab. Ich fertigte ihn genauso knapp und kurz ab, und das ärgerte mich, und irgendwann riß bei mir der Geduldsfaden, und ich hab ihm gesagt: Hör mal, wenn du mal anfängst, dich ein wenig höflich zu benehmen, dann wärst du sicher ganz von den Socken, wie freundlich ich sein kann. Also – da war der wie ausgewechselt. So was von nett! Wahrscheinlich hat ihm das nur mal jemand sagen müssen.«

Stummes Kind

Die meisten Eltern lernen solche Knaben und Mädchen auf Kindergeburtstagsfeiern kennen. Sie strömen in die Wohnung, werfen einen stummen, finsteren Blick auf die Mutter oder den Vater, und wenn die Erwachsenen nicht geistesgegenwärtig fragen: »Ich bin die und die, wer bist denn du?« dann trabt das Kind an ihnen vorbei wie an einem Einrichtungsgegenstand und bleibt – zumindest ihnen – unbekannt.

Eine Haltung dieser Art setzt sich zusammen aus etwas Trotz, etwas pubertärer Wut gegen alles, aber oft auch aus Unsicherheit. Nutzen da Erziehung, Vorbild und Aufklärung?

Es kann aber auch alles ganz anders verlaufen. So, daß man daraus schließen könnte, im Menschen, zumindest im Kinde, lebte ein angeborenes Gefühl für Höflichkeit. Ein Junge, zum Beispiel, geht auf einen älteren Jungen zu, den er bei seinem großen Bruder trifft und sagt: »Grüß dich. Ich bin der Tom, der kleine Bruder von Hans, und du mußt der Christian sein, denn Hans hat mir gesagt, daß ihn heute nachmittag der Neue aus seiner Klasse besucht.«

Die Mutter, die das hörte, dachte: »Donnerwetter.« Und dachte weiter: So hätte sich der Ältere nie benommen. Dabei haben beide Söhne ihr ganzes Kinderleben hindurch die gleichen Beispiele bei ihren Erwachsenen erlebt. Warum hat nur der eine etwas angenommen? Oder ist es aus ihm selber gekommen? Aus einem natürlichen Bedürfnis des Menschen, sich vorzustellen, aus dem Anonymen hervorzutreten, Feindschaft gar nicht erst auftreten zu lassen, um Freundschaft zu werben? Warum aber hat das nur bei einem Kind Folgen? Ist es nur die Schüchternheit, die das andere hemmt?

Das eben ist der Augenblick, in dem die Erziehung zur Höflichkeit einsetzen könnte und sollte. Es hilft auch dem Trotzigen und dem Schüchternen, wenn er genau und hundertprozentig zuverlässig weiß, wie man es macht. Wie man es richtig macht. Diese Sicherheit hilft dann auch in dem Augenblick, in dem man etwas »falsch« macht, also nicht so, wie es die Leute um einen gewohnt sind und deshalb »richtig« finden. Das bedeutet freilich nicht, daß Arroganz die Höflichkeit ersetzen kann. Ganz und gar nicht. Jede Überheblichkeit ist schon unhöflich, und Souveränität ist etwas ganz anderes und besitzt ganz andere Quellen.

Titel und Anreden

Auf den vorhergehenden Seiten ist beschrieben, wie man bei einer Einladung verfährt. In der Öffentlichkeit und in der beruflichen Umgebung verläuft die Sache nicht anders.

Vorstellen, Bekanntmachen

Bekanntmachen ist eine weniger zeremonielle Art der Vorstellung. Miteinander bekannt macht man Gleichaltrige und Gleichrangige, und es kommt nicht darauf an, wessen Name zuerst genannt wird.

Korrekte werden aber nie eine Dame mit einem Herrn bekannt machen, sondern stets der Dame zuerst den Namen des Herrn nennen.

Vorstellen: Der Ranghöhere, Ältere und eine Dame bekommen den Niederen, den Jüngeren und den Herrn vorgestellt.

Sich selbst können nach alter Sitte nur Herren vorstellen.

Immer nur mit Familienname ohne Adels- und akademischen Titel. Dann nennt der oder die andere auch seinen Namen und sagt, wer er oder sie ist. Selbstverständlich können sich heute auch Damen vorstellen; wenn sie sich einem Ehepaar vorstellen, dann zuerst der anderen Dame.

Unverheiratete nennen Vor- und Zunamen, aber auch keine Titel.

Verheiratete können das »Frau« vor den Namen setzen. Das wirkt etwas altmodisch, wenn man nur sagt »Frau Ottilie Jankowsky«. In einem Satz oder in einem Zusammenhang macht es sich dagegen besser, wenn sich zum Beispiel zuerst der Mann vorgestellt hat und Ottilie dann hinzufügt: »Und ich bin Frau Jankovsky.«

Anreden

Kommt man im privaten Kreise mit Anreden aus, die einem eh vertraut sind, so stößt man in der Öffentlichkeit auf die ganze Vielfalt der Möglichkeiten.

Und auch heute noch gibt's junge Leute, die lauthals beteuern, es mache ihnen »gar nichts aus! Ich bitte Sie! Das spielt doch heutzutage wirklich keine Rolle mehr!«, aber innerlich violett und grün anlaufen, weil und wenn man sie mit falschem / mit gar keinem / mit zu niedrigem Titel anredet.

Falscher Titel

Das beginnt schon auf der alltäglichsten Ebene. Ein deutsches Gericht entschied, daß es als Beleidigung aufgefaßt werden kann, wenn jemand einen anderen ohne Erlaubnis duzt oder das »Herr« vor dem Familiennamen wegläßt.

Wie begehrt und erstrebenswert Titel sind, zeigt außerdem immer wieder die Tatsache, daß sie Leuten ohne Titel viel Geld wert sind.

Auch in einer Demokratie scheint es sich zu lohnen, sich als »junger (Reichs-)Graf, aus erstem deutschem Hause« per Zeitungsanzeige für »interessante Aufgaben« zu empfehlen. Ältere Angehörige des ehemaligen Hochadels adoptieren oder heiraten wohlhabende Damen und Herren und sollen nicht schlecht davon leben. Und alle naselang liest man, daß irgendwo wer auffliegt oder im Gefängnis landet, der Scheinuniversitäten oder Phantasie-Ritterorden gründet, um Titel jeglicher Art teuer zu verhökern. Selbst die Hacker haben sich schon in den offensichtlich lukrativen Titelhandel eingemogelt. In den USA sollen sie sich in den Speichern des Computersystems einer Universität Titel und Diplome gesucht, die Daten der rechtmäßigen Besitzer gelöscht und statt dessen die ihrer Kunden eingesetzt haben.

Gekaufte Titel

Was so hoch geschätzt wird, sollte auch richtig behandelt werden. Also die akademischen Titel zuerst.

Der Doktortitel gilt hierzulande wie ein Bestandteil des Namens. Sind unsere Herr und Frau Jankowsky also nach fleißigem Studium zum Dr. phil. promoviert worden, so redet man sie mit »Herr Dr. Jankowsky« oder »Frau Dr. Jankowsky« an. Außer sie sagen: »Ach, lassen Sie doch bitte den förmlichen Dr. weg. Für Sie bin ich immer Frau Jankowsky.«

Akademische Titel

Hat einer von beiden Medizin studiert, so ist der Doktor eine Art Berufsbezeichnung. Man läßt also den Namen weg: »Guten Morgen, Frau Doktor!«

Haben die beiden ihre akademische Laufbahn weiter verfolgt und sind habilitiert, so ist er/sie zwar Professor und Doktor, man benutzt aber nur den höheren Titel als Anrede, sagt also »Herr/Frau Professor«.

Damit endet die Stufenleiter eigentlich schon, denn kein Student sagt mehr Magnifizenz und Spektabilität zu Rektor oder Dekan – das ist verschwunden mit der alten Universitätshierarchie. Seitdem es keine

Dekane und keine Fakultäten mehr gibt, sondern Fachbereiche, ist auch die alte Regel etwas aus der Übung gekommen, nach der sich Doktoren derselben Fakultät gegenseitig nur mit dem Familiennamen anreden. Ein Jurist sagt also zum anderen Juristen »Herr Gahrau« oder vielleicht »Herr Kollege«. Spricht aber ein Jurist einen Philologen an, so sagt er »Ganz recht, Herr Dr. Weber«.

Kirchliche Titel

Auch kirchliche Titel sind vereinfacht worden. Man kann zum katholischen Geistlichen zwar immer noch »Hochwürden« sagen, aber »Herr Pfarrer« und »Herr Bischof« sind bei den Katholiken und den Protestanten ebenso üblich geworden wie »Herr Rabbiner«. Die Mönche und Ordensbrüder sind »Pater Wulf« oder »Bruder Bernhard«, die Nonnen nicht mehr »Ehrwürdige Schwester/Mutter«, sondern »Schwester Regina« oder »Mutter Vermehren«. Auch oder gerade in diesem Fall sollte man fragen, welche Anrede genehm und in dieser Gesellschaft üblich ist.

Berufs- und Funktionstitel

Funktions- und Berufstitel jeglicher Art, Beamtentitel, politische Titel, Militärtitel und so weiter haben die gleiche Wandlung durchgemacht. Man nennt den Botschafter »Herr Botschafter« (nur ausländische Botschafter werden mit »Exzellenz« angesprochen), die Bürgermeisterin ist »Frau Bürgermeisterin« und der Hofrat »Herr Hofrat«.

Wie sich all diese Berufstitel in der Anrede zusammenfügen, kann man genau im Amtskalender nachschlagen und vor allem: man kann fragen.

Unbekannte Titel?

Es ist in jedem Fall höflicher, im Sekretariat des/der Betreffenden anzurufen und zu fragen (und sich sofort ins eigene Adreßbuch zu notieren): »Entschuldigen Sie bitte, wie schreibt sich der Nachname genau? Und wie lautet der Vorname? Und die korrekte Amtsbezeichnung?«, als daß der Vorgestellte oder Angeredete dieses leise Lächeln aufsetzt und man weiß: »Mal wieder haarscharf daneben geraten!«

Falsche Anrede

Der Fauxpas bei der Anrede passiert logischerweise eher, je höher der/die Angeredete durch Amt und Würden steht. Da geht's einfach um Wörter oder Redewendungen, die man im Alltag eigentlich nie benutzt. Das wissen die Angeredeten natürlich auch, und wenn sie zu falsch tituliert werden, so sagen sie – oder sollten das tun: »Also, im allgemeinen reden mich die Leute hier nicht mit Herr Fürst an, sondern sagen einfach Prinz Konstantin zu mir.«

Genausowenig bricht sich jemand einen Zacken aus der Krone, wenn er sich vorher erkundigt, ob man zu einem Generalleutnant als

Zivilist »Herr Generalleutnant« sagen muß oder bei »Herr Waffenschmied« bleiben kann.

Der Mensch neigt dazu, sich ganz unbewußt devot zu benehmen, wenn er etwas will, ob das nun die Erlaubnis von einer Behörde oder die gesellschaftliche Anerkennung eines, wie er meint, sehr viel Höhergestellten ist.

Unterwürfigkeit

Diese Unterwürfigkeit klingt oft gerade in der Anrede mit. Manche, die sich hochgestellt vorkommen, genießen das zweifelsohne.

Andere – und ich glaube, ihre Zahl ist größer – finden das albern und ein bißchen peinlich und kommen sich mitentwürdigt vor.

Wenn man also nicht sehr viel Charme besitzt, der auch so etwas entschärft und erträglich macht, sollte man sich gerade in solchen Situationen ganz genau informieren.

Anreden des Adels

In ihren Memoiren berichtete die spätere Herzogin von Windsor, wie der englische König seinem abgedankten Bruder, dem Herzog von Windsor, nach dessen Heirat mit der geschiedenen bürgerlichen Amerikanerin schrieb, der Premierminister Großbritanniens und der Dominien hätten ihn darüber belehrt, daß David mit dem Verzicht auf den Thron auch seinem königlichen Titel entsagt habe. Damit sei er aus der Liste der Thronfolge ausgeschieden, und damit habe er natürlich das Recht auf den Titel Königliche Hoheit verwirkt. Da es ihm jedoch am Herzen liege, daß sein Bruder im Genuß dieser Würde bleibe, verleihe er ihm diesen Titel erneut – allerdings habe er nach den Statuten des Adelspatents der Queen Victoria nicht das Recht, auch Davids Frau dieses Privileg zu verleihen. Also: Der Prinz von Wales wurde wieder eine Königliche Hoheit, die arme Wallis mußte einfach »Herzogin von Windsor« bleiben. Darüber, notierte Wallis 1937 in ihr Tagebuch, »war David außer sich vor Zorn«.

Königliche Hoheit

So ernst nahm man damals die Etikette. So konnte sie herrschen und verletzen. Heute gehen die Leute mit dem Titel Königliche Hoheit so beliebig und locker um wie mit einem Blumenhut. Schmuck für einen Augenblick.

Falsche IKHs

Werbe- und Gesellschaftsillustrierte, die reihenweise von Cocktails und Bällen in Gstaad oder Cannes oder New York berichten, streuen zum Beispiel eine reichliche Prise IKHs auch über solche Adlige aus, denen nicht einmal vor 1918 eine »Ihre Königliche Hoheit« zugestanden hätte.

Dabei ist die Sache ganz einfach: Korrekterweise steht nur amtierenden Herrschern der Titel und die Anrede Königliche Hoheit zu. Ihre Zahl ist jedoch so klein, daß es für Normalverbraucher keine Rolle spielt, denn bei der Königin der Niederlande oder dem König von Spanien wird man nur selten zum Tee eingeladen, und wenn, dann kann man sich beim dortigen Protokoll oder bei den zuständigen Hofbeamten erkundigen, falls man nicht schon mit der Einladung von ihnen informiert worden ist.

Sie haben schon auf Seite 231 gelesen, daß die Adelsanreden durch das deutsche Namensrecht etwas mißverständlich geworden sind. Im Prinzip gehört das Adelsprädikat zum Namen. Wenn man jedoch den Grafen Dracula mit Otto Normalverbraucher gleichsetzt, werden logischerweise Herr Normalverbraucher und Herr Graf Dracula draus. »Herr Graf« ist aber die traditionelle Anrede des Volkes und der Dienerschaft gewesen. »Will der Herr Graf ein Tänzchen wagen ...« singt Mozarts Figaro. So hat merkwürdigerweise der Bürokratismus der Demokratie Grafen samt allen anderen Adeligen verbal so aufgewertet, daß sie wieder wie vor der Französischen Revolution dastehen.

Adelsprädikat als Namensteil

Manche sagen milde, wenn es ihnen zu viel Herr Graf hin und Herr Graf her ist: »Mein Lieber, Sie sind doch nicht mein Kutscher!« aber viele Mitbürger lassen sich den Herrn Grafen und die Frau Gräfin nicht nehmen.

Graf

Oder sie sagen, weil sie nicht genau wissen, was sie sagen sollen, oder weil ihnen als guten Republikanern der Graf nicht über die Lippen geht: »Herr von Dracula.«

Beides ist falsch. Ein Graf ist ein Graf. Ein Prinz ist ein Prinz, und wenn man von ihnen spricht oder sie anredet, so sagt man: »Guten Tag, Graf Dracula!« oder: »Prinz Hohenlohe« und so weiter.

Baron, Freiherr

Das Prädikat »von« steht dagegen den Baronen und Freiherrn zu. Und da hat man die Wahl. Man kann einen Baron mit »Guten Abend, Baron!« anreden oder »Guten Abend, Herr von Sowieso!«

Nur die Freiherrn müssen damit zufrieden sein, daß sie es sind. Ihr Titel taucht wohl in der Briefanrede und bei allem Gedruckten auf, niemals aber in der Anrede. Da ist der Freiherr von Heereman ein »Herr von Heereman«.

Des Freiherrn Frau ist die Freifrau. Ihre Tochter die Freiin.

Freiherrn und Barone sind eigentlich dasselbe, nur hat es sich bei manchen Familien schon seit Jahrhunderten eingebürgert, den französisierten Titel zu benutzen. Diese Gewohnheit hat den scheinbaren

Unterschied entstehen lassen. Also: Wenn man einen Freiherrn mit »Baron« und einen Baron mit »Herr von Normalverbraucher« anredet, ist es nicht gerade falsch.

Die Frau des Barons ist die Baronin, die Tochter Baronesse, aber das ist ein ebenso altmodisch gewordenes Wort wie die Comtesse, siehe dort.

Edler von

Den Edlen von Sowieso spricht man ebenso »Herr von Sowieso« an, wie man zum Freiherrn vom Stein »Herr von Stein« sagt.

Die Frau des Grafen ist die Gräfin. Die unverheiratete Grafentochter wurde früher Comtesse genannt und angeredet. Das ist aus der Mode gekommen, aber wenn einem das Wort gefällt, kann man ein siebenjähriges Grafenkind gern als Comtesse anreden und bei der Siebzehnjährigen das »Comteßchen« wie ein liebevoll-spöttisches Zitat verwenden.

Devote Form

Für alle Stufen des Adels gilt: Die devote Form »Herr Baron«, »Frau Baronin«, »Herr Graf« und so weiter wird nur benutzt, wenn die betreffenden Herrschaften sehr alt und man selber sehr jung ist oder sich beruflich erst am Anfang der Stufenleiter befindet, auf deren Spitze die Adelsleute schweben.

Freundesform

Die Anrede »Baron«, »Baronin«, »Graf« und »Gräfin«, also Titel allein, benutzen Gleichrangige, gleich Alte, gute Bekannte und Berufskollegen.

»Graf Dracula« und so weiter, also Titel mit Nachnamen – das ist die neutralste und üblichste Form im täglichen Umgang.

»Graf Karl« oder »Komteß Mizzi«, also Titel und Vorname, ist unter Freunden und Verwandten üblich.

Handelt es sich um Reichsgrafen, Burggrafen oder ähnliches, so tauchen auch diese Titel nicht in der Anrede auf. Der Betreffende ist ein schlichter Graf Sowieso.

Prinzen, Fürsten

Bei den Prinzen und Fürsten mußte man früher im Gotha, dem »Genealogischen Handbuch des Adels«, nachschlagen – was man übrigens heute noch machen kann, wenn man zu den Traditionstreuen gehört. Gothas stehen in allen größeren Bibliotheken, sind in verschiedene »Abteilungen« geordnet, in denen man von den Fürstlichkeiten bis zum Briefadel alle Familien aufgelistet findet samt ihrem Rang und den ihnen nach Adelsetikette zustehenden Titeln und Anreden.

Bei einem Prinzen kommt es zum Beispiel darauf an, ob es ein kaiserlicher, ein königlicher oder einer aus einem mediatisierten

Hause ist – die spätestens nach dem Reichsdeputationshauptschluß von 1802 keine Herrschaft zum Regieren mehr hatten. Davon hängt es ab, ob es ein Prinz ist, den man mit Erlaucht, Durchlaucht, Hoheit, Königliche Hoheit oder Kaiserliche Hoheit anredet. Falls man ihn so anredet.

Erlaucht, Durchlaucht

Denn im Prinzip sind diese Anreden ein Teil unserer historischen Vergangenheit. Ein braver Republikaner sagt zum Prinzen: »Guten Morgen, Prinz Sowieso, haben Sie gut geschlafen?«

Monarchistisch Eingestellte reden zwar auch eine Durchlaucht nicht mehr in der dritten Person an, aber sie sagen zu gleichalten oder älteren durchlauchtigten Prinzen »Durchlaucht«. »Prinz Sowieso« erlauben sich nur die älteren Herren, die guten Freunde und die älteren und jüngeren Damen zu sagen.

Durchlaucht, Hoheit?

Soll man's ihnen nachmachen? Das kann man nicht so klipp und klar beantworten. Meistens entscheiden die Leute so: Wenn es ein alter Mann oder eine alte Frau ist, die noch in dieser Tradition des Hochadels aufgewachsen sind und sich eigentlich nie von ihr getrennt hat, dann sagt man ihnen auch für den Rest ihres Lebens »Durchlaucht« oder »Hoheit« oder was ihnen zustand oder was sie gewöhnt sind.

Jungen Menschen, selbst aus einstmals regierenden Häusern, sagt man dagegen wie den Grafen Titel mit Namen.

Das gleiche gilt für die Familien, die noch herrschaftsähnlichen Grundbesitz haben und ihn im wahrsten Sinn des Wortes »wie die Fürsten« verwalten: Älteren Herrschaften tut man noch die gewohnte Ehre an, junge Leute – siehe oben.

In Österreich gibt es offiziell ohnehin keine Adelstitel mehr. Aber da sich kaum ein Mensch darum kümmert, vielmehr von Jahr zu Jahr deutlicher wird, was für eine fabelhafte Touristenattraktion echte Grafen und Erzherzöge auf schön renovierten Schlössern darstellen, gilt das gleiche: Wer der Vergangenheit und der Monarchie anhängt, sagt »Kaiserliche Hoheit« zum Herrn Dr. Otto Habsburg. Er ist beides gewohnt.

Verzicht auf Adelsprädikate

Der Verzicht auf das Adelsprädikat ist eine private Entscheidung, denn da das Prädikat Bestandteil des Namens ist, wurde ein diesbezüglicher Antrag von einem bundesdeutschen Gericht abgelehnt.

Wenn ein Nachkomme aus einem Fürstenhaus jedoch Autoschlosser lernt, so ist es verständlich, daß er weder mit Durchlaucht noch mit Prinz angeredet werden möchte. »Prinz von Sowieso, können Sie mir mal den Schraubenschlüssel reichen?« klingt kurios. Vor einer Generation wurde vorgeschlagen, in solchen Fällen auf Titel plus Vornamen auszuweichen, aber der Schraubenschlüssel paßt auch zum Prinzen Paul nicht so recht, so daß man es akzeptieren sollte, wenn von den Betreffenden die offizielle österreichische Form gewählt wird. Was in den Papieren steht, ist dabei gleichgültig. Wenn ein Prinz von Sowieso oder eine Gräfin Sowieso lieber Herr und Frau Sowieso genannt werden möchte, sollte man ihnen höflicherweise den Gefallen tun.

Das Verschwinden des Adelsprädikats

Erwirbt ein Adeliger einen hohen offiziellen Rang, so redet man ihn – von Bischof, Staatssekretär, Bundesminister oder General an aufwärts – mit dieser Amtsbezeichnung an. Der »Herr Minister« schlägt also den »Grafen Lambsdorff«. In der Anrede der Ehefrauen bleibt der Adelstitel jedoch erhalten. Sie wird selbstverständlich nicht »Frau Minister«, sondern bleibt die Gräfin Lambsdorff.

Amtstitel und Adelstitel ergeben manchmal einen wahren Namensbandwurm. Deshalb teilt man ihn gern, nennt zuerst akademischen und Adelstitel und dann – auf Adresse und Einladung – die Amtsbezeichnung. Wenn man so auch beim Vorstellen verfährt, weiß jeder, über was er sich mit dem anderen unterhalten kann.

Gattin und Gemahlin

Gattin und Gemahlin tauchen auch beim Vorstellen immer wieder auf. »...die Gattin unseres verdienten Bürgermeisters« wird höher geschätzt als »die Frau«. Aber so wie die »Frau Gemahlin« nicht mehr so recht zu Berufstätigen und selbstbewußten Frauen paßt, hat die »Gattin« etwas Pompöses, das im täglichen Umgang als nicht mehr angemessen empfunden wird. Eigentlich steckt die gleiche Unsicherheit wie bei den Lebensgefährten beiderlei Geschlechts dahinter. Es ist leicht, sich beim Vorstellen altvertrauter Formen zu bedienen, es fällt vielen schwer, mit eigenen Worten auszudrücken, was zu sagen ist, wenn jemand nicht in diese Formen paßt.

Dabei gibt's eigentlich gar kein Problem. Die Gattin, die teure, trägt ebenso einen eigenen Namen wie der Lebensgefährte. Das Vorstellen soll ja auch erklären, wie der/die Vorgestellte anzureden ist. Also nennt man den Namen und eventuell den dazugehörigen Titel. Zum Herrn Normalverbraucher gehört oft die Frau Doktor Normalverbraucher, leitende Ärztin am hiesigen Krankenhaus. Wenn man das ständig hinter »Herr Normalverbraucher und Gattin« vermuschelt, ist es nicht verwunderlich, wenn Frau Doktor allmählich sauer werden.

Handkuß, Knicks und Diener

Am Handkuß scheiden sich die Geister. Dabei ist er nichts als eine Grußform, die landschaftsgebunden und auch etwas standesgebunden ist. Das heißt: Man übt sie mehr in Österreich und Umgebung und in den Adelsfamilien aus. Dort lernen die kleinen Mädchen und Buben, »Handbussi« zu geben, wenn sie den Tanten und Großmüttern Guten Tag und Gute Nacht sagen, und wenn die Kinder erwachsen sind, so küssen sie automatisch allen älteren Damen ihres Lebens- und Familienkreises die Hände.

Dank und Handkuß

Junge Mädchen küssen ebenfalls den älteren Frauen die Hand, und außerdem küßt man verbal. Wenn ein Herr zum Beispiel eine Trafik (Zigarettenladen) betritt, so ist es möglich, daß er »'ssdihand gnä' Frau« zur Trafikantin sagt, ohne daß dieselbe im Ernst damit rechnet, daß er es täte. In manchen Fällen wird das deutlich ausgesprochene oder verschliffene »Küß die Hand« statt »Danke« benutzt.

Amy Vanderbilt schreibt in ihrem amerikanischen Hauptwerk über gutes Benehmen über den europäischen Handkuß: »Wenig Handküsse in Skandinavien und Holland, gar keine in England, viele in Österreich und noch recht üblich in der deutschen Gesellschaft.« In den romanischen Ländern, so habe ihr ein dortiger Herr verraten, küßten die Männer dagegen nur den Amerikanerinnen wie wild die Hände, weil sie wüßten, daß das von ihnen erwartet würde und sie den Ausländerinnen damit gefallen wollten.

Erica Pappritz, Benimmexpertin der Adenauerzeit, war dagegen, daß unverheiratete Damen Handküsse bekommen, höchstens wenn sie so alt sind, daß man es sozusagen aus Mitleid tut.

Jungfrauen und Handkuß

Das ist natürlich Unsinn. Handküsse sind sicher Relikte, aber sehr liebenswürdige. Wenn dieses Relikt jedoch aufs gröbste betont, daß

Ehefrauen eine bessere Sorte Mensch und daß Alter ein Verdienst seien, so könnte man niemandem mehr widersprechen, der Handküsse für überholt hält.

Wie muß man küssen?

In Anstandsbüchern wird gern beschrieben, wie man die Hand küßt. Vor allem: niemals unter freiem Himmel. Das ist ein Privileg von Monarchen, und da man im Fernsehen alle naselang zuschauen kann, wie zum Beispiel der Königin von Spanien die Hand geküßt wird, macht das Mode.

Nasse Küsse

Doch um bei den Spaniern zu bleiben. Wie der König zum Beispiel der Frau des deutschen Bundespräsidenten im Februar '85 in Bonn die Hand küßte, das war ideal: unter freiestem blauem Winterhimmel. Er: barhäuptig. Sie: ohne Handschuh, wie es sich gehört. Er deutete, ebenfalls korrekt, den Kuß lediglich an (nur Kinder drücken echte nasse Schmatzküsse auf Handrücken). Sie ließ sich leicht die Hand heben, und weil sie ziemlich klein, er aber ziemlich groß ist, ging der Handkuß in seine ebenfalls leichte Verbeugung über.

Der Handkuß als anmutige Geste, als Zitat. Was dahinter steckt, kann man in Kulturgeschichten nachlesen, und da auch der Handkuß den Wandlungen unserer Zeit unterworfen ist, haben heute Männer und Frauen die Wahl, ihn auszuüben oder nicht. Ich finde es snobistisch, ihn Kindern aus gesellschaftlichem Ehrgeiz einzudrillen, wenn diese nicht da aufwachsen, wo der Handkuß üblich ist. Er ist so rasch gelernt. Wenn er einem jungen Menschen gefällt, so kann er ihn ohne Probleme in sein Repertoire aufnehmen.

Muß man küssen lassen?

Außerdem haben die Adressatinnen die Freiheit, sich die Hand küssen zu lassen oder nicht. Selbst in Handkuß-Gefilden gibt es Frauen, die ihre Hand eben nicht in dieser gewissen Art und Weise, Handrücken schon etwas nach oben gewölbt, dem Herrn entgegenheben, sondern sie ihm mannhaft hinrecken. Das und der feste Druck dieser Hand, welche die des Mannes dabei unten hält, warnt den Handküsser: »Hier nicht!« Also läßt er's.

Es ist nicht höflich, diese Verweigerungsgeste zu übertreiben.

Es ist ebenso verfehlt, wenn ein weibliches Wesen seine Hand wie in einem schlechten Unterhaltungsfilm dem Herrn schon fast unter die Nase hält, und es kann ihm passieren, daß der Herr dann gerade nicht küßt, sondern die Hand beiseite schiebt.

Falsche Küsse

Es ist üblich, Handküsse nur auf nackte Haut zu geben, nicht aber auf Wolle oder Leder (der Handschuhe).

Es ist schon der Übergang zu erotischen Vorspielen, wenn der Handküsser den Handschuh seiner Dame wegschiebt, um an die nackte Haut zu gelangen. Geht er schon so weit, dann muß er auch wirklich küssen, und das hat dann nichts mehr mit unserem Thema zu tun.

Umarmung mit Kuß

So zwitterig ist auch die andere Begrüßungsgeste zu betrachten: die Umarmung mit Kuß. Dieser gesellschaftliche Kuß ist eine Abart des biblischen Bruderkusses und der Akkolade, der Umhalsung, Umarmung, mit der im Mittelalter die Ritter vom König in den Ritterorden aufgenommen wurden.

Diese längst vergessene Bedeutung ist interessanterweise geblieben, was vielleicht wieder dafür spricht, daß der Fundus der menschlichen Gesten ziemlich beschränkt ist. Auch heute bedeutet diese Umärmelung: Du gehörst zu uns, zu unserer Bruderschaft, zu unserer Clique. Wer geküßt wird, ist in.

Bussi, Bussi

In Österreich nennt man den Kuß, le baiser, auch als Erwachsener noch gern mit dem Wort der Kindersprache Bussi, und deshalb sagt man bei der Akkolade »Bussi, Bussi!« tut's aber nicht, sondern umarmt sich dabei nur und küßt höchstens in die Luft, schon wegen des Lippenstiftes.

Die Bussi-Bussis gelten eigentlich wirklich nur Freunden und Familienangehörigen. Auf jeden Fall wirkt es ulkig, wenn sich ein Halbwüchsiger, welchen Geschlechts auch immer, zur Backe einer tantenartig Älteren reckt und den Luftkuß praktiziert.

Wie überall gilt auch bei dieser Sitte die Regel: Ein Jüngerer hat zu warten, bis er gebusselt wird, ein Mann umärmelt eigentlich auch nicht als erster eine Frau, und ein Fremder, selbst wenn er aus einem alteingesessenen Kuß-Geschlechte stammt, hält sich auch erst einmal zurück. Irgendwann kommt schon jeder zu der Ehre der Bussi-Bussis.

Küsse ohne Kaugummi

P.S.: Wer Kaugummi kaut, sollte ihn aus dem Mund nehmen, ehe er jemandem die Hand, die Backe oder die Luft vor der Backe küßt.

Knicks und Diener

Zum Knicks stand 1979 in der ZEIT: »Zu niedlich, erzählte die ältere Dame stolz von ihrer Enkelin, sie kann schon einen Knicks machen!«

»Was?« fuhren sie die Vettern an, ebenfalls vielfache Großväter, »du läßt sie einen Knicks machen? Wie kannst du nur!« Ein Knicks – das ist das Zeichen der Unterwerfung des Weibes! Verabscheuungswürdig. Das ist doch längst überwunden!

Sie hatten recht. Deutsche Eltern lassen heute ihre Kinder weniger knicksen und dienern als noch vor einem Jahrzehnt. Eine Allensbacher Umfrage stellte fest: Schon 1968 war nach der Meinung von 28% der Bundesbürger das überholt, was im Adelungschen Wörterbuch von 1775 so beschrieben wird: »Knicks; im gemeinen Leben eine Bezeigung der Höflichkeit oder Ehrfurcht, welche nicht so wohl in der Beugung des Leibes, als vielmehr in der Beugung der Knie besteht, dergleichen nicht nur das weibliche Geschlecht, sondern auf dem Lande auch der männliche bey manchen Gelegenheiten zu machen pflegt; eine Kniebeugung, Verneigung, im Oberdeutschen ein Knikker.« Heute findet mehr als die Hälfte der Bundesbürger die Knickerei überflüssig, Junge eher als Alte, Mitteldeutsche mehr als Norddeutsche und Bayern, Städter eher als Bauern, Akademiker eher als Volksschüler.

Diplomaten-Diener

Folgt man also der Statistik, so kann man Knicks und Diener vergessen. Wenn Diplomaten noch lernen müssen, wie man sich leicht, durch ein Neigen des Kopfes oder vor manchen Monarchen außereuropäischer Länder aus der Hüfte heraus zu verneigen hat; wenn Damen wie Margaret Thatcher tadellose Hofknickse vor der eigenen Königin bis zu deren Kollegen aus Schwarzafrika vollführt, kann man das als Berufsarbeit bezeichnen und gleich wieder vergessen.

Hofknicks

Oder man denkt nochmal über Adelung und seine Definition nach. Höflichkeit und Ehrfurcht.

Wir besitzen nicht viele Gesten, um beides auszudrücken. Je mehr aber die Fähigkeit erstirbt, Gefühle auszudrücken, desto notwendiger sind unsere alten Symbole und Körperzeichen. Und wenn sich ein Mensch dem anderen zuwendet, so ist die Frage nach Sinn und Berechtigung des »Knickers« nur noch ein Spiel von Vorbildern: das Wort zeigt die Verwandtschaft der Zustände zwischen Ver- und Zuneigen.

Visitenkarten und Briefe

Visitenkarte

Ins Deutsche übersetzt ist die Visitenkarte eine Besuchskarte. Heute benutzt man sie kaum noch, um sie bei Besuchen, Antrittsbesuchen und Gegenbesuchen abzugeben, sondern man nimmt sie als Begleitkarte zu Blumen und anderen Sendungen oder als Geschäftskarte.

Es ist also auch für Frauen üblich, in die Mitte der Visitenkarte Vor- und Nachnamen mit akademischem Titel setzen zu lassen.

Verheiratete Frauen können die Mädchennamen darunter schreiben, Berufstätige auch eine wichtige Amtsbezeichnung.

Visitenkarte der Ehefrau

Die Visitenkarte der Verheirateten mußte früher lauten: »Frau Ottilie Normalverbraucher« oder »Frau Otto Normalverbraucher«, ohne Anschrift und Telefonnummer. Das trifft man heute nur noch selten, denn da es üblich geworden ist, alle erwachsenen weiblichen Wesen mit »Frau Sowieso« anzureden, ist dieser Titel ohnehin allen zu eigen und braucht nicht mehr extra auf der Karte erwähnt zu werden.

Karten mit Telefonnummer?

Unter dem Namen steht rechts die Anschrift mit Postleitzahl, links die Telefonnummer mit nationaler Vorwahlnummer. Das wird nicht im geringsten als unsittliche Aufforderung mißverstanden, sondern gehört genauso zur Anschrift einer Berufstätigen wie Ort und Straße.

Ehepaare und Alleinstehende können zusätzlich Visitenkarten nur mit dem Namen verwenden, für alle Fälle, in denen man die übrigen Angaben nicht mitzuteilen braucht.

Benutzt eine Frau die Karte mit Anschrift und allem Drum und Dran privat, so streicht sie den akademischen Titel leicht durch.

Auf einer Karte ohne Adresse findet man auch keine Titel. Für Männer gelten die gleichen Regeln.

Geschäftskarten

Geschäftskarten werden meist nach der Gewohnheit des betreffenden Unternehmens gedruckt, so daß man da höchstens den Vorschlag machen könnte, einmal eine etwas modernere Schrift oder ein besseres Layout zu verwenden. Über das korrekte Format der Visitenkarten streiten sich die Experten. Es liegt zwischen 10 × 6 cm und 7,5 × 4,5 cm. Gut und praktisch sind extra kleine Umschläge, auch in diesem Format, für die Visitenkarten.

Die korrekte Farbe: weißer Karton, glatt geschnitten.

Die korrekte Schrift bei privaten Karten: lateinische Schreibschrift.

Visitenkarten benutzt man, um kurze Nachrichten zu übermitteln, um sich zu bedanken. Auf Visitenkarten schreibt man eine Einladung an Freunde, ganz knapp: nur Anlaß, Datum und Uhrzeit.

Visitenkarten-Sprache

Die offizielle Visitenkarten-Sprache ist französisch, besteht aus Abkürzungen, weil auf dem Kärtchen ohnehin nicht viel Platz ist, und hat diesen Kurz-Grußverkehr in ein System gebracht.

Die Abkürzungen kommen in die linke untere freie Ecke der privaten Karte oder über den Namen. Dorthin setzt man zum Beispiel:

p.c. *pour condoler*, um Beileid auszudrücken

p.p.p. *pour prendre part*, ebenfalls: um Beileid auszudrücken

p.f. *pour féliciter*, um Glück zu wünschen

Bekommt man eins dieser drei Kärtchen, so greift man sofort zur eigenen Visitenkarte und schreibt darauf

p.r. *pour remercier*, um zu danken

Auf diese Karte wird nicht geantwortet.

Bekommt man am Neujahrstag eine Karte mit

p.f.n.a. *pour féliciter nouvel an*, um zum neuen Jahr Glück zu wünschen,

so antwortet man entweder mit der gleichen Abkürzung oder man schreibt als Antwort

p.f. oder eine Kombination aus **p.r.** und **p.f.: p.r. p.f.,** also: Dank und Glückwunsch

p.p. *pour présenter*, um vorzustellen.

Das gilt nicht der eigenen Vorstellung, sondern der eines oder einer anderen. Möchte man also einen Kollegen, einen Freund oder das Kind eines Freundes einem anderen in einer anderen Stadt oder einer anderen Firma ans Herz legen und empfehlen, so nimmt man seine eigene Visitenkarte, schreibt diese Buchstaben darauf und gibt die Visitenkarte der Person mit, die man vorstellen möchte. Das gilt auch für die Visitenkarte mit der letzten Abkürzung:

p.p.c. *pour prendre congé*, um Abschied zu nehmen.

Bei dieser Sitte geht es aber nun wie bei allen anderen gesellschaftlichen Übereinkünften oder Konventionen: Sie funktionieren nur, wenn jeder damit einverstanden ist oder darüber Bescheid weiß. Das ist aber nicht mehr überwiegend der Fall.

Doch da die Abkürzungssitte noch nicht so gänzlich ausgestorben ist wie jene, mit allerlei Visitenkarten bei Vorgesetzten, Nachbarn und Geschäftspartnern »Besuch zu machen«, muß man in diesem Buch die Auflösung der verschiedenen Abkürzungen finden können.

Wie man Briefe schreibt

Es wird immer gesagt: Man schreibt keine Briefe mehr. Eine Kolumnistin jedoch, die einmal über Briefe geschrieben hatte, bekam so viele Leserzuschriften wie noch nie in ihrem ganzen Journalistenleben, was ihr sicherlich bewies: Man schreibt. Und zwar auf Grün und Altrosa, auf Umweltpapier, mit darübergestreuten Metallsternchen und selbstgezeichneten Bildern geschmückt, mit Gold- und Silberstift, auf selbstgeklebten Collagen und Pappe, auf Glanzpapier und in bunten, durchsichtigen Umschlägen. Ein Brief bestand aus einem Gedicht, das ungefähr ein Meter fünfzig lang war und dem Couvert wie ein Leporello entrollte.

Phantasie und Witz, Kreativität und liebevolle Bastelei, um zu sagen: Wir schreiben! Wir lieben Briefe! Wir denken aneinander! Wir vertreiben die Einsamkeit und geben unsern persönlichsten Gedanken und Gefühlen Ausdruck.

Das sind Beispiele, und man kann sie nur aus ganzem Herzen zur Nachahmung empfehlen.

Name, Anschrift, Ort und Datum

Doch auch diese Briefe enthielten bei aller Individualität und Intimität das, was zu jedem Brief gehört, der an einen Fremden gerichtet wird: Name und Anschrift des Briefschreibers, Ort und Datum.

In den meisten Fällen wurden diese Angaben auch mit lila Tinte auf Röschenpapier ganz korrekt angegeben, nämlich so, daß es der Empfänger des Briefes auch lesen kann: oben links als Kasten, Name, Straße und Stadt in drei Zeilen untereinander oder oben quer diese drei Angaben nebeneinander. Getippt oder handschriftlich, dann in Großbuchstaben.

So kann es jeder entziffern, der auf diesen Brief antworten will, so kann der Briefeschreiber seine eigene Unterschrift so genialisch unter seinen Text krakeln, wie er will. Man liest ja oben, daß er Karl Heinz Witzlaputz heißt.

Privatbrief an Private

Bei Privatbriefen an Privatpersonen braucht man eigentlich nur oben rechts Ort und Datum anzugeben, so daß der Adressat weiß, aha, Tante Frieda ist augenblicklich auf Reisen. Oder: Oh je, Mutters letzter Brief ist acht Wochen alt, höchste Zeit, daß ich ihr endlich antworte!

Privatbriefe können mit der Hand geschrieben oder getippt werden. Es ist aber netter, wenn auch jemand mit einer grauenhaften Handschrift, die er keinem zumuten mag, die Anrede und die Schlußformel mit der Hand hinzufügt.

Privatbrief an Behörden

Bei Privatbriefen an Bekannte bis Behörden hat sich der Briefbogen mit gedrucktem Briefkopf durchgesetzt, siehe oben.

Die Anschrift muß so korrekt wie möglich sein, also mit Postleitzahl und eventuell der Abkürzung für das betreffende Land.

In jedem Fall werden oben rechts Ort und Datum notiert. So hat alles seine Ordnung, ist schön übersichtlich, und wenn nun der Text auch noch fehlerlos geschrieben wird, frei und selbstbewußt in der Mitte des Briefbogens steht und nicht nach oben geklemmt oder nach unten verrutscht ist, so sieht der Brief so aus, wie er aussehen soll. Er ist ein Spiegelbild des Absenders, der sich mit diesem Brief ja auch vorstellen und empfehlen möchte.

Geht dieser Brief an Freunde und Bekannte, wird er also als Privatbrief versandt, so beginnt er gleich mit der Anrede.

Kondolenzbrief

Kondolenzbriefe werden in jedem Fall mit der Hand geschrieben.

Geschäftsbriefe

Ist der Brief an eine Firma oder Behörde etc. gerichtet, so stehen unter der eigenen Adresse des Absenders links oben untereinander Name, Straße und Ort des Briefempfängers, so daß man den Brief zweimal quer falten und so in einen Fensterumschlag stecken kann, daß die handschriftliche oder getippte Adresse genau im Fenster steht.

So schreibt man die Adresse des Briefempfängers aber auch, wenn man einen normalen Briefumschlag verwendet.

Von jedem nichtprivaten Brief wird praktischerweise ein Durchschlag gemacht. So weiß man, was man wann an wen geschrieben hat.

Ist es ein ganz förmlicher Brief, geht es also zum Beispiel um ein Angebot, so kann man unter die Adresse und über die Anrede eine Zeile setzen: Betrifft: ... und nennt nach dem Doppelpunkt in zwei oder drei Wörtern den Gegenstand des Briefes.

Geht der Brief an eine große Firma oder eine Behörde, so ist dieses

Betrifft

»Betrifft: ...« besonders wichtig, weil die Poststelle gleich weiß, an wen genau der Brief weitergeleitet werden muß, damit er schnell sein Ziel und seinen Zweck erreicht und bearbeitet werden kann.

Antwortet dieser Briefpartner, so liest der Privatmann meist in der vorgedruckten Zeile zwischen Adresse und Anrede verschiedene Abkürzungen oder Zeichen, die auf den genauen Standort des Briefpartners innerhalb des großen Unternehmens hinweisen. Das kann die »Hpt. Abtlg. 7/2« sein oder »Zi. 27«, Zimmer 27, »Unser Zeichen: ez/rd« oder was es sonst noch gibt.

Es empfiehlt sich, diese Hinweise in dem weiteren Briefwechsel immer zu wiederholen, und zwar nicht in der Postadresse, sondern

Betrifft, Zeichen

ebenfalls in dieser Zwischenzeile als »Betrifft: Ihr Zeichen ...«

Schreibt man zum ersten Mal an eine Firma oder ein Amt und hat noch keine Ahnung, an wen man sich dort wenden müßte, so schreibt man »Sehr geehrte Damen oder Herren«.

Korrekterweise findet man dann im Antwortbrief nicht nur Krakelfüße als Unterschrift, sondern entweder Namen und Amtsbezeichnung schon im Briefkopf oder unter der handschriftlichen Unterschrift, getippt und manchmal in einer Klammer, also zum Beispiel: »Ottilie Normalverbraucher, Amtsrätin«.

Benutzt ein Angestellter einen Firmenbogen, deckt sich also sein Name nicht mit dem der Firma, so kann man erwarten, daß er ebenfalls Namen und Position schön leserlich unter seine Unterschrift tippen läßt. Denn auch wenn er meint, man könne seine Handschrift lesen, so fehlt manchmal der Vorname oder der Titel, oder man kann halt doch nicht genau entziffern, ob es Möller oder Müller heißt.

Geschäftsbriefe werden abgeheftet, müssen also auf der linken Seite einen Rand haben und werden nie auf der Rückseite beschrieben oder betippt.

Braucht man ein zweites Blatt, so trägt es oben rechts die Zeile: »Müller an Möller Blatt 2«.

Geschäftsbrief mit Rand

Geschäftsbriefe werden üblicherweise auf weißem oder höchstens leicht getöntem Papier geschrieben. Es sei denn, es handelt sich um Firmenbriefe, die eh einen werbewirksamen Briefkopf zeigen und sich zum Beispiel von leuchtendem Gelb mehr Wirkung versprechen.

Briefumschläge

Die Briefumschläge mußten früher, zumindest bei Privatbriefen, gefüttert sein. Wenn man mag, kann man dieser Sitte folgen. Wer an die Rohstoffe für diese Hüllen denkt, die doch nur im Papierkorb landen, kauft Schlichteres.

Anschriften

Die Anschrift auf Privat- und Firmenbriefen hat sich vereinfacht. Höflichkeitsbuchstaben vor dem Namen findet man kaum mehr und wenn, in Süddeutschland und Österreich, und ob man in seinem Lebenskreis den »Ministerialdirigent« den »stud. iur.« oder die »Oberschwester« vor den Namen setzt, hängt davon ab, ob die betreffenden Freunde, Onkel oder Patentanten darauf gesteigerten Wert legen.

Berufsbezeichnung

Üblich ist es dagegen, bei Briefen an Ämter und Firmen die genaue Amts- oder Berufsbezeichnung zu nennen. Man adressiert also an »Frau Regierungsrat Ottilie Buchbinder« in der Landesregierung oder an »Herrn Dipl.-Ingenieur« (immer mit Bindestrich, auch wenn man Dipl.-Ing. schreibt!) in Firma Rohr und Stahl.

Akademischer Titel

Korrekt und üblich ist es vor allem, die akademischen Titel zu erwähnen. Man schreibt also an »Herrn Otto Buchbinder« oder an »Herrn Dr. Otto Buchbinder«.

Bei Frauen entfällt der Unterschied zwischen Frau und Fräulein.

Der Brief geht also an »Frau Ottilie Buchbinder« oder »Frau Dr. Ottilie Buchbinder«. Ist die Dame erst zwölf oder siebzehn Jahre alt, so entfällt die »Frau«.

Wird Ottilie volljährig, hat sie das zumindest postalische Frauentum erreicht. Das gilt auch für Jungen! Aus »Otto Buchbinder« wird mit der Volljährigkeit der »Herr Otto Buchbinder«.

Haben sich Otto oder Ottilie habilitiert, zum Doktorgrad also noch den Professortitel erworben, so nennt man beide Titel. Der Brief geht also an »Herrn Prof. Dr. Otto Buchbinder« oder an »Frau Prof. Dr. Ottilie Buchbinder«.

Es gibt selbstverständlich Professoren ohne Doktortitel. Sie sind dann »Herr Professor Otto Buchbinder« oder »Frau Professor Ottilie Buchbinder«.

Häufen sich die Titel, so gilt die Reihenfolge: erst die berufliche Bezeichnung, dann der militärische, schließlich der akademische Rang. Also: »Frau Minister Dr. Ottilie Buchbinder« oder »Herr Generalkonsul General a. D. Otto Buchbinder«.

Ist der Brief an ein Ehepaar gerichtet, so hat der Briefschreiber mehrere Möglichkeiten.

Ehefrau

Er kann einfach schreiben »Herrn Buchbinder und Frau Gemahlin«. Das ist die korrekte deutsche Version.

In manchen Gegenden ist es eher üblich zu schreiben: »Herrn Otto Buchbinder und Frau« oder »Herrn Otto Buchbinder und Gemahlin«. Diese Formulierung verwendet man meist in Österreich.

Schließlich kann man noch die internationale Version benutzen: »Herrn und Frau Otto Buchbinder«.

Mit dieser Form kann man es nirgendwo und bei niemandem falsch machen, außer bei Ehepaaren, deren weiblicher Partner sehr emanzipatorisch eingestellt ist und gerade durch solche Formulierungen auf die Abhängigkeit der Frauen hingewiesen wird. So lautet die moderne Form also mindestens: »An Ottilie und Otto Buchbinder«.

Bewahrt eine Ehefrau ihren Mädchennamen im Ehenamen auf, so wird die Sache wieder länglich. Der Brief geht also an »Herrn Otto Buchbinder und (neue Zeile) Frau Ottilie Buchbinder-Übermut«.

Hilfe für den Briefträger

Daß man in diesem Fall dem Otto den Vortritt läßt, hängt nur mit der besseren Lesbarkeit kürzerer Texte zusammen, ist also eine Hilfe für den Briefträger. Wem es aber gegen den Strich geht, der nennt halt die Ottilie zuerst.

Besitzt der Ehemann einen Titel, so ist die Formulierung auf dem Briefumschlag ohne Problem. Sie lautet: »Herrn Dr. Otto Buchbinder und (Frau) Gemahlin«.

Besitzen beide Ehepartner einen akademischen Titel, so kann man beide fortlassen, wenn es sich um Freunde handelt, oder beide erwähnen. Nur einen zu erwähnen, wäre grob unhöflich. Die Anschrift sieht also so aus: »Herrn Dr. und Frau Prof. Dr. Otto Buchbinder« und »Herrn Prof. Dr. Otto und Frau Dr. Ottilie Buchbinder«.

Anschrift eins ist allgemein üblich, einigermaßen übersichtlich, aber anti-emanzipatorisch. Anrede zwei wird beiden Ehepartnern gerecht, ist für den Postboten aber etwas mißverständlich und klingt recht aufwendig.

Adels-Anschrift

Die Adels-Anschrift: Der Adelstitel gehört nach dem deutschen Namensrecht zum Nachnamen. Schreibt man also jemandem, der einen Adelstitel besitzt, so lautet die Anschrift folgendermaßen: »Otto Graf Lambsohr« und »Ottilie Gräfin Lambsohr«.

In Deutschland setzt man gern noch »Herrn« oder »Frau« vor den Vornamen, schreibt also auf den Briefumschlag: »Herrn Otto Graf Lambsohr«, was nach dem deutschen Namensrecht korrekt ist, jedoch leicht zu einer falschen Anrede führt (siehe auch Seite 234).

Kommt ein akademischer Titel dazu, so sieht die Anschrift folgendermaßen aus: »Dr. Otto Graf Lambsohr« oder »Dr. Ottilie Gräfin Lambsohr«.

Akademischer Titel und Adel

Das ist allgemein und international üblich, man kann aber auch die altmodischere Version benutzen: »Otto Graf Lambsohr und Gemahlin«.

Nach diesem Schema schreibt man auch die Anschrift von Freiherrn, Baronen, Prinzen etc. auf den Briefumschlag, siehe auch Seite 235.

Haben beide Ehepartner einen akademischen Titel, so wird die Sache so ausführlich, daß die meisten Leute kurzerhand beide erworbenen Titel fallen lassen und schlicht an »Graf und Gräfin Lambsohr« adressieren.

Fortgelassen werden bei Einladungen auch Name und Titel von Ministern, Botschaftern oder Präsidenten und so weiter. Da heißt es einfach: »Der Bundesminister für ... und Frau Ottilie Lambsohr«. Oder international üblich: »Der Botschafter der Republik ... und Frau Otto Lambsohr«.

Wenn die Frau des Botschafters oder Ministers jedoch einen akademischen Titel besitzt, kann er miterwähnt werden, dann allerdings mit ihrem Vornamen, also: »Der Bundesminister für ... und Frau Dr. Ottilie Lambsohr«.

Früher war die Anrede im Brief durch die Standesunterschiede genau geregelt und abgestuft. Dem Vorgesetzten schrieb man »Hochzuverehrender gnädiger Herr ...« und dem Gärtner »Mein lieber Rosenstock«.

Anrede im Brief

Wie man wen privat anredet, hat uns nicht zu interessieren, und im nichtprivaten Bereich kommt man mit der neutralen Formel »Sehr geehrter Herr Buchbinder« und »Sehr geehrte Frau Buchbinder« ziemlich weit.

Sind Titel unterzubringen, so heißt es »Sehr geehrter Herr Dr. Buchbinder«. Das Dr. kann jedoch auch ausgeschrieben werden.

Ist der Herr Doktor auch Professor, so taucht in der Briefanrede nur der Professor auf, also »Sehr geehrter Herr Professor«, weil man in der wörtlichen und in der brieflichen Anrede stets nur den höchsten Titel benutzt. Dieser »Professor« wird übrigens immer ausgeschrieben, auch wenn der Name darauf folgt; also »Sehr geehrter Herr Professor Buchbinder«.

Für die Professorinnen gilt natürlich genau dasselbe.

Adelsanrede Bei der brieflichen Anrede eines Adligen fallen das »Herr« und »Frau« der Briefanschrift auf jeden Fall fort. Man schreibt also an den »Sehr geehrten Graf Lambsohr« oder an die »Sehr geehrte Gräfin Lambsohr«.

Haben die Adligen akademische Titel, so ist es der »Sehr geehrte Dr. Graf Lambsohr« und so weiter.

Bei Freiherrn und Freifrauen, Baronen und Baroninnen, Edlen von, Rittern zu, Freiherrn von und zu schreibt man einfach: »Sehr geehrter Herr v. Lambsohr«. Ist es ein Herr v. Normal zu Gebrauch, so benutzt man nur die erste Hälfte des Doppelnamens und schreibt: »Sehr geehrter Herr v. Normal«.

Geehrt, verehrt Wann man vom »Sehr geehrten ...« zum »Sehr verehrten ...« oder zum »Sehr verehrten, lieben ...« oder schlicht zum »Lieben Herrn Buchbinder« übergeht, zeigt sich meist irgendwie von selbst. Auf jeden Fall muß man sich an die alte Regel halten: Der Jüngere, der Untergebene etc. hat erst einmal bei dem »Sehr geehrten Herrn« oder der »Sehr geehrten Frau ...« bzw. bei der »Sehr verehrten Frau ...« zu bleiben. Benutzt er in einem Geschäftsbrief die Anrede »Lieber Herr ...« so wird ihm das entweder als plumpe Vertraulichkeit ausgelegt oder als eine kindliche Unerfahrenheit, die man in seinem Alter eigentlich nicht mehr haben dürfte.

Einem wirklich verehrten Menschen sagt man sein Gefühl mit »Sehr verehrter Herr Sowieso« distanzierter und treffender als mit dem vertraulichen »Sehr verehrter, lieber Herr Sowieso«.

Vom »Sehr geehrten ...« zum »Lieben Herrn Buchbinder« geht es meistens, wenn aus einer bloßen Geschäftsverbindung etwas mehr Freundschaftliches geworden ist. Und wenn aus dem Nachbarkind ein erfolgreicher Erwachsener wurde, den man zwar siezen, aber doch nicht so förmlich anreden will, so schreibt man ihm »Lieber Herr Buchbinder« oder »Lieber Otto!« und Sie.

Auf jeden Fall ist es ratsam, lieber etwas förmlicher und zurückhaltender zu bleiben, als zu rasch zu vertraulich zu werden.

Geschäftsbrief ist Geschäftsbrief Geschäftsbrief an das »Alte Haus«: eigentlich ist ein Geschäftsbrief ein Geschäftsbrief. Er wandert in die allgemeine Ablage, und da hat in einem normalen Betrieb aus den verschiedensten Gründen nichts Uriges und Privates zu suchen. Wenn es nun jemanden drängt, Klaus, dem alten Haus, irgendetwas Fetziges oder Komisches mitzuteilen, so besitzt dieser Briefschreiber drei Möglichkeiten:

Er benutzt sein eigenes Briefpapier oder sein persönliches Firmenbriefpapier. Er schreibt die knalligen Sätze mit der Hand auf den fix und fertigen Geschäftsbrief. Er legt dem Geschäftsbrief ein handgeschriebenes Zettelchen bei.

Briefstil

Privatbriefe schreibt man wie gewünscht und gekonnt.

Nichtprivate Briefe: klar und sachlich, verständliches Deutsch, gleich zur Sache kommen, sich so kurz fassen, wie es der Gegenstand erlaubt. Zum Schluß zusammenfassen, was man vom Briefpartner erwartet. Also zum Beispiel: »... wäre ich Ihnen dankbar, wenn Sie mir ein Angebot machten ...« oder »... so bald wie möglich antworteten!« oder »... die Unterlagen wieder zurückschickten. Das Porto (oder ein frankierter Briefumschlag) liegt bei.« Hat der Brief eine sogenannte Anlage, so wird sie am Fuß des Blattes erwähnt, als »Anlage: ...«

Anlage

So weiß der Adressat, was diesem Brief beigelegen hat, läßt es nicht verloren gehen und wirft es auch nicht in den Papierkorb.

Behördendeutsch

Den Stil der Behörden sollte sich keiner zum Vorbild nehmen, weil er eine schauerlich vergewaltigte Sprache ist. Außerdem hat kürzlich eine Umfrage gezeigt, daß ein großer Teil der Bundesdeutschen im Alter zwischen 18 und 30 Jahren schriftliche Mitteilungen der Behörden nicht versteht. 41 Prozent der Befragten hatten vor kurzem mindestens einen Behördenbrief erhalten und dessen Inhalt nicht erfaßt. 1980 hatten bei einer gleichlautenden Umfrage nur 31 Prozent der Befragten über unverständliche Behördenpost geklagt.

Rücksicht auf Steuerzahler

In Österreich hat man daraus die Konsequenzen gezogen. Das österreichische Kanzleramt erließ laut AP 1985 neue Richtlinien für die Verfasser von Schriftstücken bei Behörden und Ämtern, die besonders beim Einsatz der elektronischen Datenverarbeitung den Bürgern verständlichere Bescheide bringen sollen. Schriftstücke sollen »in reinen, einfachen Sätzen« geschrieben werden, und der Text soll »folgerichtig und gedanklich leicht erfaßbar« sein. Bei Rentenbescheiden soll mit Rücksicht auf die älteren Menschen eine größere Schrift verwendet werden. Gewarnt wird vor Schachtelsätzen, Fremdwörtern und Fachausdrücken. Auch auf Höflichkeit soll geachtet werden. So sollte jedes amtliche Schreiben mit einer Grußformel schließen, Strafbescheide sollten allerdings nicht mit »freundlichen Grüßen« enden.

Das Bayerische Oberste Landesgericht dagegen pfeift auf die Höflichkeit den Bürgern gegenüber, mit deren Steuergeldern ja eigentlich dieses Recht gesprochen wird. Nach der dpa-Meldung aus München hat das Bayerische Oberste Landesgericht schwer verständliche Bußgeldbescheide mit Computer-Kauderwelsch für rechtens erklärt. Mehrere Autofahrer hatten sich nach Angaben des Automobil-Clubs ADAC gegen die Computerauszüge gewehrt und vor dem Amtsrichter zunächst recht bekommen. So lautete beispielsweise einer dieser Bescheide: »GESCH. FESTGEST. DURCH DIAGRAMMSCH. DES EC-GERÄTES ZUL. GESCHW. 80 KM/H AUSSERH. GESCHL. ORTSCH. FESTGEST. GESCHW. 120 KM/H BTG. 6 KM/H, MIND.: GEF. GESCHW. 114 KM/H ZGG. 16T ...« Übersetzt heißt dies, daß ein Autofahrer laut Tachometerscheibe 120, mindestens aber 114 Kilometer pro Stunde auf einer Straße außerhalb einer geschlossenen Ortschaft gefahren sei, auf der das Tempo auf 80 begrenzt war. Die Richter des Bayerischen Obersten Landesgerichtes in München (AZ.: 10 UE 1528/84) sind nun aber der Meinung gewesen, daß diese Mitteilungen leicht lesbar und deshalb bindend seien.

Keine Rücksicht auf Steuerzahler

Briefabschluß

Der Schluß der nichtprivaten Briefe hat sich auch vereinfacht. Im allgemeinen schreibt man: »Mit freundlichen Grüßen« oder, etwas förmlicher, »Mit besten Grüßen«.

Will man sich noch stärker distanzieren oder liebt man das Altmodische, so wählt man »Mit vorzüglicher Hochachtung«.

Früher galt es merkwürdigerweise als ganz normal, daran stets anzufügen »Ihr sehr ergebener ...« Das findet man heute gleichzeitig devot und anbiedernd. »Ihr?« Wieso denn?

Schlußgruß

Ich würde nur »Ihre ...« als Schlußformel verwenden, wenn es mir ebenso ernst ist wie das »Sehr verehrte gnädige Frau«, das mir jemand schreibt, der mich wirklich schätzt und achtet.

Und wenn ich schon jemandem »Ihre Ottilie Normalverbraucher« schreibe, so würde ich alle drei Wörter mit der Hand schreiben. Ebenso das P.S., das mir beim Unterschreiben noch einfällt. Denn wenn der Brief von einer Sekretärin getippt wird, kann sie den vergessenen Satz ja noch nach dem Diktieren an die richtige Stelle setzen, und das Postskriptum erübrigt sich.

»Nach Diktat verreist«

»Nach Diktat verreist«, diese Bemerkung sollte jedoch unter allen Umständen vermieden werden. Ist ihm der Adressat seines Briefes so gleichgültig, daß es ihn auch nicht kümmert, wer ihn noch einmal auf Korrektheit durchliest und unterschreibt? Ja aber, lautet die Erklärung, der Schreiber will doch nur, daß der Adressat seinen Brief so rasch wie möglich erhält!

Gut, dann muß er jemanden anders schreiben lassen, »im Auftrag von X teile ich Ihnen mit, daß ...«, und dieser andere unterschreibt wie ein richtiger Mensch und Briefschreiber. Oder er löst das Problem anders, aber jedenfalls höflicher.

Bewerbungsbriefe

Für den Bewerbungsbrief gibt die Bundesanstalt für Arbeit in Nürnberg Ratschläge. Sie weist darauf hin, daß schon ein Brief einen ersten Eindruck von Ihnen vermittelt und empfiehlt, für die schriftliche Bewerbung ein Blatt im DIN-A4-Format zu benutzen; auf saubere äußere Form zu achten, dito auf Rechtschreibung und Zeichensetzung; höflich und sachlich auf die Anforderungen der Stelle einzugehen; nicht ans Mitleid zu appellieren und keine bürokratischen Formulierungen zu verwenden (!), sondern schlicht und klar zu sagen, was man will und warum man sich bewirbt. Mehr erfahren Sie in den betreffenden Broschüren, die es in jedem Arbeitsamt gibt.

Frau und Dame: Anrede im Alltag

Frau und Dame, Herr und Mann

Mädchen hatten einst die Wahl, Frau Normalverbraucher zu werden oder »Gnädige Frau« und Dame. Es kam nur darauf an, daß sie den richtigen Mann heirateten. Frauen, die sich selbst als Dame fühlten, schätzen diesen Unterschied auch heute noch. Berufstätigen Damen ist er ziemlich schnuppe.

Historisch gesehen gehört von altersher zum aristokratischen Herrn und Herrscher eigentlich gar nicht die Dame, sondern die Frau, die frouwe, wie man im Mittelalter sagte. Dame ist ein ganz junger Begriff, gehört zur bürgerlichen Kultur und zur bürgerlichen Rangvorstellung.

Ist es also schon schwer, den Begriff Dame zu definieren, so ist es heute schier unmöglich, Regeln aufzustellen, die nicht sofort in ein »andererseits und außerdem« übergehen.

Höhere Töchter

Denn sowenig man Dame in einem Institut für höhere Töchter wird, sowenig man Frauen aus fürstlichem Hause als Damen bezeichnen kann, die sich in der Illustrierten-Schickeria lächerlich machen, so heftig hätte es sich zum Beispiel meine Eierfrau verbeten, als Dame bezeichnet zu werden – was sie nun wiederum lächerlich gemacht hätte.

Wie aber sag ich es meinem Kinde? Wenn ein weibliches Wesen an der Tür klingelt, wie soll das Kind dann sagen? »Mami, da steht eine Dame!« oder »...da steht eine Frau, die will dich sprechen.«? Kann man, kann ein Kind den Unterschied sehen?

Damen der Gesellschaft

Wieder kommt es auf die Umgebung an, in der man lebt. Die »Damen der Gesellschaft« erkennt man, weil sie erkannt werden wollen und sich so kleiden, wie sie es für damenhaft halten. Ob das nun Hut und Handschuhe, Samt und Seide sind, spielt keine Rolle. Eine große Rolle spielt es für die Damen aber, als solche behandelt zu werden, und deshalb gebietet es die Höflichkeit, dieses Spiel mitzuspielen.

Frau vor der Tür

Frauen, denen im Vergleich mit den Gesellschaftsdamen die achtungsvolle Bezeichnung viel eher zukäme, die sich und andere Menschen aber mit anderen Maßstäben messen, haben andererseits dafür gesorgt, daß die Bezeichnung Frau so aufgewertet oder besser: ihrer abschätzigen Bedeutung so entkleidet worden ist, daß es keinen mehr kränken kann, wenn ein Kind sagt: »Mami, da steht eine Frau!«

Und damit hängt zusammen, daß es heute auch nicht mehr das zweierlei Maß des Verhaltens und der Anrede gibt. Sicher sagt auch in Zukunft noch ein Direktor von irgendwas zu einem Pförtner oder Fahrer: »Also, Huber, dann woll'n wir mal!« Aber im allgemeinen hat sich jene Höflichkeit durchgesetzt, nach der alle Frauen und Männer gleich und vor allem ohne Herablassung behandelt werden. Die Putzfrau ist ebenso Frau Normalverbraucher wie die Ehefrau ihres Arbeitgebers. Einen Handwerker spricht man genauso an wie einen Kollegen, und das hängt nicht damit zusammen, daß viele junge Handwerker Oberschüler sind und Söhne von Herren und Damen. Gerade die Gruppe der Gymnasiasten und Akademiker hat das alte elitäre Bildungsbürgertum ad absurdum geführt und gezeigt, wie wenig man sich selbst auf so etwas verlassen kann. Studenten sind Taxifahrer; Professoren laufen wie die Wilden herum, und Fliesenleger tragen Schlips und Kragen, öffnen ihren Aignerkoffer, um den Zollstock herauszuholen, der dort neben einem Golfball gelegen hat. Und echte Taxifahrer lesen Maupassant, während Studenten-Taxler meist ein Comic-Heftchen neben sich liegen haben. Das läßt sich alles wirklich nur mit Höflichkeit ertragen.

»Oma, Opa«

Auf jeden Fall aber ist es ungehörig, taktlos bis unverschämt, alte Männer mit Opa und alte Frauen mit Muttchen oder Oma anzureden, gar noch mit Du.

Oma Normalverbraucher ist für alle, außer ihre Enkelkinder, Frau Normalverbraucher und Sie. So haben sie Krankenschwestern, Ärzte, Vorzimmerdamen, Heimleiter, Zivis und Finanzbeamte oder Rentensachbearbeiter anzureden.

Aber wenn Sie ihren Namen nicht wissen? Tja, da sieht man mal wieder, was die »Gnädige Frau« für ein praktisches Wort ist! Wem das nicht über die Lippen geht, der muß die alte Frau eben so höflich nach ihrem Namen fragen, wie er selber gefragt werden möchte.

Männer haben es in diesem Fall etwas besser. »Mein Herr« klingt nicht so geschraubt wie »Meine Dame«, und plötzlich sieht man die in Deutschland so gern verspottete Form der Österreicher in neuem Licht.

»Gnädige Frau«

Dort sagt man ungerührt »Gnädige Frau« selbst zur Trafikantin, und mit dem »Herrn Doktor« oder »Herrn Ingenieur« oder dem guten alten »Herrn Baron« greift man bewußt zu hoch. Aber das weiß ja jeder und nimmt es nicht wörtlich. Auf jeden Fall rettet es die alten Mitbürger vor dem gedankenlosen und entwürdigenden Oma und Opa.

Anrede mit Nachnamen und Sie

Mit der Tatsache der Gleichstellung wächst also auch der Anspruch, gleich behandelt zu werden. So klagte in Süddeutschland ein Arbeitnehmer gegen seinen Vorgesetzten, weil dieser ihn nur mit dem Nachnamen anredete und nicht mit Sie. Der Arbeitnehmer bekam Recht zugesprochen. Die Anrede mit Nachnamen und Sie ist unterdessen zu einer Form geworden, die unter Gleichgestellten üblich ist, ihre unkonventionelle berufliche oder freundschaftliche Verbundenheit ausdrückt und Männer und Frauen eint.

Wer neu in eine solche Anredengemeinschaft gerät, sollte sich jedoch zuerst einmal zurückhalten und beim Herrn Normalverbraucher und Frau Normalverbraucher bleiben, bis ihm jemand sagt: »Also Meier, nun seien Sie doch nicht so förmlich!«

Diese Form ist übrigens eine Parallele zur eher aufs Norddeutsche beschränkten Anrede mit Vornamen und Sie.

Anrede mit Vornamen und Sie

Zu dieser Form der Anrede siehe Seite 37. Dort wurde schon die Sitte des österreichischen Adels erwähnt, nach der sich die Frauen untereinander »Du« und Titel sagen, also: »Hör mal, Prinzessin, du hast aber einen gehörigen Schnupfen!«, während die Männer von den Frauen auf die übliche Weise gesiezt werden. Umgekehrt ist es genauso: Männer untereinander Du, Männer zu Frauen Sie, außer natürlich, es ist die eigene Großtante oder Cousine. Das Spiel wird selbstverständlich von Form-Fans mit der üblichen Rang-Regel gespielt: Die oder der Jüngere muß warten, daß und ob er oder sie geduzt wird und darf erst dann selber duzen; und sicher gibt es Hoheiten, die es »unglaublich« finden würden, wenn sie ein fremdes Fräulein von Sowieso frisch und fröhlich duzte.

Gerade diese Sitte wird vom deutschen Adel, zumindest in Süddeutschland, übernommen und gilt auch für die ausgeheirateten Frauen. Deshalb ist es üblich, sich vorher zu vergewissern oder nach dem ersten vorsichtigen Sie zu fragen: »Also hör mal, wir sagen uns doch Du, nicht wahr?« Die Antwort muß nicht zustimmend sein, denn in Deutschland hat man eben ein anderes Formgefühl, noch dazu ein Spiegelbild der Staatsform, ein partikulares. Jede Gegend, jede Gesellschaftsgruppe hat sich ihre eigenen Zeichen und Geheimzeichen gebastelt, die man kennen muß, wenn man »in« sein will und die man nur kennenlernt, wenn man die Augen aufmacht und die Ohren spitzt. Popper und Punker pflegen sie genauso wie Snobs, das heißt: In allen Gruppen, die sich aus welchen Gründen auch immer von der Allgemeinheit abheben wollen, wächst ein Spezialreglement, das eifersüchtig gehütet wird: Wer ohne Handschuhe ausgeht, ist keine Dame. Wer keine Nieten trägt, ist ein Arsch. Freiheit, Gleichheit, Brüderlichkeit – wie sind die drei schwer zu ertragen!

Goldene Alltagsregeln

Deshalb gibt's wieder goldene Alltagsregeln, an die man sich leichter halten kann, wenn man sie auch kleinkariert findet. Man muß sie einfach kennen, weil sich viele danach richten und nicht nur andere danach beurteilen, ob sie sich »richtig« benehmen können, sondern die Sache vor allem auf sich beziehen: Wenn sie nicht »korrekt« behandelt werden, fühlen sie sich beleidigt, verspottet, gesellschaftlich zu niedrig eingeschätzt. »Ich bin es wohl nicht wert, daß er (oder sie) sich bei mir gut benimmt.«

Nun kann man sagen: Na und? So eine Zimperliese kann mir auch gestohlen bleiben!

Da man aber nie weiß, warum die Zimperliese eine Zimperliese ist, sollte man seine Grobheit schlucken und das Problem ganz locker und halt menschenfreundlich lösen. Sich zum Beispiel nach solchen Regeln richten:

Wer geht links?

- Auf dem Fußweg geht der Herr üblicherweise auf der linken Seite der Dame, die Enkeltochter hakt die Großmutter von links ein und der Büroangestellte geht links neben seinem Chef.

Ausnahme: Wenn jemand die englische Form in ihrer Logik höher wertet als unsere Tradition, die mit dem Degen zusammenhängt. Der hing beim Adligen oder Beamten links, also kam die Dame an die andere Seite, an die rechte, damit ihr nicht die Waffe gegen die zarte Hüfte schlug.

In England und Amerika hat sich das Verhalten aus der republikanischen Tradition entwickelt. Dort denkt man stärker an den Schutz der Dame. Also geht der Herr auf der gefährlichen Seite: am Rande des

Abgrunds, der Fahrbahn, der drängelnden Menschenmenge oder der durchgehenden Rinderherde.

Koffer tragen • Der Herr – der Jüngere etc. – bietet zumindest der Dame – dem Älteren etc. – an, ihren Koffer, ihre Akten, ihre Einkaufspäckchen etc. zu tragen.

Vortritt lassen • Er öffnet ihr die Tür und läßt ihr den Vortritt – außer im Restaurant, siehe Seite 202. Und natürlich auch dann nicht, wenn der arme Herr ihre Sachen schleppt und keine Hand frei hat für weitere Dienste. In diesem Fall hält die Dame ihrem braven Packesel die Türe auf und läßt ihn vorgehen.

Hut abnehmen • Im Fahrstuhl nimmt der höfliche Herr den Hut ab, falls er die Hände frei hat – und Herr und Dame grüßen die Mitfahrenden mit einem kurzen Nicken, wenn es der Fahrstuhl eines Wohnhauses ist, vor allem des eigenen. Im Fahrstuhl eines Amts- oder Bürohauses kann man Standbild spielen wie die anderen. Im Prinzip gilt der Fahrstuhl als Zimmer: Wer neu hinzukommt, grüßt die bereits Anwesenden.

Treppen steigen • Auf der Treppe ging früher der Herr stets vor der Dame hinauf, weil er ihr sonst unter die langen Röcke hätte schauen und ihre Waden erblicken können. Das gilt nun heute nicht mehr als schockierend oder schamlos, und es kommt natürlich noch hinzu, daß viele Damen Hosen tragen. Wenngleich ein fesches Po-Gewackele sicherlich erotisierender wirkt als ein Hauch Wade zwischen Unterröcken. Aber immer können auch Verhaltensregeln nicht logisch sein. Kurzum: Auf Treppen kann man machen, was man will.

Telefon und Fernsehen

Das Telefon ist eine so alltägliche Sache, daß sich auch allgemeine Regeln eingespielt haben.
Wenn das Telefon klingelt, melden sich Erwachsene mit ihrem Familiennamen, also: »Normalverbraucher!«

Wie meldet man sich?

Hat die Tochter abgehoben, so meldet sie sich: »Anna Normalverbraucher«, und der Sohn »Otto Normalverbraucher« oder »Normalverbraucher junior«. So weiß der Anrufer, ob er Vater oder Sohn, Mutter oder Tochter an der Strippe hat.

Nimmt ein anderer den Hörer ab, so sagt er: »Bei Normalverbraucher« oder »Meier bei Normalverbraucher«.

Sitzt er im Büro und nimmt das Telefon eines Kollegen ab, so sagt er ebenfalls: »Meier, Apparat Normalverbraucher«.

Sitzt er an seinem eigenen Schreibtisch in der Firma, so sagt er seinen Namen und den der Firma. Ich wünschte, das täte jeder in jeder Behörde, denn wenn man von einer Zentrale durchgeschaltet wird und von dort weiter und immer weiter, so sagen einem die Meiers und Müllers und Schulzes gar nichts. »Meier, Abteilung Mehrwertsteuer« oder »Müller, Vorzimmer Baurat Schulze« wäre viel hilfreicher und höflicher, denn ich müßte mein Sprüchlein nicht zum x-ten Male aufsagen, sondern wüßte gleich: der/die ist noch nicht der Richtige, »Darf ich Sie also bitten, mich weiterzuverbinden?«

»Hallo?« ist eine ziemlich unzureichende Antwort, denn der Anrufer hat keine Ahnung, wer da Hallo sagt, und muß eh noch einmal nach dem Namen fragen. Richtig ist allerdings, daß auf diese Weise der Angerufene als erster erfährt, wer was von ihm will.

»Falsch verbunden«

Wer die falsche Nummer gewählt hat, merkt es ja gleich. Er entschuldigt sich also höflich und legt wieder auf. Es ist nicht nötig, daß er zur

Entschuldigung einen ganzen Roman erzählt, wie es zu dieser falschen Verbindung kam.

So kurz und höflich sollte auch der Zufallspartner bleiben und nicht so tun, als ob der Anrufer einen Anschlag auf sein Leben geplant hätte. Selbstbeherrschung und Höflichkeit auch Fremden gegenüber – das gehört zu den guten Telefonmanieren.

Mit der Nummer melden

In England meldet man sich mit der Nummer, und das tut man auch hier wegen des sogenannten Telefon-Terrors, also wegen Unbekannten, die zu allen Tages- und Nachtzeiten anrufen und entweder schweigen, stöhnen oder Obszönes von sich geben.

Solche Leute zu erwischen, ist ziemlich schwer und gelingt auch mit Fangschaltung nicht immer. Es wird jedoch geraten, nicht in Panik zu fallen, weil es gerade die Zeichen der Angst sind, auf die der Anrufer lauert. Ebenso stumm einfach auflegen, das ist das vernünftigste Verhalten.

Auf jeden Fall schreckt es einen solchen Anrufer auch nicht ab, wenn Ottilie Normalverbraucher 4711 statt ihres Namens sagt.

Telefonierzeiten?

Gibt es Telefonierzeiten? Nun, im Büro decken sie sich logischerweise mit den Bürozeiten.

Bei Privatgesprächen ergeben sie sich aus der ganz normalen Überlegung: Störe ich jetzt oder nicht?

Meist wird man nicht vor 9 Uhr anrufen und nicht später als 21 oder 22 Uhr. Bei Freunden weiß man, ob sie schon um 8 Uhr am Schreibtisch sitzen oder erst um Mitternacht ins Bett gehen, ob sie Mittagsschlaf halten und deshalb möglichst nicht zwischen 13 und 15 Uhr angerufen werden wollen und so weiter.

Ruft man bei ferneren Bekannten oder Fremden an, so sollte man ebenfalls die frühen Morgenstunden, den späten Abend und die Mittagszeit aussparen.

Nein sagen können

Stört der Anruf aus irgendeinem Grunde, steht der Angerufene eigentlich schon mit einem Bein in der Taxe zum Flughafen, so sollte er nicht nervös herumreden, sondern sofort klipp und klar sagen: »Bitte verzeihen Sie – im muß zum Flughafen, mein Kind weint gerade, ich hab was auf dem Herd, mein Zug fährt ab – können Sie bitte in einer halben Stunde noch einmal anrufen?« oder: »Unter welcher Nummer kann ich Sie wann zurückrufen?«

Der höfliche Telefonierer hat deshalb immer einen Notizblock samt Stift neben dem Apparat liegen.

Das Fernsehen sollte kein Hinderungsgrund fürs Telefonieren sein. Hockt jemand mitten in einem Krimi, kann er das Telefon ja klingeln lassen.

Auch die Fernsehnachrichten sind nicht wichtiger als ein Gespräch mit einem lebendigen Menschen. Nachrichten kann man schließlich drei oder vier Mal im Lauf eines Abends sehen. Würde man darauf Rücksicht nehmen, was in manchen sogenannten modernen Benimmbüchern empfohlen wird, so wäre ja der ganze Abend zwischen 19 und 20 Uhr 30 blockiert. Wenn man dann noch die Abendbrotzeit dazu addiert, kommt man zu keinem abendlichen Gespräch.

Fernsehen

Die segensreiche Erfindung Fernsehen unterhält und isoliert. Sie unterhält vom Frühstück bis nach Mitternacht, und da sie nicht der Volkserziehung, sondern der Belustigung dient, gibt es Verhaltensbeispiele, die oft mehr als katastrophal sind.

Kann man sich das Fernsehen aus dem Kopf und aus der Seele halten?

Auf jeden Fall muß man wissen: Wenn man tatsächlich am guten Benehmen interessiert ist, darf man sich die Beispiele nicht von der Glotze holen. Denn dieses Instrument verdirbt auf beiden Seiten gute Sitten.

In der Dauerpräsenz der Fernsehstationen auf allen Kabeln und Kanälen liegt auch die Tatsache begründet, daß man sich als soziales Wesen nicht um das Fernsehen kümmern muß.

Man lädt also Freunde und Bekannte ein, wann es einem selber paßt. Und wenn man Freunde hat, denen eine Fernsehsendung wichtiger ist, so sollten sie sich schleunigst einen Videorecorder kaufen.

Es ist auch ziemlich unhöflich, wenn während eines Festes plötzlich alle Männer in hellen Scharen verschwinden und auf den Betten der Gastgeber hocken, ihnen die Schlafstube vollqualmen und sich irgendein Endspiel oder Pokalspiel ansehen.

Die Verhältnismäßigkeit zu erkennen, gehört auch zum guten Ton in allen Lebenslagen.

Nachbarn, Raucher und Lärm

Im Haus oder auf der Straße werden Nachbarn nicht anders als jedermann behandelt. Doch da immer wieder alte, alleinstehende *Nachbarn* Menschen erst Wochen oder gar Monate nach ihrem Tode in dicht bewohnten Mietshäusern gefunden werden, scheint mir die an und für sich zu vertretende Regel: »Kümmere dich nur um deine eigenen Angelegenheiten! Stecke deine Nase nicht in anderer Leute Angelegenheiten!« etwas zu strikt genommen zu werden. Dieser Rat zur Zurückhaltung enthält gleichzeitig eine starke Verlockung, es sich bequem zu machen, sich nicht kümmern zu müssen, denn wer sich kümmert, wird oft in alle möglichen Verstrickungen hineingezogen. Also hält man sich raus. So, sagt man, gehört es sich ja auch.

Bekannt machen Das ist natürlich falsch und erst recht nicht höflich. Der normale Mensch macht sich, wenn er irgendwo hinzieht, mit seinen Nachbarn bekannt. Das muß gar keine feierliche Besuchsrunde sein. Es kann bei einer Begegnung im Treppenhaus oder auf dem gemeinsamen Hof geschehen, so daß nur ein paar Mieter übrig bleiben, bei denen man einmal gegen Abend klingelt und sagt: »Grüß Gott! Ich wohne jetzt schräg über Ihnen, und ich heiße Otto Normalverbraucher. Wenn *Grüßen* Ihnen mein Radio zu laut ist oder meine Kinder zu doll trampeln, so sagen Sie mir doch bitte Bescheid.« Und dann grüßt man die Nachbarn, wenn man sie trifft, im Treppenhaus, im Keller, selbstverständlich auch in fremder Umgebung.

Mit Leuten, die man kennt, geht man freundlicher um. Und irgendwann braucht man den Nachbarn vielleicht doch. Zum Blumengießen, zur Paketübernahme und so weiter. Auch so etwas erledigt sich leichter unter Bekannten.

Andererseits bricht auch niemandem ein Zacken aus der Krone, wenn er sich gelegentlich um Nachbarn kümmert, jemandem hilft, den Kinderwagen aus dem vierten Stock nach unten zu tragen, sich erkundigt, ob er ihm etwas aus der Stadt mitbringen kann, ihn fragt, ob er ihm ein paar Flaschen Mineralwasser mitbestellen soll und so weiter.

Ob man bei diesem losen Gruß- und Hilfskontakt bleibt oder ob man sich vielleicht mal zum Sonntagsfrühstück einlädt oder zur Maibowle auf dem Balkon, das wird sich zeigen.

Auf jeden Fall hält man sich so auch für andere offen, läßt sich im Alter helfen, versinkt nicht in Mißtrauen und endet hoffentlich nicht so einsam wie die vergessenen Toten.

Nachbarn und Feste

Nachbarn leben meist in Hörweite, so daß sie an den meisten unserer Feste teilhaben. Da nicht jedermanns Nachbar eine nette alte taube Dame ist, sollte man bei großen und besonders geräuschvollen Festen eins von beiden tun: die Nachbarn gleich mit einladen oder die Nachbarn warnen, damit sie sich entweder am betreffenden Abend selbst etwas vornehmen und nicht zu Hause sind oder rechtzeitig Ohropax kaufen.

Ob die Warnung mündlich oder schriftlich erfolgt, hängt davon ab, wie gut man mit den Nachbarn steht. Einen Brief sollte man von einem Blumenstrauß oder einer Flasche Wein begleitet sein lassen, die mündliche Warnung kann man durch eine Schachtel Pralinen, eine Schallplatte oder einen spannenden Roman erträglicher machen.

Musik in Maßen

Findet das Fest im Garten oder auf dem Balkon statt, so muß man auch an die Nachbarn in der Umgebung denken und sollte sich insgesamt daran halten, die Tanzmusik nicht gerade aus allen Stereoboxen straßenzuglaut erschallen zu lassen. Je dezenter sie klingt, desto weniger fühlen sich die Nachbarn belästigt und desto mehr ungestörte Sommerfeste kann man feiern.

Haustiere

Tiere im Haus werden von vielen Leuten hochgeschätzt. Trotzdem gibt es in jedem Jahr über zwanzigtausend Unfälle, Biß- und Kratzverletzungen, die vom Arzt versorgt werden müssen, und man liest immer wieder von Hundebesitzern, die nicht mit ihrem Tier fertig werden, so daß Hunde alte Menschen und Kinder anfallen und schwer verletzen oder töten, von Schwänen, Enten und anderen Tieren in Parks und Gärten ganz zu schweigen.

Hundehalter, die zuschauen, wie ihre Hunde andere Tiere jagen und reißen, sind mehr als unhöflich. Sie haben ohnehin schon eine Regel verletzt, die aus Rücksicht auf die Allgemeinheit erlassen worden ist:

Hundedreck In öffentlichen Parks und Grünanlagen müssen Hunde an der Leine geführt werden.

Auf Kinderspielplätzen, in Sandkisten, auf Bürgersteigen läßt ein höflicher Hundehalter keinen Hund seinen Haufen machen.

Hundegebell Hunde, die kläffen, sind ebenfalls nicht gut erzogen, so daß man insgesamt nur Goethe zitieren kann: »Dem Hunde, wenn er wohl erzogen / ist selbst ein ernster Mann gewogen.«

Hunde als Hausgäste Über Hunde als Hausgäste lesen Sie auf Seite 297, kurz zusammengefaßt: Hunde nur mitbringen, wenn man entweder vorher gefragt hat, ob sie dem Gastgeber recht sind, oder wenn man weiß, daß es Platz und Personal gibt, so daß sich jemand um den Hund kümmert. Oder wenn man nicht zu einem festlichen Diner, sondern zum Lunch am Wochenende eingeladen ist. Trotzdem ist es höflich, auch in diesem Fall zu fragen.

Da auch der Besitz von Katzen, Schlangen, Raubtieren und Pferden zu gerichtlichen Auseinandersetzungen führen kann, gilt der Grundsatz der Höflichkeit: Vor dem Kauf eines Haustiers sollte man sich überlegen, ob man es so halten und so dressieren oder erziehen kann, daß es den Mitmenschen weder zur Plage noch zur Gefahr wird.

Raucher und Nichtraucher Raucher werden heute ziemlich in die Enge getrieben, und je missionarischer sie verfolgt werden, desto trotziger reagieren sie.

Höflichkeit ist also auf beiden Seiten nötig. Höflich ist der Raucher, *Raucher fragen* der vor dem Anzünden fragt, ob es stört, und der seine Zigarette ohne unterdrückten Grimm zurücksteckt, wenn die Antwort lautet: »Ja, es stört.«

Höflich ist der Raucher, der Rauchverbote achtet, der freiwillig das Rauchen unterläßt, wenn Kinder, Kranke, Schwangere oder Augenempfindliche im Raum sind. Höflich ist er weiterhin, wenn er dafür sorgt, daß nicht alles nach Rauch riecht, der also sein Zimmer oder sein Büro lüftet, nachdem er geraucht hat, der überquellende Aschenbecher nicht überall herumstehen läßt, sondern rechtzeitig ausleert.

Raucher – nehmt Rücksicht!

Nichtraucher tolerieren Nichtraucher dagegen müssen nicht stumm leiden, dürfen aber auch nicht aggressiv werden und einem Raucher zum Beispiel die Zigarre aus dem Mund reißen, weil er nicht gleich gemerkt hat, daß er im Flugzeug auf der falschen, der Nichtraucherseite saß und daß im Flugzeug Zigarren überhaupt nicht erlaubt sind.

Nichtraucher sollten vielmehr höflich darauf hinweisen, daß sie Rauch nicht vertragen und daß sie darum bitten, nicht zu rauchen.

Nichtraucher sollten also Toleranz zeigen.

In Krankenhäusern sollte man überhaupt nicht rauchen, weder auf den Gängen noch in den Krankenzimmern. Auch bei privaten Krankenbesuchen raucht man nicht.

Früher hatten die Herren ihren Rauchsalon. Heute gibt es wieder Gastgeber, die freundlich sagen: »Bitte, setzt euch zum Rauchen nur in dieses Zimmer, da kann ich die Tür hinter euch zumachen. Wir sind nämlich Nichtraucher.«

Es gibt manche Büros, in denen die Kollegen übereingekommen sind, nicht zu rauchen, und andere, in denen nur Nichtraucher eingestellt werden.

Gästezigaretten

Bei Einladungen ist es üblich geworden, daß Raucher ihre eigenen Zigaretten mitbringen, da der Gastgeber nur die richtige Sorte in Vorrat haben kann, wenn er seine Raucherfreunde und ihre momentane Vorliebe kennt und Gästezigaretten trotz Originalverpackung und bester Aufbewahrung im Lauf der Zeit zu Stroh vertrocknen.

Gastgeber haben in jedem Fall Aschenbecher parat, eventuell auch Streichhölzer, falls Raucher ihr Feuerzeug vergessen haben oder Zigarre oder Pfeife rauchen.

Pfeifenraucher

Pfeife rauchen darf man heute grundsätzlich bei allen privaten Festen, sofern der Gastgeber einverstanden ist. Pfeife rauchen ist immer noch nicht bei allen offiziellen Anlässen gestattet. Im Flugzeug raucht man keine Pfeife.

Man sollte sich also immer erkundigen, ob das Ganze auch richtig und genehm ist. Auf jeden Fall verboten ist die Pfeife beim Essen und, wie schon gesagt, bei Krankenbesuchen.

Feuer geben

Wenn im gesellschaftlichen Kreise geraucht wird, so bietet der Raucher seiner Dame eine Zigarette an und gibt ihr Feuer. Im Prinzip bietet immer ein Herr, auch der nicht rauchende Gastgeber, den Damen Feuer an.

Unterdessen ist Rauchen aber so alltäglich geworden, daß Frauen ihr Feuerzeug aus der Tasche gezogen und – klick – sich selber die Zigarette angezündet haben, ehe der betreffende Herr merkt, daß er an der Reihe gewesen wäre.

Wer bietet an?

Schließlich sind Raucher eine so verschworene Gemeinschaft geworden, daß eine gewisse Kameraderie unter ihnen herrscht. Damen bieten Herren Zigaretten an, Damen geben Herren Feuer, die englische Prinzessin Margaret bietet Rockstars Zigaretten und Feuer, man kann jeden fremden Raucher auf der Straße fragen: »Haben Sie mal Feuer?«, und jede Frau gibt auch Fremden Feuer, wenn's nötig sein sollte.

Kein guter Raucher läßt eine brennende Zigarette im Aschenbecher verglimmen, so daß sie alle anderen alten Kippen ins Glosen bringt und einen bestialischen Gestank entwickelt.

Keine Asche

Kein wohlerzogener Raucher läßt die Asche auf Teppich, Parkett oder andere zivilisierte Böden fallen. Keiner tritt die Kippe auf Teppich, Parkett etc. mit dem Absatz aus.

Keine Kippe ins Klo

Keiner – ach, wenn das stimmte ! – wirft seine Kippe, vor allem die mit Filter, ins Klo, auf den Sandstrand, auf Fußwege, auf die Fahrbahn, in fremde Vorgärten. Kurz: nirgendwohin. Es gibt überall Abfallkörbe, und zur Not steckt man die Kippe in die leere Zigarettenschachtel.

Kein Raucher reinigt seine Autoaschenbecher auf dem Parkplatz und vor fremden Häusern, indem er denen den Dreck einfach in die Gosse kippt.

In Bibliotheken und Buchläden wird der Feuergefahr wegen nicht geraucht. Im Theater und Konzert gelten die gleichen Regeln.

Kein Raucher sollte abends im Bett gegen die Müdigkeit anrauchen – das ist mehr als ein Gebot des guten Tons.

Auf manchen Tagungen und bei Vorträgen wird gebeten, nicht zu rauchen, oder wenn, dann nur während der Kaffeepause. Der Grund ist oft die schlechte Ventilation, ebenso oft die Rauchempfindlichkeit des Vortragenden oder die Rauchaversion der Mehrzahl der Tagungsteilnehmer. In diesen Fällen sollten Raucher zeigen, daß sie sich entgegen der allgemeinen Meinung sehr wohl beherrschen und das Rauchen eine Zeitlang bleiben lassen können.

Die kulinarischen Fachjournalisten Deutschlands haben die Forderung aufgestellt: Während des Essens bis nach dem Hauptgang nicht rauchen! Das ist ein Kompromiß zwischen dem Gar-nicht-Rauchen und den Zigaretten zwischen allen Gängen, der akzeptabel ist.

Lärm

Das, was uns in der Öffentlichkeit nach neuesten Erhebungen am empfindlichsten stört, ist der Lärm in der Stadt und auf dem Land. Er wird immer stärker und beginnt die Leute zu quälen. In Antibes hat ein Schlosser einen Kellner erschossen, weil dieser mit einem Freund zusammen bei weit geöffneter Autotür Musik gehört hat. Die Bitte des Schlossers, seiner herzkranken Frau wegen das Radio leiser zu stellen, wurde grob abgewiesen. Da holte der Schlosser sein Gewehr.

Weil eine bestimmte Musik tatsächlich nicht nur als unangenehmes Geräusch empfunden wird, sondern so gegen den eigenen Herzschlag klopft, daß sie Herzmuskel und Blutgefäße nachweisbar beeinträchtigt, ist es eigentlich nur logisch, daß der höfliche Mensch den Lärm unterläßt, den man vermeiden kann. Er läßt also sein Autoradio nicht mit voller Lautstärke und vor allem nicht bei offenen Fenstern oder bei offenem Verdeck grölen. Er läßt Radio, Plattenspieler, Bandgerät, Fernsehgerät etc. nicht so laut wie Jahrmarktsmusik und nicht bei offenen Fenstern über Wiese, Garten und Straße schallen, besonders nicht im Sommer, wenn andere Leute selber friedlich im Garten oder auf dem Balkon sitzen und nicht Nachbars Superbeat anhören wollen.

Musik gegen den Herzschlag

Der höfliche Mensch stellt seine Stereoanlage nicht in den Garten oder auf die Terrasse, auch nicht bei einem Gartenfest. Der Einwand lautet immer: »Aber das mach ich doch nur einmal im Jahr!« Das ist ein typisches Argument von Egoisten, die nicht nachgedacht haben, denn es sind halt viele, die »nur einmal im Jahr« so dröhnen.

Kein Stereo im Garten

Wer selber ohne Musik nicht auszukommen meint, sollte sich höflicherweise einen Walkman kaufen oder seinem Radio ein paar Kopfhörer anschließen.

Wer dagegen unter Musikberieselung leidet, sollte nicht still und schweigend dulden, sondern schon im Interesse der anderen Geräuschempfindlichen immer darum bitten, daß das Geräusch zumindest so lange abgestellt wird, wie er an diesem Ort sei.

Ich bitte meinen Friseur, die Musik abzustellen, und er tut es. Ich bitte die Geschäfte, in denen ich einkaufe, um Funkstille, und ich bekomme sie. Und ich höre oft ein erleichtertes Aufseufzen der Verkäufer und Verkäuferinnen: »Ach, zu schön, mal dieses Zeugs nicht hören zu müssen!«

Musik abstellen

Auch die Damen und Herren der Lufthansa sind willens und imstande, den erschöpften Fluggast nach einem anstrengenden Alltag im Abflugraum vom Gedudel zu befreien. Es gibt nämlich überall einen Knopf, mit dem man abschalten kann.

Im Sommer '85 gab es in Hamburg ein Pöseldorf-Fest, bei dem der Veranstalter die Musik so laut dröhnen ließ, daß man sie in drei Kilometer Entfernung noch wie aus dem Nachbargarten hören konnte. Sein Einwand auf die Bitte um etwas weniger Phonstärke: »Wir leben in einem Lande, in dem Freiheit herrscht! Oder wollen Sie die Musik verbieten lassen?«

Das ist nicht nur Rhetorik der billigsten Sorte, es ist unwürdig, die politische und moralische Freiheit der Demokratie für seine eigenen egoistischen und kommerziellen Zwecke zu mißbrauchen. Hier pocht nicht nur jemand auf sein Recht, das andere für ihn zu einem anderen Zweck erworben haben, er nimmt es außerdem gewalttätig in Anspruch und stellt es auf den Kopf. Denn demokratisches Verhalten im Alltag bedeutet ja gerade: freiwillig Rücksicht auf die kleineren und schwachen Gruppen nehmen. Dieser Veranstalter hatte seine Musik beantragt und bewilligt bekommen. Er war also im Recht, in der Sache, wenn auch vielleicht nicht in der Lautstärke. Aber gerade in dieser Situation wäre es höflich gewesen und hätte er sich Freunde gemacht, wenn er von selber auf diese Hunderte von Protestanrufen reagiert und seine Anlage auf halbe Phonzahl heruntergedreht hätte.

Das gilt für alle ähnlichen Fälle. Recht ist nicht Gerechtigkeit, erst recht keine Basis für Höflichkeit.

Das nächste öffentliche Problem nennt man nach den Vandalen, dem Stamm der Germanen, die auf der Völkerwanderung mordend und sengend nach Süden zogen und alles kurz und klein knüppelten, was sie störte oder ängstigte.

Vandalismus

Jede Bibliothek kann Horrorgeschichten über Bücher erzählen, in denen die Leberwurststulle als Lesezeichen liegen geblieben ist und so weiter. Sie wird auch bestätigen: Je höher die Leihgebühr, desto pfleglicher werden die Bücher behandelt, die der Stadt, also der Allgemeinheit, gehören.

Jeder Lehrer könnte stundenlang von Zerstörungen in Klassenzimmern, Schülerklos und Duschräumen berichten und vor allem von den Reaktionen der Eltern solcher Vandalen: »Wieso regen Sie sich auf? Ist die Schule denn nicht versichert?«

Dreck in der City

Jeder Fußgänger kennt die verdreckten Citypassagen, S-Bahnstationen und U-Bahngrotten, und die »Salzburger Nachrichten« zeigten 1985 nach einem Streik des Reinigungspersonals in Frankreich ein Bild vom Pariser Flughafen De Gaulle mit überquellenden Abfallkörben und Müllbergen um diese herum. Der Kommentar: »Dieses Bild dokumentiert nicht nur die Folgen eines Arbeitskampfes, sondern auch die Bereitschaft des Menschen, sich außer Haus so zu verhalten, wie er es daheim nie täte.«

An all diesen Erscheinungen wird sich ja nichts ändern, wenn in diesem Buch der Satz steht: »Ja, das gehört sich nicht!«

Trotzdem: Man läßt weder Bonbonpapiere, Bananenschalen noch leere Zigarettenschachteln auf den öffentlichen Boden fallen. Auf den Bananenschalen könnte nämlich sogar jemand ausrutschen.

Man trampelt nicht durch Parkbeete. Man stellt sein Auto nicht vom Fußweg her auf Rasenstücken ab, die zur Fahrbahn hin sichtbar abgezäunt sind.

Man läßt Telefonzellen heil, reißt sich nicht die Seiten aus dem Telefonbuch, auf denen die gesuchte Nummer steht und so weiter und so fort, und das alles nicht, weil »der Deutsche« vom Putz- und Ordnungsfimmel besessen ist, sondern weil auf diese Weise unser hartverdientes Steuergeld von Leuten verschleudert und vergeudet wird, die der Egoismus so beschränkt gemacht hat, daß sie diese Zusammenhänge nicht mehr kapieren.

Betrieb, Büro und Betriebsausflug

Im Betrieb Der Betrieb wird gerne als zweite Familie bezeichnet. Infolgedessen gelten die gleichen Regeln wie in einer Familie.

Es gibt eine erkennbare, aber ungeschriebene Rangordnung, es gibt Verantwortung und damit verbundene Autorität, und junge Unternehmer oder Verlegerinnen, die versuchen, ihre Firma antiautoritär und solidarisch zu führen, sagten ehrlich: »Wir sind von unseren Angestellten nur ausgenutzt worden und haben so viel Geld und Wettbewerbsfähigkeit verloren, daß uns nichts übrig blieb, als zur normalen Betriebsführung zurückzukehren.«

Auch wer das tut, muß seine Angestellten nun nicht gleich als Untergebene kujonieren, sondern kann sie als Mitarbeiter behandeln. Ein Angestellter muß jedoch die Erkenntnis akzeptieren, daß es auch mit Hilfe des Betriebsrates fast unmöglich ist, den Stil eines großen Unternehmens zu ändern.

Um so mehr trägt das eigene Verhalten dazu bei, den Stil in der eigenen Abteilung oder in einem übersichtlichen kleinen Betrieb zu bestimmen. Das ist leicht zu verwirklichen, wenn man ein paar fast selbstverständliche Regeln beherzigt:

- Jedem fällt der Anfang leichter, wenn er mit Höflichkeit empfangen wird. Wenn es am Arbeitsplatz zum Beispiel jemanden gibt – den Chef, *Kollegen vorstellen* die Chefin, jemanden aus der Personalabteilung, der den Neuling durch den Betrieb führt und allen Kollegen vorstellt.
- Der Angestellte ist dagegen schlichtweg höflich zu allen, auch zum Lehrling und zum Boten.
- *Kein Klatsch* Man klatscht und intrigiert nicht. Man läßt Freundschaften zu Kollegen und Kolleginnen langsam reifen und drängt sich Zurückhaltenden nicht auf.

• Ein Problem ist oft die Anrede. Soll man sich mit den Kollegen duzen? Hat der Chef das Recht, alle Angestellten zu duzen?

Den Chef duzen?

Duzt man seinen Chef? Im Prinzip ist es besser, beim Sie und bei »Frau Lehmann« und »Herr Müller« zu bleiben, weil es die Atmosphäre neutraler hält. Unter gleichgestellten Kollegen setzt sich jedoch gern das Du durch. Da sollte man sich vorsichtig anpassen.

Der Chef redet korrekterweise ebenfalls alle Angestellten mit Sie und Herr und Frau mit Nachnamen an. Allgemein üblich ist immer noch, daß Auszubildende geduzt werden, Gesellen gesiezt.

Geduzt werden?

Ob sich Duzfreunde oder Ehepaare vor der Kundschaft duzen, hängt vom Stil des Betriebs ab. In dem Lebensmittelladen, in dem jeder Kunde das Besitzerehepaar kennt, wäre es albern. In einem Warenhaus und anderen großen Betrieben ist es oft üblich.

Pünktlichkeit

• Es ist höflich, morgens pünktlich zu sein. Man muß jedoch nicht jeden Kollegen jeden Morgen mit Handschlag begrüßen, aber wenn dieser Gruß in der betreffenden Abteilung üblich ist, so schüttelt man mit.

Wie auch immer: Wer morgens das Büro oder die Werkstatt betritt, grüßt alle anderen, weil immer der zuerst grüßt, der einen Raum betritt, auch wenn es sich um eine Dame handelt oder um den Chef.

Im allgemeinen reicht es, wenn man die Kollegen morgens begrüßt und sich abends von ihnen verabschiedet.

Wenn man sich tagsüber im Betrieb über den Weg läuft, sagt man möglichst nicht »Mahlzeit«, sondern die betreffende Tageszeit, also »Guten Morgen« und später »Guten Tag«.

Das Gruß-Zeremoniell folgt den allgemeinen Regeln: Jüngere grüßen Ältere, Männer grüßen Kolleginnen, und wenn der Chef ein Mann ist, grüßt er seine weiblichen Angestellten. Von Auszubildenden – ob männlich oder weiblich – wird erwartet, daß sie als erste grüßen. Die Familie des Chefs oder die Chefin wird je nach Alter und Geschlecht wie alle anderen behandelt.

Den Chef erkennt man jedoch daran, daß er von den männlichen Angestellten zuerst gegrüßt wird. Bei einer Chefin ist es ohnehin die Regel.

• Im übrigen werden Verhaltensformen pragmatisch geregelt: Keiner springt auf und läßt das Fließband tuckern, weil der Chef die Werkshalle betritt, sondern jeder arbeitet weiter. Das gilt auch für die Frage von Vortritt und Unterstützung: Berufsverkehr hat Vortritt. Leute, die was tragen, haben Vortritt. Leuten, denen was rutscht oder kippt, wird geholfen, gleichgültig, wer in diesen Fällen welchem Geschlecht angehört.

Vortritt lassen

• Die Gleichberechtigung hat Männer nicht davon befreit, Kolleginnen erstmal so höflich zu behandeln, wie sie andere weibliche Wesen behandeln würden: Vortritt lassen. Tür aufhalten. Kaffee holen oder mitbringen. Stuhl anbieten. In der Kantine Platz machen. Tee einschenken. Feuer geben. In ihrer Gegenwart keine dreckigen Männerwitze erzählen. Schweres abnehmen und so weiter.

Frauen sollten diese Zuvorkommenheit mit Freundlichkeit akzeptieren und mit angemessener Höflichkeit erwidern. Frauen ist es übrigens gestattet, sich am Arbeitsplatz das Make-up aufzufrischen, und auf der Treppe können sie ohne Zögern vor einem Mann die Stufen hinaufsteigen.

Kein billiger Spott

Merken Männer, daß die betreffende Dame vollkommen anderer Ansicht über das Leben und das Verhalten der beiden Geschlechter ist, so sollten sie höflich bleiben, das heißt: die Kollegin so behandeln, daß sie sich dabei wohl fühlen kann. Eine Frau, die ohne diese traditionelle Zuvorkommenheit auskommen will, muß nicht unbedingt verspottet und als Emanze verhöhnt werden. Männer und Frauen haben es nicht leicht, sich zu der Rolle durchzuarbeiten, die ihnen Dasein und Arbeit erträglich macht. Also braucht jeder die Rücksicht des anderen.

In manchen Fällen gehört es auch dazu, daß man über das Benehmen offen spricht. Arbeitnehmer kommen aus den verschiedensten Gesellschaftsgruppen, können also nicht erwarten, daß jeder Kollege so denkt und handelt wie sie selber.

Keine boshafte Neugier

• Darüber hinaus steckt man nicht die Nase in die Angelegenheit anderer Leute, mischt sich nicht in alles ein, breitet nicht die eigenen häuslichen Probleme in aller boshaften und hinterhältigen Offenheit vor allen aus und versucht, kein Verhältnis in der eigenen Firma anzufangen. Wenn da Chef und Untergebene, höhere Gehaltsklasse und niedrige Gehaltsklasse, Frau und Mann mit gleichen Kompetenzen aneinandergeraten, kann es Ärger geben, der sich nicht nur auf die beiden Helden dieser Affäre erstreckt. Und andere unter der eigenen Situation leiden zu lassen, ist taktlos und unhöflich.

Betriebsausflug

Artet ein Betriebsausflug in eine Reise aus, und sei es auch nur mit einer Übernachtung, so besteht die Aufgabe des höflichen Menschen darin, zwischen normalem Benehmen am Arbeitsplatz und Benehmen bei der vom Betrieb gestalteten Freizeit keinen zu argen Bruch entstehen zu lassen.

Ich kann mich an einen Betriebsausflug in den fünfziger Jahren erinnern, bei dem die Frau des Verlegers vor der Reise Verhaltensmaßregeln gab und denen, die vermutlich doch mit ihrer Sekretärin geschlafen hatten, nach dem Betriebsausflug eine Standpauke hielt.

Das, was die Verlegersfrau vorher und nachher sagte, haben die Beteiligten sicher früher schon von ihren Müttern gehört, aber vielen macht der Betriebsausflug offensichtlich keinen rechten Spaß, wenn man sich dabei auch noch gut benehmen muß.

Korb für Kollegen?

Für Männer ist das Ganze eh kein Problem. Aber für Frauen kann die Situation unangenehmer werden. Denn trotz aller Gleichberechtigung: Wenn sie einem Kollegen Avancen machen und einen Korb erhalten, so schmeichelt das dem Manne trotzdem, so daß es ihnen nicht zum Schaden gereicht.

Umgekehrt aber, wenn sie einem Mann einen Korb gibt, so kann er sich auch heute noch bis in die Knochen beleidigt und blamiert vorkommen. Ist der Mann der Vorgesetzte oder ähnliches, so muß die Frau versuchen, die Sache so gut herunterzuspielen wie es geht; macht sie ihn gar in der Öffentlichkeit lächerlich, wozu es sie vielleicht reizte, so hat sie einen Feind. Daß Männer, die Betriebsfeste für solche Angriffe ausnutzen, damit rechnen, daß die Betreffende lieber aus Angst vor Komplikationen nachgibt, zeigt, daß man in diesem Fall mit Höflichkeit allein nicht zurande kommt. Aber List und Diplomatie wären wiederum ohne Höflichkeit auch nicht zu gebrauchen.

Vertraulichkeit und Duzen

Vertraulichkeit und Duzen blühen an solchen Tagen und in solchen Nächten, und es ist schwer, etwas rückgängig zu machen. Wer sehr selbstsicher ist, kann am nächsten Tag zu dem sagen, der einem das Du angetragen hat: Also mein Lieber, gestern ist gestern, und heute sag ich lieber wieder Herr Sowieso zu Ihnen!

Traut man sich das nicht zu, so kann man sich auf die Versprechtaktik zurückziehen und selber immer wieder ins Sie zurückfallen, bis der oder die andere merkt, daß aus der Duzerei wohl doch nichts wird.

IM STRASSENVERKEHR UND AUF REISEN

Von Fußgängern, Radlern und Autofahrern

Wenn ein Mensch seine Wohnung verläßt, wird er automatisch Verkehrsteilnehmer. Er hat vermutlich schon im Kindergarten gelernt, daß unsere alte Bezeichnung »Straße« durch den Verkehr einen neuen Sinn bekommen hat, in Fußweg und Fahrbahn zerfällt, und daß dieser Verkehr von Menschen und Maschinen durch die Straßenverkehrsordnung geregelt wird.

Fußweg und Fahrbahn

Das ist gut für den Verkehr, aber schlecht für die Manieren. Denn die meisten Mitmenschen merken sich nur ihre Rechte und Ansprüche und verlassen sich im übrigen auf den berühmten Buchstaben des Gesetzes. Das heißt: Sie pfeifen auf den guten Ton, lassen die Manieren zu Hause, zeigen sich gegenseitig den Vogel, und wenn sie miteinander sprechen, so ist das meistens Fluchen und Gebrüll. »Stellen Sie sich gefälligst hinten an!« faucht einer dem anderen an der Haltestelle zu, aber wenn der Bus kommt, benutzt er seine Ellbogen und drängelt sich als erster rein.

Drängeln und Fluchen

Die Straße ist für alle da! Dieser altehrwürdige Satz, der eigentlich von der Freiheit des Bürgers zeugt und von seinem Stolz auf die Stadtkultur, wird immer mehr mißdeutet. Man läßt alles aus der Hand fallen, was man nicht mehr braucht: Papiertaschentücher, Zigarettenstummel, Zigarettenschachteln, Bananenschalen, Schnapsfläschchen, Bonbonpapiere und so weiter. Man leert einen Auto-Aschenbecher in aller Seelenruhe vor fremden Häusern aus, wirft leere Bier- und Coladosen in Flüsse, in fremde Vorgärten und Friedhöfe und sagt dann im Brustton der Empörung: »Ein Dreck liegt hier überall herum!«

Eigener Dreck

Das ist natürlich alles unmanierlich. Aber ich weiß wirklich nicht, ob man damit rechnen kann, daß sich diese Unsitten durch einen Appell in einem Buch dieser Art ändern lassen.

Es ist jedoch eine Eigenschaft des guten Benehmens, daß man es ausübt, auch wenn keiner guckt und auch wenn man damit mutterseelenallein gegen die Mehrheit steht. Also gilt die Regel: Man benimmt sich auf der Straße, in der Öffentlichkeit genauso diszipliniert und höflich wie bei sich zu Hause. Falls man sich dort diszipliniert und höflich benimmt. Wenn nicht, so muß man eben auch seine privaten Verhaltensweisen überprüfen und, falls man das gute Benehmen doch nicht ganz so schlecht findet, verändern.

Fremde ansprechen

Früher gehörte in ein Kapitel dieser Art auch stets die Frage: »Darf man Fremde auf der Straße ansprechen?«

Diese Frage hat sich im Zeitalter der Massengesellschaft und der Emanzipation eigentlich erübrigt, denn jeder, Mann oder Frau, jung oder alt, wird für selbständig und selbstbewußt genug betrachtet, um entweder auf eine höfliche Frage höflich zu antworten oder eine unverschämte, aufdringliche und widerwärtige Annäherung zu überhören, falls einem nicht eine der fabelhaft schlagfertigen Abfuhren gelingt, die einem leider meistens erst nachträglich einfallen.

Selbstverständlich kann jeder jeden ansprechen, also nach Weg und Sehenswürdigkeit fragen, auch auf dem Flugplatz zum Beispiel, ob es schon eine Durchsage gegeben habe, die ... und so weiter.

Ansprechen und Gespräch beginnen

Ansprechen bedeutet aber auch: ein Gespräch beginnen; anmachen. Und in diesem Fall muß ich wieder darauf hinweisen, daß es gesellschaftliche und landschaftliche Unterschiede unserer Verhaltensformen gibt. Im Süden Deutschlands, in kleinen Ortschaften und auf dem Lande wird eher miteinander geredet. Da ist zum Beispiel ein unbekanntes Gesicht im Laden, auf dem Kirchplatz, im Umkleideraum eines Sportclubs, und schon wird nach dem Woher und Wohin gefragt.

Im Norden, in großen Städten und in großen Betrieben machen die natürliche Introvertiertheit und die künstliche Anonymität die Menschen wortkarger, und wenn jemand jemanden was fragt, so reagiert der oft so, als ob ihm ein unsittlicher Antrag gemacht worden wäre.

Höflich ist es ergo, die Landessitten zu achten. Kommt ein Nordlicht nach Bayern oder Österreich aufs Land, so läßt es sich friedlich auf der Straße anreden, antwortet freundlich und braucht nicht zu fürchten, daß es nun gleich Gegenstand von Verbrüderungsorgien würde.

Und wen es in den Norden und in die großen Städte verschlägt, der schweigt halt zuerst einmal ebenso wohlwollend vor sich hin und erschreckt die anderen nicht gleich mit seiner Zutraulichkeit.

Wer schließlich jemanden auf der Straße anreden will, ob in der Stadt oder auf dem Lande, um seine Bekanntschaft zu machen, dem steht das frei. Denn es gibt eben nicht mehr die geschlossene Gesellschaft der väterlichen Standesgruppe, in die junge Menschen hineinwuchsen, in der sie bekannt wurden und in deren Schutzraum sie vor allem üben konnten, wie man sich in dieser Gesellschaft verhält.

Offene Lebensform

Die demokratische Lebensform ist im Gegenteil offen, und gerade die jungen Menschen leben so ausgesondert, daß die alten Regeln ad acta gelegt worden sind. X macht Y an. Da gibt's in der eigenen Freundes- und Kollegengruppe gewisse Redensarten und Methoden, die oft grob und machohaft klingen, weil niemand weiß, wie man's sonst anfangen könnte.

Dafür gibt es auch tatsächlich keine Regel mehr. Manche mögen es sicher gern so rotzig. Andere hätten es vielleicht lieber herzlich. Oder sachlich. Oder romantisch. Das muß derjenige, der einen Fremden oder eine Fremde anspricht, im Gefühl haben. Im Zweifelsfalle würde ich freilich immer zu sachlicher Höflichkeit raten: »Ach, entschuldigen Sie bitte – aber ich muß Sie etwas fragen ...« und so weiter läßt in der Fortsetzung des Gesprächs immer noch alle anderen Spielarten zu.

Kommt es zu einer Fortsetzung, sollte derjenige, der das Gespräch begann, sich vorstellen. Ist der oder die Angesprochene nicht daran interessiert, mit dem Betreffenden ins Gespräch zu kommen, so macht es ihm dessen sachliche Höflichkeit leicht, ebenso neutral zu reagieren, freundlich auf die Frage irgendetwas zu erwidern und damit das Gespräch zu beenden.

Wer beginnt ein Gespräch?

Noch vor zwanzig Jahren gab es feste Regeln. Wer kann ein Gespräch beginnen? Darauf lautete die unerschütterliche Antwort: Immer nur der, der als erster gegrüßt wird, der also der Höhere in der gesellschaftlichen Rangfolge ist. Es ging also nicht an, daß der »kleine Backfisch, der eben nett und wohlerzogen gegrüßt hat, dann den würdigen alten Herrn anredet: ›Guten Tag, Herr Professor, wie geht es Ihnen?‹

Es ist allein dem würdigen alten Herrn zu überlassen, stehenzubleiben, wenn er Lust dazu hat und zu sagen: ›Guten Tag, mein liebes Kind. Wie geht es Ihnen?‹ Und das Mädchen hat Rede und Antwort zu stehen, nicht umgekehrt.«

So war's. Das muß man wissen, denn es gibt viele gesellschaftliche Gruppierungen und vor allem große Firmen und Betriebe, in denen das Rang-Gefälle Professor/Teenager immer noch beachtet wird. Ob man sich dem anpaßt, hängt davon ab, ob man den Job in einer solchen Firma braucht oder nicht.

Und natürlich gilt auch noch dieses:

Wer prinzipiell immer noch der Ansicht ist, daß man nur mit jemandem sprechen kann, der einem vorgestellt worden ist, besitzt natürlich die Freiheit, darauf zu warten und so lange auch zu schweigen.

Fußgänger

Wenn ein Mensch zu Fuß geht, heißt er bei uns Fußgänger. Das bezeichnet ihn im wahrsten Sinn des Wortes und weist ihn in eine Gruppe mit gewissen Rechten und Pflichten.

Wollen wir die Frage beiseite lassen, was ein Autofahrer ist, der zu Fuß von der Haus- oder Gartentür zu seinem Auto geht. Sagen wir nur allgemein: Wenn der Fußgänger in seinem Bereich bleibt, gelten alle normalen Höflichkeitsregeln; dann ist er, wie man so sagt, ein Mensch an sich. Sowie er aber seinen Fuß auf fremdes Terrain setzt, auf die

Die Grenze der Kantstein

Fahrbahn nämlich, stoßen zwei Rechte zusammen. Denn der Kantstein oder Bordstein bildet in der heutigen Welt die Grenze zwischen den Motorisierten und allen anderen, die sich mit eigener Kraft vorwärts bewegen: Hunde, Kinder auf Rollern, Mütter mit Kinderwagen, Menschen auf zwei Beinen, Alte am Stock und so weiter. Sie sind, siehe Seite 281, die älteste Gruppe der Verkehrsteilnehmer, aber dieses Recht auf Anciennität nutzt ihnen nichts. Sie benehmen sich nur richtig, wenn sie sich an die Verkehrsregeln halten. Da in diesem Fall ein falscher Schritt kein gesellschaftlicher Fauxpas ist, sondern Menschenleben kosten kann, decken sich offizielle Vorschriften mit Verhaltensregeln.

Es ist vorgeschrieben, daß Fußgänger die Fahrbahn an den für sie gesicherten Stellen überqueren. Läuft also jemand quer durch den rollenden Verkehr; huscht wer bei Rot über die Fahrbahn; trippelt eine alte Frau bei Glatteis zwischen zwei Ampelübergängen über den Damm, so ist das leichtsinnig, lebensgefährlich (für die anderen!) und auch noch unhöflich, weil da jemand nur an sich gedacht hat.

Und die Radfahrer?

Für Radfahrer gilt nichts anderes. Verkehrsregeln beachten bedeutet: sich korrekt und höflich zu verhalten. Daß Autos und Arbeitsbuden der Stadt besonders gern auf Radfahrwegen abgestellt werden, gibt Radfahrern nicht das Recht, sich wie die Wilden durch Fußgängerscharen zu schlängeln, bei Rot über Kreuzungen und nachts ohne Licht zu fahren.

Gast auf dem Gehweg

Und wenn sie auf dem Fußgängerbereich fahren (müssen), so sollten schon die Kinder lernen, daß sie dort nur Gast sind. Auf dem Gehweg haben Fußgänger Vorrecht. Also: langsam auf dem Rad fahren. Wenn man einen Fußgänger von hinten überholt, ihn weder durch lautes Klingeln noch durch Drängelei erschrecken, denn dann weichen besonders alte, etwas schwerhörige Menschen oft gerade zur falschen Seite aus. Lieber absteigen und das Rad an den Fußgängern vorbeischieben.

An engen Stellen des Fußweges immer absteigen, statt Fußgänger an Hauswände oder Autokühler zu scheuchen. Immer absteigen oder ganz langsam fahren, wenn Kinder auf dem Gehsteig spielen oder sich als Verkehrsteilnehmer auf dem Gehweg tummeln.

Das Auto

Für viele Menschen spielt sich das Leben in der Gemeinschaft fast nur im Auto ab. Sie sitzen jeder für sich allein in ihren Blechbüchsen, und da sie keinen bei sich haben, mit dem sie Gedanken und Eindrücke austauschen können, wird dieses Kunstgehäuse das Mittel ihrer Äußerungen.

Das Auto drückt also ihre Gefühle aus: Sie bedrängen den Vordermann auf der Autobahn, sie scheren rücksichtslos nach links aus, sie rasen und rasen und beachten keine Geschwindigkeitsbegrenzung, weder auf Landstraßen noch in Wohngegenden, in denen das Tempo 30 für mehr Ruhe und Sicherheit sorgen soll.

Das alles ist unhöflich, sogar unmanierlicher, als jemanden falsch vorzustellen oder Austern mit der Lichtputzschere zu essen.

Wie bequem wäre es doch, gutes Benehmen nur auf den korrekten

Schlips zu beschränken oder auf die Frage: »Behält die Dame den Hut beim Fünfuhrtee auf oder nicht?«

Die Sache mit dem Hut war wirklich wichtig, als es noch eine Gesellschaft gab, in der sich die Ehefrauen ihrer Männer wegen so und nicht anders bewegen mußten, weil sich das Leben zwischen komplizierten Amtsbezeichnungen und Teetischen abspielte. Heute bewegt sich unser Leben zwischen Parklücken und Schnellstraßen, und wenn ich jemanden heiraten oder als Partner anstellen wollte, würde ich mich ein Stückchen von ihm im Auto fahren lassen. Hinter dem Steuer enthüllt jeder seine Manieren und zeigt, wie er mit anderen umgeht.

Manieren am Steuer

Drückt er jeden beiseite, der sich von rechts, sagen wir: von einer Autobahneinfahrt einfädeln will? Stellt er sein Auto so auf den Bürgersteig / auf den Fußübergang / vor ein Haus, daß kein Fußgänger mehr daran vorbeikommt? Schreit er auf, wenn sich in so einem Fall zum Beispiel eine alte Dame auf den Kotflügel stützt, weil sie sonst das Gleichgewicht verlöre: »Sie da! Fassen Sie nicht mein Auto an!« Läßt er den Motor bei jedem Anfahren aufheulen, daß jeder sich unwillkürlich umdreht (und denken soll: was für ein toller Hirsch!!)? Bleibt er hinter dem Steuer hocken und hupt nur ungeduldig, wenn er Sie abholt? Kümmert er sich beim Rechtsabbiegen einen Teufel darum, ob Fußgänger Grün haben und wie Frösche springen müssen, um nicht die Hacken – mindestens – abgefahren zu bekommen? Fährt er bei Matschwetter so forsch, daß Fußgänger, wenn auch nicht von oben bis unten, so doch von unten bis zur Mitte bespritzt werden? Nimmt er bei Regen keine Rücksicht darauf, daß er gemütlich warm und trocken hockt, die Fußgänger dagegen mit Schirm, eben keinem Charme, aber meinetwegen Melone und auf jeden Fall Einkaufstaschen zu kämpfen haben? Ist er im Winter zu faul, sein Autodach von der Schneehaube zu säubern, so daß diese beim Anfahren abrutscht und zum Beispiel eine ihm folgende Radfahrerin treffen und für einen lebensgefährlichen Augenblick blenden kann? Von der Nässe und der Schweinerei mal ganz zu schweigen. Wäscht er sein Auto ohne Rücksicht auf Wasser- und Seifenverbrauch und Wasser- und Umweltschutz? Fährt er zum Parken auf Wiese, Beete, Rasen oder gegen Baumstämme? Läßt er sein Autoradio so laut spielen, daß man's draußen hört? Fährt er im Sommer mit offenem Wagen und Autoradio, das in Straßenlautstärke dröhnt?

Säubern

Waschen

Lärmen

Alles das und vieles mehr ist rücksichtslos, eigensüchtig und gehört daher zu den schlechten Manieren. Von Peter dem Großen soll ein Zeitgenosse gesagt haben: »Wenn man an ihm kratzt, kommt der Barbar durch.« Der Auto-Barbar, den ich also weder heiraten noch mir als Arbeitskollegen aussuchen würde, ist meistens gewohnt, daß sich die anderen Verkehrsteilnehmer ebenso oder noch schlimmer verhalten. Und er verläßt sich mehr als alle anderen Verkehrsteilnehmer darauf, daß ihr Verhalten schon korrekt ist, wenn er der Straßenverkehrsordnung gehorcht.

Ach, welcher Irrtum! Weder die Amtsvorschriften noch eine Maschine entheben uns der Menschenpflichten, ob dieser Mensch nun von einem dicken Wollmantel oder von einer dünnen Blechschicht umhüllt ist.

Weisheit der Chinesen

Die Chinesen haben diese Situation voll Weisheit entschieden: Der Fußgänger war der erste auf der Straße, deshalb besitzt er das Vorrecht vor allen anderen, die nach ihm die Straße bevölkern. Als zweites kam der Esel, danach die Rikscha, danach das Fahrrad. Deshalb besitzt die Rikscha das Vorrecht vor dem Fahrrad und der Esel das Vorrecht vor Rikscha und Fahrrad. Und das Auto steht als jüngstes Straßenkind ganz unten in dieser Hierarchie.

Wer sitzt vorne

So ist es eigentlich recht und richtig, und wer diese angemessene Rücksichtnahme übt (zugegeben, das ist ein moralisches Problem, aber unsere Alltagsmanieren basieren auf Sitte und Gesittung, da können wir machen, was wir wollen), der kann sich auch mit solchen Äußerlichkeiten beschäftigen: Wie steigt man ein? Aus? Wer sitzt vorne? Hinten? Rechts? Links?

Alle diese Probleme können Sie so regeln, wie es Ihnen am bequemsten, vernünftigsten und angenehmsten erscheint. Im Prinzip geht man von der Annahme aus, daß der Autofahrer der Hausherr ist. Hat er eine Frau, so rückt er auf den gesellschaftlichen Platz des Fahrers, hat also nichts zu sagen, sondern nur die Maschine zu bedienen, und Madame übernimmt die Rolle der Gastgeberin.

Auto mit vier Türen

Dreht es sich um ein Auto mit vier Türen, so kann sie alle Gäste und Mitfahrer ohne Rücksicht auf die Art und Weise des Gefährtes so einteilen, wie sie es für richtig hält.

Besitzt das Auto vier Sitze, aber nur zwei Türen, so wird sie logisch denken und nicht gerade 85jährige Großmütter und Tanten auf den Rücksitz krauchen lassen.

Und wenn es sich ums Heimbringen handelt, wird sie die Gäste, die zuerst aussteigen müssen, nicht gerade auf den Rücksitz verfrachten, sondern der Reihenfolge des Aussteigens gemäß plazieren.

Einsteigen Damen müssen anmutig einsteigen, kann man in allen einschlägigen Werken lesen, aber wenn dann beschrieben wird, wie man diese Anmut zu bewerkstelligen hat: »Die Dame nimmt Platz, als wäre der Sitz wie ein Sessel der Straße zugewandt, hält beim Einsteigen auf den Beifahrersitz den Rock mit der Rechten und macht eine Wendung um 90 Grad nach links, wobei sie die Beine mit geschlossenen Knien ins Wageninnere schwingt…«, geraten einem schon beim Lesen die Knochen durcheinander. Also kurz: Man steigt so ins Auto, daß einem ein Vorübergehender nicht unter den Rock schauen kann und daß man möglichst keine lächerliche Figur macht.

Herren dürfen Damen selbstverständlich beim Einsteigen helfen. Also: Der höfliche Fahrer verläßt seinen Platz am Steuer, öffnet der Freundin, der Frau, dem älteren, verehrungswürdigen Mitfahrer und allen anderen verehrungswürdigen Mitfahrerinnen die Tür, sorgt dafür, daß der Betreffende gut sitzt und den Gurt anlegt und kehrt an seinen Platz zurück.

Der Ehrenplatz? Darüber könnte man streiten, wo im Auto der Ehrenplatz ist. Eigentlich rechts neben dem Fahrer. Da sieht man gut. Da kann man sich auch beim Motorengeräusch ohne Gebrüll und Heiserkeit unterhalten. Da kann man, die Karte auf dem Schoß, dem Fahrer navigieren helfen. Dagegen spricht die Angst mancher Leute, die diesen Platz trotz Sicherheitsgurt als Todessitz betrachten, das ist eine Meinung und ein Gefühl, will sagen: Darüber zu diskutieren und mit Belehrung und Statistik aufzuwarten, wäre sinnlos. Außerdem kaschieren viele diese Angst mit Behauptungen, die vernünftig klingen und unausrottbar sind. Der höfliche Fahrer respektiert also diese Haltung und bringt seinen Mitfahrer nicht mit solchen Bemerkungen wie »Da komm ich mir aber wie ein Chauffeur vor!« in Verlegenheit.

Der Rücksitz Er ist eo ipso für Kinder unter zwölf vorgeschrieben. Auf den Rücksitz kommt gern der Gast eines Paares mit dem nichtfahrenden Ehepartner. Der Grund: So können sich Gast und ein Gastgeber am bequemsten und ohne Halsverrenkungen und Geschrei unterhalten.

Besonders angebracht, wenn einer von beiden etwas schwerhörig ist. Nicht angebracht, wenn der Fahrer noch etwas mit dem Gast bereden oder ihm zum Beispiel Sehenswürdigkeiten der Stadt oder der Landschaft zeigen will. Die sieht man von vorne einfach besser.

Unter Rauchern gibt es da keine Probleme. Ist der Gast Nichtraucher, so sollte der Fahrer ihn um Erlaubnis fragen, ob er rauchen darf, und das Rauchen auch wirklich und ohne muksch zu werden lassen, wenn den Gast Rauch im engen Gehäuse stört. Ist der Gast dagegen Raucher, so muß er auch um Raucherlaubnis bitten und muß ein »Bitte, nein!« ebenso gelassen wie im anderen Falle akzeptieren.

Rauchen im Auto

Manche Fahrer stört das Reden der Beifahrer. Und da das Autofahren jeden Tag mehr Konzentration erfordert, sollte jeder Mitfahrer darauf Rücksicht nehmen. Manche merken von selber, daß sie besser den Mund halten. Die anderen müssen klaglos die Bitte um Ruhe erfüllen, auch wenn sie – ihrer Dickfelligkeit wegen – vielleicht etwas nervös oder schroff geäußert wird.

Reden beim Fahren

Der Fahrer ist verpflichtet, darauf zu achten, daß seine sich öffnende Tür keine Falle für andere Fahrzeuge wird – aber die Mitfahrer müssen ebenfalls zuerst auf andere und dann erst auf sich achten. Deshalb setzt man alte oder schwerfällige Mitfahrer am besten auf den rechten Vorder- oder Rückplatz, damit er nicht auf die Fahrbahn gerät, sondern gleich auf den gefahrlosen Fußweg.

Aussteigen

Jeder, der sich in der Griffmechanik der betreffenden Autotür auskennt, kann praktisch allein aussteigen. Trotzdem ist es – wie beim Einsteigen – höflich, älteren, gebrechlichen, unbeholfenen und verehrten Personen dabei zu helfen. Das hat nun nicht so zu geschehen, daß sich der Fahrer nach rechts beugt, dem Mitfahrer schwer auf den Schoß legt und die rechte Vordertür aufklappt, sondern: Der Fahrer springt aus dem Auto, läuft außen herum öffnet die Tür und hilft dem Gast heraus.

Hilfe beim Aussteigen

Ist es einem Gast zu aufwendig, so kann er ja sagen: »Ich bitte Sie, bleiben Sie sitzen!« Läßt es sich der oder die Fahrerin trotzdem nicht nehmen, so macht man wie in allen anderen ähnlichen Fällen kein Theater, sondern akzeptiert die Höflichkeit. In Freundschaft. In Grazie. Mit Rührung – wie es einem halt zumute ist.

Es ist übrigens auch nicht unhöflich, wenn der Fahrer bittet: »Darf ich sitzen bleiben?«, weil neben ihm nämlich der Verkehr braust und es ewig dauern würde, ehe er aussteigen und ums Auto herumlaufen könnte. In diesem Fall nickt der Gast also huldvoll, denkt an die neunzig Grad Drehung und begibt sich anmutig auf den Fußweg.

Nach Hause bringen

Wer ein Auto besitzt, nimmt meistens andere Leute, die ungefähr an seinem Weg wohnen, nach Film, Theater, Abendessen und so weiter mit und setzt sie vor ihrem Haus ab. Oder er/sie bringt die Freunde, Bekannten und Verwandten nach einer Abendeinladung bei sich selber heim, wenn sie so schlechte Verkehrsverbindungen haben, daß die Heimkehr bei Nacht alle möglichen Probleme aufwerfen würde.

In beiden Fällen bleibt der Fahrer oder die Fahrerin mindestens so lange im Wagen sitzen und wartet, bis der Heimgebrachte den Schlüssel herausgekramt, die Haustür geöffnet und ins Haus getreten ist. Einen älteren Verwandten oder Bekannten sollte man bis zur Haustür begleiten und – wenn er nicht gern in eine dunkle, leere nächtliche Wohnung tritt – bis in seine vier Wände.

In öffentlichen Verkehrsmitteln

Bus und Tram

Technik treibt uns überall zur Eile. Ob man sich eine Fahrkarte aus einem Automaten zieht oder ob man den Bus durch Türen erklimmen muß, die einen ständig einzuklemmen drohen. Das heißt: Die Hersteller unserer Umwelt sind unhöflich und rücksichtslos. Sie planen für agile Junge, und wie Mütter mit Kinderwagen, Alte und Behinderte in öffentliche Transportmittel gelangen, ist ihnen gleichgültig. Hauptsache, sie zahlen. Also müssen die Fahrer und Benutzer dieses unhöflichen Transportmittels durch eigene Höflichkeit das Fehlende ausgleichen, und zu ihrer Ehre sei es gesagt: Es gibt nicht viele, aber doch immer wieder Fahrer, die nicht abgestumpft und gleichgültig geworden sind, sondern für ihre Fahrgäste (welch Wort in diesem Zusammenhang! Gast!) handeln. Die also die Türen genau im Auge behalten und wirklich erst schließen lassen, wenn alle Mann an Bord sind. Die lange genug mit An- und Abfahren warten, bis der keuchend heranstürmende Fahrgast die offene Tür doch noch erreicht hat. Es ist unhöflich, beim Einsteigen zu drängeln. Es ist dagegen höflich, jemandem beim Ein- oder Aussteigen zu helfen, sei das eine Mutter mit Kinderwagen, ein alter Mann mit Stock oder jemand mit sehr viel Gepäck, statt darüber zu meckern, daß »solche Leute den Eingang blockieren!« Diese Hilfe ist nicht nur höflich, also freundlich, sondern auch nützlich. Wenn jemand mit anpackt, geht das Einsteigen schneller.

Höfliche Fahrer

Höflich ist nützlich

Es ist unhöflich, sich auf Plätze zu setzen, die für Behinderte reserviert sind, es sei denn, der Wagen ist halb leer. Es ist jedoch auch unhöflich, einem zusteigenden Behinderten – mit Ausweis oder ohne – zu sagen: »Ja, aber der Wagen ist doch halb leer!« denn der Behinderte braucht nicht irgendeinen freien Platz, sondern gerade den, der für ihn reserviert und meist direkt am Ausstieg und daher leicht zu erreichen ist.

Es ist freilich nicht weniger unhöflich, als Gehbehinderter mit Ausweis einen Erschöpften, eine Hochschwangere und andere Leute vom reservierten Platz zu scheuchen, denen es sicherlich schlechter geht als dem mit dem Ausweis.

Gepäck

Gepäck und Plastiktüten gehören nicht auf Sitzplätze, wenn der Wagen vollbesetzt ist. Jeder Wagen hat am Ende oder in der Mitte einen freien Raum, wo man Koffer etc. abstellen oder sich selber mit Gepäck hinstellen kann. Das ist nicht bequem, und man taumelt hin und her. Deshalb ist es vernünftig und andern gegenüber höflich, sich den neuen Fernsehapparat oder Vogelkäfig außerhalb der Berufs- und Hauptverkehrszeiten zu besorgen und heimzuschleppen.

Platz für Kinder?

Das Recht des Kindes wurde in den 60er Jahren auch mit dem Recht auf einen Sitzplatz im Bus erkämpft. Die Begründung lautete: Erstens kriegen auch Kinder müde Beine, und zweitens müssen sie ja auch bezahlen. Dieses Recht ist jedoch von vielen Erwachsenen so über die Maßen strapaziert worden, oft nicht fürs müde Kind, sondern gegen vermutete Kinder- und Fortschrittsfeinde, daß es den Kindern nur geschadet hat. Ihnen ist ein ganz und gar unsoziales Anspruchsdenken eingeschärft worden, was nun wiederum viele Erwachsene so bockig gemacht hat, daß sie schon scheel zu gucken beginnen, wenn ihnen nur ein Kind in die Nähe kommt. Der Schuß ist also nach hinten losgegangen.

Schwächeren helfen

Die Moral von der Geschicht: Wer noch so sehr recht hat, muß trotzdem auch auf das der anderen achten. Außerdem sollten Kinder lernen, daß es höflich ist, einem Schwächeren zu helfen. Also, einem älteren Menschen, der wackeliger auf den Beinen ist als es selber, den Platz anzubieten. So etwas lernen Kinder am ehesten, wenn sie miterleben, wie ihre eigenen Erwachsenen anderen in Bus und Bahn helfen: beim Ein- und Aussteigen, in Kurven, beim plötzlichen Stopp, beim Gepäcktragen.

Es scheint sich jedoch alles im Leben immer wieder auszugleichen. Haben also rabiate Mütter vor einer Generation dafür gesorgt, daß ihre Kinder saßen und befriedigt mit angeschaut, wie alte Leute stehen mußten, so bekommen sie heute von den unterdessen erwachsen gewordenen Kindern die Quittung. »Nein«, sagen die jungen Leute laut Allensbacher Umfrage 1986, »ganz falsch, wie ihr das gemacht habt!«

Laut dieser Statistik können sie sich überhaupt nichts Unhöflicheres auf der Welt vorstellen, als »wenn junge Leute im Bus nicht aufstehen, wenn ein älterer Fahrgast keinen Platz findet«. Für 69% der Befragten ist dies ein Zeichen von miserablen Manieren, was die Meinungsforscher verblüfft hat. Dieser Punkt ist nämlich bisher in keiner früheren Befragung auch nur erwähnt worden.

Nicht aufstehen: miserable Manieren!

So kann man nicht nur miterleben, wie eine Generation die ältere korrigiert, man könnte, wenn man Optimist ist, auch auf die uns vielleicht angeborene Freundlichkeit schließen.

Bei einem Partner in diesem Höflichkeitsspiel wäre Optimismus freilich noch übertrieben. Denn trotz der oben erwähnten Ausnahmen: Fast kein Fahrer von öffentlichen Verkehrsmitteln sagt im Dienst bitte oder danke. Sehr wenige schnauzen einen nicht an, wenn man zufällig einmal kein passendes Kleingeld in der Tasche hat. Kaum einer begrüßt den Fahrgast mit einem freundlichen Guten Morgen, wenn man ihm das Geld brav abgezählt auf seinen kleinen Kassenteller legt.

Kein Danke oder Bitte

Das sollte den Fahrgast jedoch nicht zu der gleichen maulfaulen Unhöflichkeit verleiten. Es ist also höflich, sich zu bedanken, wenn der Fahrer nach kleinen Münzen kramen muß und wirklich kramt. Wenn er auf einen Fahrgast gewartet hat. Wenn er für eine tütenbeladene Familienmutter auch die Tür auffauchen läßt, über der »Hier kein Ausgang« steht. Oder – wie ich es in London erlebte – wenn ein Aufseher der Underground (ohne Lift) eine Rolltreppe anhält, damit eine alte Frau mit Gepäck, die sich auf der laufenden Treppe unsicher fühlt, langsam und zu Fuß absteigen kann.

Wer täglich zur gleichen Zeit ein bestimmtes Verkehrsmittel benutzt, stößt oft auf denselben Beamten. Nein, man muß ihn nicht grüßen, aber ich finde es einfach freundlich, jemandem zuzunicken oder »Moin« zu sagen, der ja ebenso wie mein Bäcker oder mein Postbote zu meinem Lebenskreis gehört. Eine Weile.

Grüßen in öffentlichen Verkehrsmitteln?

Und noch etwas Unnotwendiges: Wer einen Blick in ein öffentliches Verkehrsmittel – von Tram bis Flugzeug – wirft, stößt meistens auf abweisende bis feindselige Gesichter. Wenn einen jemand anlacht, so ist das ein Kind oder eine Ausländerin, die noch nicht lange in diesem Lande lebt.

Demokratie, scheint einem in solchen Augenblicken, ist keine leichte Sache. Die Gesellschaft Gleicher erzeugt Mißgunst, und auf dem neutralen Boden von öffentlichen Orten, Wegen und Wagen fällt die Maske, oft aus Müdigkeit, und die Leute sehen so aus wie sie denken.

Lächeln nur Kosmetik?

Wenn ich jetzt schreibe: Höflich wäre es, dem Mitfahrer, neben den man sich setzt und der deswegen vielleicht ein Stückchen beiseite gerückt ist, ein Lächeln zu schenken, so werden sicher manche Leser sagen: »Was ändert das denn? Ist doch nur Kosmetik. Verlogenheit. Seid nett zueinander – wenn ich das schon höre! Hinter der Nettigkeit bleiben die Leute doch so, wie sie sind!«

Das mag stimmen, aber trotzdem und auch deswegen bin ich für das Lächeln. Es kann nämlich auch stimmen, daß dieses Lächeln etwas bewirkt. Daß es wie ein Echo ein anderes Lächeln hervorlockt; daß es dem anderen signalisiert: Keine Angst! Ich will dir nichts tun! Ich bin ein Mensch wie du.

Im Prinzip gelten öffentliche Transportmittel als Öffentlichkeit. Keiner kennt den andern, also braucht niemand den andern zu grüßen. Bleiben wir jedoch in Bus, S-Bahn oder Tram: Wer täglich oder gelegentlich zur gleichen Zeit fährt, der trifft, meist sogar auf den gleichen Sitzplätzen, dieselben Leute. Nach einer Weile weiß er vielleicht wirklich nicht mehr, ob er die Betreffenden kennt, weil er sie täglich im Bus sieht oder weil er sie irgendwann einmal wirklich kennengelernt hat. Grüßt er nun nicht aus dem ersten Grund? Oder grüßt er doch, weil er sich durch den zweiten dazu verpflichtet fühlt?

Im Zweifel höflich

Nach der Regel: Im Zweifelsfall lieber höflich! Sollte er lieber nicken oder »Guten Tag!« sagen. Wenn niemals zurückgenickt wird, kann er's ja wieder lassen.

Vielen Leuten kommt es in solchen Situationen so vor, als ob sie sich »etwas vergäben«, wie sie sagen. Was, bitte schön, vergibt man sich dabei? Geben ist nicht nur im biblischen Sinne mehr denn Nehmen, und es bricht keinem ein Zacken aus der Krone, wenn er als erster beweist, daß der Mensch auch in der Menge freundlich sein kann. Ver-geben, also falsch geben, ist in diesem Falle wirklich das verkehrte Wort. Das gilt erst recht fürs Grüßen in der Eisenbahn.

Grüßen in der Eisenbahn?

Wenn ich in ein Abteil trete, also in die relativ enge Reisegemeinschaft von sechs bis sieben fremden Leuten, muß ich dann grüßen? Wenn schon wer grüßt, dann auf jeden Fall ich. Denn ich bin der Neue, der Hinzugekommene.

Gleichgültig, was in welchen Gegenden und Gesellschaftsklassen gültig ist: Ich finde, man sollte in jedem Fall freundlich nicken. Hilft einem jemand den Koffer auf die Gepäckablage zu wuchten, so nickt man erst recht freundlich und macht sogar den Mund auf und sagt: »Danke schön!« oder was man in solchen Fällen zu sagen gewohnt ist.

Danke für Hilfe

Dabei kann es bleiben. Ein »Guten Tag« ist nicht, was viele fürchten, die Einladung zu endlosen Eisenbahngesprächen. Selbst ein paar Worte über Wetter oder Landschaft, Reh und Storch, die man vielleicht erblickt, sind unverbindlich, nichts als ein paar Worte.

Sollte sich daraus aber einmal ein Gespräch ergeben, so hat jeder Reisende die Wahl, auf dieses Gespräch einzugehen oder nicht. Bei ihm liegt es, sich auf ein vielleicht interessantes Thema einzulassen oder nur so freundlich zu schweigen, daß der andere merkt: Der will seine Ruhe haben.

Freiheit zum Schweigen

Merkt er's nicht, gehört er zu den Redseligen, so sagt man in aller Freundlichkeit: »Erlauben Sie – ich bin nicht zum Reden aufgelegt«. Man kann natürlich auch einfach die Augen zumachen und so tun, als ob man schliefe, oder man kann ein Kreuzworträtsel lösen. Aber wie immer, wenn man vor einem Problem nur ausweicht, macht das die Lage nicht klar, und es kann sein, daß der Redselige nur darauf lauert, daß man die Augen wieder aufklappt oder 36 waagerecht endlich eingetragen hat.

Hat man sich nun an einem Gespräch mit einer oder mehreren Personen beteiligt, mit Vergnügen und Gewinn, so ist es abermals dem einzelnen überlassen, anonym zu bleiben oder zum Schluß zu sagen: »Also, mein Name ist Hase, und ich wohne da und da und reise in Kohl und Klee.« Daraufhin beginnt vielleicht die allgemeine Visitenkarten-Austauscherei: darüber lesen sie auf Seite 242.

Andern Ruhe gönnen

Im Großraumwagen der Bahn sitzt man trotz der meist größeren Anzahl der Mitreisenden anonymer. Das sollte einen nicht dazu verführen, die anderen als Luft zu behandeln oder sich in einer solchen Lautstärke mit Freunden zu unterhalten, daß keiner mehr in Ruhe lesen oder dösen kann.

Belegte Plätze respektieren

Im übrigen: Respektieren Sie belegte Plätze und das Nichtraucherschild.

Seien Sie im allgemeinen nicht zu vertrauensvoll. Niemand wird es Ihnen übelnehmen, wenn Sie auf Ihr Gepäck so achten, daß Sie den Koffer verschließen, ehe Sie Ihr Abteil zu einem Bummel in den Speisewagen verlassen oder wenn Sie den Schaffner bitten, das sonst leere Abteil bis zu Ihrer Rückkehr zu verschließen.

Im Liege- und Schlafwagen

Hier wird – wie man dem Namen unschwer entnehmen kann – gelegen und geschlafen. Der Fahrgast kann also damit rechnen, daß ihm die Deutsche oder Internationale Schlafwagengesellschaft die dazugehörigen Bedingungen schafft. Kein Mensch kann es ändern, wenn ein Kind oder ein Baby, vom Geratter und Geklapper und von der immer etwas stickigen Luft der engen Kabinen verstört, zu weinen oder zu schreien beginnt. Die meisten werden sich auch nicht beschweren, weil sie wissen: fast jedes Kind schläft doch mal ein.

Anders mit Hunden. Es ist zwar möglich, Hunde mit in den Schlafwagen zu nehmen, aber wenn sich Hundebesitzer einmal bei Tageslicht die Bettgestelle mit ihren Staub- und Haarmäusen in allen Ritzen betrachteten, würden sie vielleicht doch den Hund im Hundetransporter reisen lassen oder ihn zumindest davon abhalten, aufs Bett zu springen.

Geräusche

Auf jeden Fall ist es unhöflich, im Liege- und Schlafwagen das Radio anzustellen. Die Wände zwischen den Abteilen sind eh so dünn, daß man Schnarchen, Streiten und Musik auch bei geschlossenen Abteiltüren quer durch den Waggon hört. Wer also auch im Schlafwagen nicht auf sein tägliches Pensum Radiogeräusch verzichten kann, der sollte sich passende Kopfhörer kaufen.

Wenn ein Fahrgast früh am Abend in den Schlafwagen steigt, möchte er sich vielleicht gerne noch mit Kollegen oder Freunden unterhalten. Der schon erwähnten dünnen Wände wegen sollte er die Stimmen nicht zu laut erschallen und die Unterhaltung nicht in ein fröhliches Zechgelage ausarten lassen.

Beschwerde beim Schaffner

Gibt's also lautes Radiogeheul oder etwas anderes, das den Fahrgast stört, so rauscht er nicht selber wie ein Racheengel durch den Gang, sondern er bittet den Schlafwagenschaffner, das Seine zu tun. Dieser spielt in der Situation die Rolle des Gastgebers, ihm liegt es also ob, alles für das Wohlergehen seiner Gäste zu unternehmen. Er ist es auch, der gegen 22 Uhr ungefragt (und auf besonderen Wunsch der Reisenden auch früher) die Betten macht.

Mit Fremden in einem Schlafwagen

Wie verhält man sich da? Muß man sich vorstellen? Es ist weder üblich, noch nötig. Man erlebt ganz im Gegenteil ziemlich oft, daß sich Schlafgenossen mit geradezu hysterischer Eile und Schweigsamkeit auf ihre Matratze zurückziehen und sich so unsichtbar wie möglich machen.

Das ist oft die Folge einer gewissen Unsicherheit und Genanz. Nur: Zum Schlafwagenfahren gehört halt, daß man sich vor den Augen mindestens eines fremden Menschen waschen und aus- und ankleiden muß. Wem das widerstrebt, der kann Liegewagen fahren, in dem man sich in voller Montur unter die Wolldecke legen kann. Oder er muß sich einen Schlafwagen ganz für sich allein leisten. In allen anderen Fällen sollte man jedoch das Unvermeidliche als Selbstverständlichkeit akzeptieren und sich ganz normal benehmen. Man nickt also seinem Schlafwagenpartner freundlich zu, und es ist weder aufdringlich noch die Einladung zu Intimbeichten, wenn man den Mund aufmacht und Guten Tag oder Guten Abend sagt. Es ist auch noch keine Geschwätzigkeit, wenn man mitteilt, bis zu welcher Stadt man reist. Stellt man nämlich fest, daß man dasselbe Ziel hat, so bespricht man, wer sich morgens zuerst waschen und anziehen soll. Oder ob jemand, trotz Schaffner und zur Sicherheit, einen Wecker stellen soll. Möchte man noch lesen, so fragt man höflicherweise, ob das Licht auch nicht stört (in manchen Wagen kann man die Leselampe abblenden).

Wer sich wäscht, spritzt den Schläfer im unteren Bett nicht völlig naß, und es ist schließlich nichts als höflich, wenn man dafür sorgt, daß man keinen betäubenden Schweißgeruch ausstrahlt. Parfumwolken wirken übrigens ebenso aufdringlich.

Wer mit vielen Taschen und Beuteln und Koffern in den Schlafwagen einzieht, breitet sich trotzdem nicht so aus, daß sich die anderen Mitschläfer weder bewegen noch waschen können. Wer dagegen sieht, wie sich ein Mitreisender mit seinem Gepäck abplagt, greift zu und hilft.

Hygiene und Sauberkeit

Die Deutsche Bundesbahn ist sich mit den Zugbegleiterinnen zumindest in den IC-Zügen wieder ihrer Verantwortung bewußt geworden und läßt diese jungen Damen nicht nur für die Bequemlichkeit der Fahrgäste sorgen, sondern auch für die Reinlichkeit. Benutztes Geschirr wird gleich wieder abgeräumt, Papier- und Essensreste, die Leute liegengelassen haben, werden entfernt, ehe neue Fahrgäste zusteigen. Das heißt: Die Bahn läßt ihre Angestellten in beispielhafter Höflichkeit das erledigen, was die Fahrgäste, in der üblichen bedenkenlosen Unhöflichkeit, nicht selber machen. Man kann's auch gröber sagen: Die einen räumen den Dreck der anderen weg.

Die Österreichische Bundesbahn geht noch einen Schritt weiter. In den »Zugbegleitern«, den Faltblättern mit den Ankunfts- und Abfahrtszeiten der einzelnen Schnellzüge, liest man zwischen Anzeigen der Donau-Dampfschiffahrtsgesellschaft und Hinweisen für Wien-Besucher: »Fallobst? Denken wir mal nach. Und durchbrechen wir Gewohnheiten – denn verzehrtes Obst ist doch wirklich kein Fallobst. Gerade die (kleinen) Dinge des Lebens machen so viel Unterschied. Wir sollten es einfach tun. Helfen Sie mit, sich wohlzufühlen. Unsere Bahn.« Daneben sieht man die Zeichnung einer Hand, die einen abgenagten Apfelgriebs in den Abfallbehälter wirft.

Mögen diese kleinen Lektionen der guten Reisemanieren beherzigt werden.

Wärme und Kälte

Kann man in modernen Zugabteilungen durch einen Griff zum Schalter die Klimaanlage einstellen? Ob man nun dieses machen oder im Personenzug das Fenster runterschieben will – es ist höflich, seine Mitreisenden vorher zu fragen: »Stört es Sie, wenn ich ein bißchen frische Luft hereinlasse?« Zieht jemand ein Gesicht, weil er es im Gegensatz zu Ihnen lieber warm und stickig hat, so bleibt Ihnen nichts anderes übrig, als erstens die Hitze, die Sie stört, schweigend weiter zu ertragen, oder zweitens nachzuschauen, ob ein Nebenabteil frei ist und dorthin umzuziehen und das Fenster aufzumachen. Oder drittens vorzuschlagen, jetzt ein wenig zu lüften und dann halt wieder zu dünsten.

Das gleiche gilt für die Temperatur im Schlaf- und Liegewagen.

Flugzeug

Wer ein Flugzeug besteigen will, findet eigentlich alles vor- und aufgeschrieben. Es kümmert sich zwar kein Mensch um die Beschränkung des Bordgepäcks auf eine Tasche, und es kümmert sich auch keiner um die Sicherheitsvorschrift »Erst die Gurte lösen, wenn die Maschine zum endgültigen Halt gekommen ist ...« weil jeder nur an sich und seine Termine denkt.

Genau da liegt die Quelle der schlechten Flugmanieren. Kaum wird der Flug aufgerufen, drängeln sich die Reisenden am Ausgang zum Bus oder zum Einsteigschlauch und rammen sich die Aktentaschen oder Architektenmappen gegenseitig in die Weichteile. Es wäre nun müßig zu sagen: Frauen und Ältere haben Vortritt, denn wenn man in der Traube am Tor steckt und einem Kind oder einem alten Menschen den Vortritt läßt, wird man entweder von Männern wütend angestarrt, oder sie pressen sich an einem vorbei, schubsen einen selbst aus dem Wege oder überrennen das arme Kind oder den Alten. So hat die gute Tat nur schlimme Folgen. Dabei ist das Drängeln vollkommen sinnlos, denn jeder Bus wartet. Und meist gibt's auch noch einen zweiten.

Drängeln sinnlos

Die Drängler drängeln aber munter weiter. Im Bus bilden sie an den Türen sofort neue Menschentrauben. Keiner weicht und wankt, so daß die letzten Fahrgäste kaum an den Dränglern vorbei in den – innen leeren – Bus gelangen. Hält dieser neben dem Flugzeug, so quetschen sich die Drängler zu dritt oder zu viert gleichzeitig aus den Türen und stürzen zur Rolltreppe, als ob das Flugzeug gleich ohne sie abhöbe. Und so geht es weiter, bei der Landung nur in umgekehrter Reihenfolge.

Deshalb lautet die Regel eins für die Benutzer des öffentlichen Verkehrsmittels in der Luft: Es gelten alle Höflichkeitsregeln wie auf dem festen Lande. Man drängelt nicht. Man beherrscht seine Rücksichtslosigkeit. Man hilft anderen so zuvorkommend, als ob es der eigene Chef wäre.

Höflich wie an Land

Weiter: Man beschränkt sein Handgepäck. Man wäscht sich ordentlich und benutzt ein Deodorant und trägt keine seit Wochen schweißgetränkten Jacketts. Man raucht nur dort, wo es gestattet ist. Man raucht auch auf den Rauchersitzen keine Pfeife und keine Zigarren. Man läßt die Sessellehne nicht mit einem Ruck nach hinten kippen, so daß dem Fluggast hinter einem das Tablett mit Rotwein, Kaffee und Erdbeercreme auf den Schoß fliegt. Man knallt den Klapptisch nicht mit Wucht seinem Vordermann in den Rücken, sondern man erledigt die Sache so sanft, daß er gar nichts davon spürt. Man bohrt auch nicht ständig die Knie in die Rückenlehne. Wenn man auf langen Flügen mit langen Beinen Schwierigkeiten hat, setzt man sich auf einen Gangplatz oder in eine erste Reihe.

Man geht nicht just aufs Klo, wenn die Stewardeß dabei ist, Getränke oder Essen auszuteilen, denn sie kann mit dem Wagen nicht ausweichen. Man räumt nicht Parfümflasche und Seife aus dem Klo und alle Postkarten und Briefbögen aus den Papierfächern ab. Man bleibt nicht ewig im Klo, und man hinterläßt es so säuberlich, wie man es hoffentlich angetroffen hat. In der Regel wischt jeder mit seinem Papierhandtuch das winzige Edelstahlwaschbecken aus und wirft das Papierhandtuch danach nicht ins Klo, sondern in den dafür vorgesehenen Abfallbehälter.

Klauen stillos

Man raschelt nicht mit der Zeitung oder redet laut, wenn die Stewardeß die Sicherheitsvorschriften erläutert oder der Kapitän eine

Durchsage macht. Oft-Flieger kennen das alles auswendig, gewiß, aber es gibt halt doch andere, die an diesen Mitteilungen interessiert sind. Man redet eigentlich auch nicht mit Stentorstimme über die Geschäfte, die man heute zuungunsten anderer so erfolgreich abgeschlossen hat, von anderen Dingen ganz zu schweigen, denn den Leuten vor und neben einem ist trotz des Fluglärms nur selten das Gehör ausgefallen.

Trinkgelder Weder die Stewardeß im Flugzeug noch die Zugbegleiter in der Bahn bekommen ein Trinkgeld. Es ist dagegen üblich, die Rechnung für Getränke und Speisen nicht nur im Speisewagen, sondern auch beim Abteil-Service und im Schlafwagen beliebig nach oben aufzurunden.

Und wenn einem der Schlafwagenschaffner über das Übliche hinaus beim Gepäck geholfen hat, kann man ihm, wenn er einem morgens die Fahrkarten und den Paß oder den Tee bringt, etwas in die Hand drücken. Darüber lesen Sie auch auf Seite 309.

Der Mensch als Gast

Wer gern Übernachtungsgäste hat, wird sicher selbst erfahren, daß man am besten miteinander auskommt, wenn sich Gastgeber und Gast an gewisse Regeln halten.

Schlafsack für Übernachtungsgäste

Das beginnt mit Äußerlichkeiten. Jugendliche und junge Leute sind mit einem Stückchen Fußboden für den Schlafsack zufrieden, und sie haben oft Freunde, bei denen sie jederzeit unangemeldet vor der Tür stehen und übernachten können.

Schlafsack-Gäste sollten jedoch berücksichtigen, daß ältere Verwandte oder Großeltern nicht oder nicht mehr so flexibel sind. Sie erwarten vielmehr, daß sich der Gast erkundigt, ob er dort überhaupt übernachten kann; daß diese Frage rechtzeitig gestellt wird, sagen wir mindestens acht bis vierzehn Tage vorher, daß der Gast nicht unangemeldet »noch 'nen Freund und seinen Hund« mitbringt und daß er nicht die Wohnung des Gastgebers ungefragt so mit Beschlag belegt, wie er es zu Hause kaum wagen würde.

Gast im Fremdenzimmer

Ob nun Gast mit Schlafsack oder Gast im Fremdenzimmer – sie machen Mühe, Aufwand, Arbeit. Ergo sollte man den Gastgeber nicht so behandeln, wie man nicht einmal früher ein Dienstmädchen behandelt hätte.

Wohlerzogene Gäste rollen also den Schlafsack zusammen oder machen ihr Bett. Sie hinterlassen das Waschbecken und die Badewanne des Gastgebers so säuberlich, wie sie vermutlich waren, vom Klo ganz zu schweigen. Sie gehen nicht an den Kühlschrank, sondern fragen vorher: »Darf ich mir ein Mineralwasser holen?« Sie stürzen sich nicht ans Telefon und turteln mit der Freundin in einem fernen Ausland, sondern sie fragen: »Darf ich ...«, lassen das Internationale und fassen sich national kurz. Oder sie fragen nach einem unvermeidlich langen Gespräch: »Darf ich dir dafür so und so viel Mark hinlegen?« (und tun es auch, falls der Gastgeber nicht energisch protestiert!)

Rauchen und Trinken Wohlerzogene Gäste rauchen nicht, ohne gefragt zu haben, ob es stört (und lassen es ohne Schmollen, wenn es wirklich stört).

Sie gehen nicht ungefragt an die Bar und trinken dem Gastgeber die besten Tropfen weg; sie stellen auch im Gästezimmer ihr Radio etc. nicht auf Straßenlautstärke und hocken sich nicht vor die Glotze (warum haben sie dann die eigene verlassen?), erst recht nicht bis in die Nacht hinein, wenn die Gastgeber vielleicht gern schlafen wollen.

Die idealen Gäste bieten an, beim Abwasch oder Einkaufen oder Tischdecken zu helfen. Sie lassen nicht den ganzen Tag des Gastgebers eigenes Radio dröhnen. Sie verknittern dem Gastgeber nicht die neue Zeitung, und wenn sie sie lesen, so lassen sie die Blätter nicht in der Gegend verstreut herumliegen. Sie erwarten nicht, daß der Gastgeber alles stehen und liegen läßt und sich nur um sie kümmert; sie richten sich nach den Essenszeiten des Gastgebers oder sprechen diese mit ihm ab und laden ihm nicht einen Tisch voller Fremder zum Abfüttern auf, außer es handelt sich um einen Gastgeber, den gerade so etwas freut, weil es Leben in seine stille Bude bringt.

Mitbringsel Dafür bringt der wohlerzogene Gast dem Gastgeber eine Kleinigkeit mit, siehe auch Seite 169; er trägt bei längerem Aufenthalt etwas zum Haushalt bei, bezahlt also einmal beim Fleischer oder kauft einen besonders leckeren Kuchen oder ein paar Flaschen Champagner. Oder er bringt zwischendurch mal Blumen mit.

Hilfe anbieten Früher reisten die Familien mit der eigenen Bettwäsche zu Onkel und Tante auf dem Lande. Das ist heute nicht mehr nötig, aber man kann einem Gastgeber ohne Haushaltshilfe anbieten, die benutzte Bettwäsche wenigstens zur Wäscherei zu bringen oder ihm zwischendurch helfen, die Wäsche in der Maschine zu waschen und aufzuhängen.

Wenn der Gastgeber während der Besuchszeit selber eingeladen wird, so erwartet der Hausgast nicht, daß er aufgefordert wird, mitzukommen. Und wenn der Gastgeber selbst andere zum Abendessen einlädt, so fragt der Hausgast höflich, ob er stört oder nicht.

So schön der Besuch auch sein mag – ein Privatmensch ist kein Hotel. Der Gast sollte also nicht zur Landplage werden und lieber fragen, ob er wirklich vierzehn Tage bleiben darf oder ob das dem Gastgeber nicht zuviel wird.

Im übrigen wird einem Hausgast immer bewiesen, wie er sich benommen hat. War es falsch, so wird er kein zweites Mal eingeladen.

Haushaltshilfe

Gab es beim Gastgeber eine Haushaltshilfe, die dem Gast das Zimmer aufräumt, auch manchmal Hemden oder Blusen wäscht und bügelt und so weiter, so zeugt es von Wohlerzogenheit, wenn man ihr beim Abschied ein Trinkgeld überreicht. Das kann in ein Taschenbuch oder Taschentuch oder in eine andere Kleinigkeit verpackt sein, und seine Höhe richtet sich nach der Arbeit, nach der Dauer des Aufenthaltes und nach der persönlichen Wertschätzung.

Hund als Gast

Hunde und andere Haustiere werden von ihren Besitzern oft wie Kinder geliebt. Wer so ein Tier sein eigen nennt, sollte sich darüber im klaren sein, daß er diese Einstellung nur mit anderen Tierliebhabern gleicher Art teilt, nicht aber mit der Allgemeinheit.

Wer also seinen Hund ungefragt zu einer Einladung mitbringt, handelt unhöflich, zumindest unbedacht und wird nicht immer auf Begeisterung stoßen.

Selbstverständlich findet man den eigenen Hund besser erzogen als alle anderen Hunde auf der Welt – aber auch diese Überzeugung ist für den Gastgeber kein Argument, denn oft beruht sie auf einem Irrtum. Gerade weil ein Hundebesitzer in einer solchen Situation mit seinem Hund alle Ehre einlegen will, reagiert das arme Tier genau auf diese unterdrückte Nervosität so hibbelich, daß justament all die Katastrophen eintreten, die die Ablehnung des Gastgebers nur noch bestärken.

Hund im Schloß

Also: Außer man ist in Schloß und Villa mit Gäste-Hundezwinger eingeladen: zur offiziellen Einladung erscheint der Gast ohne Hund.

Zu inoffiziellen Einladungen erscheint der Gast nur mit Hund, wenn er das vorher mit dem Gastgeber besprochen hat.

Zu Hausbesuchen mit Übernachtungen erscheint der Gast ebenfalls nur mit Hund, wenn der Gastgeber nichts dagegen hat, wirklich nichts.

In jedem Fall: Nur dann einen Hund mitnehmen, wenn man mit ihm fertig wird, also so erzogen hat, daß er aufs Wort gehorcht. Das ist besonders wichtig, wenn der Gastgeber kleine Kinder hat oder selber Hunde oder Katzen, Hühner, Kanarienvögel oder Pferde besitzt.

Kein Hund im Bett

Ebenso auf jeden Fall: Keinen Hund im Gästebett schlafen lassen. Beller auf jeden Fall zu Hause lassen. Dem Hund vertrautes Hundefutter mit auf die Reise nehmen und den Hund wie gewohnt selber versorgen, ohne daß dadurch Wohnung, Tageslauf oder Küche des Gastgebers auf den Kopf gestellt werden.

Der Papagei als Gastgeber Wenn ein Mensch, der von starker Tierliebe erfüllt ist, auch Menschen soweit zugeneigt ist, daß er sie zu sich einlädt, so darf er umgekehrt nicht voraussetzen, daß diese Gäste seine Art, mit Tieren zu leben, angenehm finden.

Es ist nicht jedermanns Sache, von einem Papagei begrüßt zu werden, der sich einem sofort auf die Schulter setzt. Wer im kleinen Schwarzen oder im offiziellen dunklen Anzug zu einer Abendeinladung auftaucht, hält nicht allzu viel von Polstern und Kissen voller Katzenhaare, ganz zu schweigen von Kanarienvögeln, die einem beim Frühstück zutraulich die Bröseln vom Teller picken.

Der Gastgeber sollte also seine Menagerie zurückhalten und aus der Wohnung kein Tierheim machen.

In beiden Fällen sollte der Gastgeber seinen Gast mit Hund und der Gast den Gastgeber mit Papagei so gut ertragen, wie es geht, und aus diesem Zusammenstoß zweier Welten die Konsequenzen ziehen. Der eine lädt den Hund halt nicht mehr zu sich nach Hause ein; der andere sagt beim Papagei die nächsten Male ab.

Darunter braucht die Menschen-Bekanntschaft nicht zu leiden. Man kann sich ja im Restaurant treffen oder miteinander ins Kino, Museum oder zum Golfspielen gehen. Kompromisse der Höflichkeit.

Regeln für Gastgeber Hat der Gast gewisse Höflichkeitsformen einzuhalten, so gilt das auch für den Gastgeber. Er muß zuerst einmal weitere Äußerlichkeiten bedenken. Zur Übernachtung auf dem Sofa im Wohnzimmer sollte man wirklich nur die besten Freunde und eigene Familie einladen, und mit denen kann man's halt, wie man es will oder gewohnt ist.

Verfügt der Gastgeber über ein Fremdenzimmer oder ein halbes Zimmer, das bei Bedarf zum Gästezimmer umfunktioniert wird, so sollte er seinen Gästen das bieten, was sie brauchen: das überzogene Bett, eine Leselampe; möglichst ein Waschbecken mit Handtüchern, Zahnputzbecher und Seife; einen Schrank für Kleider und einen Platz für den Koffer.

Am leichtesten fällt dem Gastgeber die Höflichkeit, wenn er selbständige Gäste hat, die nicht erwarten, daß er sich den ganzen Tag lang nur um sie kümmert.

Es ist dagegen nicht im geringsten unhöflich, den Gästen zum Beispiel zu sagen, daß es um acht Uhr Frühstück gibt, und wer später kommt, findet den Kaffee in der Thermoskanne und möge bitte sein benutztes Geschirr in die Küche tragen, weil man selber dann schon im

Büro sei. Und mittags habe man sich das so und so gedacht, und ob es recht wäre, daß es abends nur ein Butterbrot gäbe.

Fremdenzimmer

Es gestattet dem Gast, sich zurückzuziehen, abends so lange zu lesen, wie er es gerne tut, und nach dem Mittagessen friedlich und ungestört ein Schläfchen zu machen.

Insgesamt sollten Gastgeber und Gast zwar höflich, aber doch offen miteinander umgehen, denn aus Unausgesprochenem entstehen oft Spannungen, die wirklich mit einem einzigen Wort zur rechten Zeit zu begleichen gewesen wären. Denn: Die höchste Art der Höflichkeit ist die Aufrichtigkeit, die so formuliert wird, daß sie nicht verletzt.

Meldet sich also jemand an, den man gerade zu dem Zeitpunkt oder überhaupt nie bei sich wohnen haben möchte, so sollte man nicht zusagen.

Wie man abwehrt, ergibt sich aus der Situation. Daß man abwehren muß, ist jedoch unumgänglich – außer man wohnt im oben schon erwähnten Schloß mit Gästeflügel.

Ansonsten macht man dem Gast den Aufenthalt so bequem wie es möglich ist, belegt ihn auch seinerseits nicht mit aller Selbstverständlichkeit mit Beschlag, sondern richtet sich nach seinen Plänen und Wünschen.

Der Mensch als Reisender

Es gibt einen englischen Witz, der von einem Mann berichtet, der in Anwesenheit des damaligen Königs von Ägypten den Hut aufbehielt. Empört vom König zur Rede gestellt, erwiderte der Mann: »Oh – aber das hat mir meine Königin erlaubt!« Wie das? »Nun, neulich war ich bei ihr eingeladen und hab auch den Hut auf dem Kopf behalten. Da hat sie mir gesagt: You may do that in Cairo, but not here!«

Abgesehen von allem anderen bezeichnet die Tatsache, daß man über diese Pointe noch vor kurzem herzlich gelacht hat, heute aber eher das Gesicht verzieht, eine gewisse Wandlung im Selbstverständnis der Europäer.

Wo beginnt die Fremde?

Andererseits merkt man, daß wir zwar theoretisch die Überheblichkeit einer solchen Haltung erkannt und abgelegt haben, praktisch aber immer noch handeln, als ob man sich in Kairo und an anderen Orten in Afrika, Asien und Südamerika nicht zu benehmen brauchte.

Schon der Norddeutsche in Bayern, der Westler in der DDR, der Deutsche in der Schweiz kann das Gefälle ausdrücken, das seiner Meinung nach zwischen seinem Zuhause und jeder Fremde besteht. Und alle sind sich einig darin, daß sich »die Deutschen« auf Reisen und im Ausland so miserabel benehmen, daß man alles aufbieten muß, um nicht mit ihnen in einen Topf geworfen zu werden.

Es nützt aber nichts, wenn der Reisende seine Landsleute verleugnet und zum Beispiel bei der Ankunft einer neuen Reisegruppe ostentativ italienisch spricht oder nur dahin fährt, wo »es garantiert noch nie einen deutschen Gast gegeben hat!« Er ist und bleibt trotzdem derjenige, der er ist, und es ist eine Illusion, daß er sich als Franzose oder Sizilianer tarnen könne. Es sind nicht nur die umgehängte Kamera, der dicke Bauch, die nackten Beine und die Anzugsokken, die ihn enttarnen, sondern unabwägbare Nuancen seines Verhaltens. Das Benehmen also.

Deutsch im Ausland

Dazu kann das Deutsch im Ausland gehören. Wer ungeniert im fremden Bus über das betreffende Land schimpft oder sich über »so 'ne ulkige Type« lustig macht, kann voll im Fettnapf landen. Auch Inder, Türken und andere ulkige Typen sprechen und verstehen Deutsch.

Wie das richtige Benehmen auf Reisen aussehen sollte, muß man nicht im Fernen Osten üben. Der Aufenthalt in der Jugendherberge oder dem Hotel im Nachbarort reicht aus.

Denn es kommt nur darauf an, daß man sich nicht schlechter benimmt als zu Hause und nicht meint, »weil ich zahle, kann ich die Puppen tanzen lassen«.

Korrekte Anmeldung

Man denkt also nicht: »Sollen die doch froh sein, daß ich kommen werde!«, sondern man meldet sich korrekt bei einem Reiseunternehmen an, hält die Stornierungszeiten ein, bleibt keinesfalls einfach weg, macht sich bei individuellen Anmeldungen in einem Hotel einen Durchschlag oder bestätigt eine telefonische Anmeldung mit einem Brief. Alles andere wäre unhöflich, weil es den Gastgebern Mühe und Schererei verursacht, vom Finanziellen ganz zu schweigen.

Benehmen im Hotel

Man gibt eine spätere Ankunft als 17 oder 18 Uhr an, damit das Zimmer nicht weiter vermietet wird. Man benimmt sich im Hotelzimmer wie daheim, tritt also die Zigaretten nicht auf dem Auslegeteppich aus; macht keine Brandflecken auf die Tischplatte; läßt das Radio nicht stockwerklaut erschallen; gibt nach 22 Uhr kein Trinkgelage im eigenen Zimmer mehr; putzt sich die Schuhe weder an Gardine noch Bettdecke oder Handtuch; packt weder Handtücher noch Aschenbecher in den eigenen Koffer; räumt darüber hinaus nicht alles ab, was nicht niet- und nagelfest ist, von der Schreibmappe bis zum Bild an der Wand; wischt die Schminke nicht ins Handtuch; und wenn man speien muß: wie daheim im Klo!

Was nun die Menschen anbelangt: Kellner und Zimmermädchen, Portier und Empfangschef stehen auf derselben Stufe wie die Gäste, denn sie sind berufstätig wie diese (oder wie die überwiegende Zahl der Reisenden). Sie tun je nach Etablissement ihr Bestes in altmodisch devoter oder in modern sachlicher Form. Aber auch die traditionelle Haltung des gebeugten Rückens und der ausgestreckten Hand darf nicht darüber hinwegtäuschen, daß gerade hinter der Maske des Dienenden ein sehr scharfer und prüfender Blick verborgen ist.

Wer sich aufspielt, wer ganz offensichtlich übertriebene Ansprüche stellt und so tut, als sei er nicht mit silbernen, sondern mit diamantenen Löffeln im Munde geboren, wird eh auf den ersten Blick erkannt und dementsprechend behandelt.

Das hat auch nichts mit der Höhe des Trinkgeldes zu tun. Es ist vielmehr das »Danke!« und »Bitte!«, es ist die Höflichkeit und Rücksichtnahme denen gegenüber, die für den Reisenden arbeiten, vom Schaffner in der Bahn über den Mann an der Autobahntankstelle, über die Klofrau im Hotel, den Diener, der die Koffer schleppt, und die Mädchen, die hinter einem herputzen.

Goldene Reiseregel: Sich so benehmen, wie man es beim Besuch bei Freunden täte, siehe Seite 295.

Reisen in den Süden

In den romanischen und hellenischen Ländern sollten Reisende aus dem Norden daran denken, daß die Menschen dort ein anderes ästhetisches Empfinden besitzen und zum Beispiel auch genau unterscheiden zwischen Stadtkleidung und Ferienkleidung. Besonders beim Besuch in Kirchen und Klöstern sollten Touristen das religiöse Empfinden des Gastlandes respektieren und darauf achten, daß Frauen keine Hosen oder Shorts oder noch Kürzeres tragen; daß Damen keinen nackten oder halbnackten Oberkörper zeigen; daß es in manchen Kirchen üblich ist, sich den Kopf mit einem Tuch zu bedecken.

Heiße Höschen

Heiße Höschen und Oberteile mit Spaghettiträgern bringen Italiener und Griechen dazu, leidenschaftliche Stielaugen zu machen und ihr Gefieder zu plustern, was heißt: Sie mißverstehen das Angebot, falls es nicht doch eins ist.

Die Bewohner der Mittelmeerregion haben sich freilich daran gewöhnt, daß vor allem Touristen aus Deutschland, Schweden und den USA eine Lust an der Entblößung befällt, die an die Grenze der Selbstverbrennung reicht. Es gibt auch immer wieder Einheimische, die diese Zurschaustellung alten und jungen Fleisches beleidigt. Das gilt erst recht für Mädchen und Frauen, die unbekümmert und ohne Rücksicht auf Ort und Zuschauer nackt baden, sich sonnen, campen und so weiter. Daß eine solche gedankenlose Haltung Feindseligkeit bis Mord verursacht, kann man in jedem Sommer in den Tageszeitungen lesen.

Nackt baden?

In Deutschand dagegen ist es heute üblich, sich nackt nicht nur ans Fluß- und Meeresufer, auf Badeanstaltswiesen und FKK-Strände, sondern auch auf Brunnenstufen und in öffentliche Parks zu legen. Wenn jemand daran Anstoß nimmt, wird er lauthals der vermufften unterdrückerischen Prüderie bezichtigt. Das läßt den Protest meist sofort verstummen und ruft in der Allgemeinheit den falschen Eindruck hervor, daß erstens alle auf der Seite der Nackten und der Verteidiger der allgegenwärtigen Nacktheit stünden und daß zweitens diese Nacktheit eine überall und öffentlich anerkannte Sitte sei.

Das aber ist nicht der Fall. Man muß also wissen: You may do that in Deutschland, aber nicht überall.

Es ist deshalb ratsam, Extreme zu meiden und auch ein wenig Selbstkritik zu üben. Hitze ist zum Beispiel die letzte Ausrede für bikiniähnliche Straßenkleidung, gleichgültig wie alt und wie dick oder schlank man ist. Gerade am Beispiel der Italienerin kann man lernen, was es auch unter den verschärften Hitzebedingungen bedeutet, »sich der Gelegenheit entsprechend zu kleiden«.

Reisen nach Fernost

Bei Reisen ins ferne Ausland muß man nichts zusätzlich lernen und beherzigen, als daß es die meisten Menschen als eine Verletzung und eine spirituelle Gefährdung ihrer Person betrachten, wenn ein Bild von ihnen gemacht wird. Und daß sie die Nacktheit der Touristen erst recht nicht nur ästhetisch abstößt, sondern beleidigt und deshalb zu Aggressionen reizt.

Fotografieren

Zum ersten Fall, zum Fotografieren, steht im Touristenkompaß für Reisen in die Dritte Welt, herausgegeben vom Bundesministerium für wirtschaftliche Zusammenarbeit, folgendes: »Wir schießen mit der Kamera, wann immer wir es für richtig halten. In Gesichter, in Situationen, die oft genug für den Fotografierten privatester Bereich sind. Wir tun es trotzdem. Weil wir uns im permanenten, selbstauferlegten Wettbewerb üben, den Schnappschuß mit nach Hause zu bringen.

Achtung vor dem anderen

Häufig genug bleibt dabei die Achtung vor dem anderen auf der Strecke. Auch der Ärmste verdient seine Würde, die wir immer dann verletzen, wenn wir ihn ablichten, um ihn – sozusagen als Trophäe – zu Hause ins Fotoalbum zu klemmen. Bedenken Sie dies, wenn Sie in fremden Ländern die Kamera zücken. Respektieren Sie die Selbstachtung des Menschen. Das bringt Ihnen mehr als ein flüchtiges Klick mit einer sechzigstel Sekunde bei Blende 16. Oder würden Sie sich gern ablichten lassen – beim Gebet, in Trauer, in privaten Situationen? Und überhaupt: Fotografieren Sie erst einmal mit Augen und Hirn, dann brauchen Sie manchmal gar nicht mehr auf den Auslöser zu drücken.«

Um zu verdeutlichen, was das rücksichtslose Fotografieren bedeutet, wird folgendes »Gegenbeispiel« zitiert: »Großer Bus voller dunkelhäutiger Menschen kommt in kleines oberbayerisches Bergdorf. Sie umringen die verdatterten Einwohner, um sie in Lederhosen abzulichten. Ein paar besonders Aufdringliche versuchen, einer eingeschüchterten Oma in unverständlichen Lauten und wild gestikulierend klar zu machen, daß sie ihre alte Tracht aus der Truhe holen und sich vor den Kachelofen setzen soll. Lächeln bitte – du verstehen?«

Das ist ein drastisches Bild. Es sollte sich jedem Reisenden vors innere Auge schieben, wenn er oder sie nach der Kamera greift, und sollte ihn daran erinnern, daß Höflichkeit etwas mit Menschenwürde zu tun hat.

Aversion gegen Touristen

Je ferner das Reiseziel, desto strikter sollte man sich an dieses Gebot der Höfllichkeit halten. In der Mongolei herrscht eine noch größere Fotoscheu als auf den Seychellen, aber überall in der sogenannten Dritten Welt wächst täglich die Aversion gegen Touristen, die genauso bedenkenlos wie einst die Kolonisatoren die Länder überschwemmen. Kolumbus und Vasco da Gama suchten Abenteuer, Gold und andere Schätze. Die Touristen von heute suchen den Garten Eden und andere Schätze der Ursprünglichkeit.

Haben die damaligen Weltentdecker die Hochkulturen in Amerika und Asien übersehen, so verdrängen wir, daß alle Träume von unberührten Gefilden nichts als Illusionen sind.

Reisen in islamische Länder

In Asien und Afrika, in den Ländern des Islams, sollte der Reisende vor allem die Ratschläge des Reiseleiters oder der zeitgemäßen Reiseliteratur annehmen und daran denken, daß ihn nur eine verständnisvolle Einstellung zu den Einheimischen und ihrer oft fanatischen Frömmigkeit vor Angriffen und anderen Mißhelligkeiten schützen kann.

Prostitutionstourismus, Rassismus und Massentourismus haben auf Sri Lanka und den Seychellen, in Trinidad und Manila, Peru und Senegal Haß und Rachegefühle verursacht, die um so heftiger sind, als die Betroffenen genau wissen, daß sie sich beherrschen müssen, weil ihre Länder von eben diesem Tourismus leben. Wie, ist erstmal die zweite Frage.

Leben auf dem Vulkan

Auf jeden Fall ist es für Gäste und Gastgeber ein Leben auf dem Vulkan, und da »es keinen guten, unschuldigen Touristen mehr gibt«, wie ein Betroffener in Hawaii sagte, muß der Reisende äußerste Höflichkeit beobachten. Die meisten Regeln entdeckt er, wenn er schweigt und sich zurückhält und die Bewohner seines Gastlandes aufmerksam und ohne Vorurteile beobachtet. So wird er merken, daß man in Asien sein Gesicht verliert, wenn man laut herumschreit. Daß man sich überall schnell danebenbenimmt, wenn man westliches Denken und westliches Verhalten als den alleinigen Schlüssel zur ewigen Glückseligkeit betrachtet.

»Unzüchtiges Verhalten«

In Kuala Lumpur gilt es zum Beispiel als »unzüchtiges Verhalten«, wenn sich ein Liebespaar in der Öffentlichkeit, selbst in einem öffentlichen Park, umarmt und küßt. Da im islamischen Malaysia unzüchtiges Verhalten mit Geldstrafen oder Gefängnis bestraft wird, sollte man nur in Hotels küssen.

Lange Hosen auch für Touristinnen

In streng islamischen Ländern erwartet man nicht nur angemessenes Verhalten, sondern auch angemessene Bekleidung, und der Reisende sollte wissen, daß auch für Touristen das islamische Recht verbindlich ist. Lange Hosen sind also auch für Touristinnen zu empfehlen. Im Iran fühlen sich Männer durch Frauen ohne Schleier brüskiert; bei Shiva- und Vishnu-Festen in Südindien wären nacktarmige und nacktbeinige Frauen in Shorts eine Herausforderung; Buddhisten und Moslems empfinden Scheu vor zu freizügigem Benehmen, kurzen Hosen und durchsichtigen Blusen. Manche Tempel und Pagoden in Jerusalem oder Indien dürfen nicht mit Schuhen betreten werden, und wer in China einen Mönch gegen seinen Willen fotografiert, muß sich nicht wundern, wenn dieser den Fremden anspuckt. In manchen Gegenden Indiens stößt man auf streng vegetarische Nahrung, selbst Eier gibt's nicht, und vor dem Besuch von Klöstern muß man Ledersachen ablegen. Besteht in katholischen Männerklöstern die Klausur, die Frauen den Zutritt verbietet, gelten im Orient die Regeln des Harems, in das die Männer keinen Fuß setzen dürfen, so gibt es auch englische Clubs, in denen Frauen nichts zu suchen haben. Will sagen: Jedes Land, jede Religion hat Eigenheiten, die man achten muß.

Klausur und Harem

Es nützt nichts, triumphierend zu sagen: »Ha, ich kenn' aber geistliche Herren, die kümmern sich den Teufel um Fastengebote, Enthaltsamkeit und Demut!« Oder: »Also, als ich neulich geschäftlich in Arabien war, da haben die Scheichs aber ganz schön gebechert!«

Wenn man aus dieser singulären Erfahrung das Recht ableitet, selber zu bechern, so kann man erleben, daß sich gerade die Gesetzesbrecher bei sich daheim sofort auf die Seite der Sittentreuen stellen und den Zechbruder von neulich verleugnen und verraten.

Bei Reisen in die sogenannte Dritte Welt vermeidet man also die meisten *Fauxpas*, die Tritte ins Fettnäpfchen, wenn man sich vor der Reise über die Sitten und Gebräuche in der jeweiligen Fremde so genau informiert, wie es geht. Das steigert die eigene Sicherheit und macht aus der Reise erst das Erlebnis, das man sich vielleicht ersehnt hat.

Jeder Reisende ist aber auch ein Repräsentant seines Landes. Wenn er als einzelner sich also korrekt und höflich benimmt, so steigert er das Ansehen seines Landes und hängt »dem Deutschen« nicht neue negative Eigenschaften an.

Das Entwicklungsministerium hat aufgrund jahrelanger Erfahrung die Punkte zusammengefaßt, die unerfreuliche Probleme auslösen können:

Fotografieren

- Das ist vor allem das wilde Fotografieren, ohne gefragt zu haben, ob die betreffenden Personen damit einverstanden sind, in ihrem Elend, bei ihren religiösen Verrichtungen und in anderen Situationen fotografiert zu werden.

Massa-Haltung

- Als nächstes kommt die Massa-Haltung, die in den Bewohnern des Reiselandes »wilde« und »einheimische Horden« sieht, die man herumkommandiert und wie Zwischendinge zwischen Kind und Tier behandelt; die man auf Schritt und Tritt meint belehren zu müssen und die man durch ein verächtlich gegebenes Trinkgeld glaubt, zu entwürdigenden Dienstleistungen oder Zurschaustellungen bringen zu können. Damit hängt zusammen:

Nicht auf andere deuten

- Kinder und fremde Farbige sollten nicht unbedingt angefaßt, gestreichelt und wie die Puppen behandelt werden. Es gehört sich in der Fremde sowenig wie daheim, ungeniert mit dem Finger auf andere Menschen zu deuten.

Die schon erwähnte zu leichte Kleidung ist der letzte, aber wichtigste Punkt. Denn wenn die schwitzenden Gäste den Einheimischen auch leid tun, so sind sie – siehe oben – beleidigt, wenn man ihre Tempel und Kirchen so betritt.

Manieren an Bord

Der Gast an Bord eines Luxusliners: Ein Kreuzfahrtschiff wird wie ein Luxushotel geführt und setzt deshalb gewisse Erwartungen an die Gäste, die sich am sichtbarsten an den ungeschriebenen Kleiderregeln ablesen lassen.

Tagsüber geht es auf diesen Schiffen so ungezwungen wie an allen Urlaubsorten zu. Abends ziehen sich die meisten Passagiere jedoch wie in guten alten Zeiten um, Damen tauchen in etwas Festlichem oder einem langen Rock auf, und die Herren zeigen dunklen Anzug, Smoking oder Dinnerjacket. Bei besonderen Anlässen wird Abendkleidung getragen.

Nach diesem ungeschriebenen Gesetz trägt keiner im Speisesaal Shorts, auch tagsüber und in den Tropen nicht, und Männer erscheinen stets im Jackett zum Essen.

Bekanntmachen und Vorstellen

Ob Kreuzfahrtschiff, Bus oder fliegende Reisegruppe, für ein bis vier Wochen entsteht eine Gemeinschaft. Meist sorgen Reiseleiter oder Animateure dafür, daß man sich gegenseitig kennenlernt, doch das nimmt dem einzelnen nicht die ganze Verantwortung für sein Benehmen ab.

Es ist unmöglich, sich mit den 200 oder 300 Teilnehmern einer Kreuzfahrt wirklich bekannt zu machen. Es ist aber höflich, selbst Mitglieder dieser Hundertschaften immer dann freundlich zu behandeln, wenn man mit ihnen zusammentrifft.

Es ist erst recht höflich, sich denen vorzustellen, mit denen man einen Tisch teilt, sich immer am Schwimmbad trifft, Zimmer oder Kabinen auf demselben Flur hat und so weiter.

Wenn man den gemeinsamen Reisebus erklettert, muß man nun nicht gleich inmitten noch nicht verstauter Tüten und Taschen Verbeugungen machen und »Gestatten, Normalverbraucher!« schmettern, sondern man sollte sich erst einmal etablieren und sich dann nach und nach durch die Gruppe arbeiten.So behält man auch besser, wem man sich gerade vorgestellt hat und umgekehrt. Im übrigen sollte man nicht damit rechnen, daß man gleich alle anderen Namen behält (den andern wird's nicht besser gehen!), und sollte deshalb frank und frei noch einmal nachfragen. Meist gibt es eine »Liste der Reiseteilnehmer«, die als Gedächtnisstütze recht hilfreich ist. Im übrigen: siehe »Visitenkarten« auf Seite 242.

In der Reisegesellschaft

Der Mensch in der Reisegesellschaft muß eigentlich nicht nur eine Regel beachten.

- Er oder sie nimmt Rücksicht auf seine Reisegefährten.
- Er/sie läßt es die Mitreisenden nicht entgelten, daß sie sein einmaliges Reise-Erlebnis teilen. Wenn er unter der gemeinen Menge leidet, sollte er lieber alleine reisen.
- Er/sie gibt auf seine Reiseunterlagen, Paß, Hotelschlüssel und so weiter genauso gut acht wie auf einer Privatreise und hält nicht die

ganze Gesellschaft dadurch auf, daß sein Kram gesucht oder neu beschafft werden muß.

- Er/sie nimmt nicht so viel Gepäck mit, daß er es nicht bewältigen kann.
- Er gibt nicht mit seinen anderen, viel erlebnisreicheren, weiteren, interessanteren etc. Reisen an.
- Er belegt im Bus nicht mehr Platz mit Beschlag, als ihm zukommt, und er zetert nicht los, wenn sich ein anderer mal auf »seinen Platz« setzt.
- Er erträgt es mit Grazie, wenn er nicht das Einzelzimmer bekommt, das er bestellt hat, sondern den Raum mit einem anderen Reisenden teilen muß.
- Er zankt sich nicht gleich am ersten Tag mit einem oder einem Dutzend Mitreisenden und benimmt sich insgesamt wie ein Erwachsener und nicht wie ein Kind in der ersten Grundschulklasse, das erst lernen muß, mit anderen Kindern zurechtzukommen.
- Er ist pünktlich. Pünktlich beim Start. Pünktlich bei den Mahlzeiten. Pünktlich bei Verabredungen, pünktlich bei jeder Abfahrt, besonders morgens früh. Bummelanten stehlen allen anderen kostbare Ferienzeit.
- Er/sie flirtet meinetwegen mit dem Reiseleiter und der Animateurin, benutzt sie aber nicht als alleinigen Besitz, Kammermädchen, Seelentröster oder Gigolo. Das wäre nicht nur den Reisegefährten gegenüber rücksichtslos, sondern auch den betreffenden Menschen gegenüber ziemlich beleidigend. Sie gehören zum Dienstleistungsgewerbe, aber sie sind keine leibeigenen Knechte.

Tagung und Trinkgeld

Tagung

Der Mensch auf einer Tagung ist auf Reisen und doch im Dienst, so daß eigentlich alles für ihn gilt, was zu diesen beiden Lebenslagen zu sagen wäre.

Tagungen, Messen, Seminare etc. stellen immer wieder eine künstliche Gemeinschaft her, in der sich ebenso leicht eine Art Inselgefühl ausbreiten kann: Jeder Teilnehmer lebt ohne Büro und Familie, ohne das gewohnte Telefon neben sich in einem ganz anderen Tagesrhythmus, ist gelöst und von gewohnten bis lästigen Pflichten befreit, schließt sich leichter an andere an, die ja auch keine vollkommen Fremden für ihn sind.

Die Situation kann sich nun günstig oder katastrophal auswirken. Der Tagungsmensch muß nur mit beiden Möglichkeiten rechnen und seelisch gewappnet sein. Dann benimmt er sich auch richtig, nämlich vernünftig und besonnen und nicht kopflos durch das Inselgefühl.

Insgesamt empfiehlt sich Zurückhaltung, besonders am Anfang.

Vorstellen und Bekanntmachen

Besonders bei einer kurzen Tagung ist es empfehlenswert, zu Beginn, also vor dem Vortrag, die Teilnehmer vorzustellen und ihnen eventuell Namensschilder auf den Platz am Konferenztisch zu stellen oder Namenskärtchen zum Anstecken oder Ankleben zu verteilen. So kann sich jeder am ehesten den Namen der anderen Teilnehmer einprägen.

Wenn die Seminarleitung nicht daran gedacht hat, so ist es nur höflich, wenn sich die Teilnehmer von selbst miteinander bekannt machen. Höflich ist es ebenfalls, wenn sie sich nicht nur an diejenigen halten, die sie schon kennen, und stets mit ihnen zusammenglucken, sondern sich beim Frühstück, bei den Vorträgen, in den Kaffeepausen etc. immer neben andere stellen oder setzen und dabei sagen, wer sie sind. So hat die Zusammenkunft Sinn.

Beim abendlichen Essen dito dafür sorgen, daβ zum Beispiel die Gastgeber nicht an einem einzigen Tisch zusammensitzen, sondern an alle Tische verteilt werden.

Ansprechen Die Teilnehmer gelten als Gruppe, auch wenn sie einander nicht vorgestellt werden. So ist es erlaubt, erwünscht und jedenfalls nicht unhöflich, Fremde anzusprechen, auch wenn sie älter und ganz offensichtlich Vorgesetzte sind.

Verabschieden Wer während einer solchen ein- oder mehrtägigen Zusammenkunft mit anderen an einem Tisch gesessen hat, steht nach dem Essen nicht einfach auf und geht weg, sondern er verabschiedet sich von seinen Tischgenossen. Das bedeutet nicht Herumgehen und Händeschütteln, sondern freundliches Nicken und ebenso freundlichen Abschiedsgruβ.

Das gleiche gilt für das gesamte Unternehmen. Man grüβt auch unbekannte Tagungsteilnehmer mit einem stummen Nicken und verabschiedet sich am Ende der Tagung auf die gleiche Weise.

Visitenkartentausch Alles über Visitenkarten lesen Sie auf Seite 242.

Meistens werden einem schon die ersten Karten gereicht, ehe man noch selber nach der eigenen gegriffen hat. Sind sie einem ausgegangen, hat man sie schlicht vergessen oder findet man dieses Visitenkartengetausche eigentlich überflüssig, möchte diesem speziellen Tagungsteilnehmer nun aber doch Adresse und Telefonnummer geben, so schreibt man es ihm halt auf einen Zettel: deutlich und lesbar, sonst lieber in Druckbuchstaben.

Das Trinkgeld

Das Trinkgeld ist oft ein Problem. Geizkragen geben nie und nirgends etwas, Unsichere geben immer zuviel, Ahnungslose sind beleidigt, wenn ihr Trinkgeld in sozialistischen Ländern zurückgewiesen wird, und zarte Seelen leiden, wenn in den typischen Touristengegenden Afrikas und Asiens die Bettler und Kinder wie die Kletten an ihnen hängen.

Im Prinzip ist das Trinkgeld eine freiwillige Honorierung einer Dienstleistung. Ist man miserabel versorgt worden, so zahlt man nichts. War's mittel, so gibt man eine Durchschnittssumme; hat man eine auβergewöhnliche Bedienung genossen, so kann man auch auβergewöhnlich danken.

Bei Taxifahrten

Wenn der Taxifahrer ohne zu fragen weiter raucht oder einer von der groben Sorte ist oder ein vollkommen verludertes Auto fährt, zahle ich kein Trinkgeld. In allen übrigen Fällen sind sieben bis zehn Prozent des Fahrpreises normal.

Beim Privatfest

Beim privaten Fest mit Bedienung oder Kochfrau steht in der Garderobe ein Teller oder eine Schale, in die der Gast beim Abschied ein paar Münzen oder einen Geldschein legt. Es muß nichts dazu gesagt werden, weil der Zweck der Gabe klar ist. Der Gastgeber überreicht nach dem Fest der Bedienung das, was zusammengekommen ist.

Im Restaurant

Über das Trinkgeld bei einem Essen im Lokal lesen Sie auf Seite 203.

In Toiletten

In den Toiletten mancher Gaststätten sitzt noch die Klofrau oder der Klomann. Meist sagt irgendwo ein Schildchen, was erwartet wird. Auch das ist – außer an den Autobahnen – keine Muß-, sondern eine Kann-Vorschrift.

Garderobenfrauen

Garderobefrauen haben aus dem Trinkgeld längst eine solide Bezahlung gemacht. Ist die Summe bescheiden, sollte man zumindest auf die volle Mark aufrunden.

Gepäckträger

Auch Gepäckträger haben längst kräftige Festpreise, und manche Flughäfen sind dreist genug, sich sogar den Gepäckwagen zahlen zu lassen. Kein zusätzliches Trinkgeld.

Schlafwagenschaffner

Beim Schlafwagenschaffner bestellt man sich meist noch einen kleinen Schlaftrunk oder das Frühstück für den nächsten Morgen, und wenn er einem ansonsten behilflich ist, rundet man diese Rechnung gehörig auf.

Zugbegleiter

Die Zugbegleiter tun mehr als ein Schaffner. Sie helfen beim Ein- und Aussteigen, bringen Kaffee, Tee oder eine kleine Mahlzeit aus der Zugküche, räumen wieder ab und jeglichen Abfall fort. Wenn man ihre Hilfe als Kellner beansprucht hat, rundet man die Essensrechnung um etwa zehn Prozent auf.

Im Hotel

Im Hotel bekommt man im günstigsten Fall von einem Diener das Gepäck aufs Zimmer gebracht. Er sollte nicht ganz so viel wie der Gepäckträger bekommen, auf jeden Fall je nach Gepäckmenge.

Dem Stubenmädchen kann man etwas auf dem Nachttisch hinterlassen oder in die Hand drücken. Die Höhe dieses Trinkgelds richtet sich nach der Länge des Aufenthaltes und nach der zusätzlichen Arbeit, die Sie der Bedienung gemacht haben.

Die Hotelrechnung bezahlt man üblicherweise so, wie sie ist. Wer in einem besonders schönen Ferien- oder einem Messehotel im nächsten Jahr wieder unterkommen möchte, kann dem Geschäftsführer einen Schein in die Hand drücken. Ob's was nützt, wird man ja sehen.

Manchen Gästen fällt es schwer, einem Dienstleistenden den Geldschein unverhohlen und nackt zu überreichen. Wer das vermeiden will, schiebt ihn in einen Briefumschlag, und wenn man ihn nicht selber übergibt, schreibt man auf den Umschlag, für wen er gedacht ist, und ein paar freundliche Worte, etwa »Mit dem besten Dank für Ihre Mühe. Sophie Sowieso«.

Der Hausgast hält's genauso. Siehe auch Seite 172.

Auf dem Passagierschiff

Die Besatzung Ihres Schiffes betrachtet Sie als Gast. Sie wiederum sind von ihr für die Dauer der Reise abhängig. Manche halten ein hohes Trinkgeld für ausreichend, um ein erfreuliches Verhältnis herzustellen. Ein wohl zurückhaltendes, aber freundliches Benehmen ist dazu jedoch mindestens ebenso notwendig.

Der Kabinensteward wird sich Ihnen als erster vorstellen. Mit ihm hat man es im Laufe der Reise am meisten zu tun. Er ist in jedem Notfall die Hilfe des Passagiers. Trinkgelder sind nicht im Preis für die Passage inbegriffen und richten sich nach der Schiffsklasse, Dauer der Fahrt und Art des Schiffes. Es ist üblich, pro Tag und Passagier 3 US-Dollar für Kabinen- und Restaurantsteward zu zahlen. Nehmen Sie die Dienste des Personals außergewöhnlich stark in Anspruch, so ist es auch üblich, das Trinkgeld nach diesen Diensten zu bemessen.

Man muß die Trinkgelder auch nicht erst am Ende der Reise geben, sondern kann schon bei Beginn der Seereise eine »Anzahlung« leisten.

Busfahrer

Wenn man eine Gesellschaftsreise im Bus unternimmt, wird meistens kurz vor Abschluß der Reise für den Busfahrer gesammelt. Man sollte untereinander ausmachen, welche Mindestsumme jeder geben könnte.

Reiseführer

Für den ausländischen Reiseführer gilt im Prinzip dasselbe, außer es ist der amtlich zugeteilte, der vielleicht nichts nimmt. Der Reisende sollte sich von seinem eigenen Reiseleiter beraten lassen.

Und wie steht's mit dem? Falls man das Gefühl haben sollte, ein Trinkgeld sei nicht angebracht, kann man trotzdem bei allen Reiseteilnehmern sammeln und dem Reiseleiter, dem man sich (fast) freundschaftlich verbunden fühlt, ein Dankesgeschenk besorgen. Das kann ein wissenschaftliches oder ein Kunstbuch über die Gegend sein, die man gemeinsam bereist hat, oder eine Keramikschale, die er auf dem Markt eines einheimischen Dorfes bewundert hat – in diesem Sinne entdeckt man sicher eins von den Dingen, die man sich selber nicht kaufen, aber gern haben würde.

Führung

Wenn nach einer Führung der Schloß- oder Museumsführer ostentativ neben dem Ausgang stehen bleibt, so heißt das: man nimmt. Es ist deshalb bei Reisen mit zahlreichen Besichtigungen ratsam, immer Kleingeld in der Tasche griffbereit bei sich zu tragen.

Über das Trinkgeld im Krankenhaus lesen Sie auf Seite 75.

Friseur und Friseuse

Friseure bekommen meist ein Gehalt, das aufs Trinkgeld zugeschnitten ist. In manchen Salons gibt es Sparschweine oder ähnliches, deren Inhalt täglich oder wöchentlich unter den Angestellten verteilt wird. Das ist gerecht, aber nicht beliebt. Deshalb bleibt es den Kunden überlassen, seiner Stammbedienung zwischen fünf und zehn Prozent des vermutlichen Preises auf das Arbeitswägelchen zu legen. Wenn man es vergißt, kann man seiner Friseuse auch zwischendurch einen größeren Betrag in ein Kuvert stecken und in die Hand drücken.

Friseur mit Kaffee

In manchen Salons kann man sich etwas zu trinken oder eine Kleinigkeit zu essen bestellen. Es ist höflich und nett, wenn man seine Stammbedienung fragt, ob man sie zu einem Glas Tee oder etwas ähnlichem einladen darf.

Briefträger

Postbote und Briefträger gehören zu denen, die unter Umständen täglich für uns laufen und schleppen. Man sollte ihnen zumindest einmal im Jahr, vor Weihnachten, einen Briefumschlag mit einem Geldschein geben und ihnen dabei herzlich für ihre Arbeit danken.

Bekommt man viele und schwere Pakete, so sollte man von Zeit zu Zeit die Paketgebühr so aufrunden, wie man es für angemessen hielte, wenn man selber mit solchen Lasten treppauf und treppab schnaufen müßte. Das ist besser, als dem Postboten ein Bier anzubieten (er muß schließlich Auto fahren) oder eine Tasse Kaffee: Nähme er die überall an, kriegte er ganz schön Herzklopfen und käme außerdem mit seinem Zeitplan ins Schleudern.

Boten

Der Bote eines Geschäftes, der bei Ihnen eine Kiste Sprudel oder das neue Fernsehgerät abgibt, freut sich gewiß über ein Trinkgeld und der Zeitungsbote erst recht. Manche klingeln, trotz Zeitungskasten, von Zeit zu Zeit, um einem Gelegenheit dazu zu geben, und manche Tageszeitungen weisen eigens darauf hin, wie man das Trinkgeld an den Zeitungsboten bringen kann.

Müllmänner Die Müllmänner klingeln in manchen Gegenden, um einem ein gutes neues Jahr zu wünschen, und wenn man die entgegengestreckte Hand nur leicht verstört ergreift und schüttelt, verrät einem der Gesichtsausdruck der Männer, daß die Geste anders gedacht war.

Um solchen und ähnlichen Mißverständnissen aus dem Weg zu gehen, sollte sich jeder in dieser traditionellen Trinkgeldzeit vor Weihnachten überlegen, wem er danken müßte und wieviel er geben kann. Dann macht man sich praktischerweise die Trinkgelder zurecht, steckt sie, mit oder ohne Weihnachtskarte, in Umschläge, schreibt nach Belieben ein paar freundliche Worte darauf und legt sie griffbereit neben die Wohnungstür. Oder man trägt sie aus: zum Tankwart, zur Apotheke und so weiter.

Hausarzt Er bekommt natürlich kein Trinkgeld. Aber wenn er im Laufe des Jahres viel mit einem zu schaffen hatte, so ist es nur höflich, ihm mit einer Kleinigkeit Dankeschön zu sagen. Ein langjähriger Patient weiß, was ihm Freude macht – oder hat sich einstens bei der Praxishilfe danach erkundigt. Diese Damen freuen sich übrigens auch über eine kleine Aufmerksamkeit.

Nachbarin Auch die Nachbarin, die immer Pakete annimmt und die Blumen gießt, wenn man verreist ist, würde sich durch ein Trinkgeld zu Recht beleidigt fühlen. Eine kleine, schön verpackte Aufmerksamkeit sollte man ihr jedoch als Zeichen der Dankbarkeit bei irgendeiner Gelegenheit überreichen, ob das nun Geburtstag, Ferienende oder Weihnachten ist. Das ist gleichgültig. Es kommt nur auf die Geste an – und deshalb dürfen es auch Blumen sein!

REGISTER